Über die Herausgeber

Hartmut Böhme, Dr. phil., geb. 1944, ist Professor für Kulturtheorie und Mentalitätsgeschichte an der Humboldt-Universität zu Berlin. Arbeitsschwerpunkte: Literaturgeschichte des 18. bis 20. Jahrhunderts; Ethnopoesie und Autobiographik; Natur- und Technikgeschichte in den Überschneidungsfeldern von Philosophie, Kunst und Literatur; Historische Anthropologie. Zuletzt erschienen: Hubert Fichte. Riten des Autors und Leben der Literatur. Stuttgart 1992; (Mithg.) Wie international ist die Literaturwissenschaft? Stuttgart 1995; Feuer Wasser Erde Luft. Kulturgeschichte der Naturwahrnehmung in den Elementen (zus. mit G. Böhme). München 1996.

Klaus R. Scherpe, Dr. phil., geb. 1939, ist Professor für Deutsche Literaturwissenschaft und Kulturwissenschaft/Medien an der Humboldt-Universität zu Berlin. Arbeitsschwerpunkte: Deutsche Literaturgeschichte seit dem 18. Jahrhundert; Literatur- und Kulturgeschichte der Nachkriegszeit 1945–1949; Gegenwartsliteratur und Literaturkritik; Großstadtliteratur; Literatur und Ethnographie. Zuletzt erschienen: (Hg.) Die Unwirklichkeit der Städte. Reinbek 1988; Die rekonstruierte Moderne. Studien zur deutschen Literatur nach 1945. Köln/Weimar/Wien 1992; (Mithg.) Responsibility and Commitment. The Ethics of Cultural Mediation. 1996.

Hartmut Böhme/Klaus R. Scherpe (Hg.)

Literatur und Kulturwissenschaften

Positionen, Theorien, Modelle

rowohlts enzyklopädie

rowohlts enzyklopädie
Herausgegeben von Burghard König

Originalausgabe
Veröffentlicht im Rowohlt Taschenbuch Verlag GmbH,
Reinbek bei Hamburg, September 1996
Copyright © 1996 by Rowohlt Taschenbuch Verlag GmbH,
Reinbek bei Hamburg
Umschlaggestaltung Jens Kreitmeyer
Satz Aldus (Linotronic 500)
Gesamtherstellung Clausen & Bosse, Leck
Printed in Germany
2490-ISBN 3 499 55575 1

Inhalt

Hartmut Böhme / Klaus R. Scherpe:
Zur Einführung 7

Gert Mattenklott:
Mythologien der Migration im 20. Jahrhundert 25

Renate Schlesier:
Das Staunen ist der Anfang der Anthropologie 47

Doris Bachmann-Medick:
Texte zwischen den Kulturen:
ein Ausflug in «postkoloniale Landkarten» 60

Jan-Dirk Müller:
Das Gedächtnis der Universalbibliothek:
die neuen Medien und der Buchdruck 78

Aleida Assmann:
Texte, Spuren, Abfall:
die wechselnden Medien des kulturellen Gedächtnisses 96

Sigrid Weigel:
«Shylock» und «Das Motiv der Kästchenwahl»:
die Differenz von Gabe, Tausch und Konversion
im «Kaufmann von Venedig» 112

Lothar Müller:
Jenseits des Transitorischen:
zur Reflexion des Plastischen in der Ästhetik der Moderne 134

Barbara Naumann:
Kulturen des symbolischen Denkens:
Literatur und Philosophie bei Ernst Cassirer 161

Ulrich Raulff:
Wäre ich Schriftsteller und tot...
Vorläufige Gedanken über Biographik und Existenz   187

Helmut Lethen:
Versionen des Authentischen: sechs Gemeinplätze   205

Heide Schlüpmann:
Am Leitfaden der Liebe: Philosophie und Kino   232

Klaus R. Scherpe:
Von Bildnissen zu Erlebnissen:
Wandlungen der Kultur «nach Auschwitz»   254

Andreas Huyssen:
Faszination des Monumentalen:
Geschichte als Denkmal und Gesamtkunstwerk   283

Ludwig Jäger:
Linguistik als transdisziplinäres Projekt:
das Beispiel Gebärdensprache   300

Dietrich Harth:
Die literarische als kulturelle Tätigkeit:
Vorschläge zur Orientierung   320

Über die Verfasser   341
Personenregister   343

Hartmut Böhme / Klaus R. Scherpe

Zur Einführung

Die Studie «Geisteswissenschaften heute» (Frühwald u. a. 1991) hat wieder einmal die Diskussion über die Zukunft der Fächer der altehrwürdigen Philosophischen Fakultät auf die Tagesordnung gesetzt. Der neue Akzent, der den Band allerorten zur Referenz erhob, war die klare Empfehlung, die traditionellen geisteswissenschaftlichen Disziplinen kulturwissenschaftlich zu reformieren. Dem entsprachen die Empfehlungen der Rektorenkonferenz für die neuen Bundesländer. Seither wird lebhaft und kontrovers über Kulturwissenschaft diskutiert. Publikationen, die diesen Titel in Anspruch nehmen, haben Konjunktur, und die Gründungen von Studiengängen, Instituten, Gremien, gar ganzen Fachbereichen mit Namen ‹Kulturwissenschaft› reißen nicht ab. Die Deutsche Forschungsgemeinschaft hat 1995 eine hochrangige Kommission gebildet, die eine Expertise mit konkreten Empfehlungen über sinnvolle Entwicklungsrichtungen der Geisteswissenschaften ausarbeiten soll. Angesichts der flächendeckenden Sparmaßnahmen, die in den späten neunziger Jahren an die Substanz des akademischen Überlebens der Fakultäten gehen, ist der Legitimationsbedarf für den Erhalt der wissenschaftlichen Ressourcen gegenwärtig besonders groß. Als Pointe kommt hinzu, daß verstärkt neue Studiengänge eingerichtet werden, die, wenn nicht gleich mit dem Label ‹Kulturmanagement›, so doch mit entsprechender berufspraktischer Orientierung aufwarten. Sie sollen – teilweise im Sinn der von Politikern vielfach erwünschten Stärkung der Fachhochschulen – die Studierenden gezielt auf Berufstätigkeiten im kulturellen Feld vorbereiten. Dadurch entsteht, gewiß nicht unerwünscht, von außen her den Universitäten eine neue Konkurrenz bzw. schaffen diese sich innerhalb der hermeneutisch-philologischen Fächer selbst Rivalen im Verteilungskampf, der allenthalben entbrannt ist. Zwar sind, wie man *noch* sagen kann, die Geisteswissenschaften quantitativ und qualitativ auf einem hohen Stand, und die zu erwartende Pensionierungswelle von nahezu 50 Prozent aller Stellen bis zum Jahre 2005 wird mit den anstehenden Neubesetzungen, so ist zu hoffen, ihnen ohnehin frischen Wind zuführen. Deutlich aber ist, daß diese gleichsam naturwüchsige Erneuerung durch einen Generationswechsel weder den Universitäten selbst noch der Administration und den Wissenschaftspolitikern genügend Aussichten auf die gewünschte Reform der Geisteswissenschaften eröffnet. Wieder einmal also scheint aus internen wie externen Gründen eine Krise der Geisteswissenschaften angesagt. Kulturwissenschaft ist das Zauberwort, das deren Lösung in Aussicht stellt.

Tatsächlich entsprechen der kulturwissenschaftlichen Wende nicht nur administrative Vorgaben und die ökonomische Not der Hochschulen, sondern auch ein innerer Innovationsschub der Wissenschaften selbst. Die hermeneutisch-historische und philologische Ausrichtung der Geisteswissenschaften ist in den vergangenen dreißig Jahren verschiedenen Wellen der Überprüfung und Kritik ausgesetzt worden. Dies begann mit dem sogenannten ‹linguistic turn›, setzte sich über die entgegengesetzten Paradigmen des Strukturalismus einerseits, der Sozialgeschichte andererseits fort und fand in den achtziger Jahren mit der Hausse des Poststrukturalismus und Dekonstruktivismus seinen Höhepunkt. Ohne eigentliche Absicht entstand dabei ein Theorien- und Methodenpluralismus, und dies deswegen, weil die jeweiligen Innovationen zwar, ihrem eigenen Anspruch nach, das Ganze der Disziplinen zu reformulieren beabsichtigten, ihnen jedoch kaum mehr gelang, als Schulen zu bilden oder spezielle Terrains zu besetzen. Man kann diesen Effekt begrüßen. Entstanden ist dadurch nämlich ein durchaus hegemoniefreier, doch umstrittener und unruhiger, sich der tradierten Bestände ebenso versichernder wie neuen Orientierungen sich aussetzender Diskursraum, der, wenn nicht alles täuscht, gar nicht anders als produktiv sein kann.

Angesichts einer solchen Lage ist es eher bedenklich, wenn man von der Kulturwissenschaft wieder so etwas wie die verlorengegangene Einheit erhofft. Die ist dahin – und dies aus historisch wie strukturell unhintergehbaren Gründen. *Historisch* ist entscheidend, daß die theoretischen Dissoziationen der Fächer der Philosophischen Fakultät im wesentlichen ein Effekt von unumkehrbaren internationalen Entwicklungen sind. Die muttersprachlichen Einheiten, die Binnentraditionen von länder-, womöglich nationalbezogenen Fächern, die aus Einzeldisziplinen hervorgegangenen Gegenstands- und Methodenbestimmungen sind aufgebrochen worden – ‹von außen her›, durch Rezeptionen, Importe, Anregungen aus anderen Ländern. Die dadurch gewachsene Internationalität der avancierten Geisteswissenschaften stellt eine Art nachholende Normalisierung dar: Sie ist in den Naturwissenschaften seit langem Standard, setzte sich in den Sozialwissenschaften, der Psychologie und der Linguistik schneller durch als in den historisch-hermeneutischen Fächern und macht heute auch vor ehemals stark regional geprägten Fächern oder traditionell stabilen Kernzonen der Philologien nicht halt. Der Wandel etwa der Volkskunde zur europäischen Ethnologie oder der ehemals recht ‹deutschen› Theaterwissenschaft zu einem Fach der Erforschung theatraler Kulturformen in unterschiedlichen Medien und Praktiken verdankt sich ebenso dieser Internationalisierung wie beispielsweise die beeindruckende Komplexitätssteigerung der Editionswissenschaft. Neuere Fachrichtungen wie die Medienwissenschaft waren von Beginn an international orientiert, und die modernisierte Germanistik ist längst aus einer Muttersprachen-Philologie zu einer Wissenschaft geworden, die ihre wesentlichen Referenzen nicht nur in eigenen Traditionen, sondern in internationalen Forschungsprozessen findet. Die Internationalisierung der Geisteswissenschaften hat deren verbindlich deutsche Traditionen aufgelöst – oder wird es tun. Das heißt aber auch, daß die Homogenität der Geisteswissenschaften nicht mehr bestehen wird: Immer wird es irgendwo in der Welt zu Innovationen kommen, die rascher als früher wahrgenommen werden, Segregationen und Theorieverschiebungen erzeugen, zu Umwertungen oder Neugründungen führen etc. Zugleich aber – und dies ist ein weiterer Gewinn – können charakteristische eigene Traditionen neu bedacht und selbst in den internationalen Wissenschaftsprozeß eingebracht werden, so zum Beispiel die durchaus ‹moderne› Variante der Kulturwissenschaft auf der Warburg-Cassirer-Linie.

Der *strukturelle* Grund, warum es eine Einheit der Geisteswissenschaften nicht mehr geben kann, auch und gerade nicht nach ihrer Transformation in Kulturwissenschaften, liegt in ihrem unausweichlichen Diskurscharakter, das heißt ihrem sich vervielfältigenden, ja streitenden ‹Auseinanderlaufen› (lat. *discursus* = das Auseinanderlaufen, Hin- und Herfahren). Wissenschaftskultur und Diskursivität koinzidieren – wodurch der Streit zum Normalen, die Einheit zum Sonderfall wird. Zunehmend wird heute die ‹Kulturalität› auch der Wissenschaften entdeckt, die Geisteswissenschaften werden ihrer selbst inne als Praktiken, die auch ein Moment des eigenen Gegenstands darstellen. Darin liegt ein unaufhebbarer performativer Widerspruch, wenn wahr ist, was in der utilitaristischen Kultursoziologie als grundlegender Zug der Kulturentwicklung behauptet wird: ihre trennende, dissoziierende Struktur. Dieser Befund steht im Gegensatz zu älteren Annahmen, wonach die Kultur Funktionen der sozialen Integration übernehme (Talcott Parsons u. a.). Wenigstens seit Ende des 18. Jahrhunderts scheint das Gegenteil zu gelten – oder zumindest beides: daß Kultur sowohl integriert wie spaltet. Unabhängig davon, ob man Kultur als Kommunikation, als Gebrauchsweisen von symbolischen Elementen, als Ebene von Normen und Werten oder als lebensweltliche Praxis bestimmt – man kommt nicht daran vorbei, daß es gerade die kulturellen Prozesse und deren Institutionen sind (zum Beispiel die Wissenschaften, die Medien), die soziale Beziehungen als Machtbeziehungen codieren und aufgrund ihrer polemogenen Effekte desintegrierend wirken. Kultur ist, wie Klaus Eder (1994) resümiert, «ein Entzweiungsmechanismus».

Die schismatischen Entwicklungen der Wissenschaften sind mithin der wahrscheinliche Fall, während Einheit und Integration eher unwahrscheinlich sind. Daraus kann man den Schluß ziehen, daß es nicht theoretische, schon gar nicht Gründe der paradigmatischen Reife sein können, welche den Kulturwissenschaften heute hohes Ansehen verschaffen. Dann aber könnte es sein, daß in wenigen Jahren das frische Ansehen der Kulturwissenschaften ebenso verbraucht sein wird wie gegenwärtig der frühere Glanz der Sozialgeschichte oder der Linguistik – beide sollten einmal eine Basis der Geisteswissenschaften abgeben. Die heute allerorts empfohlene Kulturwissenschaft ist vielleicht toleranter darin, eine Wissenschaftskultur zu entwickeln, deren ‹Kultur› eben darin bestünde, in ein reflexives wie produktives Verhältnis zu den unvermeidlichen Schismen innerhalb und außerhalb ihrer Disziplinen zu treten.

In einer mehr als zwei Jahrzehnte anhaltenden Legitimationskrise, die geprägt war von der Furcht vor Marginalisierung und dem gleichzeitigen Wunsch nach disziplinärer Erweiterung, haben die geisteswissenschaftlichen Disziplinen ihre Gegenstandsfelder, ihre Methoden und philosophisch-theoretischen Voraussetzungen ständig überprüft. Damit haben die Geisteswissenschaften ein Tempo von Wandel und Innovationen erhalten, wie es für die modernen Wissenschaften seit langem üblich ist. Heute scheint Einigkeit darüber zu bestehen, daß Kulturwissenschaft das Fundament für die verschiedensten Reformbemühungen abgeben könnte, für Grundlegung, Innovation, Dynamik also in einem. Dafür gibt es eine Vielzahl von Gründen, welche sich in sechs Typen einer kulturwissenschaftlichen Entwicklung der Philologien ordnen lassen.

Zum einen gibt es wissenschaftsimmanente Motive dafür, daß die traditionellen Disziplinen von sich aus über ihre angestammten Grenzen hinausdrängen. Probleme typologischer Art, die Strukturen der Literatur gegenüber anderen Formen des kulturellen Wissens abzugrenzen, lassen sich nicht auf dem Boden von Einzelphilologien lösen. Auf der Ebene der Inhalte können interdisziplinäre Fragestellungen, die sich aus den Gegenständen der Philologien selbst herleiten, weder im Rahmen eines nationalphilologisch bestimmten Gegenstandsfeldes noch der traditionell texthermeneutischen oder geisteswissenschaftlichen Methodiken sinnvoll bearbeitet werden. Seit hundert Jahren kann man deshalb in den Literatur- und Kunstwissenschaften ein Mißverhältnis zwischen philologischer Methodik und Gegenstand, zwischen Problemgeschichte und Formgeschichte, zwischen der Monomedialität und Monokulturalität der Philologien einerseits, der Polymedialität und internationalen Verflechtung der kulturellen Prozesse andererseits beobachten. Von daher ergab sich bereits im Gefolge der allgemeinen Hermeneutik Wilhelm Diltheys, der verstehenden Soziologie Georg Simmels und der kulturwissenschaftlichen Fundierung der «symbolischen Formen» bei Ernst Cassirer und Aby Warburg zu Beginn dieses Jahrhunderts ein Zug zur (textuellen wie kulturellen) Komparatistik sowie zur Literaturgeschichtsschreibung im Rahmen der allgemeinen Kulturhistorie.

Zum zweiten läßt sich ein allgemeiner Trend zur Pluralisierung der Quellen feststellen, der ebenfalls schon zu Beginn des Jahrhunderts einsetzte. Dies hängt mit der Erosion und Problematisierung der nationalen Kanones der Literaturen wie auch mit der Medienkonkurrenz und der Einbettung der Literatur in die allgemeine Geschichte zusammen, die mit der Autonomie der Künste zugleich die traditionellen Grenzen der Philologien und Kunstwissenschaft auflöste. Die Aufwertung der gegenüber dem Höhenkamm peripheren Massenmedien und Massenliteratur sowie die Betonung der Funktion gegenüber der Substanz künstlerischer Formen (so schon bei Ernst Cassirer) erforderten veränderte Forschungsstrategien jenseits der Privilegierung kanonischer Meisterwerke, welche den Bestand wie die Grenzen der Philologien sicherten.

Zum dritten führte die zunehmende Spezialisierung und Ausdifferenzierung der Philologien zu einer Art natürlichem Verlust der Fähigkeit, übergreifende Fragestellungen erkennen, zwischen den Einzelwissenschaften gemeinsame Problemfelder identifizieren sowie transdisziplinäre Verfahren und Verständigungsformen entwickeln zu können. Hierfür wie auch für die Moderation des abgerissenen, unterdessen aber immer dringlicheren Dialogs zwischen den Geistes- und

Naturwissenschaften wird Kulturwissenschaft als Forum von Diskursen empfohlen, welche die übersehenen Problemgemeinsamkeiten zu entdecken und die Kommunikationsbrüche zu heilen aufgerufen sind.

Zum vierten läßt sich ein Veralten der philologischen Methoden gegenüber der Entwicklung der Künste selbst beobachten, was à la longue ebenfalls zu einer ‹nachholenden Modernisierung› der Geisteswissenschaften führen mußte. Seit der zweiten Hälfte des 19. Jahrhunderts reflektierten sich die Künste zunehmend in ihrem Verhältnis zu sozialen Entwicklungen (Urbanisierung, Technisierung, Industrialisierung), zur Medienkonkurrenz (Photographie, Film, später Fernsehen und elektronische Datenverarbeitung) sowie im Kontext internationaler, interkultureller und kolonialistischer Prozesse. Die kunstbezogenen Wissenschaften hatten dazu fast keinerlei Kontakt. Erst achtzig Jahre später schließen die Philologien an die Modernität ihrer Gegenstände an und werden dieser nur standhalten durch komplexe ästhetiktheoretische wie auch kulturwissenschaftliche Forschungskonzepte.

Zum fünften findet man Motive einer kulturwissenschaftlichen Reformulierung weniger auf einer inhaltlichen als auf der Ebene von Verfahren und Perspektiven. Im Unterschied zu den Philologien, die ihren Gegenstand naturwüchsig im Ensemble der Texte finden, verfüge die Kulturwissenschaft nicht über eigene Objekte und Fragestellungen, die nicht schon in den Philologien oder in den Sozialwissenschaften und der Historie formuliert wären. Charakteristisch für die Kulturwissenschaft sei vielmehr, daß sie eine Form der Moderation, ein Medium der Verständigung, eine Art Kunst der Multiperspektivität darstelle, um die heterogenen, hochspezialisierten, gegeneinander abgeschotteten Ergebnisse der Wissenschaften zu ‹dialogisieren›, auf strukturelle Gemeinsamkeiten hin transparent zu machen, auf langfristige Trends hin zu befragen, disziplinäre Grenzen zu verflüssigen und ein Geflecht von Beziehungen, Vergleichen, Differenzen, Austauschprozessen und Kontexten zu entwickeln. Kulturwissenschaft ist in diesem Verständnis nicht eine Einzelwissenschaft, sondern eine Metaebene der Reflexion und eine Form der beweglichen Verschaltung, vielleicht auch eine Steuerungsebene für die Modernisierung der Geisteswissenschaften. Dabei übernimmt die Kulturwissenschaft das Reflexionspotential, das traditionell den Geisteswissenschaften insgesamt, besonders der Philosophie zugeordnet war, aus diesen aber im Zuge der radikalen Spezialisierung der Forschung zunehmend ausgewandert ist.

Dagegen gibt es, sechstens, die Auffassung, daß Kulturwissenschaft sehr wohl durch ein eigenes Set von Fragestellungen, Methoden und Gegenstandsfeldern charakterisiert sei. Ein solcher material gefüllter Begriff von Kulturwissenschaft ist gegenwärtig nur schwach entwickelt und meist negativ bestimmt. So werden oft Gegenstände, die ‹zwischen› den Wissenschaften liegen, Fragestellungen, die den Spezialisten entgehen, und Forschungsmethoden, die aus einem Mangel in den Philologien motiviert sind, genannt, um eine Kulturwissenschaft zwischen, jenseits oder über den angestammten Geisteswissenschaften zu legitimieren. Stichworte einer solchen gegenstandsbezogenen Selbstbegründung von Kulturwissenschaft sind die Historische Anthropologie, die Medienkulturforschung, das Forschungsprogramm zum kulturellen Gedächtnis, die Mythen- und Religionswissenschaft sowie die in Textualität und Ikonographie fundierte, von der Ethnologie inspirierte Kulturanalyse.

Wichtig ist zudem die wissenschaftsgeschichtliche Rückbindung und Reflexion der gegenwärtigen Reformulierungen der Geisteswissenschaften an kulturphilosophische und -wissenschaftliche Traditionen (Brakkert/Wefelmeyer 1990). Zu erinnern ist daran, daß die Kulturwissenschaft bereits in den ersten Jahrzehnten dieses Jahrhunderts etwa durch den Neukantianismus (Rickert, Cassirer) oder das mit der Kulturwissenschaftlichen Bibliothek Warburg verbundene fächer- und epochenübergreifende Forschungsprogramm (Edgar Wind) eine wenn auch nicht einheitliche, so doch in Teilbereichen überzeugende Konzeptualisierung gefunden hat. Der Einfluß der Kulturwissenschaften auf die Universitäten wurde jedoch durch den Faschismus und die erzwungene Wissenschaftleremigration unterbrochen. Nach dem Zweiten Weltkrieg blieben diese Ansätze – außer in der Kunstgeschichte – zunächst anschlußlos, während die psychohistorische Verhaltensforschung von Norbert Elias, die anthropologischen Konzepte Arnold Gehlens und Helmuth Plessners, die bildungs- und literatursoziologischen Studien Pierre Bourdieus, die kultursemiotischen Ansätze Umberto Ecos und vor allem die diskursanalytischen Untersuchungen Michel Foucaults stärkeren Einfluß auf die Literaturwissenschaften gewannen und dabei deren angestammtes Gegenstandsfeld und Methodenrepertoire erweiterten.

Ferner ist der Wandel der Geschichtswissenschaft und der Ethnologie für Kulturwissenschaftler inspirierend: So hat die bis in den Ersten Weltkrieg zurückreichende Historikerschule der «Annales» (Marc Bloch, Lucien Febvre; in der zweiten Generation Philippe Ariès, Jacques Le Goff, Georges Duby, Alain Corbin u. a.) eine Forschungstradition begründet, die zum einen kulturgeographische Perspektiven (zum Beispiel den Mittelmeerraum), zum anderen langwellige mentale Entwicklungsdynamiken (longue durée) oder alltagshistorisch aufschlußreiche kulturelle Phänomene und Praktiken zum Schwerpunkt hat, zugleich aber Geschichtsforschung mit politischer Aktualität verbindet (vgl. Ulrich Raulff, Lutz Raphael). In dieser Tradition wie auch in der Schule Aby Warburgs (oder heute bei Kunsthistorikern wie Francis Haskell oder Martin Warnke) findet man die für die Kulturwissenschaft insgesamt charakteristische Erweiterung des sozialen, politischen und institutionellen Quellenmaterials um literarische und bildkünstlerische Quellen ohne Rücksicht auf ihre kanonische Geltung. Für eine eher empirische Kulturwissenschaft sind wiederum die ‹oral history› und die ethnologische Feldforschung modellgebend, insofern hier neben den Schriftquellen mündliche Überlieferungen als gleichberechtigte oder gar privilegierte Erkenntnisgrundlagen ins Spiel kommen, um dadurch entweder eine ‹Geschichtsschreibung von unten› oder die Selbstartikulation fremder Kulturen gegenüber den hegemonialen Diskursen westlicher Kultur zur Geltung zu bringen.

Einflußreich ist die Ethnologie auch in ihrer strukturalistischen Variante (Claude Lévi-Strauss) und in ihrer semiotischen Ausprägung (Clifford Geertz), der schon von Max Weber vorgeprägten Vorstellung verschiedener, miteinander verwobener sozialer Welten und Zeichensysteme. Tzvetan Todorov, Victor Turner, Michael Taussig und Stephen Greenblatt haben, ausgehend vom Schock des Kulturkontakts und vom Akt der Eroberung, die Darstellbarkeit fremder Kulturen problematisiert. Von der älteren, meist ontologisierenden Anthropologie wie zugleich von einer systemischen oder empiristischen Soziologie befreit ist hingegen die anthropologische Wende in den Sozialwissenschaften (Wolf Lepenies), insbesondere wenn sie sich, was für die Kulturwissenschaft besonders wichtig ist, auf das Lebensweltliche (Alois Hahn) oder das Rituelle im weitesten Sinn (Hans-Georg Soeffner) oder auf die soziale und symbolische Ordnung der Geschlechter (Claudia Honegger, Maria Mies, Barbara Duden) konzentriert. Die Ausdehnung des Kulturbegriffs hat dazu geführt, daß heute von einer prinzipiellen Heterogenität nicht mehr vermittelbarer Kulturen gesprochen wird, die höchstens noch, unter der Voraussetzung der generellen Textualität von Kulturen, als ein Ensemble von Texten und Kontexten beschreibbar seien.

Die Durchdringung der kulturellen Prozesse durch technische Strategien, Geräte, Medien, Konfigurationen erweisen die Kultur(en) jedoch zunehmend auch als ein technisches Aggregat, das die heute von den

Wissenschaften geforderten Aufgaben wahrlich nicht mehr in der Dichotomie von Natur- und Geisteswissenschaften, die das Verstehen vom Erklären (Wilhelm Dilthey, Stephen Toulmin, Georg Henrik von Wright) und die literarische von der technischen Intelligenz (C. P. Snow) abgrenzt, angemessen zu beschreiben erlaubt. Die traditionellen Geisteswissenschaften verwenden selbst bereits in einem hohen Maß explikative und technische Verfahren – etwa im Rahmen der Diskurs- und Medientheorie –, so daß diese als Unterscheidungsmerkmal hinfällig werden. Darum sind die neukantianischen Fundamentaldefinitionen von Kulturwissenschaft, die zu sehr noch den zu Beginn des 20. Jahrhunderts gängigen Begriffspolaritäten verhaftet sind, an der Schwelle zum 21. nicht mehr ohne weiteres als theoretischer Bezug angemessen. In jüngerer Zeit sind neue Dualismen in Umlauf gekommen – etwa die Unterscheidung von System und Lebenswelt (Jürgen Habermas) oder die von Struktur und Handlung (Oswald Schwemmer) –, die die alten Dichotomien zu überwinden und neue Konfliktlinien der wissenschaftlich-technischen Zivilisation zu bestimmen suchen. Zunehmend wird indessen bestritten, daß dualistische Ansätze überhaupt noch der Komplexität heutiger multikultureller Gesellschaften gerecht werden. Die Alternativvorschläge reichen von «Trans-» und «Interkulturalität» (Wolfgang Welsch, Christoph Wulf, Karl Heinz Kohl, Renate Lachmann u. a.) bis hin zur generellen «Verflüssigung» des Kulturbegriffs (Klaus Eder). Im Verhältnis zu dieser Pluralisierung des Kulturbegriffs scheint die von Jürgen Mittelstraß vorgeschlagene Universalisierung der Kultur aufgrund ihrer fehlenden Trennschärfe kaum geeignet für eine Begründung von konturierten Forschungs- und Fachdisziplinen.

Perspektiven- und anwendungsreicher ist für die Philologien naturgemäß das Konzept, wonach es sich bei ‹Kultur› um einen symbolischen oder textuellen Zusammenhang handele, um ein Textuniversum, in welchem sich einzelne kulturelle Momente, als Texte, immer nur durch ihre Kontexte bzw. eine Fülle von Kontexten erschließen. Die Kultursemiotik stützt sich auf solche Annahmen. Die kulturelle Realität wird mithin als Text oder Zeichen verstanden, als ein gewaltiges Gewebe, eine Textur, die – im historischen Querschnitt – gemäß ihrer topographischen Verteilung, Vernetzung und Struktur, im zeitlichen Längsschnitt dagegen als ein langweiliger, sich langsam wandelnder, transsubjektiver, gleichwohl hergestellter, darum immer neu interpretierbarer und entzifferbarer Bedeutungszusammenhang aufgefaßt wird. Sprache, Medien, Metaphern, Symbolisierungen aller Art, selbst Institutionen werden als unterschiedliche, konfligierende wie systematisch ausdifferenzierte, machtgestützte wie subversive Codierungen ausgelegt, die konstitutiv für die gesellschaftlichen Wirklichkeiten seien. Hiernach ist Kulturwissenschaft keine Handlungswissenschaft, sondern ein interpretatives, bedeutungsgenerierendes Verfahren, das sozial signifikante Wahrnehmungs-, Symbolisierungs- und Kognitionsstile in ihrer lebensweltlichen Wirksamkeit analysiert. Die Medien – Schrift und Bild, Theater, Buchdruck und Photographie, Film, Grammophon und elektronische Datensysteme (Friedrich Kittler, Derrick de Kerckhove) – erweisen sich dabei als zentral, da sie die kulturelle Semantik von Gesellschaften sowohl erzeugen wie distribuieren. Im historischen Rückblick differenzieren die Medien sich aus primär oralen Überlieferungszusammenhängen nacheinander aus und bilden in neuzeitlichen Gesellschaften, die durch ein Nebeneinander mehrerer Medien geprägt sind, einen zunehmend komplexeren, subsystematisch gegliederten, von technischen Innovationen vorangetriebenen Prozeß, den nicht zu berücksichtigen jede Analyse kultureller Semiosis heute zu einem fast skurrilen Idealismus werden ließe. In diesem Kontext wurden Roland Barthes und Umberto Eco für die Literaturwissenschaften zu einem Modellfall, insofern sie, ohne den Boden der Künste und der Literaturen zu verlassen, die semiotischen Systeme der westeuropäischen Lebenswelten (auch im Vergleich mit außereuropäischen Systemen) als Bausteine und Elemente der Kultur zum Thema gemacht haben. Kultur erscheint als ein im Prinzip unabschließbarer Prozeß der Signifikation, der Zirkulation und auch Subversion von Bedeutungen. Von einer so verstandenen Semantik des ‹Erfahrungswissens› aus sind Bezüge etwa zur Systemtheorie Niklas Luhmanns denkbar.

Der Stand der Debatte fordert Bescheidenheit im Theoretischen und Pragmatismus im Methodischen. Das heißt aber nichts anderes, als daß es an der Zeit ist, konkrete Vorschläge für das Studium, für eine Neuorientierung in Forschung und Lehre zu erarbeiten. Statt neue Grundsatzentwürfe zu präsentieren, ist es die Absicht des vorliegenden Bandes, kulturwissenschaftliche Konzeptionen und Fragestellungen bei der Arbeit zu zeigen, ihre theoretischen Herausforderungen und praktischen Folgen für das universitäre Studium modellhaft darzustellen. Vor dem Hintergrund der lebhaften Theoriedebatten haben sich in den letzten Jahren eine Reihe von Forschungsschwerpunkten gebildet, in denen nicht über Kulturwissenschaft debattiert, sondern diese – im pluralen Sinn verstanden – materialiter praktiziert wird.

Zum einen kann man eine deutliche Ausrichtung der Frageinteressen an der *historischen Anthropologie* beobachten. Die strikte Historisierung dessen, was der klassischen Anthropologie als das Wesen des Menschen galt und sie streckenweise zu einem Subtitel der philosophischen Ontologie werden ließ, hat verschiedenen Forschungsfeldern Auftrieb gegeben: Die kulturellen Formen der menschliche Sinne, Gefühle und kognitiven Leistungen in ihrem geschichtlichen Wandel, die körpernahen Praktiken, die symbolischen und realen Ordnungen der Geschlechter (gender studies), die Geschichte der Einbildungskraft und ihrer welterzeugenden Effekte, vor allem die alltagsgeschichtlichen Verhaltensstile und Orientierungsmuster sind in teilweise hervorragenden Studien zu einem Kernstück künftiger Kulturwissenschaft entwickelt worden.

Von außerordentlicher Bedeutung ist ferner die unterdessen gut entwickelte Forschung zur *Medienkultur*. ‹Medien› stellen sowohl Erzeugnisse wie Bedingungen des Kulturprozesses dar. ‹Medien› sind – kulturgeschichtlich betrachtet – nicht nur als (moderne) technische Medien zu verstehen, sondern historisch und systematisch als das, worin Wahrnehmen, Fühlen und Denken seine charakteristischen Formen und Darstellungen findet. Darum stellt die mediale Form, die Vermittlung in *allen* Bereichen der Kulturwissenschaft einen zentralen Aspekt der Fragestellungen dar. Umgekehrt gilt, daß jede medienwissenschaftliche Analyse sich zu reflektieren hat im kulturellen Feld oder ästhetischen Kontext. In diesem Sinn verweisen ‹Ästhetik›, ‹Kultur› und ‹Medien› auf allen Stufen der Forschung aufeinander. Unübersehbar ist jedoch, daß die hochtechnischen Neuen Medien den aktuellen Zwang zu einer medienwissenschaftlichen Fundierung der Geisteswissenschaften hervorgebracht haben. Die telekommunikative, elektronische Form der kulturellen Produktion, Distribution und Rezeption stellt einen Epocheneinschnitt für alle Gesellschaften dar und verändert tiefgreifend nicht nur das Verhältnis der einzelnen zu Raum und Zeit, zu sozialen und kommunikativen Prozessen, sondern beherrscht weitgehend auch das Verhältnis von Regional- zu Globalräumen, von Gegenwart und Geschichte der Gesellschaften sowie das Verhältnis von materiellen zu immateriellen Systemebenen der Kulturen.

Eine kulturwissenschaftliche *Antikenforschung* (die an die Cambridge-School anknüpfen könnte) und eine zunehmend einflußreichere vergleichende *Religionswissenschaft* und *Mythenforschung* (die mit Grund an die Wissenschaftstraditionen des 19. Jahrhunderts anschließt; Klaus Heinrich, Carsten Colpe, Renate Schlesier) erhalten heute viel Antrieb aus der Beobachtung, daß in den hochindustrialisierten Ländern – entgegen veralteten Fortschrittstheorien – keineswegs nur Rationalitätsgewinne erzeugt werden, sondern zugleich auch erstaunliche Remythisierungen des Alltags (besonders durch die Massenmedien) stattfinden, unerwartete Retribalisierungen von Subkulturen, vielfältig flottierende religiöse Energien und seltsame, funktional kaum erklärbare Ritualisierungen der Lebensformen. Die klassischen Altertums- und Religionswissenschaften gewinnen unter diesem kulturwissenschaftlichen Aspekt neue Aktualität, wenn die Moderne sich als das transfigurierende Medium des Alten und Uralten begreift und gerade darin kritisch zu reflektieren erlaubt.

Dies gilt ebenfalls für die expandierende Forschung zur Funktionsweise und zu den Medien des *kulturellen Gedächtnisses* und der *Erinnerungskulturen*. Auch hier sind Anschlüsse an die deutsche und französische Gedächtnisforschung um die letzte Jahrhundertwende sinnvoll. Die Einsicht, daß alle Kulturen sich über Gedächtnismedien reproduzieren, läßt diese zu einem zentralen Forschungsfeld werden, auf welchem die Dynamik von Kulturen zwischen Identitätserhalt und -zerfall verstanden werden kann. Dabei spielen Fragen nach den Überlieferungsträgern bis hin zu den technischen Medien der Neuzeit eine entscheidende Rolle wie auch Prozesse der Kanonisierung von Überlieferungen und deren Entdifferenzierung, die Herstellung kollektiver ‹Engramme› in öffentlichen Ritualen und Festen, die Entwicklung von Speichertechniken und symbolischen Formen des Gedächtnisses (Denkmäler, Monumente) sowie schließlich die besonderen Fusionen, die Raum- und Zeitstrukturen in Formen des Gedächtnisses und der Erinnerung eingehen.

Die *Ethnologie* ist zwar immer noch ein kleines Fach, jedoch hat sie insbesondere durch die amerikanischen und französischen Diskussionen eine große Ausstrahlungskraft auf die Gesamtheit der Kulturwissenschaften gewonnen. Zu nennen ist hier das Entstehen einer europäischen Ethnologie, welche die eigene wie eine fremde Kultur zu lesen und aus einer methodisch erzeugten Selbstfremdheit neu zu sehen lehrt. Vor allem die «postcolonial studies», welche völlig neue Kartierungen der Weltkultur(en) vorschlagen («cultural mapping», «location of culture»), haben die traditionellen Geisteswissenschaften mit ihren historischen Kanons, Wertmustern und Deutungsperspektiven aufs produktivste erschüttert. Zugleich hat die Ethnologie, auch mit Hilfe des Reflexionspotentials der Literatur- und Kunstwissenschaften, sich in ihrer textuellen und ikonischen Konstitution zu reflektieren gelernt. Die Gewichtsverschiebungen in der Kartographie der Weltkultur haben die eurozentrische Ausrichtung der Kulturwissenschaften erschüttert. Daß entscheidende kulturelle Erneuerungen heute von den ehemals als Peripherien geltenden Kulturen, von synkretistischen Kulturen, postkolonialen Ländern und ethnischen Minderheiten in den Industriegesellschaften ausgehen, ist ein Prozeß, dessen segregierende und polymorphe Struktur sich überhaupt nicht mehr geisteswissenschaftlich verstehen läßt, sondern nur mit einer zwischen Weltkultur und Regionalismus ebenso empirisch wie theoretisch beweglichen Kulturwissenschaft zu bewältigen ist. Neben der Medienkulturforschung liegt hier auch das wichtigste politische Applikationsfeld der Kulturwissenschaft, wenn denn wahr ist, daß die künftigen Formationen der Kulturen wesentlich durch die Telekommunikationsmedien einerseits, den kulturellen Synkretismus andererseits bestimmt sein werden.

Kultur- und Literaturwissenschaften, so ist deutlich geworden, sind heute trotz vielfältiger Bemühungen weder in Begriff noch Gegenstand eindeutig zu definieren. Die kulturellen und ästhetischen Praktiken unterliegen einem beschleunigten Wandlungsprozeß. Entsprechend stehen auch die Fächer vor der Schwierigkeit, an überlieferte Wissenschaftsparadigmen nicht nur anschließen, sondern ihr Fachverständnis in unmittelbarer Konfrontation mit der wissenschaftlich-technischen Zivilisation sowie der Pluralisierung der Weltkultur und ihren historischen Voraussetzungen bilden zu müssen.

Nicht nur die neuzeitlichen, in Jahrhundertfolgen entwickelten Industriegesellschaften, sondern auch die sogenannten Entwicklungs- und Schwellenländer haben sich zu *wissenschaftlich-technischen Zivilisationen* gewandelt. Die technischen Systeme durchdringen nicht nur die traditionell nicht-technischen Sektoren, sondern bestimmen kraft ihrer Effektivität in Wirtschaft, Wissenschaft und Kultur auch solche Gesellschaften, die historisch, ethnisch oder kulturell von der westlichen Zivilisation unabhängige Wege beschritten. Im globalen Maßstab sind Gesellschaften und Kulturen deshalb technomorph.

Die Erforschung und kritische Reflexion der Lebensbedingungen, der kulturellen und symbolischen Praktiken der hochtechnisierten Zivilisationen und ihrer historischen Voraussetzungen, die Chancen und Verluste dieses entscheidenden Motors für die gesellschaftlichen Veränderungen: Sie sollten in Zukunft ein zentraler Gegenstand der miteinander verbundenen Literatur- und Kulturwissenschaften sein.

Die hier versammelten Beiträge wurden im Rahmen einer Ringvorlesung an der Humboldt-Universität zu Berlin vorgetragen, die im Wintersemester 1995/96 in Kooperation des Instituts für Kulturwissenschaft und des Instituts für deutsche Literatur veranstaltet wurde. Die Herausgeber danken der Studienabteilung der Humboldt-Universität sowie dem Rowohlt Taschenbuch Verlag dafür, daß sie das Zustandekommen der Ringvorlesung materiell unterstützt haben, und Dr. Burghard König für die engagierte Förderung des Bandes. Dr. Alexander Honold hat die Vortragsmanuskripte betreut und für die Publikation eingerichtet. Zu danken ist aber auch den Zuhörern, die durch eine ebenso lebhafte wie präzise Diskussion dazu beigetragen haben, daß die Veranstaltung zu einem ausstrahlenden akademischen Ereignis wurde. Immer wieder konnte dabei die Erfahrung gemacht werden, daß die Reform der geistes- und humanwissenschaftlichen Forschung und Ausbildung nur in einem intensiven Dialog zwischen den Fächern gelingen kann.

Literatur

Ariès, Philippe/Duby, Georges (Hg.): Geschichte des privaten Lebens. 5 Bde. Frankfurt/M. 1991.
Assmann, Aleida (Hg.): Texte und Lektüren. Perspektiven der Literaturwissenschaft. Frankfurt/M. 1994.
Assmann, Aleida/Assmann, Jan (Hg.): Kanon und Zensur. Beiträge zur Archäologie der literarischen Kommunikation II. München 1987.
Assmann, Aleida/Assmann, Jan/Hardmeier, Christof (Hg.): Schrift und Gedächtnis. Beiträge zur Archäologie der literarischen Kommunikation I. München 1983.
Assmann, Aleida/Harth, Dietrich (Hg.): Kultur als Lebenswelt und Monument. Frankfurt/M. 1991.
Assmann, Aleida/Harth, Dietrich (Hg.): Mnemosyne. Formen und Funktionen der kulturellen Erinnerung. Frankfurt/M. 1991.
Assmann, Jan: Das kulturelle Gedächtnis. Schrift, Erinnerung und politische Identität in frühen Hochkulturen. München 1992.
Assmann, Jan: Der zweidimensionale Mensch. Das Fest als Medium des kulturellen Gedächtnisses. In: J. Assmann (Hg.): Das Fest und das Heilige. Religiöse Kontrapunkte des Alltags. Studien zum Verstehen fremder Religionen 1. Gütersloh 1991.
Assmann, Jan/Hölscher, Tonio (Hg.): Kultur und Gedächtnis. Frankfurt/M. 1988.
Barthes, Roland: Das Reich der Zeichen. Frankfurt/M. 1981.
Barthes, Roland: Die Sprache der Mode. Frankfurt/M. 1985.
Barthes, Roland: Leçon/Lektion. Antrittsvorlesung im Collège de France. Frankfurt/M. 1980.
Barthes, Roland: Literatur oder Geschichte. Frankfurt/M. 1969.
Barthes, Roland: Mythen des Alltags. Frankfurt/M. 1964.

Beck, Stefan: Umgang mit Technik. Kulturelle Praktiken und kulturwissenschaftliche Forschungskonzepte. Berlin 1995.
Berg, Eberhard/Fuchs, Martin (Hg.): Kultur, soziale Praxis, Text. Die Krise der ethnographischen Repräsentation. Frankfurt/M. 1993.
Bloch, Marc: Die seltsame Niederlage: Frankreich 1940. Der Historiker als Zeuge. Frankfurt/M. 1992.
Bloch, Marc: Les Rois Thaumaturges. Etude sur le caractère surnaturel attribué à la puissance royale particulièrement en France et en Angleterre (1924). Paris 1983.
Böhme, Hartmut: Vom Cultus zur Kultur(wissenschaft). Zur historischen Semantik des Kulturbegriffs. In: Renate Glaser/Matthias Luserke (Hg.): Literaturwissenschaft – Kulturwissenschaft. Positionen, Themen, Perspektiven. Opladen 1996, S. 48–68.
Bolz, Norbert/Kittler, Friedrich/Tholen, Christoph (Hg.): Computer als Medium. München 1994.
Brackert, Helmut: Reflektiertes Können und individuierter Geist. Zu Jacob Burckhardts Kulturgeschichtsschreibung. In: Brackert, Helmut/Wefelmeyer, Fritz (Hg.): Naturplan und Verfallskritik. Zu Begriff und Geschichte der Kultur. Frankfurt/M. 1984, S. 289–320.
Brackert, Helmut/Wefelmeyer, Fritz (Hg.): Kultur. Bestimmungen im 20. Jahrhundert. Frankfurt/M. 1990.
Bussmann, Hadumod/Hof, Renate (Hg.): Genus. Zur Geschlechterdifferenz in den Kulturwissenschaften. Stuttgart 1995.
Cassirer, Ernst: Der Begriff der symbolischen Form im Aufbau der Geisteswissenschaften. In: Vorträge der Bibliothek Warburg. Vorträge 1921/22, S. 11–39.
Cassirer, Ernst: Philosophie der symbolischen Formen. 3 Bde. Berlin 1923–1929. Oxford 2. Aufl. 1954. Nachdr. Darmstadt 6. Aufl. 1973–1975.
Cassirer, Ernst: Zur Logik der Kulturwissenschaften. 1. Aufl. 1942. Darmstadt 1994.
Corbin, Alain: Meereslust. Das Abendland und die Entdeckung der Küste 1750–1840. Berlin 1990.
Corbin, Alain: Pesthauch und Blütenduft. Eine Geschichte des Geruchs. Frankfurt/M. 1991.
Dilthey, Wilhelm: Der Aufbau der geschichtlichen Welt in den Geisteswissenschaften. Eingeleitet und herausgegeben von Manfred Riedel. Frankfurt/M. 1970.
Dilthey, Wilhelm: Einleitung in die Geisteswissenschaften. Versuch einer Grundlegung für das Studium der Gesellschaft und der Geschichte (1883). In: Gesammelte Schriften. Bd. 1. Stuttgart/Göttingen 1959.
Duden, Barbara: Geschichte unter der Haut. Ein Eisenacher Arzt und seine Patientinnen um 1730. Stuttgart 1987.
Eco, Umberto: Die Grenzen der Interpretation. München 1992.
Eco, Umberto: Semiotik und Philosophie der Sprache. München 1985.
Eco, Umberto: Semiotik. Entwurf einer Theorie der Zeichen. München 1986.
Eco, Umberto: Zeichen. Einführung in einen Begriff und seine Geschichte. Frankfurt/M. 1977.
Eder, Klaus: Das Paradox der «Kultur». Jenseits einer Konsensustheorie der Kultur. In: Paragrana 3 (1994), 1, S. 148–173.
Elias, Norbert: Über den Prozeß der Zivilisation. 2 Bde. Frankfurt/M. 1976.
Febvre, Lucien: Das Gewissen des Historikers. Berlin 1988.

Febvre, Lucien/Martin, Henri-Jean: L'apparition du livre. Paris 1950.
Foucault, Michel: Archäologie des Wissens. Frankfurt/M. 1973.
Foucault, Michel: Die Ordnung der Dinge. Eine Archäologie der Humanwissenschaften. Frankfurt/M. 1971.
Frühwald, Wolfgang/Jauß, Hans Robert/Koselleck, Reinhart/Mittelstraß, Jürgen/Steinwachs, Burkhart: Geisteswissenschaften heute. Frankfurt/M. 1991.
Geertz, Clifford: Dichte Beschreibung. Beiträge zum Verstehen kultureller Systeme. Frankfurt/M. 1983.
Geertz, Clifford: Die künstlichen Wilden. Der Anthropologe als Schriftsteller. Frankfurt/M. 1994.
Geertz, Clifford: Local Knowledge. Further Essays in Interpretive Anthropology. New York 1993.
Glaser, Renate/Luserke, Matthias (Hg.): Literaturwissenschaft – Kulturwissenschaft. Positionen, Themen, Perspektiven. Opladen 1996.
Greenblatt, Stephen: Wunderbare Besitztümer. Die Erfindung des Fremden: Reisende und Entdecker. Berlin 1994.
Griesheimer, Frank/Prinz, Alois (Hg.): Wozu Literaturwissenschaft? Kritik und Perspektiven. Tübingen 1991.
Habermas, Jürgen: Theorie des kommunikativen Handelns. 2 Bde. Frankfurt/M. 1981.
Haferkamp, Hans (Hg.): Sozialstruktur und Kultur. Frankfurt/M. 1990.
Hahn, Alois: Soziologische Relevanzen des Stilbegriffs. In: Gumbrecht, Hans Ulrich/Pfeiffer, K. Ludwig (Hg.): Stil. Geschichten und Funktionen eines kulturwissenschaftlichen Diskurselements. Frankfurt/M. 1986.
Hansen, Klaus P. (Hg.): Kulturbegriff und Methode. Der stille Paradigmenwechsel in den Geisteswissenschaften. Tübingen 1993.
Hansen, Klaus P.: Kultur und Kulturwissenschaft. Eine Einführung. Tübingen/Basel 1995.
Haskell, Francis: Die Geschichte und ihre Bilder. Die Kunst und die Deutung der Vergangenheit. München 1995.
Haverkamp, Anselm/Lachmann, Renate (Hg.): Gedächtniskunst. Raum – Bild – Schrift. Studien zur Mnemotechnik. Frankfurt/M. 1991.
Hofmann, Werner/Syamken, Georg/Warnke, Martin: Die Menschenrechte des Auges. Über Aby Warburg. Hamburg 1980.
Honegger, Claudia: Die Ordnung der Geschlechter. Die Wissenschaften vom Menschen und das Weib 1750–1850. Frankfurt/New York 1991.
Jäger, Ludwig (Hg.): Germanistik in der Mediengesellschaft. München 1994.
Jäger, Ludwig (Hg.): Germanistik. Disziplinäre Identität und kulturelle Leistung. Weinheim/Basel 1995.
Kerckhove, Derrick de: Brainframes. Utrecht 1991.
Kerckhove, Derrick de: Schriftgeburten. Vom Alphabet zum Computer. München 1995.
Kittler, Friedrich A. (Hg.): Austreibung des Geistes aus den Geisteswissenschaften. Programme des Poststrukturalismus. Paderborn/München/Wien/Zürich 1980.
Kittler, Friedrich A.: Draculas Vermächtnis. Technische Schriften. Leipzig 1993.
Kittler, Friedrich A.: Grammophon Film Typewriter. Berlin 1987.
Kittler, Friedrich A.: Aufschreibesysteme 1800–1900. München 1987.

Kittler, Friedrich A./Tholen, Georg Christoph (Hg.): Arsenale der Seele. Literatur- und Medienanalyse seit 1870. München 1990.

Klein, Wolfgang/Naumann-Beyer, Waltraud (Hg.): Nach der Aufklärung? Beiträge zum Diskurs der Kulturwissenschaften. Berlin 1995.

Kreuzer, Helmut (Hg.): Die zwei Kulturen. Literarische und naturwissenschaftliche Intelligenz. C. P. Snows These in der Diskussion. Stuttgart 1969.

Lachmann, Renate: Gedächtnis und Literatur. Frankfurt/M. 1990.

Lamprecht, Karl: Was ist Kulturgeschichte? Beitrag zu einer empirischen Historik. In: Deutsche Zeitschrift für Geschichtswissenschaft 1 (1896/97), S. 75–150.

Laqueur, Thomas: Auf den Leib geschrieben. Die Inszenierung der Geschlechter von der Antike bis Freud. Frankfurt/New York 1992.

Le Goff, Jacques: Geschichte und Gedächtnis. Frankfurt/New York/Paris 1992.

Le Goff, Jacques/Chartier, Roger/Revel, Jacques (Hg.): Die Rückeroberung des historischen Denkens. Grundlagen der neuen Geschichtswissenschaft. Frankfurt/M. 1994.

Leach, Edmund: Kultur und Kommunikation. Zur Logik symbolischer Zusammenhänge. Frankfurt/M. 1978.

Leach, Edmund: Lévi-Strauss zur Einführung. Hamburg 1996.

Lepenies, Wolf: Die drei Kulturen. Soziologie zwischen Literatur und Wissenschaft. München 1985.

Lévi-Strauss, Claude: Das wilde Denken. Frankfurt/M. 1973.

Lévi-Strauss, Claude: Mythologica. 4 Bde. Frankfurt/M. 1975.

Lévi-Strauss, Claude: Strukturale Anthropologie. 2 Bde. Frankfurt/M. 1973, 1975.

Mies, Maria/Shiva, Vandana: Ecofeminism. Halifax 1993.

Mittelstraß, Jürgen: Glanz und Elend der Geisteswissenschaften (= Oldenburger Universitätsreden Nr. 27). Oldenburg 1989.

Mittelstraß, Jürgen: Leonardo-Welt. Über Wissenschaft, Forschung und Verantwortung. Frankfurt/M. 1992.

Parsons, Talcott: Action Theory and the Human Condition. New York 1978.

Parsons, Talcott: The Social System. New York 1954.

Perpeet, Wilhelm: Kulturphilosophie. In: Archiv für Begriffsgeschichte 20 (1976), S. 42–99.

Prinz, Wolfgang/Weingart, Peter (Hg.): Die sog. Geisteswissenschaften. Innenansichten. Frankfurt/M. 1990.

Raphael, Lutz: Die Erben von Bloch und Febvre. «Annales»-Geschichtsschreibung und «nouvelle histoire» in Frankreich 1945 bis 1980. Stuttgart 1994.

Raulff, Ulrich (Hg.): Mentalitäten-Geschichte. Berlin 1987.

Raulff, Ulrich: Marc Bloch. Ein Historiker im 20. Jahrhundert. Frankfurt/M. 1995.

Rickert, Heinrich: Die Grenzen der naturwissenschaftlichen Begriffsbildung. Eine logische Einleitung in die historischen Wissenschaften. 5. Aufl. Tübingen 1929.

Rickert, Heinrich: Kulturwissenschaft und Naturwissenschaft. Mit einem Nachwort hg. von Friedrich Vollhardt. Stuttgart 1986.

Scherpe, Klaus R.: Ist eine Modernisierung der Germanistik möglich? Gedanken und Vorschläge zur gesellschaftlichen Selbstbeteiligung unter hochtechnischen Bedingungen. Eröffnungsvortrag des Germanistentags 1987. In: Norbert Oellers (Hg.): Vorträge des Germanistentages Berlin 1987. Selbstbestimmung und Anpassung. Bd. 1. Tübingen 1988, S. 1–18.

Schwemmer, Oswald: Handlung und Struktur. Zur Wissenschaftstheorie der Kulturwissenschaften. Frankfurt/M. 1987.

Snow, Charles Percy: Die zwei Kulturen. Literarische und naturwissenschaftliche Intelligenz. Stuttgart 1967.

Soeffner, Hans-Georg: Die Ordnung der Rituale. Die Auslegung des Alltags II. Frankfurt/M. 1995.

Soeffner, Hans-Georg: Handlung – Szene – Inszenierung. Zur Problematik des «Rahmen»-Konzeptes bei der Analyse von Interaktionsprozessen. In: Kommunikationstypologie. Handlungsmuster, Textsorte, Situationstypen. Hg. von Werner Kallmeyer. Düsseldorf 1986, S. 73–91.

Sturm, Dieter (Hg.): Kultur und Kulturwissenschaft. Lüneburg 1991.

Taussig, Michael: Mimesis and Alterity. A Particular History of the Senses. New York 1991.

Todorov, Tzvetan: Die Eroberung Amerikas. Das Problem des Anderen. Frankfurt/M. 1985.

Todorov, Tzvetan: Nous et les autres. La réflexion française sur la diversité humaine. Paris 1989.

Toulmin, Stephen: Voraussicht und Verstehen. Ein Versuch über die Ziele der Wissenschaft. Frankfurt/M. 1981.

Turner, Victor: Vom Ritual zum Theater. Frankfurt/New York 1989.

Voßkamp, Wilhelm: Einheit in der Differenz. Zur Situation der Literaturwissenschaft in wissenschaftshistorischer Perspektive. In: Ludwig Jäger (Hg.): Germanistik. Disziplinäre Identität und kulturelle Leistung. Weinheim/Basel 1995, S. 29–46.

Warburg, Aby M.: Ausgewählte Schriften und Würdigungen. Hg. von Dieter Wuttke. 3. Aufl. 1992.

Warburg, Aby M.: Gesammelte Schriften. Hg. von der Bibliothek Warburg. 2 Bde. Unter Mitarbeit von Fritz Rougemont hg. von Gertrud Bing: Die Erneuerung der heidnischen Antike. Kulturwissenschaftliche Beiträge zur Geschichte der europäischen Renaissance. Mit einem Anhang unveröffentlichter Zusätze. Leipzig/Berlin 1932. Reprint in einem Band: Nendeln/Liechtenstein 1969.

Warburg, Aby M.: Mnemosyne-Atlas. Begleittext zur Ausstellung. Daedalus. Akademie der Künste Wien. Wien 1992.

Warnke, Martin: Politische Landschaft. Zur Kunstgeschichte der Natur. München 1992.

Welsch, Wolfgang: Transkulturalität. Lebensformen nach der Auflösung der Kulturen. In: Information Philosophie 2 (1992), S. 5–20.

Wind, Edgar: Warburgs Begriff der Kulturwissenschaft und seine Bedeutung für die Ästhetik. In: Dieter Wuttke/Peter Schmidt (Hg.): Aby Warburg und die Ikonologie. Mit einem Anhang unbekannter Quellen zur Geschichte der Internationalen Gesellschaft für Ikonographische Studien. Wiesbaden 1993, S. 401 ff.

Wright, Georg Henrik von: Erklären und Verstehen. Frankfurt/M. 1974.

Wulf, Christoph: Die Selbstthematisierung der Kultur. In: Paragrana 3 (1994), 1, S. 190–199.

Gert Mattenklott

Mythologien der Migration im 20. Jahrhundert

Der Titel dieses Beitrags bezeichnet mehr ein Arbeitsfeld als ein Thema. So ist eine Vorbemerkung nötig, um das schier unerschöpfliche Gebiet unter einigen speziellen Aspekten zu besichtigen. Ich bezeichne es am besten, indem ich den Schnittpunkt nenne, in dem sich für mich seine wichtigsten Koordinaten kreuzen. Auf der einen verzeichne ich das Poetischwerden der Wissenschaften, auf der anderen die Verwissenschaftlichung der Künste. Im Schnittpunkt der beiden finde ich das Ideal meines Textes.

Der mediterrane Raum

In einem schönen Essay über den «Raum des Buches» hat Jacques Rancière den «Versuch einer Poetik des Wissens» unterbreitet, für die die Unterscheidung zwischen Erzählen und Wissenschaft nicht mehr gilt. Rancière schwebt die Ablösung der politischen Geschichtsschreibung durch eine Narrativik vor, deren Muster die großen Bücher sind. Er hat seine Vorstellungen insbesondere für die mediterrane Welt konkretisiert; kein beliebiges Beispiel für den Aufbau der westlichen Kulturen. Wo ehedem der König als das Subjekt der Geschichte herrschte, sei ein Vakuum entstanden, welches für ihn das Mittelmeer als ein symbolischer Raum ausfüllt. Das Mittelmeer meint hier nicht die gewaltige wassergefüllte Mulde, sondern einen kulturellen Raum. Dieses eher symbolische Subjekt gewinnt eine faßliche materielle Gestalt in der Buchkultur, in den Erzählungen der vielen Reisenden aller Zeiten, die diesen Raum durchmaßen und beschrieben:

«Seine Einheit verdankt das Mittelmeer weniger dem Olivenbaum als der Möglichkeit, ihn an derselben Stelle wiederzufinden, wo er seit langem beschrieben worden ist. Das Mittelmeer ist das Meer des Wiedererkennens, der Reise auf materiellen Spuren, von denen die Schriftspuren zeigen, daß sie sich selbst gleichen. – Die Einheit des Mittelmeers ist die Einheit einer Rückreise. In dem unablässigen Verweis auf das Dokument des Archivs, die Notizen des Geographen, den Bericht des Erzählers von einst oder den Eindruck des Reisenden von heute spürt man die Faszination, die ein bestimmtes Modell ausübt: das Modell der Reise auf den Spuren des Buchs, der Reise, die die Orte dessen wiederentdeckt, was geschrieben wurde.» [1]

Nicht das Klima und nicht die Handelswege, die Schlachten nicht und auch nicht die Genealogie der hohen Häuser ergeben den Begriff des mittelmeerischen Raums. Zu einem Ganzen rundet sich dieser vielmehr als ein beschriebenes Feld, als Schriftraum. Das Subjekt der Geschichte, so Rancière, ist «der vom Text durchfahrene Raum».

In der Tat, die drei großen Traditionen, aus denen sich unsere Zivilisation speist, die jüdische, die griechisch-römische der Antike und die christliche, strahlen samt und sonders von der *méditerranée* aus. Für diesen kulturellen Bereich unterstellt bereits der Historiker der «Annales», Fernand Braudel, ein räumliches Kontinuum, das sich bis in die Gegenwart erstreckt, allen vermeintlichen Traditionsbrüchen und Totsagungen zum Trotz. Das ist zunächst einmal ein sympathischer Gedanke für jeden, der skeptisch ist gegenüber dem Wildwuchs der Todesmetaphorik: Tod des Subjekts und Tod der Moderne, Tod der Geschichte oder zumindest Tod der Literatur. Braudel bringt dieser Rhetorik gegenüber die Hypothese eines kontinuierlichen Gestaltwandels ins Spiel. Was dem dicht davor Stehenden als leerer Abgrund erscheint, wird beim Zurücktreten als Stufe erkennbar: aus demselben Material, aber auf einem anderen Niveau, so daß sich auch andere Perspektiven ergeben. Was zu verschwinden scheint, erfährt tatsächlich lediglich eine Transformation oder Metamorphose. Blicken wir in den tief gestaffelten Raum der Tradition, so zeigt sich uns ein überraschend homogener Raum, Erzählung aus einem Stoff, den wir in seinen zahlreichen Variationen wiedererkennen können.

Dieser dicht beschriftete Textraum der mittelmeerischen Kultur mit seinen Grundbüchern der «Odyssee» und Vergils «Aeneïs» hat nun allerdings schon im Blick auf die Anrainerkulturen des Atlantik nicht seinesgleichen. So gibt es über die atlantischen Kulturen diverse Formen von Wissenschaft, doch keinen Mythos, den man dem homerischen der

«Odyssee» vergleichen könnte. Die Historiker, so wiederum Rancière, «können dem ‹logos› des atlantischen Raums keine Schrift voranschikken, ihn durch keinen ‹mythos› verdoppeln. Der atlantische Raum bleibt ein Raum ohne Historialität. Die Verständlichkeit der Wissenschaft und die des Berichts haben keinen Ort, an dem sie sich austauschen. ‹Logos› und ‹mythos› bleiben geschieden, das Buch bleibt unvollendet.»

Mit anderen Worten: Die Voraussetzung, unter der die mittelmeerische Kultur als ein einheitlicher Schriftraum erscheinen kann, die wissenschaftliche Wiederholung des mythologischen Entwurfs früher Erfahrungen, ist für den atlantischen Bereich schon nicht mehr gegeben, wie er denn auch für die anderen Weltmeere kein Äquivalent zu haben scheint. Für die Wissenschaft (auch für die Historiographie) folgt daraus eine wesentlich offene Begriffsbildung ohne das narrativische Leitsystem, an dem der Logos sich orientieren könnte, wie der Historiker Victor Bérard noch meinte, als er vorschlug, die homerische Epik als Reisetagebuch zu lesen und den Wegen des Odysseus nachzufahren. Seine These, die ihn zu einem umfangreichen Werk über «Les Phéniciens et l'Odyssée» verführte[2], lautet, die homerischen Epen seien nicht mehr und nicht weniger als grandios erweiterte Geographiebücher der alten Welt. «Wir haben die Quelle, wir haben sie im Mittelmeerraum, die innerste Quelle der Kultur, aus der unsere Zivilisation sich speist»[3]. Georges Duby hat in diesen Worten das Motto einer kompletten Schule französischer Historiker aus dem Umkreis der «Annales» formuliert, und Braudel ist zweifellos derselben Ansicht, indessen:

«Die Geschichte der mediterranen Welt in ihrem ganzen Verlauf: sechs bis zehn Jahrtausende von Archäologen und Historikern zerlegte, in Widersprüche aufgelöste, emsig erforschte menschliche Entwicklung in einem Großraum, das ergibt eine Datenfülle, die jeder vernünftigen Synthese trotzt. Die Vergangenheit dieses geographischen Raums ist ein ebenso dichtes historisches Geflecht, wie die Geschichte des fernen China es ist. – Vorrang den Zivilisationen.»[4]

Die mentale Physiognomik der Zivilisationen ist in der Tat das Forschungsprogramm, mit dem die Historiker der «Annales» auf das Dilemma der allzu vielen Daten und möglichen Perspektiven im Blick auf die unterstellte Einheit der *méditerranée* antworten. Der heimliche Führer ihrer Exkursionen bleibt aber Odysseus in Person, das homerische Epos als Inbegriff des mittelmeerischen Raums.

Damit ist in der Tat auch der Literaturgeschichte eine Grenze gesetzt.

Zumindest ist wahrscheinlich geworden, daß der mythologische Horizont, auf den hin sie ihre Wahrnehmungswelt ausrichtet und ihre Begriffe bildet, beim Verlassen des europäisch-mittelmeerischen Raums keinen gewissen und des europäisch-nordamerikanischen Raums zunächst einmal gar keinen Gegenstand mehr hat. Literarische Entwürfe des 20. Jahrhunderts im Sinne moderner «Odysseen» sind eurozentrisch, ja mediterran bestimmt. Ob die homerische «Odyssee» mit ihrem Schema der Episodenkette zwischen Ausfahrt und Ankunft unter dem letztlich zuverlässig leitenden Sternenhimmel der großen Epik noch ein sinnvolles Leitbild für die Literatur der großen Wanderung und ihren angemessenen Begriff in unserem, dem 20. Jahrhundert sein kann, ist also mehr als zweifelhaft. Es bleibt freilich eine Frage, die uns von einem Text zum anderen so zuverlässig beschäftigen sollte, wie sie die Autoren unseres Jahrhunderts selbst beschäftigt hat.

Gewaltmythen, Opferrituale

Man könnte auch noch eine andere Frage aufwerfen. Ist die Perspektive der «Annales»-Historiker nicht allzu werkfromm und im selben Maß auch kunstfremd normativ? Ist doch die «Odyssee» Homers selbst lediglich der Aggregatzustand einer Überlieferung, die älter und womöglich komplexer ist als die Erzählform, in der sie die Homer zugeschriebene zitierbare Gestalt gewinnt. Was diese Erinnerung einträgt, läßt sich bei der Lektüre eines Buchs ermessen, das uns über altgriechische Opferriten und Mythen unterrichtet: «Homo necans» – der tötende Mensch – von Walter Burkert. Der Autor geht darin der Gestalt des Täters in der besonderen Form des mordenden Gewalttäters und seiner Rolle in den Gründungs- und Einweihungsriten nach, also in den Erzählungen vom Anfang der Kultur. So stößt er auch auf den Kannibalismus. Die älteste Kannibalengeschichte der griechischen Literatur ist demzufolge das Kyklopenabenteuer des Odysseus, von dem es bereits vor der Fixierung der heute zitierten Epik zur Zeit des Peisistratos im 6. Jahrhundert eine größere Zahl von Vasenbildern gab. Dazu kommt eine Fülle von Parallelen, die Volkskundler gesammelt haben. Zum Teil scheinen sie historisch-genetisch mit der «Odyssee» zusammenzuhängen, andererseits weisen sie offenkundig primitivere Züge auf und blieben ohne Bedeutung für die «Odyssee». Burkert bemerkt dazu:

«Man könnte geneigt sein, das Menschenfresser-Motiv für allgemein volkstümlich und gleichsam allgegenwärtig zu halten, so daß an nähere Beziehungen etwa zu Lykaon, Thyestes oder Tantalos [die prominenten Menschenfresser bei Homer, G. M.] nicht zu denken wäre. Bei genauerem Zusehen zeigen sich aber doch eine ganze Reihe merkwürdiger Übereinstimmungen, die hinter dem Glanzstück der frühgriechischen Sängerkunst eine bestimmte rituelle Struktur erahnen lassen.

Da ist zunächst die entscheidende Rolle, die einem Widder zufällt, einem Opfertier. Angekrallt ans Vließ des Widders und unter ihm verborgen, entrinnt Odysseus dem Ort des Grauens. Daß er seinen Retter dann alsbald dem Zeus opfert, muß den Tierfreund verletzen; doch Phrixos hatte es nicht anders gemacht. Die Idee, Menschen den Schafen unter die Bäuche zu binden, macht dem, der das hölzerne Roß ersann, alle Ehre, ist aber realiter doch wohl ebensowenig durchführbar. Hier scheint eine ganze Reihe jener Parallelfassungen das Ältere zu bieten: da hüllen die vom Menschenfresser Bedrohten sich ins Fell geschlachteter Tiere und entkommen so, als Tiere maskiert, den tastenden Händen des Geblendeten. Hier ist die Schlachtung des Retters notwendig, sie geht der Flucht voraus; indem der Mensch mit dem getöteten Tier sich identifiziert, gelangt er in die Freiheit.»[5]

Die Erkenntnis dieser Struktur erlaubt es Burkert, an der homerischen «Odyssee» sonst blind bleibende Flecken aufzuklären, so den Hinweis, daß Odysseus seinen Namen – zu deutsch: *der Hasser* – von seinem Großvater Autolykos erhielt, einem Werwolf vom Parnaß. Bei ihm erhält Odysseus während einer Jagd durch einen Eber die Wunde, durch die seine Identität bezeichnet wird. Als er nach der langen Irrfahrt ins Haus der Penelope und ihrer Freier zurückkehrt, wird Eurykleia, die Amme, ihn eben an der Narbe dieser Wunde – der Schriftspur der Wunde – erkennen. Das Identitätszeichen einer frühen Beschädigung entstammt also der Werwolfsphäre. Eben diese Werwolf-Geschichten scheinen aber eine Art Urgestein in altgriechischer Zeit gebildet zu haben, das in die homerische Textgestalt ein nur undeutlich vernehmbares Echo zurückwirft. Aber nicht darum kann es sich handeln, die dunklen Stellen eines Textes durch Rückversicherung bei vermeintlichen Quellen aufzuhellen. Denn die Erzählung in der Form, wie wir sie kennen, enthält ja gerade diese dunklen Flecken. Burkert nimmt sie jedoch als Indizien für Riten und Mythen, die der fixierten Textgestalt vorausliegen, wie man ja auch für andere Grundbücher unserer Kultur, wie das «Gilgamesch»-Epos oder den «Pentateuch», solches Urgestein ausmachen konnte.

Bleiben wir noch einen Augenblick bei der Konstellation von Odysseus und dem Werwolf. Aus einer Reihe von Anspielungen, unter denen die

Kabiren-Kulte von Samothrake eine besondere Rolle spielen, schließt Burkert,

«[...] daß die Struktur der ‹Leiden› des Dulders Odysseus jenem von Lykaon bis Delphi immer wieder durchscheinenden Werwolf-Schema ganz offenbar entspricht. Odysseus' Leben nimmt eine Wendung, als er Zeuge jenes ‹unsagbaren›, kannibalischen Mahls wird in der Höhle, fern der menschlichen Zivilisation. In einer Reihe von Parallelversionen wird der Held gezwungen, vom Menschenfleisch mitzuessen. Das gräßliche Fest nimmt, nachdem es im Weingelage seine Fortsetzung fand, ein jähes, gewaltsames Ende durch Anwendung des Feuers und die Erfindung der ältesten menschlichen Waffe, des feuergehärteten Speers. Unterm Widderfell entkommt Odysseus, doch die Heimkehr ist ihm nun verstellt. Er muß in die Ferne wie der Delphische Knabe, er muß gleich einem arkadischen Werwolf neun Jahre im Unbekannten weilen, ehe ihm im zehnten Jahr die Heimkehr gelingen kann.»

Burkert hebt die Bedeutung des Technischen, des aus der Ferne tötenden Speers, hervor, mit dem der nach Hause Zurückgekehrte seine Herrschaft antritt: «Getötet freilich wird hier wie dort [...]. Auch die Kultur, in ihrer Antithese zur Anti-Kultur, ist aufs Opfer gegründet»:

«Wir finden in Antithese zur Ackerbau- und Stadtkultur den geheimen Raubtierbund, der zur heiligen Zeit einbricht und wieder verschwindet: das Menschliche behauptet sich entgegen dem Wölfischen, die Zivilisation steigt aus der Perversion, wie der Tag der Nacht folgt; eben darum freilich setzt das Licht das Dunkel voraus. Das Ritual muß das blutige Draußen der Jägerzeit immer wieder hereinholen in den Kreis des ‹gezähmten› Lebens, um es in Frage zu stellen und neu zu begründen. Göttlich ist beides, ja vielleicht ist es der gleiche Gott, der über beide Aspekte des Opfers waltet, Todesgrauen und Lebensgewißheit.»

Von Pausanias über Hesiod bis Plato findet die Werwolf-Mythe Erwähnung. Kern ist eine Erzählung um Lykaon, den König, von dem die Arkader abstammen, und der den Wolf im Namen führt:

«Zu ihm kamen die Götter, kam Zeus selbst zu Besuch, um sich im gemeinsamen Opfermahl bewirten zu lassen. Doch das heilige Essen wird zum Kannibalismus: Lykaon schlachtete einen Knaben am Altar auf dem Gipfel, er goß sein Blut auf eben diesen Altar; und er und seine Helfer ‹mischten unters Opferfleisch die Eingeweide des Knaben und brachten sie auf den Tisch›. Natürlich folgte die Strafe des Gottes: er stürzte den Tisch um, die eben geschlossene Tischgemeinschaft demonstrativ beendend, er warf den Blitz in Lykaons Haus, vor allem aber wurde Lykaon selbst zum Wolf. Oft wird auch erzählt, daß die Sintflut, die den größten Teil der Menschheit austilgte, auf das gräßliche Opfer folgte. Trotzdem überlebten Lykaons Nachkommen, die Arkader, um sich immer wieder zum geheimen Opfer an jenem Altar zu treffen.»[6]

In späteren Zeiten gilt das Werwolftum als eine Art Geisteskrankheit und gerät in den Sog der Melancholie-Symptome.[7] Übrigens tragen Werwölfe an den Waden Narben von Hundebissen, eine Gelegenheit, an die Narbe des Odysseus zu denken. Die Wolfszeit, in der der Mensch seine Menschenkleidung ablegt, um seine Tiernatur auszuleben, ist eine Zeit der Prüfung: *rite de passage*. Schafft er es, während dieser Jahre nicht zu töten, wird er wieder Mensch. Tötet er, bleibt er für immer Wolf. Die 16- bis 25jährigen waren derartige Wölfe auf Bewährung. Enthaltsamkeit und die Kulturtechniken müssen in dieser Zeit eingeübt werden.

Indem Burkert gewisse Motive der «Odyssee» für die Werwolf-Mythen und diese für archaische Opferrituale transparent macht, treten aus den alten Erzählungen in fast einförmiger Intensität einige immergleiche dynamische Strukturen hervor, darunter vor allem eine: das «Opfer als Todesbegegnung, als Tötungshandlung, die doch den Fortbestand des Lebens und seiner Nahrung verbürgt.» In unzähligen Varianten durchzieht dieses Motiv einer paradoxalen Verklammerung von Selbstverlust und Selbstgewinn die Texte, die das Migrationsthema reflektieren, auch wenn es sich um Erfahrungen mit Kulturen weitab von der unseren handelt, weitab von der mediterranen Welt, in der wir uns ja auch mit den altgriechischen Werwolf-Mythen noch befanden. Was beweist das? Selbst wenn sich herausstellen sollte, daß die Literatur der Ethnologen und Anthropologen eine dichte Textur solcher Figuren wie der des rituellen Opfers erkennen läßt, würde es nicht schon den Schluß auf eine natürliche Grundform des *anthropos* zulassen, dessen Einbildungskraft quasi naturwüchsig auf die immergleichen Muster verfallen würde, wie sie dann den Gegenstand der vergleichenden Ethnologie, Anthropologie und Religionswissenschaft bilden. Eine Literaturanthropologie, die darauf hinausliefe, Texten vermeintlich weltweit omnipräsente Grundstrukturen abzufragen, bliebe naiv. Muster und Struktur als solche erhalten ihre Konsistenz ja erst aus der Erzählung, in der sie bewertet und geformt werden. Aber Erzählungen sind nicht bloß Abbilder einer vorfindlichen Welt in den Augen eines so oder so eingestellten Betrachters. Vielmehr präsentiert diese Welt sich immer schon als eine Antwort auf den Erzähler. Der Erzähler, der sich als Subjekt seines Erzählens gibt, ist als Anthropologe – ob er es merkt oder nicht – selbst in einem gewissen Sinn auch immer schon ein Entwurf derer, die ihn anschauen.

Was ich hier meine, hat als erster vielleicht Victor Segalen (1878–1921), Arzt und Reisender, Archäologe, Ethnologe und Dichter, deutlich ausgesprochen, als er seine eigenen literarischen Pläne vom Exotismus der Reiseberichte Lotis, Saint-Pols und Claudels abzugrenzen versuchte. So schreibt er in einer Aufzeichnung von 1908, kurz vor seinem Aufbruch nach China:

«Also weder Loti, noch Saint-Pol, noch Claudel. Etwas Anderes! Anders als jene! Aber eine echte Entdeckung ‹muß› einfach sein [...] und warum nicht ‹einfach das Gegenteil› von jenen vertreten, gegen die ich mich wehre? [...] Sie haben gesagt, was sie in Gegenwart der unerwarteten ‹Dinge› und Menschen gefühlt haben, mit denen sie zusammenzutreffen suchten. Aber haben sie auch aufgedeckt, was diese Dinge und Menschen in ihrem Innern und von ihnen dachten? Denn es gibt vielleicht vom Reisenden zu dem hin, was er sieht, einen Rückstoß, der das Gesehene erschüttert. Stört er nicht durch sein zuweilen so unseliges, abenteuerliches Eindringen (vor allem in die ehrfurchtgebietenden Stätten der Stille und Abgeschiedenheit) das seit Jahrhunderten bestehende Gleichgewicht? Machen sich nicht um ihn herum aufgrund seines entweder feindseligen oder andächtigen Verhaltens Zeichen von Argwohn oder Zutrauen bemerkbar? [...] Dies alles, das nicht mehr die Reaktion des Reisenden angesichts eines Milieus, sondern jene des Milieus auf einen Reisenden ist, habe ich anhand der Maori-Rasse zum Ausdruck zu bringen versucht. Genau das ist der Punkt, wo ich zu mir selbst zurückkomme. Warum sollte ich es später nicht in bezug auf andere Dinge tun, die ich sehen werde: einen Tempel, eine chinesische Menschenmenge, einen Opiumraucher, ein Ahnenritual, eine große Stadt mit Millionen von Einwohnern [...] in bezug auf alles, was eine abgedroschene Exotik besitzt, aber dadurch ein völlig neues Aussehen bekommt.»[8]

Eine Kehre der Perspektive deutet sich hier an, die offenkundig nach einer anderen Poetik als der abschildernden einer *imitatio naturae* verlangt, der weithin etwa die Reiseliteratur des 19., vollends des 18. Jahrhunderts folgt. Die Kunst Segalens wird darauf gerichtet sein, ein künstlerisches Äquivalent für diese Inversion des Blicks zu finden. Es ist leicht einzusehen, daß sie dabei dem literarischen Symbolismus näher kommen wird als dem poetischen Realismus. Bezeichnend ist, daß diese Blickwende bei Segalen durchaus nicht das letzte Wort hat, wie immer er ihre Notwendigkeit auch aus einem moralischen Impuls begründet. Seinen Vorgängern in der Karibik, in Asien oder Äthiopien kreidet er an, sie wären im Bann des Fremden geblieben, ohnmächtig bemüht, seiner habhaft zu werden. Der Nietzscheaner Segalen vollzieht Nietzsches Historismuskritik nach. Das andere erschließt er nicht hermeneutisch, durch

Verstehen, sondern durch temporär-rituelle Verkörperung. Hier hat der Rausch seinen Ort. Segalen verspricht sich von der Wende des Blicks analog zur magischen Identifikation den Gewinn von Freiheit. Er kommt durch eine Spaltung zustande, in der ein in der eigenen Kultur Überlebender sich in der Identifikation mit einer fremden zum Opfer bringt und sich dabei beobachtet: «Das Opfer – betrachtet als ein positives Genießen des Diversen.»

Unversehens sind wir über das poetische Programm Segalens der paradoxalen Struktur des Opferrituals wieder nahegekommen, auf die Burkert gestoßen zu sein glaubt: Selbstgewinn durch rituell symbolisierten Selbstverlust, Verwandlung und Bewährung des Menschlichen im anderen seiner selbst. Tatsächlich gibt es ein durchgängiges Interesse poetischer wie ethnologischer und anthropologischer Texte an magischen Praktiken, und wenn es ein Thema gibt, das in den «Odysseen» des 20. Jahrhunderts die Grenzen zwischen wissenschaftlicher und dichterischer Literatur verwischt, so ist es diese Beziehung auf Magie, hier nun aber nicht nur im Sinne eines interessanten Themas. Entscheidend ist vielmehr ein Fingieren *als ob*: die versuchsweise Teilhabe an der magischen Sicht der Dinge, aber so, daß dieser Versuch als Buße für eine Schuld erscheint, der sich niemand entziehen kann. Am Anfang des 20. Jahrhunderts trägt diese Schuld die Kostüme des Kolonialismus, in dem sich Europa den Rest der Welt unterwirft. Bei weiterem Zurücktreten können wir eine Poetik von Schuld und Buße der Kultur ausmachen, wie sie die sensibleren Zeitgenossen aus den historischen Symptomen der Kultur im Zeitalter des Imperialismus zu lesen verstanden. Daß «kein Dokument der Kultur ist, ohne ein solches der Barbarei zu sein», Benjamins weniger agitatorische als melancholische Feststellung in seinen sogenannten geschichtsphilosophischen Thesen, ist der gemeinsame Nenner für ein Spektrum von Autoren zwischen Hofmannsthal und Warburg, Benjamin und Lévi-Strauss, Leiris und Hubert Fichte.

Meine Lektüre ihrer Texte unterscheidet sich grundsätzlich von solchen, die nach dem Bild der Dritten Welt in anthropologischen Texten dieses Jahrhunderts oder nach Symptomen des Ethnozentrismus fahnden, obwohl auch davon manches zur Sprache kommen mag. Wohl aber möchte ich die Aufmerksamkeit für die Eigendynamik einer Einbildungskraft und ihre spezifischen Formen schärfen, die auf die Differenz von Selbstheit und Andersheit im Sinne eines Schuld- und Erkenntniszusammenhangs zugleich reagieren. Mir scheint, es gibt eine Rhetorik, Topik und Motivik, die der von Segalen geforderten Kehre gerecht zu werden sucht. Sie ist der Rhetorik und Topik des erobernden Jägers und *homo necans* entgegengesetzt. Anstelle des Tuns das Erleiden; das Opfer statt des Täters; das offene Ohr, nicht das durchdringende Auge; eine rezeptive Kultur. In der konventionalisierten kulturellen Symbolik ist sie dem Weiblichen assoziiert, der phallisch erobernden Gestik gegenüber. Der Nemi-See in den Albaner Bergen in Frazers «Golden Bough», um den er seine Erzählung von Mythen des mittelmeerischen, aber auch nördlichen Kulturraums rankt, ist in diesem Sinn ein Schoß sowohl wie das kyklopische Auge des Mythos, das den Anthropologen in Bann schlägt: eher Sog als penetrierender Phallus. In den Texten Hofmannsthals wird es der Brunnen sein [«Der tiefe Brunnen weiß es wohl...»], in Rilkes «Sonetten an Orpheus» das Ohr, in dem der Baum wächst. Schlagen wir von hier aus den Bogen zurück zur Rhetorik der Mündlichkeit, so könnte man von ihren Figuren sagen, daß sie mit dem Hören als einer Voraussetzung des Sprechens einsetzen; mit dem Schweigen als einem Ursprung, den alles Tönen deutet. Das Hören auf das Schweigen eröffnet – wie symbolisch auch immer – eine Welt jenseits der Schrift und ihres *logos*, von der wir freilich nicht anders als wiederum durch Schrift erfahren.

Gibt es in der magischen Identifikation mit dem Anderen des Selbst, seinem Tod und insofern dem Unmenschlichen, einen Unterschied zwischen dem Ritual, dem Mythos und der literarischen Fiktion? Eine Antwort darauf ist ohne die Befragung einzelner Texte nicht möglich. An jedem von ihnen ist diese Frage vielmehr erneut aufzuwerfen:

«Odyssee der Forschung anstelle der Odyssee des Buchs, in gewissem Sinn dem ‹wahren Odysseus› treuer. Denn den Odysseus, den das Buch in seine Heimat zurückbringt, hatte es zuerst, durch die Stimme des Teiresias, dazu verurteilt, so lange umherzuirren, bis er das Land der Menschen erreicht, die das Meer nicht kennen.» [9]

Die Argonauten

«Argonautica» heißt ein Epos des Apollonios Rhodios (um 295–215 v. Chr.). Es ist nach den homerischen Epen das älteste erhaltene griechische Werk dieser Art. Noch unter einem weiteren literarhistorischen Gesichtspunkt nimmt es eine exklusive Stellung ein. Es ist die einzige vollständige große Prosa der hellenistischen Zeit. Apollonios war zur Zeit der

Abfassung des Romans Leiter der berühmtesten Bibliothek des Altertums und Inbegriff gelehrten Wissens: der Bibliothek in Alexandria. Sein Roman wird zum Anlaß, daß er sein Bibliotheksamt aufgibt und in Rhodos eine eigene Dichterschule gründet. Kallimachos, mit dem gemeinsam er sein Amt in Alexandria versah, ein Autor der kleinen Formen, hatte sich gegen Apollonios mit seinem mehrere tausend Verse zählenden Poem gestellt. Doch der erfolgreichere wird durch das gesamte Altertum hindurch der Autor der großen Form, wird Apollonios bleiben. Seine erste zusammenfassende Gestaltung des Argonautenstoffs wird den Späteren zur Fundgrube, aus der Valerius Flaccus und Vergil, Ovid und Nonnos schöpfen. Für die Nachfolger gelten die «Argonautica» als hellenistischer Homer, eine groß angelegte, weit verzweigte Komposition, mehrschichtig und episodenreich erzählt, ausführlich in der psychologischen Charakterisierung, in geschicktem Wechsel zwischen detailverliebten Szenen und großzügig raffenden, die Handlung vorantreibenden Verkürzungen. Zahllos sind über die vier Bücher des Werks Schilderungen von Kulten verteilt, in großer Fülle breitet der Autor sein Wissen aus. Dazu gehören auch seine Kenntnisse in der Geographie der alten Welt. Apollonios läßt sie einfließen, um *en passant* eine Theorie der Homerischen Odysseus-Geographie durchblicken zu lassen. Dieser folgt nämlich der Reiseweg des zweiten Teils der «Argonautica», eine andere «Odyssee».

Der griechische Mythos enthält die Sage frühzeitlicher Seefahrer, die mit Unterstützung der Athene ein Schiff bauen, dem sie den Namen *Argo* geben. Damit durchqueren sie die Ägäis, den Hellespont und das Schwarze Meer auf der Suche – nicht nach dem Goldenen Zweig –, sondern dem Goldenen Vlies eines geheimnisvollen Widders. Von ihm wurde erzählt, daß er einen zum Opfer bestimmten Königssohn durch die Lüfte in das Wunderland Kolchis gerettet habe. Dort aber sei er selbst geopfert worden. Sein Vlies werde in Kolchis von einem Drachen bewacht. Dem König von Thessalien nun träumt von dieser Geschichte, und aufgrund eines Orakels verspricht er, daß er zugunsten des Goldenen Vlieses die Herrschaft über Thessalien abgeben werde, die er einem Halbbruder widerrechtlich entrissen hat. So machen sich also die Argonauten auf den Weg, das Vlies zu finden: eine lange Reise, auf der sie Mut und List, Stärke und Gewandtheit, Geschicklichkeit und Zauberei bewähren müssen, nicht minder verwickelt als die des Odysseus. Auf Lemnos etwa haben die Frauen ihre Männer ermordet, und die Argonauten sollen die Ermordeten ersetzen, und anstelle des Sirenenfelsens müssen sie die

Enge der Symplegaden passieren, zwei Felsen, die sich scherenähnlich schließen, sobald sich jemand anschickt, sie zu durchfahren. Vielfach sind die Proben, die sie zu bestehen haben, Kämpfe mit anderen Helden, mit Drachen und Ungeheuern phantastischster Art. Am Ende finden sie zwar zurück, mit Vlies übrigens, doch der treulose König will von seinem Gelöbnis nichts mehr wissen, und alles war umsonst – die Erzählung freilich nicht.

Bronislaw Malinowski, 1884 in Krakau geboren, 1942 in New Haven (Conn.) gestorben, studierte bei dem Völkerpsychologen Wilhelm Wundt in Leipzig und bei George Frazer in London, ehe er 1914 Expeditionen nach Neuguinea und Melanesien begleitete, von denen er erst nach dem Ende des Ersten Weltkriegs nach Europa zurückkehren wird. Auf den Spuren Aby Warburgs treffen wir ihn später bei den Pueblos in Mexiko, auf denen Rimbauds und Segalens in Afrika. Frazer ist es auch, der seinem «verehrten Freund» Malinowski ein Vorwort beisteuert, als dieser nach dem Ende des Ersten Weltkriegs und einem Aufenthalt in Australien aus der Südsee zurückkehrt und sich entschließt, die «Argonauten des westlichen Pazifiks» als erstes Buch einer Trilogie herauszubringen, dem später «Das Geschlechtsleben der Wilden» und «Korallengärten und ihre Magie» folgen sollten.[10] 1924 erhält Malinowski einen Lehrauftrag für Anthropologie an der Universität London. Doch schon zwei Jahre später forscht er auf Einladung der Rockefeller-Stiftung bei den Pueblos in den USA und in Mexiko, wohin er später noch mehrfach zurückkehren wird. Seit 1927 als Professor in London, verfaßt er eine Reihe von Büchern, die in seinem Fach, der Ethnologie und Anthropologie, bis heute als Pioniertaten der Feldforschung gelten. Als er 1942 stirbt, ist weder seine akademische Karriere noch sein wissenschaftliches Werk abgeschlossen.

Welche Bedeutung haben die «Argonautica» für Malinowskis Feldstudien im Pazifik? Auch die Seefahrten der Melanesier, so viel läßt sich schon im Vorgriff feststellen, erhalten ihre Form aus dem Stationenweg von Abenteuerreisen. Vergleichbar ist zudem die hohe Bedeutung der Mythen an ihrem Wegrand, der magischen Zauber und Rituale, mit denen sie Herr ihrer Geschicke zu werden suchen. Die melanesischen Trobriander bauen sich Boote wie die Argonauten, und wie diese brechen sie in fernste Gegenden der Welt auf – das legendäre Dobu: auf der Suche nach wertvollen Muscheln von bedeutendem Tauschwert. Ähnlich wie bei Apollonius gleiten auch in ihren Erzählungen realistischer Bericht und phantastische Erzählungen über geheimnisvolle Ungeheuer wie fliegende Schiffe, Widder und Hexen, springende Steine und Inseln ohne Männer ineinander.

Entscheidend ist noch etwas anderes. In den «Argonautica» des Apollonius wird das Menschenopfer durch das des Widders ersetzt, und bei den Melanesiern stößt Malinowski auf Rituale, in denen sich dieses antike Geschehen aktualisiert. Dergestalt wird die eigene Tradition aus dem Fluchtpunkt des Fernen und Fremden neu lesbar. Noch einmal wird die Philosophie des Opfers durchgenommen. Eingebettet ist sie aber in den Zusammenhang einer Relektüre der mittelmeerischen Tradition im pazifischen Raum. Ihre Tendenz hat Fritz Kramer in seinem Nachwort zur deutschen Ausgabe bündig zusammengefaßt:

«Malinowski hat das humanistische Denken dem ‹petrifizierten› entgegengesetzt; es sei ein fataler Irrtum, es an die ‹Klassiker› zu binden, es müsse sich an den lebenden Menschen orientieren, an der lebenden Sprache und lebendigen ‹vollblütigen› Tatsachen; ein totes Ding dürfe nicht das Idol einer ganzen Gemeinschaft sein, die das Denken monopolisiere; um die Dinge zu beleben, müsse man vom Leben selbst ausgehen. Dieses Programm, das Malinowski bei den Trobriandern formulierte und das in der Textur seiner Ethnographie ebenso zum Ausdruck kommt wie in der Formulierung ‹Argonauten des westlichen Pazifik›, berechtigt dazu, die ethnographische Verfremdung von Argosage und Reisebeschreibung als Ergänzung und Umkehrung neben ein Verfahren zu stellen, das Joyce anwendet, wenn er die Odyssee auf den Schauplatz der Moderne überträgt. Beides waren Versuche, durch die genaue und distanzierte, aber auch teilhabende Beobachtung des Lebens – sei es in Dublin oder in Melanesien – einer petrifizierten, akademischen Tradition einen neuen Inhalt zu geben, sie zu verfremden und damit ihre Lebendigkeit zurückzugewinnen. Beide haben dazu beigetragen, humanistische Gehalte wieder sichtbar und erkennbar zu machen, gerade weil sie bereit waren, sich vom Ballast der Tradition zu befreien.»[11]

Ich bin weit vorausgeeilt und muß nun wieder zu dem Punkt zurückkehren, von dem aus wir Einblick in die Bildungsbiographie Malinowskis gewinnen können. Welches waren die Voraussetzungen seines Aufbruchs in die andere Gegenwart Mexikos, Afrikas und Australiens? Wie Frazer und Freud war Malinowski Parteigänger und Liebhaber der Erzählliteratur des Realismus. In einem häufig zitierten Bonmot hat er sich als der Joseph Conrad der Anthropologie bezeichnet. Was ist damit gemeint?

Zwischen 1898 und 1899 hatte Conrad (1857–1924), ein gebürtiger Pole, der eigentlich Korzeniowsky hieß und seit seinem 17. Lebensjahr in allen möglichen Diensten zur See fuhr, seine Reiseerfahrungen in den

Meeren Südamerikas, Afrikas und Asiens in der Novelle «Heart of Darkness»[12] wiedergegeben. Auf einer Expedition ins Innere Zentralafrikas befährt Marlow, ein junger Kapitän, den Kongo, an dessen Ufern die Stützpunkte der korrupten Handelsgesellschaft liegen, in deren Diensten er steht. Einerseits gänzlich ein Agent seines Zeitalters, tritt Marlow andererseits eine Reise in die «Nacht des ersten Zeitalters» an, unterwegs in eine Archaik, die er schaudernd als Teil des eigenen Innern erfährt. Ob die Dämonenwelt Afrikas exotische Realität oder ob sie und die Urwaldlandschaft, in der sie angesiedelt ist, wenig mehr als ein Symbol für den innerseelischen Schicksalsraum sind, läßt Conrad offen. Zwischen Reisebericht und psychologischem Symbolismus erneuert Conrad in seinem Helden Marlow die Gestalt des pflichtgebundenen Odysseus, den die Sirenen verführen wollen. Während eine Parallel- und Seitenfigur den Verführungen der Wildnis erliegt, läßt Marlow ihre berauschenden Gesänge zu Wort kommen, ohne ihnen zu erliegen. «Das Herz der Finsternis» ist vielleicht inhuman, der Kern der Schöpfung immoralisch. Damit liegt es in der Freiheit des Abenteurers, ob er in moralischem Heroismus davonkommt oder ob die inhumane Natur über ihm zusammenschlägt.

Edward W. Said hat die Zweideutigkeit dieser Novelle interpretiert.[13] Einerseits finde Conrad in seinem Helden einen Gewährsmann der kolonialisierenden Moral der Weißen und Europäer, die Wissenschaft, Bildung und Geschichte in eine unterentwickelte Region zu tragen meinen, die ohne diese Mission verloren wäre, die Perspektive des Imperialismus. Andererseits sind dem Exilanten aus der Ukraine Erfahrungen mit den Kolonialmächten des Westens nicht erspart geblieben, die ihn aufmerksamer und skeptischer gegenüber den Folgen des zivilisatorischen Fortschritts werden ließen als seine Zeitgenossen. Das Selbstbewußtsein des Außenseiters habe ihm verstehen geholfen, «how the machine works, given that you and it are fundamentally not in perfect synchrony or correspondence. Never the wholly incorporated and fully acculturated Englishman, Conrad therefore preserved an ironic distance in each of his works.»

Malinowski, ein Joseph Conrad der Anthropologie. Darin wiederholt sich zum einen die distanzierte Optik des Außenseiters, hier des aus Krakau gebürtigen Ostjuden, findet zum anderen die Projektion der eigenen Andersheit in das «Herz der Finsternis», die Erfahrung des anderen und Fremden als des potentiell Eigenen eine Reprise.

Wie eine Replik darauf liest sich Malinowskis lakonische Feststellung im Vorwort zu «Geschlecht und Verdrängung in primitiven Gesellschaften» von 1927, wo er schreibt: «Der Mensch ist ein Tier und als solches manchmal unsauber; der ehrliche Anthropologe muß dieser Tatsache offen ins Auge sehen»[14]. Die nüchterne Feststellung steht im Zusammenhang mit einer prinzipiellen Loyalitätserklärung gegenüber Freud und der psychoanalytischen Schule. Bei aller Distanzierung einzelnen ihrer Thesen gegenüber hat Malinowski sich selbst als ihr Partner und ethnologisch verlängerter Arm gesehen, hierin unterschieden von seinem Lehrer Frazer. Bei den Melanesiern etwa will Malinowski darüber nachdenken, «wie der Ödipuskomplex und andere Manifestationen des ‹Unbewußten› in einer auf dem Mutterrecht aufgebauten Gesellschaft erscheinen könnten. Die tatsächlichen Beobachtungen des matrilinearen Komplexes bei den Melanesiern sind meines Wissens die erste Anwendung der psychoanalytischen Theorie auf die Erforschung des Lebens der Primitiven». Dergestalt vollzieht Malinowski Freuds Versuch nach und mit, die biologische Entwicklungslehre Darwins psychologisch zu rekonstruieren, freilich mit nicht unerheblichen Abstrichen. Was Freud als Symptome eines archaisch kollektiven Unbewußten in der Urhorde postuliert hatte: Gruppenheiraten und Totemismus, Inzesttabu und Magie, erweisen sich im Untersuchungsfeld des Anthropologen als bewußt verwirklichte soziale Institutionen, deren ambitiöse Theorien «auf ein gesundes Wissen vom Leben der Primitiven und vom Unbewußten oder Bewußten im menschlichen Geist gegründet sein sollten.» So formuliert Malinowski spitz: «Sie theoretisch zu behandeln, verlangt eine Art der Erfahrung, die nicht im Behandlungszimmer erworben werden kann.»

Autopsie und ästhetische Reflexion

Malinowski war skeptisch gegenüber der theoretischen Spekulation. Sein Ethos als Autor wurzelte im wissenschaftlichen Positivismus. Wenn ich mit der Erwähnung von Joseph Conrad das Literarische in seiner Bildungsbiographie pointiert habe, soll doch nicht der Eindruck entstehen, als liege hier der Hauptimpuls seines Œuvres. Am Ausgangspunkt seiner Bildung standen die Mathematik und die Naturwissenschaften, noch ehe mit Wilhelm Wundt und George Frazer die Ethnologie bestimmend darin wurde. Wie sie es wurde, unterscheidet ihn charakteristisch von seinen Lehrern.

Malinowski rückt seine Ethnologie in den Zusammenhang einer umfassenden Wissenschaft vom Menschen. Nach dessen Wesen und Begriff fragt er, indem er so umfassend wie möglich beschreibt, was er hervorbringt. Seine Anthropologie ist in diesem Sinn eine synthetisierende Kulturwissenschaft. Aber anders als wir es bei Hearn oder Frazer, Segalen oder Warburg bemerken können, begnügt sich Malinowski nicht mit der ideellen Kultur und deren Ausdruck in der Produktion der Einbildungskraft wie in Mythen, Bräuchen und Ritualen. In großer Plastizität entsteht in seinen Büchern vielmehr auch ein sehr komplexes Bild der materiellen Kultur der von ihm bereisten Regionen, ob Neuguinea, Melanesien oder die Trobriand-Inseln. Die insbesondere in Deutschland traditionsreiche Unterscheidung von ideeller und materieller Produktion, von Zivilisation und Kultur hat er nicht vollzogen. Den technischen Einzelheiten des Kanubaus widmet er die gleiche Gewissenhaftigkeit wie der Herstellung der Farbe für die Gesichtsbemalung aus geriebenen Betelnüssen. Dergestalt tritt seine Anthropologie in ein Bündnis mit den empirischen Wissenschaften, mit Biologie und Soziologie, Jurisprudenz und Linguistik, Religionswissenschaft und Technikgeschichte. Dieser Empirismus erfordert Autopsie als wichtigste wissenschaftliche Voraussetzung. Das Sehen mit eigenen Augen kann durch kein Buchstudium, geschweige denn theoretische Spekulation ersetzt werden. Daß das Wissen die Form des Reisens annimmt, dieser Pathos der anthropologischen Feldforschung ist hierin begründet. Die Argonautensage ist hier also mehr als ein Thema der vergleichenden Mythenforschung bei seefahrenden Völkern. Sie gibt auch die wesentlichen Stichworte für das Verständnis der eigenen Autorschaft. Diese ist abhängig vom eigenen Augenschein, so daß Ausfahrt und Irrfahrt, die Expedition und die Kundschaft aus dem Feld ihre wesentlichen Bedingungen sind.

Anschaulichkeit, die vielleicht wichtigste literarische Qualität von Malinowskis Prosa, geht hier nicht aus exemplarischer Methodik beim Schreiben hervor, und sie ist nicht in erster Linie ein Stilmerkmal. Primär ist sie ein Resultat aus dem Empirismus der eigenen Beobachtung. Ohne die sinnliche Wahrnehmung kann keine Erkenntnis für sicher gelten. Das Abtasten der Körperwelt mit den Augen ist hier eine streng geübte Form wissenschaftlicher Askese, um den theoriebildenden Verstand methodisch zu disziplinieren. Vom Œuvre Goethes konnte man zu Recht sagen, seine ästhetische Theorie stehe in den naturwissenschaftlichen Schriften des Autors. Das gilt mit vollem Recht auch für die Poetik der ethnoliterarischen Produktion Malinowskis. Ihre körnige Rasterung geht aus der Zerlegung von Kultur in zahllose einzelne Beobachtungen hervor, die der Autor Zug um Zug in den Funktionszusammenhang seiner kulturellen Physiognomik einschmilzt. In welchem hermeneutischen Verhältnis dabei Eigenes und Fremdes stehen, hat der Autor in einer methodischen Anmerkung ausgeführt, die ich aus dem «Geschlechtsleben der Wilden» zitiere:

«Alle Schwierigkeit und alle Kunst der Feldforschung besteht darin, von denjenigen Elementen einer fremden Kultur auszugehen, die einem vertraut sind, und allmählich die befremdenden und ungewohnten in ein verständliches Gesamtbild hineinzuarbeiten. Darin gleicht das Erlernen einer fremden Kultur dem Erlernen einer fremden Sprache: zunächst bloßes Sich-Anpassen und rohes Übersetzen, schließlich ein vollkommenes Sich-Loslösen von der ursprünglichen Sprachwelt und wirkliches Beherrschen der neuen.»[15]

Daß der Gesamtzusammenhang der Kultur sich nach dem Modell der Sprache erfassen läßt, ist eine fundamentale Hypothese Malinowskis. Sie begründet die innere Verwandtschaft seiner wissenschaftlichen Anthropologie mit literarischer Produktivität im methodischen Gebrauch der Einbildungskraft. Ihre Form erhält seine Ethnoliteratur aus der funktionalen Methode, diesem wichtigsten Instrument von Malinowskis Kulturphysiognomik. Wovon ist damit die Rede? – Kultur ist in diesem Verständnis ein instrumenteller Apparat, darin der in einer Sprache wirksamen Grammatik vergleichbar. Durch ihre Beherrschung werde der Mensch in die Lage versetzt, «mit den besonderen konkreten Problemen, denen er sich in seiner Umwelt und im Laufe der Befriedigung seiner Bedürfnisse gegenüber gestellt sieht, besser fertig zu werden.»[16] Dieser Apparat verbindet die Einzelelemente, bei denen es sich um ein System von Gegenständen («objects»), Handlungen und Verhaltensweisen («attitudes») handelt. Jedes einzelne Element ist in diesem Zusammenhang Mittel zu einem Zweck. Die Arbeit des Forschers ist demzufolge die Rekonstruktion der determinierenden Struktur, in die «objects» und «attitudes» eingeschmolzen sind und aus der sie ihre kulturelle Bedeutung der Vereinfachung vitaler Lebenssicherung und Bedürfnisstillung erhalten. Die grammatischen Verstrebungen der Kultur sind für den Darwinisten und Triebpsychologen Malinowski nicht minder konkret und materiell als die harten Fakten seiner detailreichen Recherchen. Denn, so schreibt er in seiner «Funktionaltheorie», «Funktion bedeutet immer die Befriedigung eines Bedürfnisses; das beginnt bei dem einfachsten Akt des Essens und reicht bis zur heiligen Handlung, in der das Nehmen der Kommunion mit einem ganzen System von Glaubenssätzen verbunden ist, die von dem kulturellen Bedürfnis bestimmt sind, mit dem lebendigen Gott eins zu sein.»

Malinowskis Funktionalismus ist in diesem Verständnis eine umfassende Beziehungslehre über das Verhältnis zwischen dem Menschen und den Objekten seines Wahrnehmungsfeldes. Was geschieht dazwischen und warum? Welche wesentlichen Verkehrsformen unterhält der Mensch mit seiner Umgebung? Der wesentliche Sinn der kulturellen Formenwelt, so wird damit behauptet, erschließt sich nicht, indem man in kontemplativem Starrkrampf über ihre Gegenstände fällt, sondern indem man das Medium ermittelt, innerhalb dessen diese Gegenstände sich überhaupt erst konstituieren. Eben in dieser Wendung der Anthropologie zu einer Medienwissenschaft, nämlich einer Lehre von den Verkehrsformen, ergibt sich einmal mehr die Affinität dieser Wissenschaft zur Poetik. Eine prominente Formel von deren avanciertem Verständnis lautet, Kunstwerke sollen aus der Logik ihres Produziertseins begriffen werden. In diesen Worten könnte man auch Malinowskis Funktionalismus fassen. Die Einzelheiten im Wahrnehmungsfeld des Forschers will er in eine Lineatur von Koordination und Beziehung versetzen. Familie, Verwandtschaft, Klan sind in diesem Verständnis beispielsweise Leitvorstellungen einer logischen Rasterung sozialer Verhältnisse. Sie erweisen ihre Tüchtigkeit für die Wissenschaft vom Menschen, wenn es gelingt, sie auch im interkulturellen Vergleich als sinnvoll zu zeigen.

Wie beliebig ist diese Verkehrs- und Medienwissenschaft? Ein oft geäußerter Einwand gegen ihren Funktionalismus richtet sich gegen die zirkuläre Struktur, in der Hypothese und Beweisverfahren aufeinander bezogen sind. Unter der Annahme, daß «objects» und «attitudes» einer Kultur funktional aufeinander bezogen sind, würden alle Beobachtungen, die in solchem Rahmen als disfunktional erscheinen, aussortiert. Die Beschränkung auf die Form der Beziehung auf Kosten ihrer wesentlichen Inhalte führe zu einer tautologisch exklusiven Betrachtungsweise, die nichts wahrnehmen könne, was in ihrer befangenen Vorstellung der kulturellen Maschinerie nicht unterkäme. Der Einwand liegt nahe, wenn man liest, mit welcher Minimaldefinition von Kultur Malinowski auskommt:

«[Culture, that is,] the whole body of implements, the charters of its social groups, human ideas, beliefs, and customs, constitutes a vast apparatus by which man is put in a position the better to cope with the concrete, specific problems which face him in his adaptation to his environment in the course of the satisfaction of his needs.» [17]

Wenn Malinowskis Bücher dennoch alles andere als Automaten sind, dann aufgrund der empirischen Disziplin ihres Autors, die ihn immer wieder mit Menschen und Situationen konfrontiert, die ihn nötigen, Hypothesen zu revidieren. Häufig geschieht das durch die Dynamisierung der Perspektive, zum Beispiel durch die Beachtung von Traditionen und deren Modifikation. Charakteristisch ist unter diesem Gesichtspunkt freilich auch, daß Malinowski – hierin grundsätzlich von seinem Lehrer Frazer unterschieden – keinerlei Interesse an einer systematischen Rekonstruktion von Geschichte hat. In diesem Punkt äußert er sich sogar dezidiert abweisend, und zwar nicht, weil sein Formalismus und Strukturalismus ihm im Wege stünde, sondern weil das Prinzip der Autopsie die historische Erschließung verbietet. Wenn er nicht beaugenscheinen kann, wie die Dinge arbeiten, muß er der eigenen Arbeit mißtrauen. Im Einklang mit seinem empirischen Positivismus ist dagegen die eigene Teilnahme am Geschehen, sei es als Beobachter, sei es als direkter Partizipant.

Die großen Pionierreisen der Ethnologen und Anthropologen finden nach Nietzsche statt, doch sehen wir ihre frühen Protagonisten mehr im Bann von Hegel, Comte und Darwin, das heißt in der Tradition von Geschichtsphilosophie und Evolutionsdenken eher als in der des Lebensphilosophen. Seit und mit Segalen, Warburg, Malinowski und Lévi-Strauss ändert sich das. Zwischen dem imperialistisch kolonialisierenden Zugriff, dessen skrupellose Naivität das ganze 19. Jahrhundert über bis hin zu Frazer bestimmend war, und der moralischen Zurechtweisung des imperialen Gestus in der Kultur der Gutmenschen unserer Tage ist eine ästhetische – literarische und philosophische – Reflexionskultur entstanden, die weder nur die imperialistische Gefräßigkeit nachvollzieht, noch das Fremde als das vermeintlich Bessere moralisch verklärt; eine Reflexionskultur, die zuallererst das binäre Oppositionsschema selbst problematisiert, das dem Trennblick von eigen und fremd, heimisch und exotisch, wild und domestiziert zugrunde liegt. – In einem Aufsatz über «Uneuropäische Sehnsüchte» hat Rudi Visker kürzlich gefragt:

«Denn wie kann man es vermeiden, selbst in die Haltung zu verfallen, die man zu problematisieren beabsichtigt? Wenn es einen Zusammenhang zwischen einer Semiosis in Termen von wild/zivilisiert einerseits, und einem kolonialen Auftreten andererseits gibt, wird sich dieser Zusammenhang dann nicht im ethno-anthropologischen Diskurs über die europäische Einbildung selbst wiederholen? Wird diese Einbildung nun nicht ihrerseits als das wilde Element in uns selbst dargestellt, das es mit Hilfe der Anthropologie zu zivilisieren gilt? Wird die Anthropologie dadurch nicht ‹Kolonialanthropologie›, jedoch mit dem Unterschied, daß die Kolonie nun in Europa liegt, und wir uns selbst mit Hilfe einer Disziplin, die wir selbst erfunden haben, zähmen und unterwerfen, disziplinieren und kolonisieren müssen?»[18]

Der europäische Exotismus, so legt Visker nahe, gehört in den Zusammenhang der historistischen Verstehenskultur, mit der er nicht nur strukturelle Parallelen hat, sondern auch eine gemeinsame Beziehung zur Krise, die durch übergroße Nähe entsteht. Der Historismus stellt diese Nähe durch das Einschmiegen in historische Zeiten her, der Exotismus durch die Assimilation an ferne Kulturräume. Symptomatik und Therapie der historistischen Tilgung der Distanz durch Verstehen müßten demnach analog zur Phänomenologie der Krise zu lesen sein, die durch die Neutralisierung der Ferne in Ethnologie und Anthropologie entsteht. In der «Zweiten Unzeitgemäßen Betrachtung», deren Thema die Schwächung der Moderne durch die Verzeitlichung des Verstehens ist, schreibt Nietzsche:

«Denn aus uns haben wir Modernen gar nichts; nur dadurch, dass wir uns mit fremden Zeiten, Sitten, Künsten, Philosophien, Religionen, Erkenntnissen anfüllen und überfüllen, werden wir zu etwas Beachtungswerthem, nämlich zu wandelnden Enzyklopädien [...]. Der historische Sinn, wenn er ungebändigt waltet und alle seine Consequenzen zieht, entwurzelt die Zukunft, weil er die Illusionen zerstört und den bestehenden Dingen ihre Atmosphäre nimmt, in der sie allein leben können.»[19]

Ruinös ist Nietzsche zufolge der Aufbruch in die Geschichte, wenn der Punkt der möglichen Rückkehr ins Eigene nicht mehr markiert werden kann; im selben Maß ruinös, so läßt sich analogisieren, wenn mit dem Aufbruch zu fernen Kontinenten der eigene Ort untergeht. Sei es moralisch, aus Scham über seine vermeintliche Zerrüttung, sei es epistemologisch: weil die Verwissenschaftlichung nicht zuläßt, zwischen eigen und fremd zu unterscheiden. Reisen, so läßt sich hieraus schließen, entgeht nur dann dem Selbstverlust, wenn es als eine Kunst betrieben wird, die sich zuallererst um den Reisenden selbst zu kümmern hat. Diese Kunst, so können wir ihre nötigen Leistungen beschreiben, muß jene Distanz bestehen lassen oder herstellen helfen, ohne die alles in ein ödes, erkenntnisloses Einerlei zusammenstürzt, zu einem differenzlosen Zeitmatsch, einer konturlosen Omnipräsenz ohne räumliche Orientierungsmöglichkeit wird. Es muß aber zugleich eine Kunst sein, die das andere jenseits des starren binären Schematismus entwirft, der die Abkehr vom Eroberungsdenken des Kolonialismus mit der Bereitschaft antwortet, sich erobern zu lassen. Sie würde im Bann des Kolonialismus bleiben, indem sie – statt das Ferne und Fremde zu unterjochen – sich selbst als Opfer der Unterjochung durch ein Anderes und Fremdes anbietet.

Was bedeutet unter diesem Aspekt die *méditerranée* mit ihren großen Erzählungen von Homer, Vergil und den Epikern des Argonautenstoffs? Sie behauptet ihren orientierenden Magnetismus auch außerhalb der Sphäre von Antiquaren und Restauratoren so unirritierbar, weil sich hinter dem kulturgeographischen Schlagwort seit jeher eine Vision als eine bestimmte kulturgeographische Wirklichkeit verbarg. Über alle Krisen hinweg erweist sich diese Vision als überlebensfähig, indem sie selbst die vermeintliche Krise als menschliche Wirklichkeit in ihren Widersprüchen austrägt. Der Ordnung von Aufbruch und Ankunft, der Orientierung am *logos* und der Unterscheidung von Selbstheit und Andersheit bedürftig, läßt sich dieses odysseische Selbst doch nicht anders als reflexiv, im Zurückbeugen aus dem Ort der Fremde in das Eigene entziffern. Man kann es nicht anders gewinnen als auf dem parabolischen Weg der Preisgabe: immer und immer wieder. Nur und ausgerechnet an der Narbe des Wolfs erkennt man den listenreichen Odysseus.

Anmerkungen

1 Jacques Rancière: Die Namen der Geschichte. Versuch einer Poetik des Wissens (frz. 1992). Darin: Der Raum des Buches. Frankfurt/M. 1994, S. 124; die nachfolgenden Zitate ebd., S. 126, 128.
2 Victor Bérard: Les Phéniciens et l'Odyssée. Paris 1903.
3 Georges Duby: Das Erbe. In: Braudel, Duby, Aymard: Die Welt des Mittelmeeres. Zur Geschichte und Geographie kultureller Lebensformen (frz. 1985/86). Frankfurt/M. 1987, S. 171.
4 Fernand Braudel: Die Geschichte. In: ebd., S. 95.
5 Walter Burkert: Homo necans. Interpretationen altgriechischer Opferriten und Mythen. Berlin/New York et al. 1972, S. 148; die nachfolgenden Zitate ebd., S. 150ff.
6 Ebd., S. 100.
7 Ebd., S. 103f; das nachfolgende Zitat ebd., S. 326.
8 Victor Segalen: Die Ästhetik des Diversen. Versuch über den Exotismus. Frankfurt/M. 1983, S. 35f; das nachfolgende Zitat ebd., S. 102.
9 Rancière, Die Namen der Geschichte, S. 129.
10 Bronislaw Malinowski: Argonauts of the Western Pacific. London 1922; The Se-

xual Life of Savages in North-Western Melanesia. London 1931; Coral Gardens and their Magic. New York 1935.

11 Fritz Kramer: Nachwort zu Malinowski: Argonauten des westlichen Pazifik. Frankfurt/M. 1984, S. 562.
12 Joseph Conrad: Heart of Darkness (1899). Collected edition of the works of Joseph Conrad. London 1946. S. 45 ff (dt.: Herz der Finsternis. o. O. 1902).
13 Edward W. Said: Culture and Imperialism. London 1993, S. 20 ff; das nachfolgende Zitat ebd., S. 27.
14 Bronislaw Malinowski: Geschlecht und Verdrängung in primitiven Gesellschaften (1927). Reinbek 1962, S. 8; die nachfolgenden Zitate ebd., S. 8 f.
15 Bronislaw Malinowski: Das Geschlechtsleben der Wilden in Nordwest-Melanesien. Frankfurt/M. 1979, S. 15.
16 Bronislaw Malinowski: Die Funktionaltheorie. In: Eine wissenschaftliche Theorie der Kultur und andere Aufsätze. Zürich 1949, S. 22 ff; das nachfolgende Zitat ebd., S. 30.
17 Malinowski: The Dynamics of Cultural Change. An Inquiry into Race Relations in Africa. New Haven 1945, S. 42.
18 Rudi Visker: Uneuropäische Sehnsüchte. In: Bart Verschaffel/Mark Verminck (Hg.): Provinzialismus, Entwurzelung. Köln 1993, S. 141–157; hier S. 142.
19 Friedrich Nietzsche: Unzeitgemäße Betrachtungen II (Vom Nutzen und Nachteil der Historie für das Leben). In: Kritische Gesamtausgabe. Hg. von Giorgio Colli und Mazzino Montinari. Abt. III, Bd. 1. Berlin/New York 1972, S. 269 f, 291.

Renate Schlesier

Das Staunen ist der Anfang der Anthropologie

Eine vom Bundesministerium für Forschung und Technologie finanzierte Forschergruppe trat 1991 mit einer Denkschrift an die Öffentlichkeit, die den «Geisteswissenschaften heute» folgende Chance einräumt: Ihre Tradition sei «durch ihre Neubestimmung als Kulturwissenschaften zu modernisieren». Auf diese Weise könnten die Geisteswissenschaften «als Instrument interkultureller Bildung und anthropologischer Erkenntnis ihren genuinen Beitrag zum Problem einer Reintegration der technologischen Zivilisation in die gesellschaftliche Kultur der Zukunft leisten».[1] Diese Perspektive wird in der Denkschrift als Erneuerung der dreifachen Besonderheit der Geisteswissenschaften verstanden, also ihrer programmatischen Funktionen, sowohl «grenzüberschreitend» wie «integrativ» und «dialogisch» zu sein. Alle drei Funktionen und ihre spannungsreichen, produktiven Verbindungen sind, wie in der Denkschrift ausdrücklich hervorgehoben wird[2], durch die Entstehung der Geisteswissenschaften innerhalb der abendländischen Philosophie geprägt und werden durch die inner- und außerdisziplinäre Philosophiegeschichte weiterhin methodisch vermittelt.

Trifft dies zu, so stellt sich die Frage, ob eine Modernisierung der Geisteswissenschaften durch ihre Neubestimmung als Kulturwissenschaften nicht mißlingen muß, wenn sie an philosophische Paradigmen eng gebunden bleiben. Kulturwissenschaftliche und anthropologische Forschung tendiert nämlich heute zu grenzüberschreitenden, integrativen und dialogischen Verfahren, die den Anspruch erheben, sich von den entsprechenden philosophischen Vorgaben fundamental zu unterscheiden. Eine kulturwissenschaftlich orientierte Anthropologie läßt sich geradezu dadurch definieren, daß sie nicht allein die integrativen und dialogischen Möglichkeiten der traditionellen Philosophie kritisch erweitert und transformiert, sondern daß sie darüber hinaus genötigt ist, herkömmliche Prämissen der philosophischen Anthropologie in Frage zu stellen und auch diejenigen Grenzen zu überschreiten, die von der philosophischen Reflexion gesetzt werden. Als Beispiel dafür soll hier das Staunen dienen, eine affektive und geistige Äußerungsform, die seit Platon, einem der ersten schulbildenden Charismatiker unter den Philosophen, als philosophische Initialzündung par excellence betrachtet worden ist.

Philosophisches Staunen

Das Staunen ist der Anfang der Philosophie – das ist Platons sprichwörtlich gewordene Position, und wer sie kennt, kann nur staunen, daß ich statt dessen behaupte: Das Staunen ist der Anfang der Anthropologie. Platons berühmte Aussage steht in seinem Dialog «Theaitetos» und lautet wörtlich folgendermaßen: «Denn gar sehr ist dies der Zustand eines Freundes der Weisheit (*philosophos*), das Staunen (*thaumazein*); ja es gibt keinen andern Anfang der Philosophie als diesen, und wer gesagt hat, Iris sei die Tochter des Thaumas, scheint die Abstammung nicht übel getroffen zu haben.»[3] Der Sprecher ist Sokrates, der wichtigste Held und Lehrmeister der Platonischen Dialoge. Er bedient sich hier eines Verfahrens, das Platon auch sonst gern verwendet: Die Mythologie wird benutzt für nichtmythologische, philosophische Zwecke, Mythenfiguren werden als Allegorien abstrakter Begriffe gedeutet und mythologische Namen mittels etymologischer Kunststücke auf konkrete Verhaltensweisen zurückgeführt. Nach dieser Methode bestimmt Sokrates hier die Philosophie als Analogon der Iris[4], Schwester der menschenraffenden Harpyien, der Götterbotin, deren mythologische Rolle darin besteht, streitende oder lügende Götter durch einen Schwur zu disziplinieren und auch die Vermittlung zwischen Göttern und Menschen zu besorgen. Die wahrheitssuchende Philosophie ist sanktioniert, denn sie tut demnach nichts anderes, als dem Modell der göttlichen Iris zu folgen. Unter Berufung auf ihre Abstammung von Thaumas, dem Sohn des Meeresgottes Pontos und der Erdgöttin Gaia, kann Platon es sich dann erlauben, das mythologische Modell rationalistisch auszuhöhlen und die Genealogie der Philosophie mit dem Staunen, dem *thaumazein*, beginnen zu lassen.

Doch wovon wird das Staunen ausgelöst? Im Kontext der Platon-Stelle geht es um den Unterschied zwischen absoluten und relativen Größen. Sokrates versuchte seinem Schüler und Gesprächspartner, dem jungen, noch nicht ausgewachsenen Theaitetos, klarzumachen, daß Größen sich nur dann verändern, wenn ihnen etwas hinzugefügt oder weggenommen wird, nicht jedoch durch ihre Beziehung zu anderen Größen. Zwar sei Theaitetos gegenwärtig noch kleiner als Sokrates und demnächst, wenn der Jüngling gewachsen sein würde, sicherlich größer. Sokrates' Größe aber wird sich dadurch nicht verändert haben. Zwar seien sechs Würfel im Verhältnis zu vier Würfeln mehr und im Verhältnis zu zwölf Würfeln weniger. Von diesen Relationen bleibe indessen die jeweils absolute Größe unberührt.

Das ist es, worüber Theaitetos staunt. Aber wo führt das Staunen hin? Analysiert wird es jedenfalls nicht. Platons Sokrates hat kein hermeneutisches Interesse am Vorgang des Sich-Wunderns, sondern benutzt es, um ein qualitatives Wahrnehmungs- und Bedeutungsmodell durch ein quantitatives Modell absoluter Wahrheit zu ersetzen, also um ein hermeneutisches Verstehen gerade unschädlich zu machen und auszuschalten. Die ironische mythologische Überhöhung verschleiert notdürftig, daß das Staunen dadurch disqualifiziert und seines Eigenwerts beraubt wird. Unverzichtbar ist es nur als Philosophie-Erzeuger, der überflüssig wird, nachdem die Zeugung stattgefunden hat. Die Philosophie, die mit dem Staunen über Vergleichbarkeiten und Unterschiede – wie diejenigen zwischen relativ und absolut – begonnen hat, erweist sich so als Waffe gegen den Relativismus und damit zugleich als Dammbau gegen die beunruhigende Unberechenbarkeit zukünftigen Staunens. Von nun an ist das Staunen, so es sich denn noch hervorwagen sollte, der Analyse nicht bedürftig. Beziehungen werden zur qualité négligeable erklärt; was übrigbleibt, sind beziehungslose, feststehende Quantitäten.

Damit ist der Weg frei für eine neue, philosophische Definition des Qualitätsbegriffs: Im Unterschied zu den sinnlich wahrnehmbaren können die philosophisch nobilitierten Qualitäten nun als unveränderlich und von Bedeutungsvielfalt unabhängig bestimmt werden, als ebenso absolut wie die Quantitäten, deren Modell sie tatsächlich einzig gehorchen, trotz allem dialogisch und pädagogisch-integrativ eingesetzten mythologischen Brimborium. Das Staunen ist bei Platon der Anfang der Philosophie, weil es für mathematische Logik empfänglich macht, die erste genuin philosophische Erkenntnisstufe. Die mythologische Reverenz entpuppt sich als Lippenbekenntnis und fordert dazu auf, zur Tagesordnung überzugehen, zu dem, was philosophisch tatsächlich zählen soll und den Anspruch der Philosophie auf autonome Göttlichkeit rechtfertigt.

Relationen von Anthropologen

Der Bannfluch, den Platon gegen das Denken in Beziehungsgeflechten und Verhältnisbestimmungen schleudert, hat auch die nachantike Philosophiegeschichte heimgesucht und spukt wohl noch in ihren gegenwärtigen Erscheinungsformen herum. Zurückgenommen wurde er erst durch die moderne Anthropologie. Es ist vielleicht kein Zufall, daß drei ihrer gegenwärtig prominentesten Vertreter sich bei ihren Plädoyers für die Analyse von Beziehungen auf das Staunen besinnen und nicht den Anfang der Philosophie an ihm festzumachen suchen, sondern im Staunen eine erklärungsbedürftige menschliche Verhaltensweise erkennen, die der Anthropologie bei ihrer Selbstaufklärung helfen kann.

Die drei Autoren repräsentieren sowohl drei aufeinanderfolgende Generationen, von denen die geschichtliche Erfahrung Europas und Amerikas im 20. Jahrhundert rhythmisiert worden ist, wie drei sich überlagernde und gegenseitig ablösende anthropologische Methoden: Claude Lévi-Strauss, Jahrgang 1908, der Begründer der strukturalen Anthropologie; Clifford Geertz, Jahrgang 1926, nach wie vor tonangebender Kulturanthropologe der Gegenwart, und der Kulturpoetologe Stephen Greenblatt, Jahrgang 1943. Sie alle haben im Wissenschaftsbetrieb entscheidende Schlüsselpositionen errungen: Lévi-Strauss als Mitglied der Académie Française und bis zu seiner Emeritierung als Inhaber des Lehrstuhls für soziale Anthropologie am Collège de France in Paris, Geertz als einer der Direktoren des Institute for Advanced Study in Princeton, Greenblatt als Professor für englische Literatur an der University of California in Berkeley und als Begründer des New Historicism. Alle drei haben ihr Augenmerk auf die anthropologische Erforschung der kulturellen Ausprägung von Beziehungen gerichtet und auf ihre Weise dazu beigetragen, den Erkenntniswert des Denkens in Relationen zu verteidigen und vom dagegen gerichteten Verdikt der alteuropäischen Philosophie zu befreien.

Unter ihnen ist Lévi-Strauss derjenige, der sich noch am ehesten in philosophischen Bahnen bewegt, die bis Platon und dem Neuplatonismus zurückreichen, was nicht überraschen muß, denn seine universitäre Ausbildung erhielt er im akademischen Lehrfach Philosophie und nicht in Ethnologie. Dennoch ist die anthropologische Ehrenrettung eines Denkens in Beziehungen zuallererst ihm zu verdanken. Der von Lévi-Strauss' struktualer Anthropologie verwendete Strukturbegriff ist ein Synthesisbegriff für «notwendige Beziehungen»[5] jeglicher Art. Inspiriert durch die strukturale Linguistik kombiniert Lévi-Strauss Ferdinand de Saussures Lehre von der Willkürlichkeit des sprachlichen Zeichens mit Roman Jakobsons Lehre von der Bedeutungslosigkeit der Phoneme, der kleinsten lautlichen Segmente einer Sprache. Analog dazu sind nach Lévi-Strauss die von ihm «Mytheme» genannten Konstruktionselemente des mythischen Diskurses für sich genommen ebenso willkürlich wie bedeutungslos. Sinnvoll seien nur die Relationen zwischen den Mythensegmenten, nicht diese selbst.

Damit aber ist Sinn zur Quantität geworden, entqualifiziert. Und so kann es der strukturalen Mythenanalyse gelingen, sogar die von ihr geleistete Aufwertung der Beziehungen wieder an traditionelle philosophische Prämissen zurückzubinden. Die Aushöhlung der Mythen und ihrer erzählerischen Gehalte wird perfektioniert, die einzig zählenden, notwendigen Beziehungen zwischen den Mythen betreffen quantitative Verhältnisse wie das Zuviel und Zuwenig, und die mathematische Logik, welche die Mythen aller Kulturen regieren soll, läßt sich mit altehrwürdigen ethischen Intentionen amalgamieren wie der des rechten Maßes. Aus der Relativität der Kulturen kann kein Wertmaßstab mehr abgeleitet werden. Relativität hat alles Bedrohliche verloren, denn die Differenz zwischen ihr und der Absolutheit verschwimmt: Als unveränderliche, von Zeit und Raum unabhängige Emanationen des menschlichen Geistes und als Abbilder von Körperstrukturen vollziehen die Mythen, von Lévi-Strauss unter gemeinsamen Nennern subsumiert, die Reintegration der Kultur in die Natur. Daher ist es nur konsequent, wenn Lévi-Strauss die Mythen als Prototyp eines Denkens ohne den Menschen apostrophiert.

Die von Clifford Geertz eingenommene Position ist unterschiedlicher kaum denkbar. Im Gegensatz zu Lévi-Strauss versucht Geertz programmatisch, nicht die Kultur in die Natur, sondern die Natur des Menschen in die Kultur zu reintegrieren. Was die Entstehung des Menschen betrifft, so kann von einer Trennung zwischen Natur und Kultur überhaupt keine Rede sein. Der Mensch war nicht etwa zuerst ein natürliches Wesen, bevor er ein kulturelles wurde. Vielmehr vollzog sich der Übergang vom Tier zum Menschen innerhalb des Entstehungsprozesses der Kultur. «So etwas wie eine von Kultur unabhängige menschliche Natur gibt es nicht»[6], heißt es bei Geertz lapidar. Doch auch ihm geht es, wie Lévi-Strauss, um eine Aufwertung des Denkens in Beziehungen und um eine Absage an Wertmaßstäbe, die aus der Relativität von Kulturen abgeleitet werden könnten.

Richtungweisend war für Geertz dabei nicht die strukturale Linguistik, sondern die Soziologie Max Webers. An ihr ist Geertz' vielzitierte Definition des Menschen orientiert: «der Mensch [ist] ein Wesen, das in selbstgesponnene Bedeutungsgewebe verstrickt ist, wobei ich Kultur als dieses Gewebe ansehe.»[7] Die Analyse der Kultur ist folgerichtig «keine experimentelle Wissenschaft, die nach Gesetzen sucht, sondern eine interpretierende, die nach Bedeutungen sucht». Von Lévi-Strauss' strukturaler Anthropologie unterscheidet sich Geertz' Kulturanthropologie besonders in dreierlei Hinsicht: Erstens geht sie – wie die Psychoanalyse – von einer ernstzunehmenden Bedeutsamkeit aller menschlichen, also kulturellen Phänomene aus; zweitens kommt nach Geertz der Bedeutungen spinnende und webende Mensch – wie bei Vico – gerade als dichterisches, erzählendes, sich selbst verwirrendes und interpretierendes Wesen zu sich selbst; und drittens können die Mythen kein theoretisches Privileg mehr beanspruchen, da sie einerseits nur eine Sonderform der fundamental erzählerischen Qualität des Menschen bilden und andererseits mit Umgangsformen, Riten, Gebräuchen und anderen Bedeutungsnetzen eng verwoben sind.

Dann aber muß die Anthropologie alle Hoffnung fahrenlassen, die Realität einer Kultur unvermittelt beschreiben oder die wahre Bedeutung eines kulturellen Phänomens auffinden zu können. Nicht an einer ununterbrochenen Analogiekette partizipiert der Anthropologe, wie bei Lévi-Strauss, sondern am Kaleidoskop der grenzenlos veränderbaren Blickwinkel, der immer neuen perspektivischen Brechungen, in denen die Kulturen und mit ihnen auch die sie interpretierenden Anthropologen, sich reflektieren. Die Kulturanalyse ist unendlich. Sie führt nicht zu einem Uranfang zurück und schon gar nicht zur Natur, sondern wo immer sie sich hinwendet, stößt sie auf Geschichten und Ansichten, genauer gesagt: «Stories about stories, views about views.»[8] Und bei deren Interpretation lernt man nicht allein etwas über das, was die einzelnen Menschen spezifisch ausmacht, sondern auch etwas über das, was den Menschen im allgemeinen charakterisiert.

Geertz kann also die Relativität von Kulturen anerkennen, ohne kulturelle Unvergleichbarkeit postulieren zu müssen, aber auch ohne den Vergleich einem absoluten Maßstab zu unterwerfen. Auf den ersten Blick gilt dies ebenso für Stephen Greenblatts Kulturpoetologie. Greenblatts Selbstcharakterisierung könnte auch von Geertz stammen, obwohl dieser normalerweise auf das Pathos dramatisierender Kunstgriffe verzichtet, wie es Greenblatt artikuliert: «nach wie vor bin ich von Geschichten besessen, besessen von ihrem vielfältigen und komplexen Gebrauch.»[9] Und ebenso wie Geertz liebt es Greenblatt, Geschichten zu erzählen und an ihnen die «Repräsentationstechnologie einer Kultur» zu demonstrieren.

Geertz aber beschränkt sich auf Geschichten, die ihm bei seiner ethnologischen Feldforschung zugestoßen und erzählt worden sind oder die andere Ethnologen bei anderen Reisen erfahren und konstruiert haben. Greenblatt hingegen bewegt sich in einem grenzenlosen Universum von Geschichten, die er aus Historie und Gegenwart, aus literarischen, ethnologischen und historischen Quellen nach Lust und Laune herausgreift, miteinander kombiniert und zu einer Kulturpoetik synthetisiert. Dabei werden literarische Texte als kulturhistorische Dokumente aufgefaßt, und historischen Quellen wird eine literaturwissenschaftliche Aufmerksamkeit zuteil, die gewöhnlich den fiktiven Kreationen vorbehalten war.

Die Vorgehensweise der von ihm inaugurierten Schule der «Neuen Historisten» beschreibt Greenblatt folgendermaßen: Sie «begreifen kulturelle Ausdrucksformen wie Hexenbeschuldigungen, medizinische Handbücher oder Kleidung weniger als rohes denn als ‹gekochtes› Material – als komplexe symbolische und materielle Artikulationen der imaginativen und ideologischen Strukturen jener Gesellschaft, die sie hervorgebracht hat.»[10] Diese Beschreibung ist offensichtlich ein methodologisches Amalgam, dessen Hauptbestandteile – der Strukturalismus, der Marxismus und verschiedene Spielarten der französischen Soziologie und Mentalitätengeschichte – noch andeutungsweise zu erkennen sind.

Kennzeichnend für Greenblatts Verfahren ist, daß bei ihm jegliche Art von Beziehungen und jegliche Form ihrer Kombination kulturpoetologisch relevant wird, einschließlich derjenigen zwischen divergierenden Theorien. Es ist das spielerische Verfahren des Poststrukturalismus, dem Greenblatt unverkennbar verpflichtet ist. Am Ende des 20. Jahrhunderts kehrt der Poststrukturalismus zu einer Attitüde zurück, die im Zeitalter der europäischen Entdeckungsreisen in globalem Maßstab ausprobiert worden war, und wendet sie, nunmehr ohne Feuer und Schwert, auch auf die eigene Kultur an: Die Weltkultur wird zu einem Revier für fröhliche Wissenschaftler, die sich gern mit Nietzsche als «Müssiggänger im Garten des Wissens»[11], noch lieber aber als Wilderer und Heroen des Reisens, als Freibeuter und Abenteurer gerieren, auch wenn dies fast nur metaphorisch gemeint ist.[12]

Spezifische Menschen interessieren dabei weniger als spezifische kulturelle Vorgänge, für die es nicht so sehr darauf ankommt, auf welche Menschen diese Vorgänge zu ihrer Realisierung angewiesen waren, ja für die es vielleicht sogar unwichtig ist, ob es sich um Vorgänge, Geschichten oder Spekulationen handelt. Das gilt schon für das Buch, mit dem Greenblatt international bekannt geworden ist: «Shakespearean Negotiations: The Circulation of Social Energy in Renaissance England»[13]. Der Autor Shakespeare wird dort eingekreist von gesellschaftlichen «Energien», die sein Werk determiniert, ja überdeterminiert haben sollen, doch er verschwindet dabei, denn den Texten wird nichts anderes abverlangt, als diese Umstände und Praktiken zu illustrieren. Die anthropologische Frage, ob Kulturen oder kulturelle Artefakte vergleichbar sind oder nicht und ob es verallgemeinerbare Kriterien dafür geben könnte, scheint abgetan zu sein, nachdem der ausschließliche Blick auf die Relationen den Menschen und die Menschen aus dem Auge verloren hat.

Relativismus und anthropologisches Staunen

Trotz der tiefgreifenden Divergenzen zwischen Greenblatt, Geertz und Lévi-Strauss, trotz ihrer unterschiedlichen und mit unterschiedlichem Erfolg unternommenen Versuche, philosophische und andere Grenzmarken zu überspringen – die anthropologische Aufmerksamkeit für kulturelle Relationen ist bei allen drei Autoren durch ein Staunen und eine Analyse des Staunens motiviert, die bei einem Autor der französischen Renaissance präfiguriert sind, dem ersten großen Vordenker der neuzeitlichen Anthropologie: Montaigne.

Schon bei Montaigne sind die Fallstricke und Verlockungen des Kulturrelativismus ausgebreitet, die noch die Anthropologen des 20. Jahrhunderts quälen werden. Unter dem Titel «De la coustume et de ne changer aisément une loy reçüe» präsentiert Montaigne im 23. Kapitel des 1. Buchs seiner «Essais» ein Sammelsurium der merkwürdigsten Sitten und Gebräuche verschiedener vergangener und zeitgenössischer Kulturen. Mitten darin hat Montaigne einen Kommentar eingeblendet, der die nach ihm kommenden Anthropologen auf das Staunen verweist und ihnen damit einen Ausweg aus dem Kulturrelativismus aufzeigt:

«Die Gewöhnung schläfert den Blick unseres Urteils ein. Die Barbaren setzen uns nicht stärker in Verwunderung, als wir sie, und mit nicht mehr Grund, wie ein jeder eingestehen würde, wenn ein jeder, nachdem er diese fremdartigen Beispiele durchwandert hätte, sich über die eigenen zu beugen und gesunden Sinnes zu vergleichen wüßte. Die menschliche Vernunft ist eine Lauge, die ungefähr im gleichen Maße allen unsern Meinungen und Sitten eingetränkt ist, von welcher Gestalt sie auch seien: unbegrenzt in der Fülle, unbegrenzt in der Vielfalt.»[14]

Unser Staunen über die Fremden soll also nicht blind machen für das Staunen der Fremden über uns, und wer dieses Staunen der Fremden nicht übersieht, lernt, auch über die eigene Kultur zu staunen: So gewendet ist das Staunen als Anfang der Philosophie untauglich geworden. Bei Montaigne wird das Staunen zum Anfang der Anthropologie. Sowohl das Werk von Clifford Geertz wie das von Lévi-Strauss ist von dieser Einsicht gezeichnet. Im Werk von Geertz folgt daraus ein hermeneutisches, interpretatorisches Verhalten gegenüber der Kultur. Ein solches kulturwissenschaftliches Verhalten setzt den Affekt des Staunens voraus. Denn wenn die Kultur, laut Geertz, als selbstgesponnenes Bedeutungsnetz beschrieben werden kann, in das der Mensch verstrickt ist, so bedarf es des Staunens, um sich aus dieser Verstrickung zu lösen. Das Staunen ermöglicht einen auf absolute Wertmaßstäbe verzichtenden Kulturvergleich, da es die Selbstverständlichkeit eigener kultureller Erfahrung durchbricht. Lévi-Strauss geht einen anderen Weg. Das Bedeutungsnetz wird von ihm zerrissen, ohne daß die Verstrickung damit aus der Welt geschafft ist.

Eine fröhliche Wissenschaft, wen wundert es, kann auf dieser Basis nicht gedeihen. Eine der verzweifeltsten Stellen der «Traurigen Tropen», Lévi-Strauss' Reisebuch (also «relation», wie man auf französisch früher sagte) über seine Feldforschung im Inneren Brasiliens am Ende der dreißiger Jahre, legt davon eindringlich Zeugnis ab. Das Staunen aber, zu dem Lévi-Strauss sich dort bekennt, führt nur tiefer in die Verstrickung hinein, die der anthropologischen Bemühung selber anzuhaften scheint:

«Ich hatte bis zum äußersten Punkt der Wildheit gehen wollen; war mein Wunsch nicht in Erfüllung gegangen bei diesen anmutigen Eingeborenen, die vor mir noch niemand gesehen hatte und die vielleicht nie mehr jemand sehen würde? Am Ende hatte ich meine Wilden nun endlich gefunden. Leider waren sie nur allzu wild. [...] Da waren nun die Wilden, bereit, mir ihre Bräuche und Vorstellungen zu erklären, aber ich kannte ihre Sprache nicht. Sie waren mir so nahe wie das Bild in einem Spiegel; ich konnte sie berühren, aber nicht verstehen. So erhielt ich im selben Augenblick meinen Lohn und meine Strafe. Denn war es nicht meine Schuld und die meines Berufs zu glauben, daß Menschen nicht immer Menschen sind? Daß einige mehr Interesse und Aufmerksamkeit verdienen, weil ihre Hautfarbe und ihre Sitten uns in Erstaunen setzen? Wenn es mir nur gelingt, sie zu erahnen und damit ihrer Fremdheit zu entkleiden, hätte ich ebensogut zu

Hause bleiben können. Oder wenn sie diese Fremdheit, wie hier, bewahren, kann ich nichts mit ihr anfangen, da ich nicht einmal in der Lage bin zu erfassen, worin sie besteht. Zwischen diesen beiden Extremen gefangen, frage ich mich: welche zweideutigen Fälle liefern uns die Ausreden, von denen wir leben? Und wer ist letzten Endes der wahre Betrogene jener Verwirrung, die solche Bemerkungen bei unseren Lesern hervorrufen, Bemerkungen, die gerade so weit gehen, daß sie verständlich sind, aber doch auf halbem Wege stehenbleiben, weil sie Menschen in Erstaunen setzen, die denen ähneln, für welche diese Bräuche selbstverständlich sind? Ist der Betrogene der Leser, der an uns glaubt, oder sind wir selbst es...?»[15]

Clifford Geertz, der diese Stelle in seinem Buch «Works and Lives: The Anthropologist as Author» auszugsweise zitiert, bemerkt dazu mit milder Ironie: Angesichts einer solchen «offenbarungsartigen (oder vielleicht besser: anti-offenbarungsartigen) gesteigerten Erfahrung» sei es nur zu verständlich, daß Lévi-Strauss am Ende seiner vergeblichen Suche sich dafür entscheidet, in seinem Lebenswerk «kulturelle Äußerungen zu abstrakten Beziehungsmustern» zu stricken, und daß er sie einer «universalisierenden Analyse unterzieht, die, indem sie die Unmittelbarkeit auflöst, die Seltsamkeit auflöst.»[16]

Einen dritten Weg aus dem anthropologischen Dilemma hat Greenblatt eingeschlagen. Und wiederum ist es das Staunen, das die Richtung vorgibt. Auch bei Greenblatt wird, analog zum Vorgehen von Lévi-Strauss, das Bedeutungsgewebe zerrissen und neu geknüpft, doch das Staunen führt weder aus der Verstrickung heraus, wie bei Geertz, noch erst richtig in sie hinein, wie bei Lévi-Strauss. Greenblatts Kunstgriff in seinem Buch «Marvelous Possessions. The Wonder of the New World» von 1991 besteht darin, das Staunen zum Gegenstand einer kulturhistorischen Analyse zu machen und es zugleich für die Erzeugung von Ergriffenheit zurückzugewinnen, die inzwischen in der Literaturwissenschaft weitgehend verlorengegangen war. In seinem programmatischen Aufsatz «Resonanz und Staunen» von 1990 schreibt er: «Unter ‹Staunen› verstehe ich die Macht des ausgestellten Objekts, den Betrachter aus seiner Bahn zu werfen, ihm ein markantes Gefühl von Einzigartigkeit zu vermitteln, eine Ergriffenheit in ihm zu provozieren.»[17] Die dabei eingeschlagene Gegenposition zur Philosophie wird von Greenblatt ausdrücklich unterstrichen: «während die Philosophie das Staunen durch sichere Erkenntnis zu ersetzen sucht, sieht der Neue Historismus seine Aufgabe darin, im Herzen der Resonanz stets von neuem das Wunderbare zu beleben.»

Damit ist Greenblatts Kulturpoetologie nach eigenem Eingeständnis wieder beim «Kult des Wunderbaren» angelangt, von dem Philosophie und Anthropologie auf unterschiedliche Weise mittels des Staunens als eines Aufklärungsgestus wegführen wollten: des Staunens, das die Philosophie erzeugt und dann entbehrlich wird, aber auch des Staunens, das die Anthropologie, zwischen Montaigne und Clifford Geertz, begleitet. Bezeichnenderweise konnte indessen gerade die hohe Zeit der französischen Aufklärung das Staunen nicht gebrauchen. Diderot hat klar durchschaut, daß das Staunen mit der Philosophie unvereinbar ist. In seinem Essay «De l'interprétation de la nature», den er 1753, gleichzeitig mit dem dritten Band der «Encyclopédie», publiziert, schreibt er: «Das Staunen ist die erste Auswirkung eines großartigen Phänomens: Die Aufgabe der Philosophie besteht darin, es aufzulösen.»[18] Um aber diese Aufgabe zu bewältigen, kann sich die Philosophie an Diderots Anthropologie ein Beispiel nehmen. In seinem erst postum veröffentlichten «Supplément au voyage de Bougainville» ist es das Charakteristikum eines alten weisen Eingeborenen Tahitis, daß er kein Staunen, und schon gar nicht über die Fremden aus Europa, zu erkennen gibt.[19]

Diderot hat die Platon-Stelle über das Staunen rigoros entzaubert. Die Trennung zwischen Staunen und Philosophie kann nicht schärfer gedacht werden als in seiner Auslegung: Das Staunen endet, wenn die Philosophie beginnt. Der anthropologische Trost besteht darin, daß das philosophische Vermögen nicht den alten Griechen und den ihnen nachfolgenden Denkern vorbehalten ist. Denn auch die Weisheit edler Wilder sei vom Staunen unberührt. Daß diese wilde Philosophie eine europäische Projektion ist, liegt auf der Hand und wird von Diderot in einem Dialog, der in seine Nachschrift zu Bougainvilles Reise inkorporiert ist, ehrlicherweise sogar zugestanden.[20]

Greenblatt hingegen unterzieht das Staunen einer nostalgischen Wiederverzauberung. Er kehrt zum jünglingshaften Staunen von Platons Theaitetos zurück, dem die vielfältigen qualitativen und quantitativen Beziehungen den Kopf verdrehen und der sich von der Gleichzeitigkeit des Widersprüchlichen zunächst verwirren läßt, bevor er das betörende Trostmittel der Philosophie, die von ihr konstruierte Widerspruchslosigkeit, ergreift. Wenn Greenblatt Platons philosophische Propädeutik, das Staunen, zum Ziel und Ende kulturanthropologischer Bemühung erklärt, so verzichtet er zugleich darauf, den Skandal zu analysieren, den die Simultaneität widersprüchlicher Beziehungen weiterhin bei den Philosophen, und nicht allein bei ihnen, provoziert.

Die grenzüberschreitenden, integrativen und dialogischen Verfahren, mit denen die Anthropologie jahrtausendelang experimentiert hat, haben es offensichtlich nicht leicht, sich dem Sog entsprechender philosophischer und theologischer Verfahren zu entziehen. Denn deren Ausbildung hat die westliche Zivilisation und ihre Kultur bis heute im Innersten geprägt. Ist die Anthropologie am Ende des 20. Jahrhunderts wieder an der Schnittstelle zwischen Theologie und Philosophie angelangt, die ihr lange Zeit, als Fortsetzung der Theologie oder der Philosophie mit anderen Mitteln, Methode und Richtung vorgaben? Hat eine kulturwissenschaftlich orientierte Anthropologie nur die Wahl zwischen dem Kult des Wunderbaren und der aufklärerisch-radikalen Absage an das Staunen? Oder sind neue Anfänge und andere Fragen denkbar, durch die das Staunen der Anthropologie neue Perspektiven des hermeneutischen Verstehens und Interpretierens eröffnen könnte?

Anmerkungen

1 Wolfgang Frühwald/Hans Robert Jauß/Reinhart Koselleck/Jürgen Mittelstraß/ Burkhart Steinwachs: Geisteswissenschaften heute. Eine Denkschrift. Frankfurt/ M. 1991, S. 11; vgl. ebd. S. 10.
2 Ebd., S. 45–72, v. a. S. 45–47, 60.
3 Platon: Theaitetos 155d (Übersetzung nach Schleiermacher).
4 Zu Thaumas und Iris vgl. Hesiod: Theogonie 237f, 265–267, 780ff.
5 Vgl. Michael Oppitz: Notwendige Beziehungen. Abriß der strukturalen Anthropologie. Frankfurt/M. 1975. Siehe dazu und zum folgenden auch Renate Schlesier: Kulte, Mythen und Gelehrte. Anthropologie der Antike seit 1800. Frankfurt/ M. 1994, S. 243–295. Die oben referierten Positionen von Lévi-Strauss finden sich vor allem in den Publikationen: Anthropologie structurale. Paris 1958; Mythologiques. Bd. 1–4. Paris 1964–1971; Le regard éloigné. Paris 1983.
6 Clifford Geertz: The Impact of the Concept of Culture on the Concept of Man (1966). In: The Interpretation of Cultures. New York 1973, S. 49 (Übersetzung: R. S.); vgl. auch die deutsche Übersetzung des Aufsatzes unter dem Titel: Kulturbegriff und Menschenbild. In: Rebekka Habermas/Nils Minkmar (Hg.): Das Schwein des Häuptlings. Beiträge zur historischen Anthropologie. Berlin 1992, S. 75.
7 Clifford Geertz: Thick Description. Toward an Interpretive Theory of Culture. In: The Interpretation of Cultures, S. 5 (dt. in: Dichte Beschreibung. Beiträge zum Verstehen kultureller Systeme. Frankfurt/M. 1987, S. 9).
8 Clifford Geertz: After the Fact. Two Countries, Four Decades, One Anthropologist. Cambridge/Mass. 1995, S. 62.
9 Stephen Greenblatt: Marvelous Possessions. The Wonder of the New World. Oxford 1991, S. 1 (dt.: Wunderbare Besitztümer. Die Erfindung des Fremden: Rei-

sende und Entdecker. Berlin 1994, S. 9); das nachfolgende Zitat ebd., S. 3 (dt., S. 11).

10 Stephen Greenblatt: Schmutzige Riten. Betrachtungen zwischen Weltbildern (1990). Berlin 1991, S. 14. Vgl. auch ebd., S. 107–122.
11 Friedrich Nietzsche: Unzeitgemässe Betrachtungen II: Vom Nutzen und Nachteil der Historie für das Leben. In: Kritische Gesamtausgabe. Hg. von Giorgio Colli und Mazzino Montinari. Abt. III, Bd. 1. Berlin/New York 1972, S. 241.
12 Vgl. auch zur «Reiseform des Wissens» als einem «kulturwissenschaftlichen Erkenntnistyp [...], der dem Heterogenen, Diversen, Überraschenden, Fremdartigen, Anstößigen, Seltsamen, Geheimnisvollen, Verlockenden, Unerklärlichen, Erschreckenden – kurz: dem anderen unserer selbst sich ebenso widmet wie aussetzt», Hartmut Böhme: Vom Cultus zur Kultur(wissenschaft). Zur historischen Semantik des Kulturbegriffs. In: Renate Glaser/Matthias Luserke (Hg.): Literaturwissenschaft – Kulturwissenschaft. Positionen, Themen, Perspektiven. Opladen 1996, S. 63.
13 Oxford 1988. Dt.: Verhandlungen mit Shakespeare. Innenansichten der englischen Renaissance. Berlin 1990.
14 Michel de Montaigne: Essais. Hg. von Maurice Rat. Bd. 1. Paris 1962, S. 116f (dt. zitiert nach der Übersetzung von Herbert Lüthy. In: Montaigne: Essais. Zürich 1953, S. 159f). Vgl. dazu Hinrich Fink-Eitel: Die Philosophie und die Wilden. Über die Bedeutung des Fremden für die europäische Geistesgeschichte. Hamburg 1994, S. 132.
15 Claude Lévi-Strauss: Tristes Tropiques. Paris 1955, S. 383 f (dt. zitiert nach der Übersetzung von Eva Moldenhauer. Lévi-Strauss: Traurige Tropen. Frankfurt/M. 1978, S. 328f).
16 Clifford Geertz: Die künstlichen Wilden. Anthropologen als Schriftsteller (engl. 1988). München/Wien 1990, S. 50f.
17 Greenblatt, Schmutzige Riten, S. 15; die nachfolgenden Zitate ebd., S. 28, 26.
18 In Denis Diderot: Œuvres complètes. Hg. von J. Assézat. Bd. 2. Paris 1875, S. 14. Vgl. Wolf Lepenies: Das Ende der Naturgeschichte. Wandel kultureller Selbstverständlichkeiten in den Wissenschaften des 18. und 19. Jahrhunderts (1976). Frankfurt/M. 1978, S. 213f.
19 Vgl. Diderot, Œuvres complètes. Bd. 2, S. 213.
20 Vgl. ebd., S. 218: «A. Ce discours me paraît véhément; mais à travers je ne sais quoi d'abrupt et de sauvage, il me semble y retrouver des idées et des tournures européennes.»

Doris Bachmann-Medick

Texte zwischen den Kulturen: ein Ausflug in «postkoloniale Landkarten»

Eine neue kulturwissenschaftliche Leitperspektive?

«Als kleiner Junge hatte ich eine Leidenschaft für Landkarten. [...] Damals gab es noch viele weiße Flecken auf der Erde, und wenn ich auf der Karte einen sah, der besonders einladend aussah [...], legte ich meinen Finger darauf und sagte: Wenn ich groß bin, geh ich dort hin.»[1] Marlow in Joseph Conrads Roman «Heart of Darkness» ist hingegangen, getragen vom vertrauten Strom der Themse und von den in sie eingeschriebenen europäischen Mythen und Erinnerungsspuren, hin zu einem «Ort der Finsternis», zum fremden, ungebildeten Strom des Kongo: ein «leerer Strom» in Afrika und überhaupt «eine Reise zu den frühesten Tagen der Erde». Der «Strom» der europäischen Literatur ist es nicht zuletzt gewesen, der durch sein Ausgestaltungs- und Übersetzungsmonopol die weißen Flecken auf der Landkarte glaubte auffüllen und kartieren zu können. Er hat – wie der Leitfaden der Flüsse und Ströme bei Conrad – «die entferntesten Enden der Erde» erreicht. Heute jedoch sind es die Literaturen der Welt, die diese eurozentrische Landkarte erneut verschieben.

Theoretiker des sogenannten postkolonialen Diskurses wie der in Chicago lehrende Inder Homi Bhabha geben der Literatur weltweit einen neuen Ort. Sie rücken in den Blick, wie literarische Texte *zwischen* verschiedenen Kulturen angesiedelt sind. Was bedeutet eigentlich diese häufige Rede von kulturellen Zwischenpositionen – handelt es sich dabei nicht um eine bloße Metaphorik des Raums? Meine Hypothese ist die folgende: Was hier als bloßes Spiel mit Metaphern erscheint, ist vielmehr rückgebunden an die konkrete Erfahrung multikulturell überlagerter Lebensweisen. In diesem Horizont wird Verräumlichung zu einem grundlegenden Konzept, mit dem sich gegenwärtig geradezu ein Paradigmenwechsel in den Kulturwissenschaften anbahnt.

Unter kulturwissenschaftlichen Paradigmen verstehe ich hier leitende Untersuchungsperspektiven, insbesondere ihre disziplinenübergreifende Bündelung zu einem konzeptuellen Forschungsprofil, wodurch die einzelnen Untersuchungen gezielter auf Kulturerfahrung und Kulturenvergleich, aber auch auf die Auseinandersetzung zwischen den Kulturen gerichtet werden können.[2] War in den letzten Jahren das Paradigma der Repräsentation vorherrschend, so deutet sich jetzt zunehmend ein neuer Schwerpunkt an: Kulturelle Verortung *(location of culture)* und kulturelle (Neu-)Kartierung *(cultural mapping)* scheinen zu Leitvorstellungen zu werden. Doch nicht nur die Literaturwissenschaft, sondern vor allem die literarischen Texte selbst wirken aktiv auf eine solche Akzentverschiebung hin. So tragen die postkolonialen Literaturen der Welt zu den weitreichenden Veränderungen bei, die sich gegenwärtig im Verständnis wie in der Erfahrung von Kultur vollziehen.[3] Anstelle der Vorstellung repräsentierbarer, abgegrenzter, in sich geschlossener Kulturen mit festen Identitäten betonen sie eher die Vermischung, Überlagerung und Deplazierung von Kulturen, die Identitätsbrechungen im Zustand kultureller Zwischenexistenz. Von den weder national noch sprachlich fest verankerten Literaturen geht die Forderung aus, sich ausdrücklich mit den Verarbeitungsformen der realen und keineswegs nur metaphorischen Prozesse kulturenübergreifender Migration und Globalisierung auseinanderzusetzen – ein Vorzeichen auch für ein neues Verständnis von Weltliteratur.

Diese Veränderungen in der Lage wie in der Auffassung von Kultur sind auch für die Literaturwissenschaft richtungweisend, wenn sie sich als Kulturwissenschaft verstehen will. Auch sie ist dazu herausgefordert, in das dringliche gegenwärtige Projekt einer kritischen kulturellen Neukartierung der globalen politischen Landschaft einzusteigen, wie es unter anderen Salman Rushdie vorgezeichnet hat: Als Gegenmedien zur Vorherrschaft einer vereinheitlichenden westlichen Konsum- und Informationsgesellschaft wären literarische Texte gefordert, die – so Rushdie – «neue und bessere *Karten* der Realität zeichnen und neue Sprachen schaffen, mit deren Hilfe wir die Welt verstehen lernen.»[4] Methodisch ist ein solches weit ausgreifendes Kartierungsprojekt bereits mit der Neufiguration des kulturwissenschaftlichen Denkens vorbereitet, wie sie der Kulturanthropologe Clifford Geertz an einer Neukartierung der kulturwissenschaftlichen Disziplinen festgemacht hat: «what we are seeing is not just another redrawing of the cultural map – the moving of a few disputed borders, the marking of some more picturesque mountain lakes – but an alteration of the principles of mapping. Something is happening to the way we think about the way we think.»[5] Disziplinengrenzen werden durch Genremischungen erschüttert. So können es auch literarische Texte sein, die als quasi-wissenschaftliche Landvermesser das Projekt einer Neufiguration des sozialen Denkens vorantreiben. Ja, sie befördern sogar das politische und kulturpolitische Vorhaben, auch die Grenzziehungen und Hierarchien zwischen Kulturen und Literaturen im weltweiten Spannungsfeld zwischen Zentrum und Peripherie neu zu gestalten.

Es ist also längst nicht mehr hinreichend, literarischen Texten oder einzelnen Kulturen auf einer bloßen face-to-face-Ebene der Interpretation zu begegnen. Die neue Perspektive verlangt vielmehr einen umfassenderen Untersuchungsrahmen, der auch die bisherigen Leitkategorien der Mimesis oder Repräsentation übersteigt. Hierzu ist ein kurzer Rückblick angebracht. Schließlich wurde einer der wichtigsten Ausgangspunkte für eine kulturwissenschaftliche Umorientierung der Germanistik und der Literaturwissenschaften überhaupt durch das Problem der Repräsentation bzw. Kulturbeschreibung markiert. Vor allem die Ethnologie war und bleibt hier richtungweisend, insofern sie in ihrer writing-culture-Debatte die Frage der Darstellbarkeit fremder Kulturen aufgeworfen und die sogenannte Krise der Repräsentation zugespitzt hat: durch Einsicht nämlich in das Dilemma, andere Kulturen doch nur in den Schemata von West und Ost, Eigenem und Fremdem, doch nur mit einer westlich geprägten Interpretationsautorität und Beschreibungsrhetorik repräsentieren zu können.[6] Literatur und Literaturwissenschaft wurden zu entscheidenden Bezugspunkten, als die Ethnographie erkannte, daß auch sie mit verdeckten rhetorischen bzw. literarischen Erzählstrukturen, mit Metaphern und Plots arbeitet, gerade um den Eindruck von Authentizität zu erwecken. Für die Literaturwissenschaft wiederum kann eine ethnologische Horizonterweiterung besonders im Bereich der Symbol- und Ritualinterpretation, der kulturellen Inszenierungsformen und der Verarbeitung von Fremderfahrung fruchtbar werden – ein noch längst nicht ausgeschöpftes Feld literaturwissenschaftlichen Arbeitens.

Eine besonders starke Herausforderung für die Literaturwissenschaft bietet freilich die jüngste Anknüpfung der Ethnologie und anderer Kulturwissenschaften an die weltweiten Grenzverwischungen und Kulturenüberlagerungen: «Where historians and anthropologists once studied individual actors and isolated communities, they now seek to place people in a shifting web of interdependencies which often stretches across the globe.»[7] Wohin führt dann aber die vielbeschworene Krise der Repräsentation, wo doch immer unklarer wird, wer in diesem Netzwerk Subjekt und wer Objekt der Repräsentation ist und wo sich marginalisierte postkoloniale Gesellschaften verstärkt selbst repräsentieren? Das Paradigma der Repräsentation als solches wird erschüttert, und zwar durch kritische, engagierte Ansätze einer postkolonialen «Lokalisierung von Kulturen»[8] – dies keinesfalls im Sinne ihrer geographischen Verwurzelung oder gar geopolitischen Festlegung. Im Gegenteil, diese Ansätze sind von vornherein auf interkulturellen Vergleich hin angelegt, da in der Lokalisierung in jedem Fall die «Unreinheit» (*hybridity*), das heißt die Überlagerung von Kulturen mitgedacht ist. Es handelt sich – so Homi Bhabha – um eine Kontaktzone, einen dritten Raum *zwischen* den Kulturen. Solche kulturellen Grenzräume als Schauplätze eines neuen «heimatlosen Internationalismus» sollen am besten in der Lage sein, gerade auch mit Hilfe der Literatur, kulturelle Differenzen zu betonen und sie zugleich doch wechselseitig auszuhandeln. Die kulturwissenschaftliche Schlüsselrolle, die literarischen Texten dabei zukommt, wird dadurch verstärkt, daß sich gegenwärtig auch die Dichter und Schriftsteller – und nicht nur die Wissenschaftler – in «heimatlose Intellektuelle» verwandeln.

Wenn also in der Analyse und Kritik globalisierter Massenkultur gegenwärtig gefordert wird, die ethnologische Kulturkonzeption zu erweitern, um die globalen kulturellen Vernetzungen in den Blick zu bekommen, wenn dabei auf die Entwicklung konzeptueller Rahmenbegriffe gedrängt wird[9], dann könnte man hierzu wichtige Aufschlüsse in der Selbstverortung von literarischen Texten finden. Gemeint ist sowohl deren Verortung als auch «Entortung»[10] und Heimatlosigkeit, die den Horizont in sich geschlossener Nationalliteraturen sprengten und deren Hierarchisierungen in Frage stellten. Wenn der «periphere Held» und Dichter in Salman Rushdies Pakistan-Roman «Scham und Schande» von der Angst beherrscht wird, «er lebe so nah am Rand der Welt, daß er jeden Augenblick hinunterfallen könne»[11], so reflektiert dieses Bild die Lage der Literaturen außerhalb Europas. Es verweist aber zugleich auf das Vermögen der literarischen Texte, selbst als erfahrungsbezogene Medien einer «imaginären Geographie» wirken zu können. Deren kritisches, bedeutungsbezogenes Kartennetz verläuft quer zu den etablierten kulturellen und politischen Machtblöcken.

Literarische Texte als Medien einer «imaginären Geographie»

Die gegenwärtige Diskussion über «cognitive mapping»[12] bringt neben der Ethnographie verstärkt die Geographie ins Spiel, die bisher an der kulturwissenschaftlichen Ausbildung von Methoden, Horizonten und Paradigmen kaum beteiligt war – wenn auch gerade ein Geograph, David Harvey, als kritischer Theoretiker der amerikanischen Postmoderne die Konzeptionen von Raum und Zeit nachdrücklich ins Spiel gebracht hat. Die postmoderne Orientierungslosigkeit und Fragmentarisierung ist nach Harvey geradezu eine Folge des Zusammenbruchs der Vorstellungen von Raum und Zeit als aufklärerischer Formen der Weltbemächtigung und Expansion sowie als Herrschaftsinstrumenten der eurozentrischen Zentralperspektive.[13] Die neuen kulturgeographischen Anstöße scheinen aus der Sackgasse postmoderner Orientierungslosigkeit und Fragmentierung hinausführen zu können, indem sie nicht nur rhetorisch den Zusammenbruch des europäischen Orientierungsmonopols herausstellen, sondern gezielt einen dazu gegenläufigen Orientierungs-, ja Dezentrierungsanspruch zur Geltung bringen. Es geht hier nicht länger darum, daß sich der Westen mit gutem Willen der Peripherie zuwendet, sondern daß das westliche Zentrum selbst deplaziert wird: «the point is not to oversee the collapse of the periphery as exotic relic into the fatal orbit of the centre, but to take the centre to the periphery, to see the idea/ ideal of the centre and the institutions of the centre taken to the edge, broken down and taken over by the periphery. The border is not just another metaphor.»[14] Universalisierungen der Geschichte und die gobale eurozentrische Vereinheitlichung heterogener Orte werden durch eine Geographie «from the edge» erschüttert.

Solche (Um-)Kartierung scheint mehr und mehr zu einer kulturwissenschaftlichen Leitperspektive zu werden. Um sie konkret zu machen, möchte ich auf ein wichtiges, bisher wenig beachtetes Gelenkstück eingehen: auf die Kartierungsdimension literarischer Texte. Deren Ziel ist heutzutage, die weltweiten Hierarchien und Abhängigkeiten der Lebenswelten handhabbar und veränderbar zu machen, die Vorstellung eines Zusammenpralls in sich geschlossener Kulturblöcke aufzubrechen und nicht zuletzt eine raumbezogene Akzentverschiebung in der interkulturellen Hermeneutik herbeizuführen. Angestrebt wird eine «spatial hermeneutics»[15]. Sie richtet sich auf die Simultaneität unterschiedlichster, ja ungleicher Lebenssphären und auf die Erfahrungen asymmetrischer

Machtverteilung, angesichts deren die sequentielle Geschichtserzählung mit ihrem zeitlichen Nacheinander an ihre Grenzen stößt.

Es ist bemerkenswert, daß die neuesten Ansätze der Kulturgeographie gerade mit Beispielen aus der Literatur argumentieren. So nimmt etwa eine Studie über die Gleichzeitigkeit heterogenster Lebensbereiche in der Metropole Los Angeles die Erzählung «Aleph» von Jorge Luis Borges zum Leitfaden. Ähnlich wie Los Angeles als ein Ort gesehen wird, der gleichsam die ganze Welt des ausgehenden 20. Jahrhunderts in einem untereinander verknüpften urbanen Mikrokosmos «repräsentiert», so nähert sich bei Borges der Erzähler, ein Schriftsteller, einem «Ort», an dem alle Einzelperspektiven zusammenlaufen: «der Ort, an dem, ohne daß sie ineinander übergingen, alle Orte des Erdkreises versammelt sind, von allen Blickwinkeln aus gesehen.»[16] Hier handelt es sich um den Versuch, sich literarisch einer Topographie des modernen Menschen anzunähern, und zwar durch ein besonderes Prinzip dichterischer Gestaltung: das Aleph. Dieses ist unnennbar, nicht repräsentierbar und nicht bruchlos zu synthetisieren. Denn es bezieht sich auf das Problem, wie ein universaler Gesamtzusammenhang in der Gleichzeitigkeit seiner unterschiedlichsten Teile zu erfassen ist, die – wie es bei Borges heißt – «im Raum und in der Zeit gleich» sind: das Labyrinth der Städte gleichzeitig mit jedem einzelnen Sandkorn der Wüsten, der Tag gleichzeitig mit der Nacht.

Doch nicht die Gesamtschau eines Mikrokosmos, der die ganze Welt in den Brennspiegel der Poesie zusammenzieht, ist das Bahnbrechende in Borges' kafkaesker Erzählung. Vielmehr deutet sich in ihr ein kritisches Kartierungspotential von Literatur an, das die Einzelmomente noch in der Globalisierung aufrechterhält – eine Perspektive, die erst in den neueren Literaturen der Welt weiter ausgestaltet wird. Diese behalten trotz ihrer Einsicht in die Unmöglichkeit totalisierender Beschreibungen weiterhin weltweite Konstellationen im Blick, doch ebenfalls nicht synthetisiert, sondern durch lokale Verortung gebrochen. Auch hier schlägt sich die Inversion traditioneller Raumerfahrung nieder, wie sie schon Borges betont hat: Die Welt kommt auf den «modernen» Menschen zu und nicht umgekehrt wie noch im Modell der Reise.[17]

Die postkolonialen Migrationsliteraturen – das werden die folgenden Beispiele zeigen – haben gleichsam ihr eigenes «Aleph» darin, daß sie die Erfahrung ungleicher Gleichzeitigkeiten durch eine regionale Weltöffnung, durch ein «reworlding»[18], literarisch verarbeiten. So kann die Literatur einen fiktiven Raum von «Heimatländern der Phantasie» (*imagi-*

nary homelands) schaffen – z. B. «Indios of the mind» –, quer zu den Realitätszwängen wirklicher Städte, Länder und Nationen. Im Unterschied zu den imaginären Projektionen des Orients in der Literatur des 18. und 19. Jahrhunderts steht dabei jedoch nicht die bloße Vorstellung des Anderen und Fremden im Vordergrund, sondern die literarische Verarbeitung einer konkreten Lebenserfahrung der Diaspora, die – wie es Rushdie ausdrückt – durch «lange geographische Perspektiven»[19] geprägt ist. Dennoch ist diese neue Art topographischer Literatur keineswegs auf postkoloniale Texte beschränkt. Im Gegenteil, sie ist nur die jetzt strategisch und kulturpolitisch umgebogene Spitze eines ganzen Eisbergs auch *europäischer* topographischer Literatur. Sie lenkt überhaupt erst den Blick darauf, wie sich literarische Texte durch die Literaturgeschichte hindurch über eine Verräumlichung von Erfahrungen in einen weiteren, oft weltweiten Horizont kultureller und interkultureller Konstellationen hineingestellt und verortet haben.

Edward Said hat hier einen herausgehobenen Ansatz vorgelegt, indem er eine Revision der Literaturgeschichte am Leitfaden der imperialen und kolonialen Verortung von Texten angeregt hat. Allzu fixiert auf sein Orientalismuskonzept hat man bisher jedoch übersehen, daß schon Said selbst das geographische Element einer «kulturellen Topographie»[20] betont. So heißt es in seinem neueren Buch «Kultur und Imperialismus»: «Ich spreche über die Art und Weise, wie Strukturen der Lage *(location)* und der geographischen Referenz in den kulturellen Sprachen von Literatur, Geschichte oder Ethnographie in Erscheinung treten [...] und zwar durch Bündelung mehrerer individueller Werke, die sonst in keinerlei Beziehung zueinander oder zur offiziellen Ideologie des ‹Imperiums› stehen.» Allerdings rückt Said selbst nur die «imperiale Landkarte» in den Vordergrund: die «imperiale Weltkarte» einer Hierarchie der Räume aufgrund der Expansion Europas. Er deutet zwar an, daß die Literaturen der Welt heute «durch ein neues globales Bewußtsein» auch den westlichen kanonischen Texten gleichsam «ihre lokalen Geographien» einschreiben. Doch verweist er damit nicht auf den kulturtheoretischen Horizont einer neuen weltweiten Umverlagerung, auf die ein solches re-mapping zielt. In Ergänzung zu Said wäre somit umfassendere Aufmerksamkeit auf sogenannte topographische Texte und ihre Kartierungsleistungen zu lenken, nicht zuletzt um Saids eigene Kritik an einem Versäumnis der Kulturwissenschaften weiterzutreiben: Stellt er doch heraus, «die meisten Kulturhistoriker und sicherlich alle Literaturwissenschaftler [hätten es] versäumt, die *geographische* Festlegung, die theoretische Vermessung (*mapping*) und Kartographie des Territoriums zu bedenken, die der Literatur des Westens sowie der Geschichtsschreibung und dem philosophischen Diskurs der Zeit zugrunde liegen.»

Beispiele literarischer Topographie

Während sich Said weitgehend auf die zentristische «Geographie imperialer Herrschaft» beschränkt, soll hier an literarischen Beispielen eher die dezentrierende Geographie globaler Herausforderungen in den Blick gerückt werden. Dabei wird die Literaturanalyse – um mit Fredric Jameson zu reden – auf den «spatial context of cultural experience»[21] gelenkt. Meine Überlegungen in dieser Richtung gehen vom Ende einer Raumvorstellung aus, die ich die Topographie des Realismus nennen möchte. Immerhin hat der Realismus nicht nur ein literarisches, sondern ein langandauerndes kulturwissenschaftliches Beschreibungsprinzip ausgebildet, das noch heute in der Ethnographie am Werk ist: Idealtypisch wirkt es im topographischen Epos, das die Landschaften durchwandernd beschreibt, um sich, wie es in Stifters «Nachsommer» heißt, «in das große und erhabene Ganze auszubreiten, das sich unsern Blicken darstellt, wenn wir von Hochpunkt zu Hochpunkt auf unserer Erde reisen»[22].

Von einer solchen topographischen Synthese der visuellen Weltaneignung, die sich aus einer grenzenlosen «Stoffsammlung» von Wahrnehmungseindrücken zusammensetzt, hebt bereits der Erzähler bei Borges sein Dichtungsprinzip ausdrücklich ab. Für ihn gelten nicht mehr die Prinzipien der realistischen Verräumlichung, die seit dem 18. Jahrhundert sowohl im Panorama als auch in der Reise zwei wichtige Paradigmen der sukzessiven Raumerschließung ausgebildet hat: Verknüpft mit dem visuellen Prinzip, dem Blick und dem Überblick, ging es in beiden Fällen um eine zeitliche Abfolgeordnung bzw. um eine verräumlichte Zusammenschau der Vergangenheit.

Verräumlichung der Vergangenheit und Verzeitlichung des Raumerlebens zeigen sich beispielhaft in der Aufbruchsszene von Gottfried Kellers Roman «Der grüne Heinrich», beim Verlassen der Heimat und dem Sich-Hineinbegeben in unvertraute Horizonte und Lebenskreise:

«Indem eine Grundlinie der Landschaft nach der anderen sich verschob und veränderte, und aus dem heiteren Ziehen und Weben ein ganz neuer Gesichtskreis hervorging, welcher allmählig wieder in einen neuen sich auflöste, war Heinrich, mit hellen Jugendaugen aufmerkend, seinem eigenen Wesen zurückgegeben. Die verlassene Mutter und Heimat bildeten wohl eine zarte und weiche Grundlage in seinem Gemüte; doch auf ihr spielten mit ungebrochenen Farben alle Bilder der neuen Welt, welche ihm aufging.»[23]

Mit Aufmerksamkeit auf die «kleinsten Neuigkeiten» erschließt sich hier die neue Welt organisch aus den sukzessiven Horizontverschiebungen der alten, ganz nach dem Modell der Reise und der visuellen Erfahrung von kulturellen Übergängen. Ein solches Prinzip der visuellen Kontinuität liegt schließlich auch den damaligen Versuchen einer perspektivischen Kartierung des historischen Gedächtnisses zugrunde: der historistischen Aufladung des Landschaftspanoramas zum national orientierten Geschichtspanorama im 19. Jahrhundert.[24] Derartige Leitvorstellungen von Sukzessivität und Kontinuität werden im Modernismus weitgehend aufgelöst durch eine Simultaneität sich überlagernder Perspektiven in Futurismus und Surrealismus. Es kommt zu einer Erschütterung des realistischen Paradigmas, auch auf der Ebene der zunehmend multiperspektivischen ethnographischen Kulturbeschreibung. Das visuelle Prinzip freilich bleibt nach wie vor unangetastet, das heißt die Repräsentation des Sichtbaren, die nicht zuletzt in der Ethnographie der teilnehmenden Beobachtung ihre methodische Ausprägung gefunden hat.[25]

In der heutigen Situation dagegen geht die stärkste Herausforderung davon aus, daß sich die globalen Prozesse im Weltmaßstab zwar weitgehend über mediengängige visuelle Repräsentationen ausbreiten. Im Zusammentreffen mit lokalen Inkongruenzen führen sie jedoch zu einer Gleichzeitigkeit extremster Verschiedenheiten, ja ungleicher Entwicklungen, zu Vielschichtigkeiten, die sich dem Blick immer mehr entziehen. Es liegt nahe, die langlebige Vorherrschaft des visuellen Prinzips durch ein komplexeres räumliches Prinzip abzulösen. Richtungweisend ist dabei das Medium des Films und seine spezifische Verräumlichung des Sichtbaren. Doch die Krise der Repräsentation schlägt sich besonders darin nieder, daß nicht mehr nur die multiperspektivische Vielstimmigkeit, sondern eher die Unsagbarkeit und Undarstellbarkeit als Hauptproblem der Repräsentation erscheint – ein Problem freilich, das im Rahmen des Repräsentationsparadigmas gar nicht mehr bewältigt werden kann. Ich denke an die Diskussionen über Unsagbarkeit und Nicht-Darstellbarkeit von Gewalt und Leidenserfahrung, an die Unrepräsentierbarkeit der Identitätsbrechungen im Zuge von Migration und Exil. Das Modell der

Reise bzw. der sukzessiven Welterschließung durch Er-Fahrungen des Subjekts weicht dem komplexen Erfahrungsmuster kultureller Deplazierung und globaler Ortlosigkeit. Dabei ruft die zunehmende Macht des Imaginären, die in Repräsentationen nicht mehr aufgeht, verstärkt das räumliche Paradigma der Kartierung auf den Plan. Dies betrifft nicht nur die imaginären Erinnerungsorte von Migranten, sondern gerade auch die Ortlosigkeit globaler Herrschaft: «Was ist Amerika für uns?» fragt der Erzähler in Rushdies «Satanischen Versen»: «Es ist kein realer Ort. Macht in seiner reinsten Form, körperlos, unsichtbar. Wir können sie nicht sehen, aber sie hat uns voll im Griff, es gibt kein Entrinnen.»[26] Eine Geographie des Unsichtbaren tritt an die Stelle von Repräsentationen, denen die visuellen Grundlagen entzogen sind.

Was sich damit abzeichnet, ist – zugespitzt gesagt – ein Ende der Repräsentation, das Ende jedenfalls ihrer paradigmatischen Vorherrschaft in den Kulturwissenschaften. Die komplexe weltumspannende Gleichzeitigkeit verlangt eine Leitperspektive, die auch dem Problem der Unrepräsentierbarkeit gerecht wird. Nicht zufällig kann hier erneut mit literarischen Texten argumentiert werden. Wieder ist auf den «unaussprechlichen Kernpunkt» des «Aleph» in Borges' Erzählung zurückzukommen: «[...] hiermit hebt auch für den Schriftsteller das Verzweiflungsvolle seiner Aufgabe an. Alles, was sich Sprache nennt, ist ein Alphabet aus symbolischen Zeichen, deren Verwendung die Teilnahme der Sprechenden an einer Vergangenheit voraussetzt; wie aber soll man anderen das unendliche Aleph mitteilen, wenn es meine schaudernde Erinnerung kaum zu fassen vermag?»[27]. Beklagt wird hier das Dilemma, simultane Ereignisse und Erfahrungen aufgrund des sukzessiven Charakters der Sprache nur durch aufzählendes Nacheinander darstellen zu können, was schon für Lessing im «Laokoon» ein prominentes Thema war. Die neue Geographie gibt diesem Dilemma einen Ort in der politischen Landschaft: Die Verräumlichung der Geschichte durch ihre widersprüchliche Zusammenballung an ein und demselben Ort verlangt, sich von einem homogenen Ortsbegriff und von einer statischen Kartierung des physisch Sichtbaren zu verabschieden. Statt dessen sollen Brüche, Verwerfungen und Entwicklungsungleichheiten in den Vordergrund rücken, die durch eine geographische «Kartographie von Brechungen»[28] unter dem Vorzeichen von «kognitiven Karten»[29] aufgedeckt werden können.

Hierbei besteht eine Verwandtschaft zur Literatur und ihrer Fähigkeit, trotz des Nacheinanders der Sprache unterschiedliche Welten im Kopf zusammenbringen zu können. Vor allem durch ihren Metapherngbebrauch und ihre topographische Erzählhaltung sind literarische Texte in der Lage, Inkongruentes in eine Konstellation der Gleichzeitigkeit zu bringen. Dies hat die Literatur freilich schon immer gekonnt, doch keineswegs immer entfaltet. Vergleicht man etwa die reisebeschreibungsähnlichen Texte von Elias Canetti («Die Stimmen von Marrakesch»), Günter Grass («Zunge zeigen») und Hubert Fichte («Xango», «Der Platz der Gehenkten»), dann fällt auf, wie Canettis Darstellung einer kulturell fremden Szene auf zeitlichen Ablauf und Entwicklung hin angelegt ist. Dies gilt auch für Günter Grass' Indienpanorama mit seinem visuellen Prinzip, die fremde Kultur zu Bildern, ja Theaterkulissen zu arrangieren. Wenn Grass für Indien bemerkt: «Kein Blickfeld ohne Menschen [...]. Überall Rückblicke in entlegene Jahrhunderte»[30], dann ist hier noch immer das schon bei Joseph Conrad praktizierte Zurückversetzen auf der Zeitachse am Werk. Dies entspricht dem überkommenen ethnographischen Beschreibungsprinzip, das – so der Ethnologe Johannes Fabian – gerade keiner zeitgleichen Verknüpfung, sondern einer Distanzierung und Separierung von Kulturen in die Hände arbeitet und von daher als Darstellungsform hierarchischer Machtausübung in Frage zu stellen ist.[31] Ein kritisch-ethnologisch orientierter Autor wie Hubert Fichte dagegen kann sich aus solchen evolutionistischen Bindungen des visuellen Paradigmas herausbegeben. Denn er setzt die fremde Kulturerfahrung in räumliche Konstellationen und gibt somit den Blick frei auf eine Gleichzeitigkeit verschiedener Kulturen.[32] Zu einer vielschichtigeren Darstellung kommt solche Gleichzeitigkeit kultureller Inkongruenzen allerdings erst bei postkolonialen Schriftstellern wie Salman Rushdie – und zwar durch eine Metaphorik der Hybridität, die mit einer neuen Erfindung des Raums einhergeht.

Topographische Literatur im Sinne Rushdies bringt zum Ausdruck, daß die Einteilung der Welt nicht auf isolierte physische, kulturelle und politische Gegebenheiten zurückgeht, sondern vor allem ein Produkt sozialer Konstrukte und imaginärer Geographie ist. Die Beschreibungen Londons in den «Satanischen Versen» sind hier besonders aufschlußreich: Nicht nur, daß diese Stadt «ihre Form ständig veränderte [...], so daß die U-Bahnhöfe offenbar nach dem Zufallsprinzip aufeinander folgten und dauernd die Linien wechselten»[33] – ein labyrinthischer Ort der Verflüssigung von Markierungspunkten. London erscheint eben auch als eine orientalisierende Projektion, als «Metamorphose Londons in eine tropische Stadt». Mit der Gefahr eines umgekehrten Orientalismus gestaltet Rushdie Phantasien der Umorientierung im Weg über konkrete räumliche Verortung aus. Dies geschieht zwar nicht mehr im Zuge einer aufklärerischen Orientierungssicherheit, aber auch keineswegs im Sinne postmoderner Orientierungslosigkeit. Vielmehr findet exemplarisch bei Rushdie eine literarische Reflexion der veränderten Orientierungsbedingungen und -maßstäbe überhaupt statt. So wird in den «Satanischen Versen» etwa die Relativität von Entfernungen am Beispiel Bombay – London betont:

«Wie weit flogen sie? Fünfeinhalbtausend Meilen Luftlinie. Oder: vom Indischensein zum Englischsein, eine unmeßbare Entfernung. Oder gar nicht weit, weil sie aus einer Großstadt aufstiegen und auf eine andere hinuntersanken. Die Entfernung zwischen Städten ist immer klein; ein Dorfbewohner, der hundert Meilen in die Stadt reist, durchquert leereres, dunkleres, furchterregenderes Gelände.»

Ausgehend von diesen und anderen Beispielen kann gezeigt werden, daß die Literatur Landschaften und Orte als soziale Konstrukte darstellt, die als Schauplätze interkultureller Auseinandersetzungen neue Bedeutung gewinnen können. Denn in sie sind kulturelle Traditionen eingeschrieben, topographische Landmarken mit lokalisierenden Momenten der Selbstvergewisserung angereichert – ganz entsprechend der «imaginären Geographie», die untersucht, wie Orte subjektiv aufgeladen und mit spezifischen Werten, historischem Gedächtnis und Gefühlen assoziiert werden.[34] Am deutlichsten wird die imaginäre literarische Geographie dort, wo kulturelle Orte selbst versetzt, deplaziert werden, wo nicht nur die Menschen, sondern die Heimaten, die Orte und Landschaften selbst in die Migration hineingezogen sind: Der Ganges fließt in Afrika, jedenfalls aus der Perspektive der in Afrika lebenden Inder, wie sie in V. S. Naipauls Roman «An der Biegung des großen Flusses» (1979) beschrieben ist.

Solche Deplazierungen gehen in den neueren postkolonialen Literaturen durchaus noch weiter. Mit dem räumlichen Paradigma lösen sie sich von der evolutionistischen Zeitachse. Sie betonen eine gleichzeitige Konstellation von Kulturen und Literaturen sowie eine Umkehr der Zeitachse, wie sie durch das postkoloniale Aufgreifen, ja Umschreiben klassischer europäischer Literatur Gestalt annimmt: eine weitere Spielart literarischer Umkartierung durch interkulturelle Intertextualität. Eines von vielen Beispielen wäre hier wiederum die Auseinandersetzung mit Joseph Conrads Roman «Heart of Darkness», der mit seiner Beschreibung der Themse Leitlinien einer europäischen, imperialen Kartierung skizziert hat. Es sei möglich, «in der Mündung der Themse den großen

Geist vergangener Tage zu beschwören. Ihre unaufhörlich wechselnden Gezeiten sind voller Erinnerungen an Menschen und Schiffe [...] Sie hatte all die Männer gekannt und befördert, auf die die Nation stolz ist»[35]. Dieser personifizierte, gebildete Fluß hat bei Conrad ein Gegenstück im ungebildeten, barbarischen, ja primitiven Fluß des Kongo, der als rohe Natur «einer riesigen, eingerollt liegenden Schlange glich», die animalisch jegliche Brücken zur historischen Erinnerung abbricht, die einen «für alle Zeiten von allem getrennt [sein läßt – D. B.], was man einst gekannt hatte.» «Wir waren Wanderer auf prähistorischer Erde, auf einer Erde, die wie ein unbekannter Planet aussah.» Conrads Verortung der fremden Welt Afrikas nach der evolutionistischen Leitdichotomie Natur/Kultur wird von dem nigerianischen Autor Chinua Achebe aufgegriffen und als rassistisch kritisiert. Sie bringe jegliche Versuche einer Kartierung der fremden Kultur zum Abbruch, bleibt doch der Maßstab stets die eigene europäische historische Erinnerung, wie sie in der Themse als «River Emeritus»[36] abgelagert sei, antithetisch zum vorgeschichtlichen Fluß des Kongo.

Heute führen die «heimatlosen» Wanderer in einer bis in die letzten Winkel bekannten Welt zu einer Literatur, die zwar nicht alle Dichotomien hinter sich läßt, wohl aber die Einschränkung auf ihre jahrhundertelange Rolle, als das Andere zum Westen und zur «Heimat» vom Westen aus plaziert und ethnisch festgeschrieben worden zu sein. Sie schafft sich vielmehr ihren eigenen Ort, indem sie sich gerade aus der Perspektive lokaler Verortungen zu den globalen Verhältnissen in Beziehung setzt, nicht zuletzt im Sinne eines «Writing back to the centre»[37] im Einklang mit Vorstellungen einer alternativen Geographie:

«An alternative geography begins to emerge from the margins which challenges the self-definition of ‹centres›, deconstructing cultural sovereignty and remapping the universalised and homogeneous spatialisation of Western Modernity to reveal heterogeneous places, a cartography of fractures which emphasises the relations between differently valorised sites and spaces sutured together under masks of unity such as the nation-state.»[38]

Texaco. Ein Martinique-Roman

Daß neue literarische Landkarten gerade aus weltbezogenen Regionalperspektiven heraus gezeichnet werden, läßt sich besonders gut an einem jüngst erschienenen Martinique-Roman zeigen: «Texaco» von Patrick Chamoiseau[39], aus dem kreolischen Französisch ins Deutsche übersetzt. Es handelt sich um eine «magische Chronik», die – im Unterschied zum Authentizitätsanspruch des lateinamerikanischen «magischen Realismus» – eine hybride Perspektive der Kulturenvermischung betont. Sie ist aus dem marginalen Blickwinkel eines städtischen Armenviertels geschrieben: Texaco ist «auf keiner Karte erwähnt», eine Siedlung der Namenlosen auf dem Gelände der Erdölgesellschaft «Texaco», ein Ort der Selbstbefreiung von der Geschichte der Sklaverei in den Zuckerplantagen der Insel Martinique. Von hier aus soll die «Eroberung» einer kreolischen, kulturenvermischten Metropole vorangetrieben werden, auch wenn dieser Ort zugleich in Gefahr steht, von der Modernisierung «verschluckt» zu werden. Der Roman, der wie ein ethnographischer Report auf den Aufzeichnungen, Tagebuchskizzen und alternativen Geschichtsvorstellungen einer dort lebenden Informantin basiert, ist ein Anschreiben gegen diese Tendenz. Er verortet sich selbst als Sprachrohr von Texaco und der in diesen Ort eingebrannten imaginären Geographie der Stadt bzw. des «Anwill», wie es auf Kreolisch heißt. Die städtisch verdichtete Vergleichzeitigung des unterdrückten historischen Gedächtnisses ist es, die von einer neuartigen, zeitenvermischenden Form des historischen Romans ans Licht gebracht wird: «Ein Anwill, das sind alle Zeiten zusammen, nicht hinter den Namen, den Häusern, den Denkmälern, sondern hinter dem Nichtsichtbaren. Ein Anwill saugt die Freuden auf, die Schmerzen, die Gedanken, alle Gefühle, verwandelt sie in einen Rauhreif, den du überall wahrnimmst und den keiner sieht.»

Diese Gleichzeitigkeit ist eine durchaus gerichtete. Sie ist jedoch nicht auf das bloße Feststellen einer «urbanen Geographie» gerichtet, sondern auf das Sicherstellen von Überlebensbedingungen.[40] Hierzu geht der Schriftsteller eine Komplizenschaft mit einem kritischen Städteplaner ein – «mapping» wird zum Überlebensprinzip einer (Stadt-)Randkultur:

«Der kreolische Städteplaner muß also andere Pfade zu schlagen beginnen, um in der Stadt eine *Gegenstadt* erstehen zu lassen. Und um die Stadt herum *das Land neu erfinden*. Daher muß der Architekt zum Musiker werden, zum Bildhauer, Maler – und der Städteplaner zum Dichter.»

Der Roman ist das ästhetische Projekt einer imaginären Geographie, welche die Kreolisierung der karibischen Kulturenvermischung gegen die westliche Vereinheitlichung zum Bezugspunkt einer neuen Kartographie macht. Das Zentrum – so heißt es in den als ‹Quellenmaterial› eingestreuten fiktiven Aufzeichnungen des Städteplaners zu Händen des «Wortspielers», also des intellektuellen Geschichten- und Romanschreibers – ist nach der «westlichen Logik» und nach der «urbanen Grammatik» der französischen Sprache geordnet. Es soll durch das «üppige Wuchern der kreolischen Sprache» im Randbezirk Texaco multikulturell entmachtet und zur eigenen Sprache einer neu konzipierten kreolischen Stadt hin verschoben werden: «Die kreolische Stadt führt den Städteplaner [...] zu den Keimzellen einer neuen Identität zurück: multilingual, multiethnisch, multihistorisch, offen, empfänglich für die Vielfalt der Welt.» Es entspricht den kultur- und sozialwissenschaftlichen Vorstellungen einer Kreolisierung als Antwort auf Globalisierung[41], wenn in diesem und anderen literarischen Texten kulturelle Überlagerungen und Deplazierungen nicht als glatte Vermischungen aufgefaßt werden, sondern als Anstöße zu kultureller Auseinandersetzung durch Aushandeln von Differenzen, Mißverständnissen und Konflikten.[42]

Die verschiedenen Spielarten einer postkolonialen Kartierung durch Texte *zwischen* den Kulturen bringen nicht nur die politische Landkarte, sondern auch die Weltkarte der Poesie im Sinne einer Kanonkritik durcheinander. Sie lenken zudem den Blick wieder auf die Texte selbst zurück, indem sie sie zu Schauplätzen der «Lokalisierung von Kultur» und der Ausgestaltung interkultureller Wechselbeziehungen machen. Findet man ähnliche Horizonte nicht auch in der europäischen Literaturgeschichte, das heißt Ansätze für die räumliche Konstruktion sozialer und kultureller Erfahrungen, die sich eben nicht nur in sukzessiver Raumerschließung oder in einem visuell synthetisierten Raumpanorama erschöpfen, sondern die aus der Raumvorstellung eine Bedingung der Konstitution von Welterfahrung überhaupt ableiten? In diesem Sinn heißt es etwa in einem großen psychologischen Roman des 18. Jahrhunderts, im «Anton Reiser» von Karl Philipp Moritz, daß es «die Vorstellung *des Orts* [ist], woran wir alle unsre übrige Vorstellungen knüpfen.»[43] Hier jedenfalls wird die Raumvorstellung eng verknüpft mit einer Vorstellung von Identität und Gedächtnis, die allerdings ohne einen archimedischen Standpunkt eher den mannigfaltigen Verrückungen der Orte und Infragestellungen der Identität im Laufe eines Lebens folgt. Eine ähnlich dekonstruierende Sicht der Brechungen des individuellen und kollektiven historischen Gedächtnisses durch Orte ist es auch heute wieder, welche die Literaturen der Welt mit ihren regionalen und häufiger noch lokalen Zugangsweisen den Globalisierungstendenzen entgegenhalten. Sie wirken der Gefahr entgegen, daß «cultural mapping» zu einer großflächigen sozialwissenschaftlichen Luftperspektive abhebt, bei der die subjektiven Erfahrungen kultureller Verschiedenheiten auf der Strecke bleiben. In diesem Sinn spricht der türkische Autor Orhan Pamuk in seinem Roman «Das schwarze Buch» von der Enttäuschung darüber, «mit welchen winzig kleinen Strichen und Punkten all jene erinnerungsträchtigen Stätten [auf der ‹riesengroßen Landkarte› – D. B.] eingezeichnet sind und übergangen werden.»[44] Das neue Mapping-Projekt einer kritischen Kultur- und Sozialwissenschaft braucht gerade die Kartierungsherausforderungen der Literatur, um den Land- und Weltkarten für ihre Veränderung die notwendige Tiefendimension lokalisierter subjektiver Erinnerung einzuprägen.

Anmerkungen

1 Joseph Conrad: Herz der Finsternis. Aus dem Englischen von Urs Widmer. Zürich 1992, S. 15; die nachfolgenden Zitate ebd., S. 65, 9.
2 Vgl. auch Susanne Feldmann: Kulturelle Schlüsselbegriffe in pragma-semiotischer Perspektive, sowie Horst Turk: Schlüsselszenarien: Paradigmen im Reflex literarischen und interkulturellen Verstehens, beide in Doris Bachmann-Medick (Hg.): Übersetzung als Repräsentation fremder Kulturen. Berlin 1996.
3 Zur Diskussion des Kulturbegriffs vgl. Wolfgang Kaschuba (Hg.): Kulturen-Identitäten-Diskurse. Perspektiven europäischer Ethnologie. Berlin 1995.
4 Salman Rushdie: Außerhalb des Wals. In: Heimatländer der Phantasie. Essays und Kritiken 1981–1991. München 1992, S. 114–131, hier S. 130 (Hervorhebung D. B.).
5 Clifford Geertz: Blurred Genres. The Refiguration of Social Thought. In: Local Knowledge. Further Essays in Interpretive Anthropology. New York 1993, S. 19–35, hier S. 20.
6 Einen fundierten Überblick über diesen richtungweisenden kulturwissenschaftlichen Diskussionszusammenhang bietet der Sammelband von Eberhard Berg/Martin Fuchs (Hg.): Kultur, soziale Praxis, Text. Die Krise der ethnographischen Repräsentation. Frankfurt/M. 1993.
7 Peter Jackson: Maps of Meaning. An Introduction to Cultural Geography. London/Boston 1989, S. VII.
8 Homi K. Bhabha: The Location of Culture. London/New York 1994.
9 Vgl. Ulf Hannerz: Cultural Complexity. Studies in the Social Organization of Meaning. New York 1992, S. 44 ff, 262 f.
10 Zur Verknüpfung von Lokalisierung, Entortung und Identitätsentwürfen in post-

kolonialer Literatur siehe Elisabeth Bronfen: Ein Gefühl des Unheimlichen. Geschlechterdifferenz und kulturelle Identität in Bharati Mukherjees Roman *Jasmine*. In: Michael Kessler/Jürgen Wertheimer (Hg.): Multikulturalität. Tendenzen, Probleme, Perspektiven im europäischen und internationalen Horizont. Tübingen 1995, S. 9–30.

11 Salman Rushdie: Scham und Schande. Roman. Aus dem Englischen von Karin Graf. München/Zürich 1990, S. 25.
12 Vgl. Jon Bird/Barry Curtis/Tim Putnam/George Robertson/Lisa Tickner (Hg.): Mapping the Futures. Local Cultures, Global Change. London/New York 1993, S. 271; Fredric Jameson: Cognitive Mapping. In: Cary Nelson/Lawrence Grossberg (Hg.): Marxism and the Interpretation of Culture. Houndmills/London 1988, S. 347–360, hier S. 356: «The project of cognitive mapping obviously stands or falls with the conception of some (unrepresentable, imaginary) global social totality that was to have been mapped.»
13 David Harvey: The Condition of Postmodernity. An Enquiry into the Origins of Cultural Change. Oxford 1989.
14 Dick Hebdige: Training some thoughts on the future. In: Bird et al., Mapping the Futures, S. 270–279, hier S. 271.
15 Edward W. Soja: Postmodern Geographies. The Reassertion of Space in Critical Social Theory. London/New York 1989, S. 2; das nachfolgende Zitat ebd., 223.
16 Jorge Luis Borges: Das Aleph. In: Labyrinthe. Erzählungen. München 1959, S. 123–141, hier S. 133; das nachfolgende Zitat ebd., S. 136.
17 Vgl. ebd., S. 125.
18 Vgl. Emmanuel S. Nelson (Hg.): Reworlding. The Literature of the Indian Diaspora. New York/Westport/London 1992.
19 Rushdie, Heimatländer der Phantasie, S. 15.
20 Edward W. Said: Kultur und Imperialismus. Einbildungskraft und Politik im Zeitalter der Macht. Frankfurt/M. 1994 (engl.: Culture and Imperialism. New York 1993), S. 93; die nachfolgenden Zitate ebd., S. 94, 89, 95, 101, 57. S. hierzu jetzt auch Derek Gregory: Imaginierte Geographien. In: Österreichische Zeitschrift f. Geschichtswissenschaften 6 (1995), S. 366–425.
21 Zit. nach John Tomlinson: Cultural Imperialism. London 1991, S. 177.
22 Adalbert Stifter: Der Nachsommer. Frankfurt/M. 1982, S. 41.
23 Gottfried Keller: Der grüne Heinrich. Erste Fassung. Hg. von Thomas Böning und Gerhard Kaiser. Frankfurt/M. 1985, S. 25.
24 Vgl. hierzu den grundlegenden Aufsatz von Günter Hess: Panorama und Denkmal. Erinnerung als Denkform zwischen Vormärz und Gründerzeit. In: Alberto Martino (Hg.): Literatur in der sozialen Bewegung. Aufsätze und Forschungsberichte zum 19. Jahrhundert. Tübingen 1977, S. 130–206.
25 Siehe dazu James Clifford: Über ethnographische Autorität. In: Berg/Fuchs, Kultur, soziale Praxis, Text, S. 109–157, bes. S. 122. Zum visuellen Paradigma vgl. James Clifford/George E. Marcus (Hg.): Writing Culture. The Poetics and Politics of Ethnography. Berkeley/Los Angeles/London 1986, S. 11.
26 Salman Rushdie: Die Satanischen Verse. [o. O.] 1989, S. 63.
27 Borges, Das Aleph, S. 135 f.
28 Rob Shields: Places on the Margin. Alternative Geographies of Modernity. London/New York 1991, S. 278.

29 Vgl. Roger M. Downs/David Stea: Kognitive Karten. Die Welt in unseren Köpfen. New York 1982.
30 Günter Grass: Zunge zeigen. Darmstadt 1988, S. 96.
31 Vgl. Johannes Fabian: Time and the Other. How Anthropology Makes its Object. New York 1983, zum Hauptargument des kritisierten «*denial of coevalness*» bes. S. 31: «By that I mean *a persistent and systematic tendency to place the referent(s) of anthropology in a Time other than the present of the producer of anthropological discourse.*»
32 Zu Fichte – mit vergleichender Sicht auf Canetti – vgl. Torsten Teichert: «Herzschlag aussen». Die poetische Konstruktion des Fremden und des Eigenen im Werk von Hubert Fichte. Frankfurt/M. 1987; Hartmut Böhme/Nikolaus Tiling (Hg.): Medium und Maske. Die Literatur Hubert Fichtes zwischen den Kulturen. Stuttgart 1995.
33 Rushdie, Satanische Verse, S. 205. Vgl. S. 329: «Die Stadt in ihrer Korrumpiertheit mochte sich der Herrschaft der Kartographen indes nicht unterwerfen, veränderte ihre Form nach Lust und Laune und ohne Vorankündigung und verhinderte, daß Gibril sich in der systematischen Weise, die er bevorzugt hätte, an die Arbeit machen konnte.» Die nachfolgenden Zitate ebd., S. 355, 49.
34 Vgl. Shields, Places on the Margin, S. 29.
35 Conrad, Herz der Finsternis, S. 9; die nachfolgenden Zitate ebd., S. 16, 66, 69.
36 Chinua Achebe: An Image of Africa. Racism in Conrad's «Heart of Darkness». In: Joseph Conrad: Heart of Darkness. An Authoritative Text, Backgrounds and Sources, Criticism. Hg. von Robert Kimbrough. New York/London 1988, S. 251–262, hier S. 252.
37 Vgl. den wichtigen Band von Bill Ashcroft/Gareth Griffiths/Helen Tiffin (Hg.): The Empire Writes Back. Theory and Practice in Post-Colonial Literatures. London/New York 1989.
38 Shields, Places on the Margin, S. 278.
39 Patrick Chamoiseau: Texaco. Ein Martinique-Roman. Aus dem kreolischen Französisch von Giò Waeckerlin Induni. München/Zürich 1995; die nachfolgenden Zitate ebd., S. 394, 209f.
40 Vgl. ebd., S. 464: «Das Anwill bezeichnet somit nicht etwa eine deutlich erkennbare urbane Geographie, sondern einen essentiellen Kern, eine Art Vorhaben. Und in diesem Fall bestand das Vorhaben darin, zu existieren.» Die nachfolgenden Zitate ebd., S. 435, 265.
41 Vgl. Hannerz, Cultural Complexity, Conclusion: A Creolizing World, S. 261 ff.
42 Vgl. Doris Bachmann-Medick: Multikultur oder kulturelle Differenzen? Neue Konzepte von Weltliteratur und Übersetzung in postkolonialer Perspektive. In: Dies. (Hg.): Kultur als Text. Die antropologische Wende der Literaturwissenschaft. Frankfurt/M. 1996.
43 Karl Philipp Moritz: Anton Reiser. Ein psychologischer Roman (1785). München 1991, S. 69.
44 Orhan Pamuk: Das schwarze Buch. Aus dem Türkischen von Ingrid Iren. München/Wien 1994, S. 131.

Jan-Dirk Müller

Das Gedächtnis der Universalbibliothek: die neuen Medien und der Buchdruck

Die Revolution, die die Erfindung der elektronischen Medien für das kulturelle Gedächtnis der Menschheit bedeutet, ist in ihren Umrissen noch kaum abzusehen. Wo es früher riesiger Archiv- und Bibliotheksbauten mit Hunderten von Bediensteten und zigtausenden von inventarisierten Büchern und Dokumenten, erschlossen durch komplizierte Katalogisierungssysteme, bedurfte, da reicht heute ein Großrechner mit wenigen Betreuern, der diese Bestände virtuell verfügbar hält. Und wo man sich früher über Jahre in Bibliothek oder Archiv vergraben mußte in der Hoffnung, einen kleinen Sektor wenigstens so durcharbeiten zu können, daß man eine – die eine – wichtige Information findet, da wird heute mit einer gezielten Anfrage eben diese Information in Bruchteilen von Sekunden geliefert. Daß dies eine neue Infrastruktur fordert, neue Erschließungs- und Suchmethoden und neue Fertigkeiten, ist bekannt. Auch geht es hier nicht um die Widerstände, die die neuen Möglichkeiten provozieren, weil sie nun einmal nicht ohne Preis zu bekommen sind. Es genügt wohl die Feststellung, daß angesichts der Speicherkapazitäten der Computer, der raschen Verarbeitung und des schnellen Zugriffs auf Daten der Gedanke an ein Supergedächtnis nicht mehr utopisch ist, in dem alle für die Menschheit wichtigen Informationen versammelt sind und aus dem sie jederzeit abgerufen werden können. Die Frage ist nur, ob dieser Speicher noch anders als metaphorisch Gedächtnis genannt werden kann und wie er für individuelle oder institutionelle Benutzer erschlossen wird.

Wo man die Passiva dieser Entwicklung bilanziert, ist vom Rückgang der Printmedien die Rede und, damit im Zusammenhang, vom Verfall der Lesekultur, die als ein Kernstück westlicher Zivilisation angesehen wird. Sieht man einmal von der Frage ab, ob das eine Medium tatsächlich das andere verdrängt oder beide sich wechselseitig steigern und ob die bedrohte paradiesische Buchkultur nicht eher Wunschtraum als Wirklichkeit war, dann bleibt das Problem, daß die Kultur des massenhaft verfügbaren gedruckten Buchs ihrerseits erst ein halbes Jahrtausend alt ist und ihr Durchbruch von Warnungen und Befürchtungen begleitet war, die bei allen Unterschieden in manchem sich mit denen heutiger Kulturkritiker berühren. Auch damals ging es unter anderem um Chancen und Gefahren der neuen Technik und der durch sie ermöglichten neuen Wissensspeicher. Eine uralte Debatte, die Platon im «Phaidros» über den Nutzen der Schrift für das menschliche Gedächtnis geführt hatte[1], gewann damit unerwartete Aktualität.

Der Buchdruck als kommunikative Vernetzung

Fassen wir einige Aspekte zusammen, welche Konsequenzen bei der Erfindung des Buchdrucks für das kulturelle Gedächtnis hatte.[2]

1. Nach etwa 1450 vervielfacht sich das vorhandene Schrifttum innerhalb weniger Jahrzehnte, und zwar sowohl die Zahl von Titeln wie auch die Stückzahlen einzelner Titel. Die Buchpreise fallen; das Buch wird vom teuren Luxusobjekt oder exklusiven Arbeitsmittel zu einem Massenprodukt. Wissen wird – im Vergleich zu früher – ‹demokratisiert›, erkennbar zuerst am Erfolg der lutherischen Reformation.

2. Schriftlich Tradiertes wird allgemein zugänglich; der Zugang wird primär über den Markt geregelt. Damit verlieren Institutionen, die Schrifttum und dadurch Wissen verwalten wie vor allem die Kirche, ihre Kontrollfunktion. Die Antwort sind Versuche administrativer Beschränkungen wie Zensur und Index.

3. Die Schrift war seit Jahrtausenden bekannt, ihr aktiver Gebrauch aber auf einen relativ schmalen Sektor der Gesellschaft eingeschränkt. Die passive Nutzung war in der Mitte des 15. Jahrhunderts zwar weiter verbreitet als zuvor (nur so kann man den raschen Erfolg von Gutenbergs Erfindung verstehen), doch noch keineswegs in allen wichtigen Bereichen der Gesellschaft selbstverständlich. Durch die leichtere Zugänglichkeit von Schriftgut setzen sich aktiver wie passiver Schriftgebrauch in einem Zeitraum von etwa 300 Jahren überall in Europa durch.

4. Akkumulation von Wissen erfolgt von jetzt an überwiegend auf der Basis von Schrift, indem man alles Wissen durch die Bibliothek vermittelt sieht. Vom Aufkommen der empirischen Wissenschaften wird der Vorrang des Buchwissens zunächst wenig beeinträchtigt, indem jede

Entdeckung schriftlich fixiert und so in die Wissenszirkulation eingespeist wird. Die Schrift ist der Superspeicher, der jedem Lernbegierigen zur Verfügung stehen muß. Fortschritt setzt die Verfügbarkeit des schriftlich Fixierten voraus.

Diese Errungenschaften sind jede für sich bekannt, doch wurden sie unter mediengeschichtlichem Aspekt lange Zeit kaum gewürdigt. Erst die Überbietung der damals eröffneten Möglichkeiten durch die elektronischen Speichermedien brachten ihn ins Spiel. Vor allem Michael Giesecke hat die qualitativen Sprünge in der öffentlichen Kommunikation damals und heute zueinander in Beziehung gesetzt, die grundlegenden Veränderungen der Wahrnehmung, der Organisation, Diffusion und Akkumulation von Wissen untersucht und damit erstmals den epochalen Einschnitt am Ende des Mittelalters unter diesem Blickwinkel beschrieben. Bei einigen Auswirkungen würde ich die Akzente allerdings anders setzen. So schreibt Giesecke im Blick auf die Reformation, daß der große «römisch-lateinische Zentralcomputer» durch «dezentrale nationale Speicher» abgelöst wurde[3] und daß – vorerst das Wort Gottes betreffend – jedermann in Form der Heiligen Schrift seinen eigenen «Bürocomputer» als Wissensspeicher ins Haus bekam mit der Lizenz, nein dem Auftrag, ihn verantwortlich zu nutzen. Das ist eine schöne Metapher zur Idealisierung von Absicht und Leistung der Reformation, die sich, was die Dezentralisierung von Autorität betrifft, auf einige Frühschriften Luthers, weniger auf die spätere Geschichte der protestantischen Orthodoxie berufen kann. Doch geht es nicht um eine reformationsgeschichtliche Überprüfung der These Gieseckes, sondern um ihre mediengeschichtliche Voraussetzung; sie scheint eine wesentliche Konsequenz des Buchdrucks zu verkennen.

Ich formuliere daher die Gegenthese: Bis zur Erfindung des Buchdrucks gibt es keine zureichende ‹Vernetzung› der mit der Speicherung und Überlieferung von Wissen befaßten Institutionen (also auch keinen römischen «Zentralcomputer»). Verbindungen zwischen ihnen funktionieren ad hoc, sind personen- und ereignisabhängig, werden unter Umständen von bestimmten Gruppen oder Organisationen gefördert. Das ändert sich nur langsam seit etwa dem 12. Jahrhundert, zum Beispiel in den international operierenden Universitäten, durch die Studien der Bettelorden, durch religiöse Reformbewegungen wie die Devotio moderna, durch die großen Konzilien, schließlich den frühen Humanismus und seine ‹Sodalitäten› (regional gebundene, doch überregional operierende Gesellschaften). Zögernd bilden sich Ansätze zu übergreifenden Kommunikationsnetzen aus. Solche Netze sind aber noch äußerst locker und anfällig; sie hängen von der stets neuen Anstrengung der Akteure ab, und diese Anstrengung zeitigt sehr ungleiche Ergebnisse. Das ändert sich erst mit der Durchsetzung des Buchdrucks.

Zwar geht in der Reformation die Einheit der westlichen Christenheit verloren. Doch welchen Grad der Integration hatte diese Einheit zuvor gewährleistet? Die Reformbewegungen des 15. Jahrhunderts haben nicht zuletzt das Ziel, in der gesamten christlichen Welt allgemeingültige, da durch Bibel und Theologie gestützte Maßstäbe verbindlich durchzusetzen, die in lokalen Traditionen längst verdunkelt sind, und dadurch die de facto immer weiter auseinanderdriftenden Teile der *universitas christiana* wieder aneinander zu binden. Diese Versuche treten, wie bemerkt, als Reformbewegungen, das heißt mit dem Anspruch auf Restitution einstmals gültiger Werte auf. Doch was da restituiert werden soll, hat es nie zuvor gegeben.

Die Erfindung des Buchdrucks zerstört die Einheit nicht, sondern ermöglicht sie allererst. Wenn es vorher größte Schwierigkeiten bereitete, in einer einzigen Diözese einheitliche liturgische Bücher durchzusetzen, die garantierten, daß Kultus und Glaubensverkündigung wenigstens im engen regionalen Rahmen einheitlich erfolgten, dann mußten die ersten Drucke ungläubiges Staunen erregen, die dies ganz selbstverständlich leisteten.[4] Die mittelalterliche Welt zerfiel in eine Fülle kleiner und kleinster Kommunikationseinheiten, die nur unzureichend, jedenfalls auf verschiedenen Ebenen sehr unterschiedlich eng miteinander verbunden waren. Selbst die Institution Kirche, die am deutlichsten die Einheit des christlichen Abendlandes garantierte, kannte eine Fülle lokaler Heiliger, lokaler Feste, Bräuche, Wallfahrten, Varianten liturgischer und dogmatischer Texte. Unter dem Dach der alles überwölbenden katholischen Glaubenslehre konnten in einem gewissen Rahmen Institutionen und Gruppen ihre eigenen Überlieferungen pflegen, ohne daß schon die jeweils benachbarten davon genaue Kenntnis haben mußten. Gewiß wurde dieser Rahmen seit dem hohen Mittelalter immer enger: durch das päpstliche Lehramt, die überlegene päpstliche Kanzlei, die Beschlüsse der großen Konzilien, das kanonische Recht. Mit der Durchsetzung freilich war es eine andere Sache.

Es ist die Reformation, die das eine Buch, aufgrund eines philologisch gereinigten Textes, in verbindlicher, am Wortlaut kontrollierter Übersetzung, identisch reproduziert, zum Ausgangspunkt der Glaubensverkündigung machen will. Es ist die Gegenreformation, die im Tridentinum einen römischen «Zentralcomputer» zu installieren trachtet, der Dogma, Liturgie und Frömmigkeitspraxis ‹programmiert›. Philipp II. von Spanien läßt von einem Antwerpener Drucker 15000 Breviere für die Priester seines Königreichs herstellen. Dadurch konnte er einigermaßen sicher sein, daß wenigstens nicht aus Versehen falsch gebetet wurde. Weil es allerdings inzwischen mehrere hKonfessionen und mehrere konkurrierende Machtzentren gab, konnte der zentralisierende Zugriff niemals ein totaler sein. Daß er in Grenzen aber überhaupt gelingen konnte, setzte das neue Medium voraus.

Wenn bis ins späte Mittelalter unabgestimmt unterschiedliche ‹Gedächtnisse› nebeneinander bestanden und zunehmende Versuche, sie aufeinander zu beziehen, durch die mangelhaften infrastrukturellen Voraussetzungen behindert wurden, so ist es dank dem Buchdruck möglich, via Markt über weite Distanzen zu kommunizieren. Natürlich ist die Globalisierung der Kommunikation zunächst auf Süd-, West- und Mitteleuropa beschränkt, und sie gelingt nicht auf einen Schlag. Die Bindung an lokale Institutionen, Überlieferungen und Interessen ist vor allem für den Frühdruck typisch. Aber spätestens mit der Reformation ändert sich das rapide. Der Gedanke eines zentralen Wissensspeichers wenigstens auf nationaler oder konfessioneller Basis wird möglich. Er löst Wissen aus den vielen regionalen, sozialen und institutionellen Schranken, denen es vorher unterworfen war. Er ebnet die Gebrauchszusammenhänge ein, die für die Bewahrung des kulturellen Erbes unter den vielen besonderen Bedingungen galten. Er eliminiert aus den künstlichen Gedächtnissen des Manuskriptzeitalters die besonderen Selektionsstrategien, nach denen Wissenselemente gesammelt wurden. Damit wird die bisherige Organisation des Umgangs mit Wissen erschüttert, ohne daß sogleich eine andere Organisationsstruktur für das neue künstliche Gedächtnis zur Verfügung stünde.

Bibliotheca universalis

Es ist dies eine Entwicklung, die eine gewisse Verwandtschaft mit gegenwärtigen Problemen der elektronischen Datenspeicher aufweist, und es ist der Mühe wert zu betrachten, wie man sie im 16. Jahrhundert zu verarbeiten suchte. Ein solcher Versuch wurde in der «Bibliotheca universalis» des Zürcher Polyhistors Konrad Gesner unternommen.[5]

Das Buch erschien 1545 in Zürich. Man fragt sich, was mehr frappiert, der hybride Anspruch oder der stupende Gelehrtenfleiß, mit dem der damals knapp dreißigjährige Gesner versuchte, ein Gesamtverzeichnis aller irgendwie und irgendwo bezeugten Schriften anzulegen, handschriftlicher wie gedruckter, erhaltener wie verlorengegangener, alle alphabetisch angeordnet nach dem ersten Namen des Verfassers. In einem zweiten Teil, den sogenannten Pandekten[6], fügte er drei Jahre später eine Aufschlüsselung nach Themen, geordnet nach den verschiedenen Universitätsdisziplinen und sonstigen Wissensgebieten, hinzu. Die Theologie kam ein weiteres Jahr später dazu[7], während die Medizin (Gesners eigenes Fachgebiet) unausgeführt blieb. Man ist sich nicht ganz schlüssig, was die «Bibliotheca universalis» eigentlich ist: Bibliographie, Verzeichnis einer imaginären Bibliothek, Anleitung zur Einrichtung von Bibliotheken, Schlüssel und Summe einer Enzyklopädie des Wissens, *methodus* kontrollierten Lernens oder alles dies zugleich.[8] Sie wurde für das enzyklopädische Jahrhundert jedenfalls rasch ein unentbehrliches bibliographisches Handbuch, dessen Bestand unablässig ergänzt wurde und das noch lange Zeit nach Gesners Tod bei Bibliographen in hohem Ansehen stand.

Mir geht es um den Symptomwert der «Bibliotheca universalis» für die Revolutionierung des kulturellen Gedächtnisses[9] durch die Erfindung des Buchdrucks. Den historischen Kontext jener Revolution kann man abkürzend mit Humanismus und Reformation benennen, doch muß man sehen, daß ihre Konsequenzen im Kern beiden Bewegungen eher widersprachen, als daß sie von ihnen her erklärt werden könnten. Humanismus wie Reformation ging es nämlich um neue Relevanzkriterien für die Aktualisierung des überlieferten Wissens: Die antiken Werke, die die *studia humanitatis* beförderten, sollten an die Stelle der Scholastik und des wissenschaftlichen Schrifttums des Spätmittelalters treten, bzw. die Heilige Schrift selbst sollte ihre Auslegungen und dogmatischen wie pastoralen Derivate in eben diesem spätmittelalterlichen Schrifttum ersetzen. Beide Male sollte also Tradition angesichts veränderter Interessen (einer laikalen Intelligenz bzw. neuen christlichen Gemeinschaft) anders akzentuiert werden.

Gesners Werk dagegen unterläuft solche Bemühungen, indem er, grundsätzlich zumindest, *alle* Arten von Selektionskriterien ablehnt und unterschiedslos Schriften aufnimmt, auch solche, die er für barbarisch und wertlos hält, womit vor allem die von Humanismus wie Reformation inkriminierten mittelalterlichen Schriften gemeint sind. Einziges Kriterium ist, daß sich seine Auswahl auf die drei heiligen Sprachen Latein,

Griechisch und Hebräisch beschränkt, womit er – typisch für einen Gelehrten des 16. Jahrhunderts – die längst unübersehbare Bedeutung volkssprachlichen Schrifttums unterschätzt. Aber selbst das ist weniger Konzession an den Humanismus als Konsequenz aus dem Projekt, international verfügbares und zugängliches Wissen zusammenzuführen. Immerhin setzt er damit ein an gelehrten Schriften interessiertes Publikum voraus, für das er die Ergebnisse der Gelehrsamkeit zugänglich machen möchte und das er bei der Auswahl einer eigenen Bibliothek oder bei der Suche nach bestimmten Werken anleiten will.

Insoweit fügt Gesners Werk sich zeitgenössischen Tendenzen ein, den Niedergang von Wissen zu kompensieren. An den Beginn seiner Widmung der «Bibliotheca universalis» stellt er eine lange, enzyklopädisch ausgreifende Klage über den Verlust von Büchern und Bibliotheken. Diesen Verlusten will sich die «Bibliotheca universalis» entgegenstemmen. Sie verfolgt das Ziel, ein für allemal durch die Schrift zu konservieren, was von Verfall bedroht wird.

Selektion versus Neutralität

Wo Humanismus und Reformation sich bemühen, das überkommene kulturelle Gedächtnis umzuschreiben, sucht Gesner eine völlig neue Form künstlichen Gedächtnisses zu schaffen, das in alphabetischer Folge in der Tendenz alles aufnimmt, was jemals geschrieben worden ist. Es gibt keine Hierarchie des Wissenswerten, sondern nur eine möglichst komplette Registrierung des Gewußten und in Schrift Niedergelegten. Mit dem Verzicht auf eine andere als die mechanisch-alphabetische Ordnung des Wissens entfernt sich Gesner von der zeitgenössischen Wissensorganisation.

Der alphabetisch angeordnete Textspeicher löst sich damit ein weiteres Stück vom Modell des menschlichen Erinnerungsvermögens ab, das Platons «Phaidros» zufolge durch die Erfindung der Schrift bedroht war. Der Buchdruck markiert insofern einen ähnlich tiefen Einschnitt wie die Einführung der Schrift, die den unmittelbar lebensweltlichen Bezug des Erinnerten aufhob und die Bewahrung von Wissen über die Grenzen seiner aktuellen Geltung hinaus erlaubte. Die reproduzierte Schrift nämlich wird mit dem Druck ubiquitär, die Kommunikationssituation weiter «zerdehnt» (Ehlich), das heißt, Textproduzent, Text und Textrezipient treten weiter auseinander, so daß es prinzipiell unwahrscheinlicher wird, daß der Text an Voraussetzungssystem und Interessen des Textbenutzers anschließbar ist.[10] Der gedruckte Text bewahrt etwas, von dem nur im allgemeinen erwartet werden kann, daß es vom individuellen Benutzer als bewahrenswert angesehen wird (und sich also, wenn ein künstliches Medium fehlen würde, seinem Gedächtnis einprägte). Anders gesagt: Der gedruckte Text geht jeden einzelnen weniger an, aber deshalb kommt es auch weniger auf jeden einzelnen an, wenn er bewahrt werden soll. Wenn schon die Schrift das individuelle und kollektive Gedächtnis entlastet, indem sie die Tradierung des kulturellen Erbes aus ihm auslagert, dann entkoppelt der Druck beides noch weiter, indem sich besondere mit Traditionssicherung befaßte Institutionen wie das Archiv oder die öffentliche Bibliothek ausbilden, die relativ unabhängig von individuellen oder kollektiven Interessen arbeiten.

Gesner hat Vorgänger in Antike und Mittelalter[11], er findet bald Fortsetzer und Ergänzer[12], und die Explosion der Buchproduktion bringt es mit sich, daß sich ähnliche Unternehmen in anderen Ländern anschließen.[13] Seine Quellen sind Druckerkataloge, Bibliotheksverzeichnisse, autoptisch erschlossene Bibliotheksbestände, Briefe von Freunden, Schriftstellerkataloge, selbst Zitate von einzelnen Autoren. Übersetzt in heutige Verfahren, müßte man sagen, daß Gesners Ziel die ‹Vernetzung› unterschiedlicher Wissensspeicher ist, die jeweils ganz andere institutionelle und alltagsweltliche Voraussetzungen haben.

Die Selektionen und Relevanznahmen jener Quellen werden nun aber in der «Bibliotheca universalis» nivelliert. Nicht mehr das Kaufangebot (wie bei Verlagsanzeigen), der Bestand einer bestimmten Büchersammlung (wie in privaten oder institutionenbezogenen Bücherverzeichnissen), ein bestimmter Typus von Schriften (wie die Schriften aus dem Benediktinerorden bei Trithemius), eine Aufzählung berühmter Geister (wie in den *viri-illustres*-Katalogen) oder die Vorlieben eines bestimmten Gelehrten, wie sie sich in der Korrespondenz an einen Freund äußern, stehen im Zentrum. Unterschiedslos fließt all dies in der «Bibliotheca universalis» zusammen:

«Bibliotheca universalis, siue Catalogus omnium scriptorum locupletissimus, in tribus linguis, Latina, Graeca, et Hebraica: extantium et non extantium, ueterum et recentiorum in hunc usque diem, doctorum et indoctorum, publicatorum et in Bibliothecis latentium. Opus nouum, et non Bibliothecis tantum publicis priuatisue instituendis necessarium, sed studiosis omnibus cuiuscunque artis aut scientiae ad studia melius formanda utilissimum.»

[BIBLIOTHECA UNIVERSALIS oder reichhaltiger Katalog aller Schriften in den drei (heiligen) Sprachen Latein, Griechisch und Hebräisch, der noch vorhandenen und der nicht mehr vorhandenen, der alten und der neuen bis auf den heutigen Tag, der gelehrten und der nicht gelehrten, der (im Druck) veröffentlichten und der noch in Bibliotheken ruhenden. Ein neues Werk, das nicht nur unverzichtlich bei der Einrichtung öffentlicher oder privater Bibliotheken ist, sondern auch allen Wißbegierigen gleich in welcher Kunst oder Wissenschaft höchst nützlich für die bessere Einrichtung ihrer Studien].

Alles, ob erhalten oder nicht, alt oder neu, veröffentlicht oder unveröffentlicht, gelehrt oder ungelehrt, soll aufgenommen werden. Nichts, was je geschrieben wurde, ist gegenüber anderem privilegiert, nicht durch Umfang (gerade kleine Schriften bedürfen besonderer Anstrengung, damit sie nicht verlorengehen, Bl. 179^v), nicht durch Alter oder Disziplin, Stil oder Gelehrsamkeit. Gesner fragt nicht, wie in ähnlichen Werken üblich, welche Autoren man lesen solle («qui auctores legendi sint»)[14], und er bestimmt sein Werk nicht für eine anspruchsvolle Bildungselite. Nicht elegante Darstellung ist deshalb auch das Ziel, sondern vollständige Information. Mit der Öffnung des Kanons einzelner Disziplinen und Epochen, erst recht durch die *indocta scripta*, kehrt er sich vom humanistischen Programm ab. Und nicht der Wert der Information interessiert, sondern ihre Quelle, die eine Überprüfung und Fortsetzung der Recherche erlaubt. Auf Gesners Bewertung läßt nur die Ausführlichkeit der Präsentation schließen. Deshalb zieht er auch anders als noch Trithemius Drucke (das Verfügbare) den Handschriften vor.

In Spannung zum Streben nach Vollständigkeit steht freilich von Anfang an der Anspruch auf Nutzen für die Studien («ad studia melius formanda»), auf dem Gesner unermüdlich insistiert und den man deshalb als sein eigentliches Ziel immer wieder herausgestellt hat. Aber er ist für ihn, wie die Publikationsfolge «Bibliotheca» – «Pandectae» zeigt, erst der zweite Schritt. Ginge es wirklich um ein praktisch nützliches Instrument, dann bliebe, selbst wenn man Vollständigkeit als ein Prinzip der modernen Bibliographie akzeptiert, die Frage, welchen Nutzen Bücher bringen können, die es nicht mehr gibt.

Gesners Ziel ist ein virtueller Thesaurus menschlichen Wissens. Der Thesaurus ist neutral gegenüber jeder Art von Relevanzkriterien, die eben doch immer nur diejenigen des Verfassers wären. Dem Leser wird die Auswahl *(delectus)* überlassen, wie dies einer neuen Kommunikationssituation angemessen ist, in der die Rezeptionsinteressen diffus geworden sind und vom Produzenten eines Textes allenfalls in sehr allgemeiner Form antizipiert werden können. Der Thesaurus erhält erst durch die «Pandectae» Strukturen des menschlichen Gedächtnisses eingezeichnet, und er verzichtet auf alle Hilfsmittel, wie sie die bereits am Speichermedium der Schrift orientierte antike und mittelalterliche Mnemonik entworfen hatte. Der alteuropäischen Mnemonik ging es darum, durch eindrückliche *imagines*, die in den – räumlich vorgestellten – «Kammern des Gedächtnisses» abgelegt waren, Sachverhalte für die Erinnerung abrufbar zu halten, wobei die Auffälligkeit der *imagines* die rasche Auffindbarkeit fördern sollte. Das setzt Selektion und Markierung des Erinnerungsmaterials voraus. Geleistet wurde dies unter anderem durch die mnemotechnische Aufbereitung von schriftlicher Überlieferung.[15] Indem dagegen Gesner ‹alles› verzeichnen will und durch eine konsequent alphabetische Anlage jede Markierung verweigert, schaltet er die Selektionsmechanismen und Ordnungsmuster der Mnemonik aus.

«*Nullus a me scriptor contemptus est, non tam quod omnes catalogo aut memoria dignos existimarem, quam ut instituto meo satisfacerem, quo mihi imperaueram sine delectu simpliciter omnia quae incidissent commemorare*» (Bl. 3v).

[Keinen Schriftsteller habe ich verworfen, nicht weil ich glaubte, sie alle seien es wert, in den Katalog oder das Gedächtnis aufgenommen zu werden, sondern um meiner Absicht zu genügen, mit der ich mir vorgenommen hatte, ohne Auswahl alles, was vorkam, aufzuzeichnen (eigentlich: zu erinnern)].

In Gesners Diktion werden *catalogus* und *memoria* synonym gebraucht, und er nennt sein registrierendes Verzeichnen *commemorare*, obwohl er sich von Struktur und Arbeitsweise des Gedächtnisses radikal abgewendet hat. De facto treten im 16. Jahrhundert Katalog und Gedächtnis auseinander. Die Wendung *memoria dignus* entstammt der Ökonomie von Gedächtniskulturen. Der *catalogus* dagegen muß nicht unterscheiden, ob etwas wert ist, aufgenommen zu werden, oder nicht; er hat nur zu prüfen, ob es zum Typus der erhobenen Sachverhalte paßt. Im *catalogus* wird das Subjekt dessen, der sich erinnern soll, zum Verschwinden gebracht. Die Rede vom Buch als *praeceptor mutus*, der für alle Antworten bereithält, verschleiert diesen Vorgang durch die personale Metapher. Der stumme Lehrer ist keiner mehr.

Die «Bibliotheca» grenzt sich also scharf von einer jahrtausendealten Mnemonik ab. Sie organisiert nicht Wissen, sondern stellt es zum Nachschlagen zur Verfügung. Die Auswahl soll der Benutzer vornehmen, während sich das Werk als ganzes gegenüber den unterschiedlichen Selektionsinteressen strikt neutral verhält. Indem der Horizont eines einzelnen Subjekts – ob Lehrer, ob Schüler – überschritten wird, kann in den Blick kommen, daß sich die Einschätzung, was relevant ist und was nicht, in hundert Jahren leicht ändern kann.

Für das neue künstliche Gedächtnis hat die Zeit eine andere Bedeutung: Gedächtniskulturen privilegieren das (tatsächliche oder prätendierte) Alte. Auch in der Manuskriptkultur genießt der ältere, der Quelle möglicherweise nähere Text höheres Ansehen als der jüngere, denn jede Abschrift ist in Gefahr zu degenerieren.[16] Erst durch den Druck wird es möglich, Textüberlieferungen unterschiedlichen Alters miteinander zu vergleichen und das ‹Beste› auszuwählen, wie dies die humanistische Philologie tut. Gesners Gedächtniskonzept tauscht nicht einfach das alte gegen das neue Verständnis von Zeit ein, sondern der zeitliche Index verliert angesichts des Qualitätskriteriums seine Bedeutung. Wenn das natürliche Gedächtnis immer zeitlich strukturiert ist, ist das künstliche grundsätzlich zeitenthoben. Der Qualitätsmaßstab gilt absolut; er ist zeitunabhängig.

«*posteriora fere prioribus meliora sunt, modo a diligentibus chalcographis editio repetatur: indiligentes enim, quales plurimi sunt, semper emittunt deprauatiora*» (Bl. 4v)

[Die späteren sind fast immer besser als die voraufgehenden, jedenfalls wenn die Ausgabe von sorgfältigen Druckern wiederaufgelegt wird; die nachlässigen – und das sind die meisten – bringen nämlich immer schlechtere heraus.]

Die nach rückwärts blickende *memoria* wird durch den Blick nach vorne, auf dauernde Verbesserungen, ersetzt. Wenn die alte Mnemonik ihre Techniken am Modell der Schrift entwickelte und Erinnerung schriftmäßig organisierte[17], so war doch deren Aktualisierung nicht an die Schrift gebunden gewesen, sondern an einen körperlichen Reiz, den das stark affektiv besetzte Bild auslösen sollte. Gesners Projekt übergeht nicht nur jene körperhafte Reaktion, sondern will sogar die Materialität der Schrift tilgen. Denn dies ist Hintergrund der Gleichgültigkeit, ob etwas, was in seiner «Bibliotheca» verzeichnet wird, noch existiert, ob es in einer nahen Bibliothek erreichbar ist, ob Druckschriften an entlegenen Orten erschienen oder rasch wieder vom literarischen Markt verschwunden sind.

Schrifttradition wird für ihn zu einer rein virtuellen Größe, die schlechthin alles umfaßt, was je schriftlich fixiert wurde.

Insofern oszilliert die Bedeutung von «Bibliotheca» zwischen ‹Inbegriff schriftsprachlicher Tradition› und ‹in Raum und Zeit vorhandene Büchersammlung›, die alle einzelnen Sammlungen umfaßt. Es ist das gedruckte Verzeichnis, das sie zusammenführen kann als ein virtuelles Gedächtnis der Menschheit. Es fragt sich, ob der Begriff des kulturellen Gedächtnisses diesem Speicher noch angemessen ist, ist er doch zuvörderst an oralen und semioralen Gesellschaften entwickelt. Was es leistete, vermag jener künstliche Speicher nicht mehr: Sinnstiftung und Ordnung von Welterfahrung zu sichern.

Erschließung der memoria

Gesner hat die Konsequenzen, die sich aus der Denkbarkeit eines virtuellen Gedächtnisses für reale Lern- und Bildungsprozesse ergeben, gesehen und in den Fortsetzungsbänden reflektiert, wenn auch auf konventionelle und letztlich unzulängliche Weise: Damit diese Prozesse erfolgreich verlaufen, muß der Katalog durch ein praktisches Regelwerk ergänzt werden. Da Gesner dem Leser auch Anleitung zur Anlage einer eigenen Bibliothek und Hinweise für den Kauf und die Sammlung von Büchern geben will, enthält schon der erste Teil ausführliche sachliche Informationen zu den Autoren. Die «Pandectae» beziehen dann die vielen Titel auf hergebrachte *loci* des Wissens, das heißt, Gesner greift auf die altehrwürdige Topik zurück.[18]

Der Superspeicher der Schrift darf die Bindung ans kulturelle Gedächtnis nicht verlieren. Es ist für Gesner repräsentiert im Gelehrten, im Polyhistor als Träger dieses Wissens.[19] Als *polymathia* oder *polyhistoria* will die «Bibliotheca» ein kohärentes Verweissystem im Felde des Wißbaren bieten, dessen Basis Grammatik und Philologie sind. Anders als die ‹zwei Kulturen› des 19. Jahrhunderts – Natur- und Geisteswissenschaften – ist die Basis allen Wissens, gleich ob auf die Natur oder auf die menschliche Kultur bezogen, die Sprache. Die sprachliche Verfaßtheit des Gedächtnisses bestimmt die Grammatik zur Grunddisziplin. Die Grammatik vermittelt neben der Regel für richtiges Schreiben und Sprechen («recte scribendi loquendique ratio») die richtige Interpretation der antiken und nachantiken Schriften und eröffnet dadurch den Zugang zu allem relevanten (Sach-)Wissen. Indem so der universale Speicher mit dem gelehrten Elementarunterricht zusammengebunden wird, wird er auf mögliche individuelle Lernprozesse bezogen.

Grundlage von Gesners Programm ist die Schriftmäßigkeit allen Wissens. Ohne Bücher kein Wissen. Auch die Naturwissenschaften gründen auf Umgang mit Texten. Indem er alle Schriften verzeichnet, will Gesner den Horizont des Wißbaren abstecken. Der Druck vollendet den Sieg der Schriftkultur über ein nur gelegentlich oder gar nicht sich der Schrift bedienendes kulturelles Gedächtnis. Wissen ist in Texten überlieferte *memoria*; auch Erfahrungswissen wird erst als verschriftlichtes relevant. Der Druck löst es aus seinen vielfältigen alltagsweltlichen Zusammenhängen; es muß mit der älteren schriftlichen Tradition abgeglichen werden. Noch ist die Bibliothek (anders als seit dem 18. Jahrhundert) Erfahrungsgrundlage jedweder wissenschaftlichen Arbeit.

Die Erschließung dieser *memoria* in den «Pandectae» folgt der universitären Einteilung der Disziplinen, die in *tituli* ausdifferenziert sind[20], unter denen wieder die einzelnen Gegenstände und Probleme *(loci communes)* verzeichnet werden; ihr sollte eine alphabetische Auflistung der *loci communes* folgen, die aber unterblieb. Der Begriff *loci communes* hat eine doppelte Bedeutung. Er meint die Orte, an denen man Argumente finden kann *(sedes argumentorum)*, und diese Argumente selbst. In Gesners «Pandectae» ist beides unter dem Dach der einzelnen Wissensdisziplinen und der in ihnen thematisierten Sachverhalte verbunden. Die *loci communes* entwerfen ein Netz von Themen, von dem auf die einschlägigen Bücher des ersten Teils verwiesen wird, Bücher, die die erforderliche Sachinformation enthalten.

Diese Anlage darf nicht als Wissenssystematik mißverstanden werden: Die Fakultätsordnung, vermehrt um die gängigen Disziplinen des praktischen Wissens, ist das quasi naturwüchsige Gehäuse der Gelehrsamkeit. Indem er auf eine solche scheinbar naturwüchsige Ordnung zurückgreift, kann Gesner das Problem einer Erschließung des universalen Speichers lösen. Die Erschließung geht von der Situation des ‹Literatur› suchenden Gelehrten aus, der seinen Gegenstand noch nicht recht strukturiert hat und vorerst nur über einige Stichwörter verfügt. Indem der Speicher topisch, nicht systematisch erschlossen wird, ist er weit direkter an die Lebenspraxis zurückgebunden als spätere Institutionen des künstlichen Gedächtnisses. Die ‹Orte› des Wissens sind auf verschiedenen Ebenen menschlicher Praxis und deren theoretischer Reflexion angesiedelt, die – um in der Leitmetaphorik zu bleiben – eine Landschaft des Wißbaren bilden, doch sich so wenig wie eine Landschaft in der Natur aus übergeordneten Prinzipien deduzieren lassen. Die Erschließung dieses Wissens erfolgt daher in der kontrollierten Bewegung von einem Ort zum anderen. Diese kontrollierte Bewegung heißt damals *methodus*. Die Bedeutung von *methodus* im 16. Jahrhundert ist von der *méthode* Descartes' radikal unterschieden.[21] Präsent ist noch das metaphorische Potential des ‹richtigen Wegs›, der im Durchgang durch die Disziplinen und ihre *loci* zum erwünschten Ziel führt. Auch wo Gesner schlichte Benutzungsvorschriften zur Katalogisierung oder Anlage von Zettelkästen zu geben scheint, geht es ihm in Wirklichkeit um mehr, nämlich um Anweisungen für das richtige Fortschreiten in der Erkenntnis, das notwendig durch den Bestand der «Bibliotheca universalis» hindurchführt. *Methodus* hat den Weg durch die plane Anhäufung von Titeln zu weisen und verknüpft diese mit der Praxis des Gelehrten.

Der zweite Teil bietet ein Raster zur «Verortung von Lektüre»[22], denn der Leser soll in dieser Ordnung nicht nur das finden, was er noch nicht weiß, sondern auch das, was er weiß, an der richtigen Stelle ablegen. Mit dem zweiten Teil tritt insofern eine traditionellere Auffassung vom Gedächtnis der Menschheit in ihr Recht, das die *memoratu digna* (erinnerungswürdigen Sachverhalte) bewahrt. Das künstliche Gedächtnis und das Wissen des Polyhistors werden im Bildungsprozeß eng aufeinander bezogen, aber sie bleiben doch auch unterschieden. Nicht bei der Kodifizierung menschlichen Wissens in der Bibliothek insgesamt, sondern beim individuellen Bildungsprozeß stellt sich die Frage nach den *memoratu digna*. Gesner bewegt sich auf der Grenze zwischen dem künstlichen Gedächtnis moderner Bibliotheken und individuell-kontingenten Bildungsprozessen.

Letztlich mußte ein solches Projekt scheitern, denn mit dem Rückgriff auf die Topik bleibt Gesner einem Konzept verpflichtet, das Wissen als abgeschlossenen Bestand und nicht als ein zur Zukunft hin offenes Potential denkt. Dennoch, je größer die Bibliothek wird, desto weiter die Wege, desto verschlungener die *methodus*, desto weniger vorhersehbar das Ziel. Erschließung des Wißbaren wird noch der Grundgedanke des Baconschen Entwurfs eines «Advancement of Learning» sein, der gewissermaßen das Fazit aus den Thesauri, Bibliothecae, Kompendien, Kompilationen usw. zieht; doch ihm ist sie nur noch Ausgangspunkt eines empirisch unterbauten Wissensfortschritts. In Bacons Projekt zeigt sich endgültig, daß Gesners Form der Wissenskodifizierung an ihre Grenze stößt, was zum wissenschaftlichen Paradigmenwechsel des 17. und 18. Jahrhunderts führen wird.[23]

Datenreduktion

Gesner schlägt sich mit einem Problem herum, das die heutige Diskussion über große Datenbanken und Internet bestimmt: dem eines Überangebots an Daten, die man nicht mehr gebrauchen kann und die den Leser, statt ihn zu fördern, abschrecken. So dient schon ihm das Kriterium der Brauchbarkeit des Verzeichneten nicht dazu, diesem Mißbrauch gegenzusteuern. Trotz seiner Kritik an eitler Vielschreiberei greift er nicht ein. Wenn er überlegt, wie man die «scribendi libido» – man kann vielleicht übersetzen: die hemmungslose Schreiblust – bändigen könne, überläßt er die Lösung anderen, «doctioribus», wie er sagt, deren Entscheidung dann von Königen und Fürsten zu exekutieren wäre.

Die vollständige Bestandsaufnahme ist nur die eine Seite: Was das kulturelle Gedächtnis im Prozeß einer immer neuen Aneignung und Auswahl des Überlieferten leistete, soll hier in letzter Instanz an eine obrigkeitliche Zensur delegiert werden. Gesners Zeitalter bringt charakteristischerweise gleichzeitig die Universalbibliothek und den «Index librorum prohibitorum» hervor. Ein Wissen, das aus seinen scheinbar naturwüchsigen Überlieferungskontexten und Gebrauchssituationen gelöst ist, das ubiquitär und total wird, ruft die Frage nach neuen Möglichkeiten der Begrenzung herauf. Wo das kulturelle Gedächtnis nicht mehr selegiert und über Bewahrenswertes entscheidet, ist Vergessen nur voluntaristisch, als obrigkeitlicher Akt, zu begründen: als Zensur, als *damnatio memoriae* oder als Beschränkung der Schriftproduktion, die sonst unabsehbar fortschreitet.

Gesner mißtraut den Mechanismen des Markts, die sich eben auszubilden beginnen. Er sieht sie nur unter moralischem Aspekt, als Gewinnsucht der Drucker. Er scheint der Ansicht gewesen zu sein, daß die Versammlung alles dessen, was je geschrieben wurde, die Lust aufs Weiterschreiben von selbst dämpfen müßte, wenn man sieht, wie wenig Neues man sagen kann. Seinem traditionszentrierten Wissensverständnis ist weder Veralten von Wissen noch Retten des Verdrängten ein Problem. Das Vertrauen in den Wert der Schriftüberlieferung hindert den Polyhistor einzugreifen. Er verweigert sich damit der Rolle, die seine gelehrten Vorgänger, teils auch Nachfolger spielten und die dem konfessionellen Zeitalter angesichts eines immens gesteigerten Informationsflusses so nötig schien: die Rolle des Präzeptors.

Hierin unterscheidet sich Gesners Unternehmen von verwandten zeitgenössischen. Der Jesuit Antonio Possevino zum Beispiel will gleichfalls einen Leitfaden für die Erschließung des gesamten Wissens seiner Zeit geben, aber er gibt keine vollständige Sammlung, sondern eine gezielte Auswahl für den katholischen Christen.[24] Possevino hat ein bestimmtes Subjekt im Visier, das er vor Verirrung bewahren möchte, vor der Gesners *methodus* offenbar nicht schützt. Possevinos «Bibliotheca selecta» gehört kulturtypologisch einer älteren Phase an, indem sie sich – trotz ihrer immensen Zahl an Titeln – der Selektionsfunktion des Gedächtnisses stellt, eines freilich von Spezialisten geformten und begrenzten Gedächtnisses. Diese Bibliothek ist nicht universal, sondern sie stellt einen Kanon auf. Die jesuitische Pädagogik lehnt den Polyhistorismus ab; Wissen muß auf das Heilsziel geordnet sein. Auch Possevino entwirft ein Supergedächtnis, doch eines, das wie das natürliche Erinnerungswürdiges bewahrt und Unnützes und Gefährliches verdrängt. Träger dieses Gedächtnisses ist auch bei ihm nicht ein Individuum, eher die von der Gesellschaft Jesu geführte katholische Christenheit. Possevino und seine Bundesgenossen (auch in anderen Konfessionen)[25] stemmen sich einer Entwicklung entgegen, die die Grenzen des kulturellen Gedächtnisses niederreißt, die in den Historismus mündet und die sich dank der Erfindung der elektronischen Datenspeicherung ins Unabsehbare fortzusetzen scheint, auch hier begleitet vom Ruf nach administrativen Maßnahmen.

Gesners skurriler und die Möglichkeiten der Zeit wie erst recht des einzelnen Gelehrten weit überfordernder Versuch läßt aber zwei Probleme klarer erkennen als die Sammlungen seiner weniger radikalen Zeitgenossen, Probleme, die die Abkopplung eines universalen Wissensspeichers von herkömmlichen Organisationsformen des kulturellen Gedächtnisses aufwerfen: die Organisation des überlieferten Wissensbestandes und die Sinnstiftung in einer Hierarchie des Wissenswerten. Gesner demonstriert, daß ein solcher Speicher nicht mehr historisch-gesellschaftlichen Interessen unterliegen darf, sondern umgekehrt solchen Interessen vorgeordnet ist, so daß seine Beschränkung nur als willkürlicher Machtakt denkbar ist. Seine Antworten auf jene Probleme sind konventionell, indem er an der überlieferten Hierarchie und Organisation des Wissens grundsätzlich festhält und sie in einem zweiten Schritt zur Geltung bringt. Er kann dabei auf einen allgemeinen Konsens in der Gelehrtenwelt des 16. Jahrhunderts zählen. Was aber ist, wenn nicht nur dieser Konsens zerbrochen ist, sondern die Herstellung eines neuen Konsenses außer Reichweite? Wie läßt sich begründet im Superspeicher menschlichen Wissens eine Ordnung entwerfen?

Anmerkungen

1 Vgl. Aleida und Jan Assmann: Schrift und Gedächtnis. Beiträge zur Archäologie der literarischen Kommunikation. München 1983, S. 1 ff; Albrecht Koschorke: Platon/Schrift/Derrida. In: Gerhard Neumann (Hg.): Poststrukturalismus als Herausforderung der Literaturwissenschaft (im Erscheinen).
2 Die wichtigsten Zusammenfassungen sind Elisabeth L. Eisenstein: The Printing Press as an Agent of Change. Communication and Cultural Transformations in Early-modern-Europe. Cambridge/London 1979; Michael Giesecke: Der Buchdruck in der frühen Neuzeit. Eine historische Fallstudie über die Durchsetzung neuer Informations- und Kommunikationstechnologien. Frankfurt/M. 1991.
3 Giesecke, Der Buchdruck in der frühen Neuzeit, S. 203; das nachfolgende Zitat ebd., S. 245.
4 Jan-Dirk Müller: Der Körper des Buchs. In: Hans Ulrich Gumbrecht/K. Ludwig Pfeiffer (Hg.): Materialität der Kommunikation. Frankfurt/M. 1988, S. 203–217.
5 Bibliotheca Vniversalis, siue Catalogus omnium scriptorum [...] authore Conrado Gesnero [...] Tiguri [...] 1545.
6 Pandectarum sive partitionum universalium libri XXI. Tiguri 1548: «*Secundus hic Bibliothecae nostrae Tomus [...] totius philosophiae et omnium bonarum artium atque studiorum locos communes et ordines universales simul et particulares complectens*».
7 Partitiones theologicae. Pandectarum universalium liber ultimus. Tiguri 1549; ein Appendix Bibliothecae Conradi Gesneri folgte Zürich 1555.
8 Helmut Zedelmayer: Bibliotheca universalis und Bibliotheca selecta. Das Problem der Ordnung des gelehrten Wissens in der frühen Neuzeit (Beihefte zum Archiv für Kulturgeschichte 33). Köln/Weimar/Wien 1992.
9 Zum Begriff vgl. Jan Assmann: Das kulturelle Gedächtnis. München 1992.
10 Konrad Ehlich: Funktion und Struktur schriftlicher Kommunikation. In: Hartmut Günther (Hg.): Schrift und Schriftlichkeit. Ein interdisziplinäres Handbuch internationaler Forschung. Berlin/New York 1994, S. 18–41; Jan-Dirk Müller: Jch Vngenant vnd die leüt. Literarische Kommunikation zwischen mündlicher Verständigung und anonymer Öffentlichkeit in Frühdrucken. In: Gisela Smolka-Koerdt et al. (Hg.): Der Ursprung von Literatur. Medien, Rollen, Kommunikationssituationen zwischen 1450 und 1650. München 1988, S. 149–174.
11 Vor allem im Benediktinerabt Johannes Trithemius und seinem «Liber de scriptoribus ecclesiasticis» (1494) und (als Exzerpt) dem «Catalogus illustrium virorum Germanorum» (1495), die Gesner weidlich nutzt (vgl. im übrigen die Quellennachweise bei Zedelmaier, Bibliotheca universalis).
12 Zuerst Conrad Lycosthenes und Iosias Simler; das Werk erhielt wenige Jahre später einen Appendix.
13 Etwa Henri Estienne in Frankreich oder Andrew Maunsel in England.
14 Zedelmaier (Bibliotheca universalis, S. 22) verweist auf den entsprechenden Titel Heinrich Bebels. Solch eine Leseanleitung findet sich in den «Pandekten», die zum Beispiel die für die Ausbildung eines klassischen Latein wichtigsten Autoren verzeichnen (Abschnitt I u. XIII).
15 Mary Carruthers: The Book of Memory. Cambridge 1990; Frances A. Yates: Gedächtnis und Erinnern. Berlin 1990.

16 Richard de Bury: Philobiblon (1345). Hg. und übersetzt von E. C. Thomas. Oxford 1960.
17 Carruthers, The Book of Memory, S. 30 f in Anknüpfung an Jacques Derrida.
18 Zur Topik vgl. Wilhelm Schmidt-Biggemann: Topica universalis. Hamburg 1983.
19 Zum Polyhistor vgl. Herbert Jaumann: Was ist ein Polyhistor? Gehversuche auf einem verlassenen Terrain. In: Studia Leibnitiana 22 (1990), S. 76–89.
20 Artes liberales, erweitert um poetica, divinatio/magia, geographia, historia; artes mechanicae, die aristotelische Einteilung in theoretische und praktische Philosophie – Physik und Metaphysik, Ethik, Ökonomik, Politik –; darüber die drei obersten Universitätsdisziplinen, von denen jedoch nur die Jurisprudenz ausgeführt ist.
21 Zedelmaier, Bibliotheca universalis, S. 75–80 zu *methodus*.
22 Ebd., S. 52.
23 Wolf Lepenies: Das Ende der Naturgeschichte. Wandel kultureller Selbstverständlichkeiten in der Wissenschaft des 18. und 19. Jahrhunderts. München 1976.
24 Antonio Possevino: Bibliotheca selecta qua agitur de ratione studiorum. Rom 1593.
25 Das gleiche gilt für Theodor Zwingers evangelisches Konkurrenzunternehmen: Theatrum vitae humanae a Conrado Lycosthene inchoatum. Basel 1565.

Aleida Assmann

Texte, Spuren, Abfall: die wechselnden Medien des kulturellen Gedächtnisses

Gespräch mit den Toten: der Text als Medium des kulturellen Gedächtnisses

Im ersten Satz seines Buches «Verhandlungen mit Shakespeare» bekennt Stephen Greenblatt: «Es begann mit dem Wunsch, mit den Toten zu sprechen.»[1] Mit diesen Worten erinnert er seine Kollegen, die gehaltsgestützten professionellen Leser und Literaturprofessoren, an etwas, was sie tief vergessen haben: daß sie im Grunde Schamanen sind, die ein Dauergespräch mit den Stimmen der Vorfahren und den Geistern der Vergangenheit unterhalten. Sie beschäftigen sich nicht nur mit Medien im technischen Sinn, das heißt mit Texten und Aufführungen, sie *sind* Medien im okkulten Sinn, indem sie zum allgemeinen Wohl Kontakt mit einer transzendenten Welt herstellen und aufrechterhalten. Im Zuge seines anregenden Essays konzentriert sich Greenblatt auf das technische Medium, durch das die Stimmen der Toten nachhallen und in Rückständen zugänglich sind; er spricht von den «Textspuren», in welchen «soziale Energie» zirkuliert, jene Energie, die das ‹Leben› ausmacht, welches literarische Werke nach dem Tod ihres Autors und dem Vergehen ihrer Kontexte bewahren. Wenn Greenblatt vom Über*leben* der Textspuren aus der Renaissance spricht, bedient auch er sich einer Metapher, die nahelegt, daß schwarze Schriftzeichen einen immanenten Lebenskeim bergen. Sein Projekt besteht jedoch gerade darin, dieses sogenannte Leben literarischer Texte auf seine materiellen Bedingungen zu befragen, die er in den sozialen Kategorien des Markts findet. Mit Begriffen wie Verhandeln, Austauschen, Übertragen bestimmt er allgemeine kulturelle Praktiken und materielle Interessen, in die der Austausch von Kunst, verstanden als ‹Zirkulieren sozialer Energie›, stets eingebettet ist.

Greenblatts zentrale Frage nach dem Gespräch mit den Toten betrifft nicht nur den Kern unserer Disziplin, sondern auch der Kultur im allgemeinen – die Kanäle der Kommunikation und Übermittlung, die Anatomie der Tradition, die Struktur des kulturellen Gedächtnisses. Dies sind keine neuen Fragen, sondern solche, die von Generation zu Generation immer wieder neu gestellt werden. Hier werde ich mich besonders den von Greenblatt so genannten «Textspuren» zuwenden, genauer: den Buchstaben, *litterae*, die als eine vergessene Dimension im Zentrum der literarischen Tätigkeit ihr unscheinbares Werk verrichten.[2] Es soll dabei weniger um die soziale und technische Dimension von Schrift und Druck gehen als um die Gedanken, Hoffnungen und Enttäuschungen, die sich in verschiedenen Epochen an dieses Medium hefteten. Ich interessiere mich also für die impliziten Grammatologien unterschiedlicher Epochen und verknüpfe diese Frage mit den sich wandelnden Strukturen des kulturellen Gedächtnisses.

Energie-Konserve: Schriftkonzepte der Renaissance

Die Überzeugung, daß Geschriebenes den Zusammenbruch menschlicher Gesellschaften überdauert, ist sehr viel älter als die Renaissance. Den alten Ägyptern, die über eine Spanne von mehr als tausend Jahren hinweg auf ihre eigene Kultur zurückblickten, wurde dabei bewußt, daß Kolossalbauten und Monumente in Ruinen lagen, während Texte intakt geblieben waren, weiter abgeschrieben und unvermindert gerühmt wurden. Sie mußten feststellen, daß filigrane Spuren schwarzer Tinte auf fragilem Papyrus ein dauerhafteres Monument darstellten als teure Gräber mit aufwendigen Ausstattungen. Ein auf solchem fragilen Papyrus aufgezeichneter Text aus dem 13. Jahrhundert vor unserer Zeitrechnung vergleicht die Konservierungskraft von Gräbern und Büchern. Er kommt zu dem Ergebnis, daß die Schrift eine wirksamere Waffe ist gegen den zweiten, sozialen Tod, das Vergessen. Von den Toten heißt es dort: «gewiß, sie sind verborgen, aber ihr Zauber berührt noch immer alle, die in ihren Büchern lesen»[3]. Diese Feststellung entsprach dem Selbstgefühl einer neuen Elite, der Literaten, die ihre Unsterblichkeit auch unabhängig von staatlich pharaonischer Organisation finden konnten. Die Vorstellung, daß Schrift vom Zerstörungswerk der Zeit unberührt bleibt und ein einmaliges Medium der Unsterblichkeit darstellt, wurde bei späteren Literaten zu einem festen Topos. Shakespeare zum Beispiel griff die Horazische Formel von der Verewigungskraft des Verses auf und münzte sie um auf die Schrift. Immer wieder lenkt er den Blick auf den materiellen Datenträger seiner Gedichte. Das Schlußcouplet des 63. Sonetts proklamiert selbstbewußt:

> «His beauty shall in these black lines be seen,
> And they shall live, and he in them still green.»

Noch expliziter ist das Schlußcouplet des 65. Sonetts, wo vom Wunder der schwarzen Tinte die Rede ist:

> «unless this miracle have might,
> That in black ink my love may still shine bright.»

Schrift kann für Shakespeare dieses Wunder jedoch nicht ganz selbständig bewirken. Das einzig effektive Heilmittel «'Gainst death and all oblivious enmity» ist «The *living* record of your memory» (Sonett Nr. 55), die lebendige Niederschrift des Andenkens, die im Gedächtnis der Lebenden immer wieder erneuert werden muß. Schrift ohne diese Allianz mit dem Gedächtnis ist insuffizient; sie muß durch das Gedächtnis gestützt und durch Lektüre verlebendigt werden.

Auch Francis Bacon faßt Schrift in erster Linie als ein Gedächtnismedium auf. Unsterblichkeit und Dauer erklärt er zu den fundamentalsten menschlichen Anliegen und die Schrift zum hervorragendsten Medium ihrer Verwirklichung. Am Ende des ersten Buchs seiner Schrift über den Fortschritt der Wissenschaften handelt er ausführlich von den Buchstaben. Auch er variiert den bekannten Topos, wenn er schreibt:

> «Wir sehen also, um wie vieles beständiger die Monumente des Geistes und Wissens sind als die der Macht und des Handwerks. Haben denn nicht die Verse Homers 25 Jahrhunderte und mehr überdauert, ohne Verlust einer einzigen Silbe oder eines Buchstabens, während im gleichen Zeitraum zahllose Paläste, Tempel, Schlösser und Städte zerstört und verfallen sind?»[4]

Bacon konzentriert sich hier deutlich auf die Schrift als materielle Sicherung von Tradition. Die Verse Homers überdauerten «25 Jahrhunderte», nicht weil man sich ihrer ununterbrochen erinnerte, sondern weil sie materiell gesichert waren, «ohne Verlust einer einzigen Silbe oder eines Buchstabens». Im nächsten Satz stellt Bacon eine interessante Überlegung an zum Unterschied von Bild und Schrift als Gedächtnismedien:

«Es ist unmöglich, genaue Bilder oder Statuen von Cyrus, Alexander, Caesar oder den Königen und großen Persönlichkeiten späterer Epochen herzustellen; denn die Originale sind nicht von Dauer, und Kopien können nur immer einen schwachen Abglanz von Leben und Wahrheit vermitteln. Die Bilder des menschlichen Geistes und Wissens dagegen sind in Büchern aufgehoben, wo sie vor der Zerstörung der Zeit gesichert sind und ständig erneuert werden können. Schriftzeugnisse sind gar keine Abbilder, weil sie noch produktiv sind und ihre Samen in neue Köpfe pflanzen, womit sie zur Ursache neuer zukünftiger Handlungen und Meinungen werden.»

Für Bacon sind Buchstabe und Bild keine gleichwertigen Gedächtnismedien. Während Bilder nur eine schwache Kopie des Originals geben können, gilt Schrift als lebendige Emanation eines Geistes. Was den visuellen Medien an Leben und Wahrheit abgeht, das bleibt in der Schrift erhalten, die keine «abgeschwächte» Reproduktion vermittelt, sondern selbst «Instrument der Reproduktion» wird – ausgestattet mit jener «wunderbaren» Fähigkeit, nicht nur Altes zu bewahren, sondern zugleich auch Neues hervorzubringen. Für Bacon gibt es keinen inerten Wissensvorrat; eine konservierte Idee ist für ihn notwendigerweise eine erneuerte Idee. Daher horten Buchstaben nicht Gedanken, sondern bringen diese wieder neu zur Welt.

Die Litterati der Renaissance wissen nichts von einem Buchstaben, der tötet; sie preisen ihn im Gegenteil als eine Lebenskraft par excellence und als die einzige Art von Magie, die diese aufgeklärten Humanisten noch zulassen können. Solche Magie besteht darin, aus etwas Totem neues Leben hervorzubringen und ein Kontinuum der Erfahrungen über Jahrhunderte des Vergessens hinweg sicherzustellen. Genau das aber ist das ehrgeizige Projekt, oder besser: der epochale Mythos, auf den sich die Renaissance gründet. Noch einmal Bacon:

«Wenn nun die Erfindung des Schiffs so hochgeachtet wird, welches Schätze und Waren von Ort zu Ort schafft und die entferntesten Regionen durch den Genuß ihrer jeweiligen Produkte miteinander vergesellschaftet, um wieviel mehr sind dann die Buchstaben zu loben, die wie Schiffe durch die großen Meere der Zeit reisen und entfernte Zeitalter im Austausch von Wissen, Erleuchtungen und Erfindungen miteinander verbinden?»

Es ist uns heute klarer bewußt als Bacon, daß die Errichtung weitreichender Verkehrswege und Kommunikationsnetze nicht nur Interaktion begünstigt hat, sondern auch neue Arten der Unterdrückung, Kolonialisierung und Ausbeutung. Während Shakespeare noch in einer Handschriftkultur lebte und von schwarzer Tinte sprach, dachte Bacon bereits an Druckerschwärze, die er zusammen mit Kompaß und Schießpulver zu den Grundpfeilern der Neuzeit rechnete. Der weltliche Bacon griff zu religiösen Bildern, um die Errungenschaften des Drucks zu preisen; Bibliotheken nannte er «Schreine, wo die Reliquien der alten Heiligen mit ihrer geheimen Kraft – ohne faulen Zauber – ruhen und aufbewahrt sind.» Auf den Betrug der Religion folgt für ihn die Wahrheit der Wissenschaft; die Magie der Buchstaben löst die der Rituale ab. Diese Magie wird nicht mehr von dubiosen Priestern, sondern von den Gelehrten einer neuen Disziplin verwaltet, die sich «Philologie» nennt. An die Stelle von kanonisierten Heiligen treten damit die kanonisierten Texte oder, noch einmal mit Bacon, «neue Ausgaben von Autoren in sorgfältigeren Drucken, verläßlicheren Übersetzungen, ergiebigeren Erläuterungen, besseren Anmerkungen und so weiter.»

«Philologie» bedeutet «Liebe zum Wort», doch geht es hier weniger um Logozentrismus als um Graphozentrismus und Bibliolatrie. Mit Eintritt ins Druckzeitalter sah Bacon die Gefahr eines zweiten Mittelalters und die «Angst vor dem Verlust menschheitlicher Erinnerung» gebannt. Damit war zugleich der Boden bereitet für eine fortschreitende Kumulation von Wissen, für ein lineares «Advancement of Learning».[5]

Der Topos, daß gedruckte Texte alle anderen kulturellen Spuren an Beständigkeit in den Schatten stellen, wurde von Druckern und Verlegern begeistert aufgegriffen, die damit den Stolz eines neuen Berufsstandes artikulierten. So schrieb zum Beispiel der Herausgeber einer Sammlung deutscher Barockdramen im 17. Jahrhundert:

«In bedenckung dessen, das die Pyramides, Seulen und Büldnussen allerhand materien mit der zeit schadhafft oder durch gewalt zerbrochen werden oder wol gar verfallen... das wol gantze Städt versuncken, vntergegangen vnd mit wasser bedeckt seien, da hergegen die Schrifften vnd Bücher dergleichen vntergang befreyet, dann was jrgendt in einem Landt oder Ort ab vnd vntergeht, das findet man in vielen andern vnd vnzehlichen orten vnschwer wider, also das, Menschlicher weiß davon zu reden, nichts Tauerhaffters vnd vnsterblichers ist, als eben die Bücher.»[6]

Überraschenderweise findet sich derselbe Topos bis in unsere Gegenwart hinein. In seinem Buch «Wahrheit und Methode» hebt Hans-Georg Gadamer die schriftliche von jeder anderen Form von Überlieferung ab:

«Keine sonstige Überlieferung, die aus der Vergangenheit auf uns kommt, ist dem gleich. Die Überreste vergangenen Lebens, Reste von Bauten, Werkzeuge, der Inhalt der Gräber, sind verwittert durch die Stürme der Zeit, die über sie hingebraust sind – schriftliche Überlieferung dagegen, sowie sie entziffert und gelesen ist, ist so sehr reiner Geist, daß sie wie gegenwärtig zu uns spricht.»[7]

Der Niedergang der Buchstaben (a) – die labile Gunst der Nachwelt

Die Zuversicht, daß Textspuren vergangenes Leben zu bewahren und zu erneuern vermögen, stieß jedoch ein Jahrhundert nach Shakespeare bereits auf eine tiefe Skepsis. Shakespeare konnte seinem Geliebten noch versprechen (Sonett Nr. 55):

> «Your praise shall still find room
> Even in the eyes of all posterity
> That wear this world out to the ending doom.»

Die Nachwelt verwandelt sich dabei vom Garanten der Ewigkeit zur schärfsten Bedrohung von Dauer. In einem ökonomisierten und industrialisierten bürgerlichen Zeitalter veränderten sich nicht nur die Bedingungen literarischen Schreibens und Lesens, sondern auch die des Ruhms. Die Dimension, in die Texte hineingeschrieben werden, ist immer weniger die *longue durée* von *fama* und *memoria* und immer mehr der literarische Markt mit seinen Rhythmen kurzlebiger Konjunktur. Die Druckindustrie richtete sich zunehmend nach der wechselnden Nachfrage einer anonymen Leserschaft. In diesem neuen Milieu löste sich die Vision von einem ‹buchstäblichen› Potential für Dauer in Luft auf. Das Ewigkeitsversprechen der Dichter ging in immer rascheren Zyklen von Innovation und Antiquation unter. Im Vorwort seiner Essays von 1625 ging Francis Bacon noch von der Erwartung aus, daß diese (in ihrer lateinischen Version) ebenso lange dauern würden wie die Bücher.[8] Im Vorwort zum Tonnenmärchen («Tale of a Tub») hofft Jonathan Swift von seinem Buch, «es möge wenigstens bis zum nächsten Wandel unserer Sprache und unseres Geschmacks bestehen».[9]

Das ist ein Wunsch, der auf ein verändertes Zeitbewußtsein schließen läßt. Da der Wandel, der Swifts Text bedroht, schon morgen eintreten kann, ist der Text kein Schutz mehr vor dem Ansturm der Zeit, sondern dessen unmittelbare Zielscheibe. Derart exponiert, bedarf er des Rückhalts in einer Reihe von Paratexten wie Vorworten, Rechtfertigungen, Widmungen und Episteln. Einer dieser Paratexte des Tonnenmärchens ist überschrieben: «Widmungsbrief an seine Königliche Hoheit, den Prinzen Nachwelt». Dieser Prinz, so erfährt man aus der Epistel, ist noch ein Kind, das unter der Vormundschaft eines grausamen Gouverneurs lebt. Dieser Vormund ist kein anderer als Vater Chronos – also die Zeit persönlich –, der von Swift mit allem Prunk barocker Emblematik ausgestattet wird:

«Ich bitte die riesige und furchterregende Sense zu beachten, die der Vormund mit sich herumzutragen pflegt. Schauen Sie sich doch bitte einmal die Länge, Stärke, Schärfe und Härte seiner Nägel und Zähne an! Ganz zu schweigen von dem elenden und widerlichen Atem, der ansteckt, zersetzt und alles Lebendige und Materielle bedroht. Und dann fragen Sie sich angesichts dieser Waffen und Wirkungen der Zeit bitte einmal, ob irgendein Stück sterblicher Tinte und Papier dieser Generation dagegen eine Chance hat?»

Die alte Opposition vom Zerstörungswerk der Zeit hier und dem Ewigkeitsanspruch der Dichtung dort wird bei Swift vermittelt durch die Nachwelt, vorgestellt als ein junger Prinz, der mit Eintritt in ein mündiges Alter den schrecklichen Vormund Zeit ersetzen soll. Damit ersetzt Swift den traditionellen Ewigkeitsanspruch der Dichtung durch einen Appell an die Nachwelt. «Gewiß ist die Unsterblichkeit eine große und mächtige Göttin, aber unsere Gebete und Opfer bleiben von ihr unerhört.» Das heißt in weniger mythologischen Worten, die Dauer von Geschriebenem kann nicht mehr gegen den Widerstand einer mythischen Zeit, sondern nur noch in Allianz mit einer späteren Leserschaft durchgesetzt werden. Obwohl literarische Werke, wie Swift sich ausdrückt, an sich leicht genug sind, um für immer «auf der Oberfläche der Ewigkeit zu schwimmen», fehlt ihnen doch jegliches Vermögen immanenter Dauer. Sie sind deshalb angewiesen auf eine soziale Konstruktion, auf einen transgenerationellen Pakt, der sie stützt. Nicht die immanente Kraft des Textes, sondern allein das Votum der Nachwelt entscheidet über seine Dauer.

Bis zur Mündigkeit des Prinzen herrscht allerdings noch der schreckliche Gouverneur Zeit, ein grausamer und willkürlicher Despot, der dafür verantwortlich ist, «daß von den mehreren tausend Büchern, die alljährlich in dieser Stadt produziert werden, bis zur nächsten Sonnenumdrehung nicht eines mehr bekannt ist.» In der Vervielfältigung und Verbreitung der Bücher, die im 17. Jahrhundert noch als Garantie ihrer Dauer bewertet wurde, sieht man jetzt die Ursache ihres Verfalls: «In der Tat, obwohl ihre Zahlen groß und ihre Produktion vielfältig sind, werden sie doch so schnell wieder verdrängt, daß sie sich unserem Gedächtnis und unseren Blicken entziehen.»

Hier wird deutlich, daß Swift in der traditionellen Figur des *tempus edax* eine sehr moderne Institution karikiert: die organisierte Flüchtigkeit des Buchmarkts. Er hatte noch gehofft, so fährt er fort, für den Prinzen ein Verzeichnis von Neuerscheinungen zusammenzustellen, doch konnte er schon nach wenigen Stunden keine Spur mehr von ihnen finden:

«Ich erkundigte mich bei Lesern und Buchhändlern, aber umsonst; die Erinnerung an sie war ausgelöscht; sie waren nirgendwo mehr aufzutreiben. Ich wurde ausgelacht als Tölpel und Pedant ohne Geschmack und Kompetenz in den Geschäften des Tages, ahnungslos in den Sitten von Hof und Stadt.»

Swift dreht die Schraube seiner Satire noch eine Windung weiter. Er fragt, was denn «aus den Unmengen Papier geworden [sei], die zur Produktion so vieler Bücher nötig waren?» Die Anwort lautet, daß Bücher ebenso wie Menschen nur auf einem Weg zur Welt kommen, aber auf vielen Wegen aus ihr scheiden. Ihre materiellen Rückstände verschwinden lautlos und permanent an vielen Orten: Sie werden in öffentlichen Bedürfnisanstalten benutzt und in Öfen verbrannt, mit ihnen werden die Fenster der Bordelle verklebt und Lampenschirme geflickt.

Swifts satirische Beschreibung des Buchmarkts macht hinreichend deutlich, daß Schriftspuren keine immanente Widerstandskraft gegen Verfall und Vergessen enthalten, sondern für ihren Fortbestand auf soziale Verabredungen angewiesen sind. Der Ewigkeitsanspruch und das Ewigkeitsversprechen der Schrift beruhten auf zwei Grundannahmen: daß erstens der materielle Bestand und zweitens die Lesbarkeit der Texte gesichert ist. Swift zeigt, daß beide Annahmen in der Mitte des 18. Jahrhunderts nicht mehr selbstverständlich sind. Die hohe Innovationsrate, die mit der gesteigerten Produktion einhergeht, und die Erfahrung historischen Wandels machen das Überdauern von Texten im kulturellen Gedächtnis zunehmend unwahrscheinlich. An die Stelle der universalen Erosion in der Zeit, von der die Schrift auf wunderbare Weise ausgenommen sein sollte, trat die Unterwerfung alles Geschriebenen und Gedruckten unter die Gesetzmäßigkeiten historischen Wandels und die Dialektik von Erneuern und Veralten, Produktion und Abfall. Alles Geschriebene, so konstatierte Emerson, «stürzt in den unvermeidlichen Abgrund, den die Schöpfung des Neuen für das Veraltete öffnet.» [10]

Swift konnte sich nur noch dafür verbürgen, daß das, was er gerade niederschrieb, im selben Augenblick wahr war; «allein über die Umwälzungen, die geschehen mögen, bis dies einem Leser unter die Augen kommt», vermochte er keine Prognosen anzustellen. Auf ähnliche Weise kam ein Jahrhundert später dem Essayisten Charles Lamb der ephemere Charakter des geschriebenen Worts zu Bewußtsein, als er unter dem Titel «Ferne Korrespondenten» seine Erfahrungen über den Briefverkehr mit einem Freund in Australien zu Papier brachte.

«Es bedarf einer großen Anstrengung, eine Korrespondenz über solchen Abstand hinweg aufzubauen. Die träge Welt des Wassers zwischen uns legt sich bedrückend auf meinen Geist. Es ist schwer vorzustellen, wie meine Schriftzüge sich über eine solche Distanz strecken sollen. Irgendwie ist es anmaßend, sich vorzustellen, daß die eigenen Gedanken in solche Ferne dringen können. Mir ist, als ob ich an die Nachwelt schriebe.» [11]

Auch Lamb hält es für unwahrscheinlich, daß das, was im Augenblick der Niederschrift wahr ist, noch gilt, wenn es seinen Empfänger erreicht, und umgekehrt könnte eine platte Erfindung auf dem langen Reiseweg zu einer plausiblen Wahrheit heranreifen. Wahrheiten haben nicht nur ihre Halbwertszeit, sie ändern auch ihre Qualität; mit Lambs Worten: Sie haben die Tendenz, sich zu entsubstanzialisieren («to unessence herself»). Lambs Essay ist eine bemerkenswerte Umkehrung von Bacons Auffassung der Buchstaben, die er als heroische Reisende auf dem Meer der Zeiten pries und denen er die Vergesellschaftung von Autoren und Lesern entfernter Jahrhunderte zutraute. Die Buchstaben haben bei Lamb ihre Aura als Energiespeicher, die an anderem Ort und zu anderer Zeit reaktivierbar sind, gänzlich verloren. Während Bacon den verbindenden Effekt der Buchstaben unterstreicht, betont Lamb ihren distanzierenden und verfremdenden Effekt.

Der Niedergang der Buchstaben (b) – von Texten zu Spuren

Im 19. Jahrhundert ist es mit dem ungebrochenen Vertrauen in die Beständigkeit und Reproduktionskraft der Buchstaben vorbei. Die Einsicht, daß Texte keinen sicheren Zusammenhalt von Vergangenheit, Gegenwart und Zukunft garantieren, wurde besonders von Historikern immer nachdrücklicher betont, die die Zuverlässigkeit schriftlicher Quellen ebenso in Frage stellten wie ihre eigenen Darstellungskonventionen. In einem Aufsatz über Historiographie aus dem Jahre 1833 hat Thomas Carlyle dieses neue Geschichtsbewußtsein ausgesprochen:

> «Wieviel wissen wir denn heute überhaupt noch von der Sache, die jetzt stumm geworden ist, die wir ‹die Vergangenheit› nennen, und die einstmals laut vernehmliche Gegenwart war? Ihre schriftliche Mitteilung erreicht uns in denkbar mangelhaftem Zustand: gefälscht, ausgemerzt, zerrissen, verloren. Was auf uns gekommen ist, ist nichts als ein Fetzen, eine Spur, die noch dazu schwer zu lesen, ja kaum zu entziffern ist.» [12]

Die helle Vergangenheit der Tradition beruhte auf stabilen Texten und gesicherter Lesbarkeit; diese Texttradition wird durch Kanonisierung und Kommentierung stabilisiert. Die dunkle Vergangenheit der Geschichte dagegen ist ein hochkomplexer Zusammenhang, der in seiner Dichte fremd und unzugänglich bleibt. Carlyles Bilder von der Vergangenheit sind die eines dichten Gewebes, eines vielschichtigen Aggregats, einer Verkettung von Daten, eines fast unlesbaren Palimpsests. Geschichte bemißt sich für ihn nicht mehr nach dem, was erhalten ist, sondern nach dem Verlorenen: «Wir müssen davon ausgehen, daß von unserer Geschichte der wichtigere Teil unwiederbringlich verloren ist.» Was gemeinhin Geschichte genannt wird, ist das Ergebnis einer rigorosen ‹Datenkompression›, die von keinem Bewußtsein gesteuert, sondern der Willkür des zeitlichen Verfalls geschuldet ist. Geschichte ist ein erbärmlicher Fetzen («a miserable defective shred»). Diese rigorose Reduktion vergangener Wirklichkeit auf den erbärmlichen Fetzen wird von Carlyle jedoch nicht beklagt, sondern gepriesen. Denn ließen sich alle Daten der Kulturgeschichte zuverlässig abspeichern, wäre das das Ende des Gedächtnisses. Weil im Gedächtnis notorisch Platzmangel herrscht, muß, was in es eingehen soll, einer rigorosen Reduktion unterworfen werden. Verfall und Vergessen komprimieren die Daten der Geschichte.

Diese Kompression ist allerdings gedächtnisfreundlich, denn ohne sie könnte man nicht mehr als eine Woche im Gedächtnis behalten. Erinnern und Vergessen, so fährt Carlyle fort,

«sind wie Tag und Nacht ebenso aufeinander angewiesen wie alle anderen Gegensätze in diesem unserem seltsamen dualistischen Leben: Vergessen ist die leere Seite, auf die die Erinnerung ihre Leuchtschrift malt und der dunkle Grund, der diese Schrift lesbar macht. Gäbe es nur Licht, könnte man ebensowenig lesen wie im Stockfinsteren.»

Die Gnade des Informationsschwunds (Harald Weinrich) macht also Erinnerung und Historiographie allererst möglich. Damit deutet sich ein tiefgreifender Strukturwandel des kulturellen Gedächtnisses an: Hatte man auf dem Boden der Tradition das Gedächtnis von der Einschreibung und Speicherung her bestimmt, so wird es nun im Rahmen des historischen Bewußtseins von der Tilgung, der Zerstörung, der Lücke, dem Vergessen her definiert. Damit kommt es zu einer folgenreichen Akzentverschiebung von Texten zu Spuren als Medien des kulturellen Gedächtnisses. Während man bei Buchstaben und Texten von der vollständigen Reaktivierbarkeit einer vergangenen Mitteilung ausging, kann an Spuren immer nur ein Bruchteil vergangenen Sinns restituiert werden. Spuren sind in dem Sinn Doppelzeichen, daß sie Erinnern unauflösbar an das Vergessen knüpfen. Es ist die Einsicht in dieses den Spuren inhärente Vergessen, das die kontinuierliche Traditionslinie von der Vergangenheit über die Gegenwart in die Zukunft zerreißt und die Vergangenheit fremd werden läßt.

Spuren eröffnen einen grundsätzlich anderen Zugang zur Vergangenheit als Texte, weil sie die nichtsprachlichen Artikulationen einer vergangenen Kultur – die Ruinen und Relikte, die Fragmente und Scherben ebenso wie die Überreste mündlicher Tradition – einbeziehen. Der Historiker Jakob Burckhardt definierte sein Projekt einer Kulturgeschichte mit Hilfe des Gegensatzes zwischen Texten und Spuren. Unter Texten verstand er kodierte Botschaften und damit bewußte Artikulationen einer Epoche samt allen tendenziösen (Selbst-)Täuschungen, die damit verbunden sind. Unter Spuren verstand er demgegenüber indirekte Informationen, die das unwillkürliche Gedächtnis einer Epoche dokumentieren, welches keiner Zensur und Verstellung unterliegt. Ganz im Sinn Marcel Prousts konzentriert sich die Spurensuche des Kulturhistorikers auf das unwillkürliche Gedächtnis einer vergangenen Gesellschaft. Spuren werden für ihn kostbarer als Texte, denn den stummen und indirekten Zeugen wird ein höherer Grad an Wahrhaftigkeit und Authentizität zugesprochen, ja bei Burckhardt sogar der höchste Grad an Gewißheit: «primum gradum certitudinis» [13].

Spuren und Abfall

Das Problem der Überlieferung – und damit des kulturellen Gedächtnisses – ist um einiges komplizierter geworden, als es nicht mehr galt, gegen das Vergessen anzuschreiben und anzulesen, sondern dieses Vergessen selbst als ein konstitutives Element im Prozeß der Überlieferung zu entdecken. Bei der Verlagerung von Texten auf Spuren ging es um die Rekonstruktion von Vergangenheit vor allem aus denjenigen Zeugnissen, die nicht an die Nachwelt adressiert und nicht zur Dauer bestimmt waren. Gerade deshalb können diese Spuren etwas von dem mitteilen, wovon die Überlieferung in der Regel schweigt: dem unscheinbaren Alltag. Dank seiner Andacht zum Unbedeutenden verwandelt sich dem Kulturhistoriker Abfall in Information.

In der westlichen Zivilisation verschärft sich das Problem des kulturellen Gedächtnisses unter dem Druck der neuen Medien, die zugleich unvorstellbare Speicherkapazitäten freisetzen und Informationen in immer schnelleren Rhythmen zirkulieren lassen. Immer dichtere Kommunikationsnetze vergesellschaften entfernteste Regionen. Radio und Fernsehen schicken ihre Programme pausenlos und gedankenschnell über Satelliten um den Globus. Die Speicherkapazität neuer Datenträger und Archive sprengt die Konturen eines kulturellen Gedächtnisses. Die Bilderflut des Fernsehens macht die Schrift als zentrales Gedächtnismedium obsolet; neue Speicher- und Informationstechnologien basieren auf einer anderen Art von Schrift, nämlich der digitalen, die in ihrer flüssigen Gestalt nichts mehr zu tun hat mit dem alten Gestus des Einschreibens. Diese Schrift läßt keinen trennscharfen Unterschied mehr zu zwischen Erinnern und Vergessen.

Die Situation eines totalen Medien-Regimes, das Erinnern und Vergessen gesamtgesellschaftlich steuert, wird von dem US-amerikanischen Autor Thomas Pynchon in seinem Roman «The Crying of Lot 49» thematisiert. Der Roman stellt die Frage: Gibt es in einer Kultur, die ihr Medien-Netz immer enger zieht, noch Spuren eines unkodierten Lebens? Die Antwort lautet: im Abfall.

Die elektronischen Massenmedien haben gewisse Tendenzen, die sich bereits in der Druckkultur abzeichneten, noch erheblich verstärkt. Dazu gehört die von Swift registrierte Dialektik von Innovation und Antiquation bzw. von Produktion und Müll. Dennoch gab er die Hoffnung nicht ganz auf, über den Abgrund der Zeit hinweg mit den Toten sprechen zu können und dieses Gespräch durch einen Pakt mit der Nachwelt zu sichern. In Thomas Pynchons Beschreibung einer durch die Massenmedien gerasterten Welt suchen wir vergebens nach ähnlichen Hoffnungen. In einem Punkt nähern sich die gegensätzlichen Systeme der Massenmedienkultur und des totalitären Staates einander an: Beide bedrohen das Gedächtnis, sei es durch rigide Verengung, sei es durch einen Überfluß an Information. In Orwells Szenario einer totalitären Welt müssen auch noch die kleinsten Ritzen verstopft werden, die einen Blick auf die Vergangenheit freigeben, weil dieser Blick zugleich immer eine Revision der absolutistischen Gegenwart ermöglicht. In der Welt, wie sie von den westlichen Massenmedien organisiert wird, löst sich das Gedächtnis dagegen in beschleunigten Zyklen von Produktion und Verzehr von selbst auf.

Pynchon präsentiert die Welt der Massenmedien als eine Welt organisierter Amnesie, in der die Medien das kollektive Imaginäre produzieren. Demgegenüber wird das Gedächtnis mit zwei entgegengesetzten Kompetenzen verbunden: dem persönlichen Identitätssinn und dem Realitätssinn. Die Heldin in Pynchons Roman sammelt akribisch Hinweise und Spuren, die ihr, Schritt für Schritt, ein alternatives Netzwerk namens W. A. S. T. E. (Abfall) entbergen, eine inoffizielle Gegenkultur, eine unveröffentlichte, geheime, stumme Welt im Abseits offizieller Kommunikationskanäle. Oedipa Maas entdeckt ihre heroische Bestimmung darin, sich erinnern zu müssen in einer Welt des Vergessens: «Sie war dazu bestimmt, sich zu erinnern. Sie sah der Möglichkeit ins Auge [...] Sie prüfte sie, und ein leiser Schauer überkam sie: Ich bin dazu bestimmt, mich zu erinnern.» [14]

Ihre Situation ist vergleichbar derjenigen Winston Smiths, der sich in Orwells «1984» auf die Suche nach einer vernichteten Vergangenheit macht. Bezeichnenderweise konzentrieren sich Oedipa wie Winston dabei auf den Müll als verläßlichsten Träger eines inoffiziellen Gedächtnisses. Winston Smith entdeckt einen Fetzen Papier hier und ein Stückchen Abfall dort, die zufällig den sogenannten *memory holes*, der gigantischen Spuren-Vernichtungsmaschinerie, entgangen waren. Oedipa Maas entdeckt ein Stück Müll, das für sie zum Emblem wird für Gedächtnis überhaupt. Es handelt sich um die Matratze eines sterbenden Matrosen, deren «unersättliche Füllung» ihr plötzlich zu einem kostbaren Schatz wird: «Diese Füllung hatte die Spuren jedes Alptraum-Schweißes festgehalten, ebenso wie die der unwiderstehlich überfließenden Blase, der in Lust und Schmerz verströmten feuchten Träume, wie die Datenbank eines Computers für all das Verlorene.»[15]

Oedipa findet die Spuren, die sie sucht, nicht in kulturellen Relikten und Bruchstücken einer vergangenen Epoche, sondern in körperlichen Rückständen und Ausdünstungen: Knochen, Schweiß, chemische Salze verwandeln ihr die Füllung der alten Matratze in eine Datenbank *für all das Verlorene*. Im Zeitalter rasant anwachsender Speichertechnologien und Datenbanken erfindet Pynchons Heldin einen Seismograph, eine Registratur für das, was nicht festgehalten werden kann, weil es nicht kodierbar ist: das irreduzibel Ephemere. Diese Entdeckung ist ein Moment der Offenbarung, der kurze Augenblick eines intensiven Realitätskontakts. Die Datenbank, das Emblem des Erinnerns, wird zu einem Emblem des Vergessens. Mit dem Verschwinden der Matratze «würde die Welt keine weitere Spur» dieses Lebens tragen: «die verschiedenen Männer, die auf ihr geschlafen hatten, und ihre individuellen Lebensschicksale – all das wäre unwiederbringlich dahin, wenn die Matratze Feuer fangen würde. Sie starrte überwältigt auf die Matratze. Es war, als hätte sie soeben das Gesetz der Unumkehrbarkeit entdeckt.»[16]

Wir begannen mit Greenblatts «Wunsch, mit den Toten zu sprechen». Dieser Wunsch ist so alt wie die Menschheit. Neuere Theoretiker haben uns angehalten, solche atavistischen Wünsche zu unterdrücken. Roland Barthes kritisiert eine Form der Lektüre, die «um jeden Preis den Toten zum Sprechen bringen» will, und Michel Foucault wehrt sich gegen die «historisch-transzendentale Tradition des 19. Jahrhunderts», die «vom Überleben des Werks, von seinem Fortbestand über den Tod hinaus, von seinem rätselhaften Überschuß» ausgeht.[17] Das Problem stellt sich anders, wenn man die Materialität der Gedächtnismedien in Betracht zieht sowie die kulturellen Erwartungen, Hoffnungen und Resignationen, die jede Epoche auf andere Weise mit ihnen verbindet. Unser historischer Überblick hat uns von der Schrift über die Spuren bis zum Abfall geführt. Diese historische Erzählung wollte wichtige Schwerpunktverlagerungen markieren, jedoch nicht den Anschein einer gradlinigen ‹Entwicklung› erwecken. Die unterschiedlichen Gedächtnismedien lösen einander ja nicht ab, vielmehr kommt es zu einer immer komplexeren Struktur ihrer Überlagerung und Durchkreuzung. Was mit Sicherheit festgehalten werden kann, ist, daß das Bewußtsein für das komplexe Ineinanderwirken von Erinnern und Vergessen immer schärfer geworden ist. Das Licht der Texte leuchtet auf dem dunklen Grund des Vergessens; was der einen Epoche als Abfall erscheint, wird der anderen zur Information. Paradoxerweise führen die immer einfacheren und vollständigeren Möglichkeiten der Aufzeichnung zu einem neuen Sinn für das Nichtspeicherbare, das für immer Verlorene.

Überhaupt scheint die Situation des kulturellen Gedächtnisses im digitalen Medienzeitalter dadurch gekennzeichnet zu sein, daß Erinnern und Vergessen immer mehr ihre Trennschärfe verlieren. Damit würde sich die Struktur des kulturellen Gedächtnisses dem Unbewußten annähern, in dem es ja jene klare Unterscheidung nicht gibt. Dieser Zustand ist von Joyce vorweggenommen worden, der die Indifferenz von Erinnern und Vergessen in seinem Universum unbewußter sprachlicher Produktivität nicht zuletzt über Versprecher, Sprachspiele und *puns* vermittelte. Er war es auch, der uns daran erinnert hat, daß das Wort für Buchstabe «letter» einen nahen Verwandten hat, nämlich Abfall: «litter».

Anmerkungen

1 Stephen Greenblatt: Verhandlungen mit Shakespeare. Innenansichten der englischen Renaissance (1988). Berlin 1990, S. 7.
2 Jacques Derrida hat in seiner Grammatologie (1967), Frankfurt/M. 1974, die philosophische Bedeutung der Schriftdimension erschlossen, die er im philosophischen Diskurszusammenhang allerdings nicht für eine vergessene, sondern für eine verdrängte Dimension hält.
3 Papyrus Chester Beatty IV, verso 3, 9–10; vgl. Jan Assmann: Stein und Zeit. Mensch und Gesellschaft im Alten Ägypten. München 1991, S. 177.
4 Francis Bacon: The Advancement of Learning. Buch I, VIII, 6: The Advancement of Learning and New Atlantis. Hg. von Thomas Case. London 1974, S. 70; die nachfolgenden Zitate ebd.
5 Vgl. Elizabeth Eisenstein: Clio and Chronos. In: History and Theory 5 (1966), S. 46–48.
6 Jakob Ayrer: Dramen. Hg. von Adelbert von Keller. Bd. 1. Stuttgart 1865, S. 4; zitiert nach Walter Benjamin: Ursprung des deutschen Trauerspiels. In: Gesammelte Schriften. Hg. von Rolf Tiedemann und Hermann Schweppenhäuser unter der Mitwirkung von Theodor W. Adorno und Gershom Scholem. Bd. I.1.: Abhandlungen. Frankfurt/M. 1974, S. 320.
7 Hans-Georg Gadamer: Wahrheit und Methode. Grundzüge einer philosophischen Hermeneutik. Tübingen 1960, S. 156.
8 Francis Bacon: Essays. In: The Works. Hg. von James Spedding, Robert Leslie Ellis und Douglas Denon Heath. 14 Bde. London 1857–1874, Bd. VI, S. 373.

9 Jonathan Swift: The Works of Jonathan Swift, D. D., Edinburgh 1814, Bd. 11, S. 12. Die nachfolgenden Zitate ebd., S. 42 ff.
10 Ralph Waldo Emerson: Circles (1841). In: Essays and Lectures. Hg. von Joel Porte. New York 1983, S. 403.
11 Charles Lamb: Distant Correspondents (1823). In: The Essays of Elia. London 1894, S. 142–148, hier S. 142. Das nachfolgende Zitat ebd., S. 143.
12 Thomas Carlyle: On History again (1833). In: Critical and Miscellaneous Essays, vol. iii, London 1899, S. 168; die nachfolgenden Zitate ebd., S. 86, 87, 172, 178.
13 Jakob Burckhardt: Die Kunst der Betrachtung. Aufsätze und Vorträge zur Bildenden Kunst. Hg. von Henning Ritter. Köln 1984, S. 175.
14 «*She was meant to remember.* She faced that possibility [...]. She tested it, shivering: I am meant to remember.» (Thomas Pynchon: The Crying of Lot 49 [1967]. London 1979, S. 81.)
15 «[...] that could keep vestiges of every nightmare sweat, helpless overflowing bladder, viciously tearfully consummated wet dream, like the memory bank to a computer of the lost.» (Ebd., S. 87.)
16 «[...] the set of all men who had slept on it, whatever their lives had been, would truly cease to be, forever, when the mattress burned. She stared at it in wonder. It was as if she had just discovered the irreversible process.» (Ebd., S. 88.)
17 Roland Barthes: Kritik und Wahrheit. Frankfurt/M. 1967, S. 71; Michel Foucault: Was ist ein Autor? In: Schriften zur Literatur. München 1974, S. 14 f.

Sigrid Weigel

«Shylock» und «Das Motiv der Kästchenwahl»: die Differenz von Gabe, Tausch und Konversion im «Kaufmann von Venedig»

Mythologische und anthropologische Deutungen

Zu dem kleinen Aufsatz mit dem Titel «Das Motiv der Kästchenwahl», den er 1913 in der Zeitschrift «Imago» publizierte, wurde Sigmund Freud durch «zwei Szenen aus Shakespeare» angeregt: die Geschichte der schönen und klugen Portia im «Kaufmann von Venedig», die nach dem Willen ihres verstorbenen Vaters jenem Bewerber zufallen sollte, der unter den drei Kästchen aus Gold, Silber und Blei das richtige wählt, in dem das Bildnis der Braut verborgen ist; und die Geschichte des alten König Lear, der sein Reich unter seine drei Töchter aufteilen will, und zwar nach Maßgabe der Liebe, die sie für ihn äußern.[1]

Freud versteht die erstgenannte Szene als eine heitere, die zweite als eine tragische Variante ein und desselben Motivs, der Wahl zwischen drei Frauen. Er belegt das Motiv mit einer Reihe weiterer Mythen, etwa dem antiken Mythos von Paris' Wahl zwischen drei Göttinnen oder dem Aschenputtel-Märchen, um diese als entstellte Überlieferungen eines «unterliegenden Motivs» und als unterschiedliche Verwandlungen der drei Schicksalsgöttinnen, der Moiren, zu deuten.[2] Nachdem er Figuren der Verschiebung, Ersetzung und Entstellung[3] beschrieben und den Aspekt der Wahl in dem in Frage stehenden Motiv als eine Form der Wunschverkehrung, der Verwandlung von Notwendigkeit bzw. Verhängnis in eine Wahlmöglichkeit, interpretiert hat, resümiert er seine Betrachtungen in der Annahme, «daß uns vielleicht eine *flächenhafte, allegorische* Deutung der drei Frauengestalten des Motivs ermöglicht wird. Man könnte sagen, es seien die drei für den Mann unvermeidlichen Beziehungen zum Weibe, die hier dargestellt sind: Die Gebärerin, die Genossin und die Verderberin. Oder die drei Formen, zu denen sich ihm das Bild der Mutter im Lauf des Lebens wandelt: Die Mutter selbst, die Geliebte, die er nach deren Ebenbild gewählt, und zuletzt die Mutter Erde, die ihn wieder aufnimmt.»[4]

Stehen die einzelnen Texte und Überlieferungen zu dem rekonstruierten «uralten Mythos» derart im Verhältnis von Abweichung oder Entstellung, so erhält Freuds Interpretation damit die Bedeutung einer «ewigen Weisheit» bzw. eines «alten Sinns», das heißt, den Status einer anthropologischen Universalie.[5]

Daß derartige Universalien in einer mythischen Konstruktion von Weiblichkeit gründen, ist ein bekanntes Phänomen, das auch in historischen Darstellungen begegnet, besonders deutlich, wenn sie einer anthropologischen Perspektive verpflichtet sind. So orientiert sich zum Beispiel Margaret L. King in ihrem Beitrag über «Die Frau» in der Renaissance daran, daß jene noch im Schatten der dreiköpfigen Göttin lebte und «für den Mann ihrer Epoche in jedem Lebensalter eine andere Gestalt» verkörperte, indem sie ihre eigene historiographische Darstellung mit der Feststellung enden läßt, daß die Frau der Renaissance drei Gesichter hatte: «Maria, Eva und Amazone; Jungfrau, Mutter oder altes Weib».[6] Diese Koinzidenz von allegorischer Interpretation, Remythisierung literarischer Texte und anthropologischen Universalien läßt sich aber schon dann auflösen, wenn man das von Freud aus der Handlung des «Merchant of Venice» isolierte Motiv der Kästchenwahl im Zusammenhang des Stücks genauer untersucht.

Als Szene einer Brautwerbung thematisiert die Allegorie der drei Kästchen tatsächlich das Motiv der Wahl, allerdings indem sie dafür eine asymmetrische Konstellation zur Darstellung bringt. Entscheidet die Wahl des Kästchens durch den Freier darüber, ob er Erfolg hat und die Braut erhält, so ist die allegorische Verkörperung der Braut im richtigen Kästchen durch ihr Bildnis angezeigt, das darin verborgen ist, während durch die vom Vater bestimmte Regelung umgekehrt für Portia die Wahl ausfällt, was sie auch explizit beklagt: «O me the word ‹choose›! I may neither choose who I would, nor refuse who I dislike» (I. 2, 22).[7] Dabei ist das Bild des Kästchens nicht zufällig gewählt; die Assoziation zum Schatzkästchen deutet an, daß demjenigen, der die richtige Wahl getroffen hat, nicht nur die Braut zufällt, sondern auch «a fortune», das heißt, das Glück ebenso wie ein großes Vermögen. Denn Portia ist nicht nur schön und klug, sondern – was Freud zu erwähnen vergaß – auch reich, und insofern steht sie nicht jedem zu.

Daß eine Referenz auf die mythologische Schicht des Stücks nicht auf die Annahme eines universellen Motivs hinauslaufen muß, zeigt die Lektüre von Klaus Reichert, der die Widersprüchlichkeit der Fortuna als strukturierendes Prinzip des Stücks analysiert.[8] Seine Studie liefert gewissermaßen ein literaturhistorisches Gegenstück zu Aby Warburgs ikonographischen Untersuchungen zum Nachleben der Antike in der Renaissance: eine Art emblematischer Lektüre, die in mentalitätsgeschichtlicher Perspektive nach den in Shakespeares Stück deutlich werdenden Aneignungen und Umdeutungen jener Bedeutungen fragt, die in der Gestalt der Göttin Fortuna verkörpert und erinnert sind. Mythologische Spuren werden damit kulturanthropologisch relevant, da sie als Figuren des kulturellen Gedächtnisses verstanden werden.

Die das Stück strukturierende Figur der Fortuna verknüpft in Reicherts Lektüre die Motive von Ökonomie und Glück, indem sie die an ihre Stelle tretenden *personae* verbindet: den Typ des neuen Kaufmanns, den «merchant adventurer» (Francis Bacon), für den Antonio steht, und die Frau Portia, die Fortuna verkörpert. Letztere stellt in der mythologischen Bedeutungsgeschichte gleichsam ein Übergangswesen dar, wenn Reichert davon spricht, daß sie Reste eines allegorischen Bildes bewahre, sie sei «noch Bild und schon Akteurin».

Ethnologisch-feministische Deutungen: der Frauentausch

Die in der Kästchenallegorie dargestellte, nach dem Prinzip der Fortuna organisierte Brautwahl enthält aber ebenso ein Moment umgekehrter Wahl, indem nämlich die Wahl des Kästchens für den Freier auch eine Art Probe darstellt. Der Vater Portias hat dabei noch über seinen Tod hinaus die Hand im Spiel, und zwar buchstäblich: in Form der Aufschriften, die er auf den Kästchen hat anbringen lassen und durch die diese zum Medium seiner Wahl werden. Der richtige Ehemann für seine Tochter wird derjenige sein, der seiner Lebensmoral entspricht, und das ist derjenige, der den Verlockungen von Gewinn und Begehren des goldenen Kästchens mit der Aufschrift «Who chooseth me, shall gain what many men desire» ebenso widersteht wie dem Versprechen eines angemessenen Verdienstes, dem «shall get as much as he deserves», auf dem silbernen, und statt dessen bereit ist zu einer Verpflichtung, genauer zu Gabe und Wagnis, zu dem «must give and hazard all he hath» auf dem bleiernen Kästchen (II.7, 4–10). Um Portia mit ihrer Lage, nicht wählen zu können, sondern gewählt zu werden, ein wenig auszusöhnen, deutet die Zofe Nerissa ihr die vom Vater geforderte Eigenschaft des Werbers um in eine Probe auf die Liebe, in einen Liebesbeweis (I.2, 31–34).

Damit stellt die Kästchenallegorie in Shakespeares «Kaufmann von Venedig» jene Verheiratungsregeln dar, die seinerzeit tatsächlich Gültigkeit hatten und die vor allem dem Fortbestand der Geschlechter sowie der Sicherung und Mehrung des Vermögens, also der Vermehrung von Leib und Gut dienten.[9] Sie ähneln jenen «elementaren Strukturen der Verwandtschaft», die Claude Lévi-Strauss als Grundregel exogamer Kulturen mit Inzestverbot analysiert und als Gesetz des Frauentausches beschrieben hat.[10] In diesem Gesetz funktionieren die Frauen als Tauschobjekt und als Kapital, während es eigentlich um die Regelung der Beziehungen unter den Männern geht, weshalb in feministischen Relektüren dieser Verwandtschaftsregeln die dadurch etablierte Kultur auch als hom(m)osexuell (Irigaray)[11] bzw. homosozial[12] qualifiziert wurde.

Shakespeares Stück stellt diese Verbindung von Heirat und Geschäft, von Liebe und Geld unmißverständlich her, wenn die Brautwerbe-Reise Bassanios als *business* bezeichnet wird (II.8, 39) und dieser nach erfolgreicher Wahl, als er im Blei-Kästchen Portias Bild und eine weitere Schrift gefunden hat, sagt: «Here's the scroll, the continent and summary of my fortune» (III.2, 129–30). Insofern ist es naheliegend, den «Merchant of Venice» als exemplarischen Fall für das von Lévi-Strauss beschriebene Tauschsystem inklusive der feministischen Kritik daran zu lesen, wie Karen Newman es getan hat: «The exchange of Portia from her father via the casket to Bassanio is the *ur*-exchange upon which the ‹main› bond plot is based: it produces Bassanio's request for money from Antonio and in turn the bond between Antonio and Shylock.»[13]

Nur daß ich den Frauentausch hier nicht als Ur-Tausch bezeichnen möchte, weil damit sein spezifischer Platz in der Tauschkette, im Szenario der allgemeinen Zirkulationen, wie es bei Shakespeare dargestellt ist, eher verschwindet. Wird das Geld, das Bassanio sich von seinem Freund Antonio, dem Kaufmann von Venedig, und dieser wiederum von Shylock leiht, in der Brautwerbung so erfolgreich investiert, daß Bassanio das Angebot machen kann, es dreifach zurückzuzahlen, so zeigt dies, daß die Heiratsregeln längst in eine allgemeine Geldzirkulation integriert sind;

sie sind davon aber zugleich unterschieden, weil sie keine reine Geldform haben, womit jene, die allgemeine Zirkulation stützende Bedeutung des Frauentausches gerade im Schatten des Familialen verborgen bleibt. Erst die allegorische Szene der Kästchenwahl und die darin virulente Metaphorik macht diese Funktion wieder lesbar.

Newman aber – und darin ist ihr Beitrag repräsentativ für feministische Untersuchungen der achtziger Jahre – interessiert sich vor allem für die Frage, ob der Fall des Frauentauschsystems im «Kaufmann», verstanden als historische Darstellung der hierarchischen Geschlechterverhältnisse im frühmodernen England, im Text *reproduziert* oder *verkehrt* wird, eine Frage, die anhand der Position Portias im Stück diskutiert wird. Portias selbstbewußtes Verhalten, ihr Auftritt als verkleideter Rechtsgelehrter in der Gerichtsszene und die Szene, in der sie sich selbst dem erfolgreichen Werber Bassanio übergibt, sind es, die Newman zu dem Schluß führen: «It is inversion with a difference». Für ihre Bewertung von Portias Transgressionen der Geschlechterrolle als *subversiv* spielt die Szene der Übergabe eine wichtige Rolle. Portia begebe sich hier in die Position des ‹Big Man›, in die Position des Gebers, die im System der Gabe einem Mann vorbehalten sei. Mit der Gabe, die nicht reziprok zurückgegeben werden kann, und mit dem Beispiel des ‹Big Man› geht Newman auf Marcel Mauss' Theorie der Gabe[14] zurück, die wesentlich auf einer Ethnographie der Kultur Neuguineas basiert und an die wiederum Lévi-Strauss' Theorie des Frauentausches und dessen Beschreibung als «Spiel von Geben und Nehmen» anschließt.[15] Damit aber werden in der Lektüre Newmans die Systeme der Gabe, des Frauentausches und der allgemeinen Geldzirkulation gleichgesetzt, während die Konflikte im «Kaufmann von Venedig» doch gerade über die Unvereinbarkeiten zwischen verschiedenen Formen des symbolischen Tausches funktionieren.

Die Ungleichzeitigkeit von Gabe und Tausch

In der Szene nämlich, die auf die erfolgreiche Kästchenwahl Bassanios folgt, wird eine Ungleichzeitigkeit in den Deutungen der Beteiligten kenntlich. So situiert Bassanio, nachdem er die Summe seines Glücks/Vermögens gezogen hat, sich tatsächlich im Modell eines auf Wechselseitigkeit gegründeten Tauschverhältnisses, wenn er sagt: «I come by note to give, and to receive» (III.2, 140), und er fordert daraufhin Portia auf, diese Deutung gleich dreifach zu affirmieren, durch Bestätigung, Unterschrift und Ratifizierung: «As doubtful wether what I see be true,/ Until confirm'd, sign'd, ratified by you» (III.2, 147–48).

Als Antwort auf diese Forderung erfolgt jene Rede Portias, die als Szene einer Gabe bezeichnet wurde: «You see me, Lord Bassanio, where I stand,/Such as I am.» Die Frau, die aufgrund der vom Vater aufgestellten Regel dem erfolgreichen Bewerber samt ihres Vermögens ohnehin zufällt, inszeniert ihre Übergabe selbst in und mit einer Rede. In dieser verdoppelt sie sich, wofür als sprachliches Zeichen die Aufteilung in *I* und *she* steht. In der Geste des ‹here I am› wird ihre Selbstpräsentation dabei mit dem Wunsch verbunden, sich für den Anderen in ein Vielfaches des Eigenen zu verwandeln, während sie in der darauffolgenden untertreibenden Zurücknahme eigener Qualitäten von sich in der dritten Person handelt. Die Zäsur zwischen beiden Gesten wird wiederum durch den Term der Summe markiert: «but the full sum of me» (III.2, 157). Die von ihm gezogene Summe wird von ihr also mit einer gespaltenen oder doppelten Geste von Understatement und Generosität beantwortet. Statt aber seine Deutung eines wechselseitigen Gebens und Nehmens zu beglaubigen oder zu unterschreiben, *über*schreibt sie sich und alles, was ihr gehört, an ihn, konvertiert sie alles in seinen Besitz – «Myself, and what is mine, to you and yours/Is now converted» (III.2, 166 f) –, um dabei hervorzuheben, daß diese Übergabe einen abrupten Wechsel bedeutet aus der Selbstverfügung in die seinige:

«But now I was the lord/Of this fair mansion, master of my servants,/Queen o'er myself: and even now, but now,/This house, these servants, and this same myself/Are yours, – my lord's!» (III. 2, 167–171)

Die Konstituierung seiner Position als *Mylord* wird in Portias Rede somit als Effekt der Übergabe von *Myself* kenntlich. Was in der künftigen, formelhaften Anrede Bassanios als *My lord* durch andere verschwunden sein wird, ist hier im Augenblick der Apostrophe, in der Urszene der Benennung, noch lesbar und wird im getrennt geschriebenen *my lord* erinnert.[16] Das Symbol dieser abrupten und vollständigen Konvertierung ist die Übergabe eines Rings, Zeichen seiner totalen Verfügung, mit der zugleich aber eine totale Verpflichtung und die Latenz einer Schuld eingeführt wird: «I give them with this ring,/Which when you part from, lose, or give away,/Let it presage the ruin of your love,/And be my vantage to exclaim on you.» (III. 2, 171–74)[17]

Es ist nicht verwunderlich, daß die unmittelbare Folge dieser Übergaberede weniger in einer Bemächtigung des anderen als vielmehr in seiner Entmächtigung besteht, daß durch die Wirkung von Portias Worten Bassanio aller Worte beraubt zu sein und nur noch ‹die Sprache des Blutes› zu verstehen meint, daß er seine Verwirrung mit der einer verzückten Menge, die anläßlich der großen Rede eines Fürsten verwandelt ist in «a wild of nothing» (III.2, 182), vergleicht und nur mehr über ein klares Bild verfügt: daß er beim Verlust des Rings tot sein wird.

Scheint der Freier durch diese Szene von Portias Selbstübergabe schockartig erkannt zu haben, daß er nichts zu geben, nur alles zu empfangen hat, so ist ihm die erwünschte Wechselseitigkeit im Tausch vollkommen entschwunden, während die ganze Szene der Gabe deutlich das System des allgemeinen Tausches durchkreuzt. Und als ob die dabei erkennbar gewordene Störung durch eine Wiederholung des Rituals beruhigt werden könnte, wird das Paar Bassanio-Portia sofort in der Verbindung des Paars Gratiano-Nerissa gedoppelt, eine Verdoppelung, mit der die vollzogene Heirat bereits als Regel etabliert ist.

Theoretische Intervention: die différance *der Gabe*

Diese Szene markiert nun genau jene Differenz der Gabe zum Tausch, auf die Jacques Derrida in seiner Kritik an Marcel Mauss' Essay über den Gabentausch hingewiesen hat, um statt dessen den verrückten Ort der Gabe in der Zirkulation zu akzentuieren. Weder für den Geber noch den Beschenkten

«darf die Gabe als Gabe erscheinen oder Bedeutung annehmen, weder bewußt noch unbewußt, nicht einmal in der Form der Intention des Gebens. Andernfalls würde die Gabe sofort in einer symbolischen, ökonomischen oder einer dem Opfer gehorchenden Struktur annulliert. Das ist es, was passiert, sobald es ein Subjekt gibt, sobald Geber und Beschenkter sich als identische Subjekte konstituieren. Hierzu Derrida: ‹Das Subjekt stammt aus der Annullierung der Gabe, die zum symbolischen Opfer wird.› Es geht also darum, den Ort der Gabe zu situieren noch vor ihrer Beziehung zu einem – bewußten oder unbewußten – Subjekt und seiner Intention zu geben und zu empfangen.»[18]

Genau diese unmögliche Konstellation der Gabe kommt in der Übergaberede Portias zum Ausdruck, indem sie sich als *myself* etabliert und zugleich durchstreicht, indem sie sich als *I* und als *she* benennt. Wenn die

Gabe dabei aber als bewußte Geste inszeniert wird, ist genau jener Moment zur Darstellung gebracht, in dem sie als solche annulliert und zu einem Moment (in) der symbolischen Struktur wird. Denn die wahre Gabe kann, wie Derrida gezeigt hat, erscheinen nur als annullierte:

«Wenn die Gabe erscheint oder sich bedeutet, d. h. letztlich als Gabe *ist*, was sie ist, dann ist sie nicht, dann wird sie annulliert. Oder: ‹die Wahrheit der Gabe (ihr Sein und ihr Erscheinen als solches) genügt, um sie zu annullieren.›»

Als Veraugabung, als Hingabe, als Unmäßiges, als das Exzessive, also das, was über den Zirkel hinausgeht, diesen aber in Gang hält, wird die Gabe von Derrida als Moment des Un-Ökonomischen[19] in der Zirkulation beschrieben, das darin als solches nicht erscheinen kann, das also auch nicht repräsentierbar ist. Hält die Übergabeszene im «Kaufmann von Venedig» die Eintragung der Gabe in die Zirkulation fest, so werden dabei Spuren einer Unvereinbarkeit kenntlich, die aus jener Doublebind-Struktur, jener Gleichzeitigkeit von Verrücktheit und Vernunft herrühren, die Derrida für die Gabe beschrieben hat:

«Man weiß also nie genau, wovon man spricht: von dem ‹Wahnsinn der ökonomischen Zirkulation, die die Gabe in der Äquivalenz annulliert, oder vom Wahnsinn des Exzesses, der Veraugabung oder der Zerstörung›.»[20]

Daß die ganze Portia-Geschichte im «Kaufmann von Venedig» von der Unvereinbarkeit von Gabe und Tausch handelt, wird aber gerade dann übersehen, wenn sie im Konzept von Gaben- oder Frauentausch gedeutet wird, da sowohl bei Mauss als auch bei Lévi-Strauss die Gabe als integrativer Teil einer ökonomischen bzw. symbolischen Struktur erscheint:

«Ein derart monumentales Werk wie Mauss' Essay über den ‹Gabentausch› würde demnach also über alles andere sprechen als über die Gabe. Es handelt von der Ökonomie: von Tausch und Vertrag, von Höherbieten und Opfer, von Gabe und Gegengabe. All die Supplemente der Gabe – z. B. die Notwendigkeit, mehr zu geben oder mit Wucherzinsen zurückzugeben – sind dazu bestimmt, den Kreislauf, indem sie annulliert werden, wieder anzukurbeln.»

Für diesen Kreislauf steht in Mauss' Darstellung die Figur des Rings, der das Verschwinden der Gabe im Tausch und in der Zirkulation symbolisiert. In Shakespeares Text dagegen tritt der konkrete Ring, Symbol der Übergabe, in eine Zirkulation ein und wird dort zum Erinnerungszeichen an die Funktion der Gabe im Tausch. Insofern auch wird Portia zu Bassanio, wenn er den Ring weggegeben haben wird, sagen können, sie habe sich dem hingegeben, von dem sie den Ring (zurück)erhalten hat. Und deshalb auch wird sich am Ring die Differenz der Deutungen und Bedeutungen entzünden.

Die mit der Kästchenallegorie verbundene Bedeutung scheint komplexer zu sein, als die erfolgreiche Wahl bzw. Brautwerbung es suggeriert. Daß es bei den Kästchen um mehr als die Personifikation von Braut und Vermögen geht, nämlich um eine Frage der Bedeutungen, signalisiert Shakespeares Stück an jener Stelle, wo Nerissa die Kästchenwahl bespricht und formuliert, es käme darauf an, «who chooses his meaning» (I.2, 30). Dieser Hinweis auf die Bedeutung der Bedeutung verweist auf das Problem einer Lektüre, die die Allegorie nicht als decodierbare Trope begreift, nicht als entschlüsselbare Botschaft, sondern als Reflexion der Repräsentation, als Kommentar zur Geschichte der verschiedenen Figuren des Tausches, von denen «The Merchant of Venice» handelt.

Erst mit dieser Reflexion der Allegorie werden die Differenzen lesbar, ebenso wie es für Derrida «die Problematik der Gabe erst im Anschluß [à partir] an eine Folgeproblematik der Spur und des Textes» gibt[21], im Anschluß an die *différance*, an deren Struktur Gabe und Tausch schon aufgrund von Frist und Aufschub teilhaben, die sie in die Zirkulation eingeschrieben haben wie die Spur eines Differierens. Erst eine Lektüre von Shakespeares Stück, die am Denken der *différance* geschult ist, an der Entzifferung jener «Spur, die das Andere als Anderes im Gleichen festhält»[22], wird das Stück nicht als Repräsentation einer historischen Situation, sondern als Inszenierung eines kulturellen Zeichensystems verstehen: der Inszenierung eines kulturellen Textes in *statu nascendi*.

Die Shylock-Chiffre – Konversionen

Um die Frist im konkreten Sinn geht es in der anderen Geschichte des Textes, die in den meisten Lektüren vom «Merchant of Venice» im Vordergrund steht, im Zinskonflikt zwischen dem christlichen Kaufmann Antonio und seinem jüdischen Geldleiher Shylock. Denn so wie in Freuds «Motiv der Kästchenwahl» und in der Interpretation der Portia-Geschichte als Frauentausch das Drama Shylocks ausgeblendet wird[23], vergessen umgekehrt die meisten Deutungen, die sich auf den Konflikt um das Fleischpfand konzentrieren, die Portia-Handlung. Dabei dominiert die Shylockgestalt die Rezeption derart, daß nicht selten der Titel des Stücks fälschlicherweise auf ihn anstatt auf seinen Kontrahenten Antonio bezogen wird. Darüber hinaus hat sich in der Wirkungsgeschichte von Shakespeares Stück der Name Shylocks soweit vom Text gelöst, daß er vielfach vollkommen unabhängig davon als Chiffre für das Stereotyp des Wucherjuden zirkuliert.

Die Figur eines jüdischen Geldverleihers, der als Pfand ein Pfund Fleisch aus dem Körper seines Schuldners verlangt und auch, als ihm das Doppelte der Schuld als Rückgabe angeboten wird, auf seinem Pfand besteht, hat in der Forschung aber auch dazu geführt, die Figur des Shylock vor allem als Verkörperung eines rachsüchtigen Wucherjuden zu betrachten. In einer Fülle motivgeschichtlicher Studien werden der im Text thematisierte moralische Konflikt wie auch die Frage der Darstellungsmoral immer wieder neu diskutiert und bewertet. Als jüngstes und methodisch avanciertestes Beispiel wäre der in der Reihe «Major Literary Characters» von Harold Bloom herausgegebene Band «Shylock» zu nennen.[24] Als antisemitische Legende, als Verkörperung des Judentums, als Symbol der unglücklichen Geschichte seines Volks oder als Außenseiter betrachtet, bildet die Shylock-Figur das Zentrum, um das viele Lektüren kreisen, während die moralische Rettung Shylocks nicht selten über die kritische Interpretation seines Kontrahenten verläuft, wenn Antonio, der sonst als Prototyp des sittlichen Menschen verstanden wird, als Verkörperung einer zivilisiert scheinenden, tatsächlich aber barbarischen Geldgesellschaft gedeutet wird. Auf eine Historisierung des Konflikts zielen dagegen sozialgeschichtliche Untersuchungen, in denen der Konflikt um den Zins auf der Folie der zeitgenössischen Debatte um die Berechtigung von Geldverleih und Zinsen interpretiert[25] oder etwa als Verarbeitung des Widerspruchs zwischen Handels- und Finanzkapital gedeutet wird.[26]

Was aber sowohl in der Historisierung als auch in Analysen der Shylock-Legende in den Schatten gedrängt wird, ist das *Skandalon* des Fleischpfandes, das im «Merchant of Venice» nur das sichtbarste Zeichen noch weiterer unmöglicher Tauschformen und Konversionen darstellt. Sarah Kofman, die ihre Lektüre des Textes unter den Titel der «Konversionen» gestellt hat, benennt damit eine jener Figuren, die die allgemeine Zirkulation im «Merchant» stören. Ausgehend von Freuds allegorischer Deutung, die sie im Deutungsmuster einer Ambivalenz der Liebe reformuliert, schließt sie das ganze Stück in dieses Paradigma ein. Mit ihrer These, daß der «Kaufmann von Venedig» das allgemeine Thema der Ambivalenz in Szene setze[27], werden aber die verschiedenen Handlungen analogisiert und die differenten Konversionen einem einzigen Deutungsmuster unterworfen.[28] Dabei setzt das Stück meines Erachtens gerade das Zusammenspiel *und* die Unvereinbarkeit heterogener Tauschformen in Szene. Und erst in der Korrespondenz und in der gegenseitigen Kommentierung wird die Unmöglichkeit der Konvertierung kenntlich.

Fortpflanzung von Leib und Geld

Thematisiert die Kästchenallegorie über die Tatsache, daß das richtige Kästchen Portias Bild enthält, die Funktion der Frau als Verkörperung der geglückten Zirkulation, so wird ihr Körper dabei zur Münze im symbolischen Tausch. Die Bedeutung des Frauenkörpers für die Kästchenallegorie wird von Nerissa im selben Atemzug verraten, in dem sie die Kästchenwahl auch als Bedeutungswahl thematisiert, da hier nämlich nicht, wie an späterer Stelle, von *casket* (II.7, 2), sondern von *chest* (I.2, 28) gesprochen wird, ein Hinweis auf die Äquivokation von Kästchen und Brust.

Wenn der Frauentausch im «Merchant of Venice» – nicht ohne Brüche und Konflikte – in die Zirkulation integriert wird, besetzt *und* verdeckt er dort genau jene Stelle, die das christliche Verbot einer Fortpflanzung des Geldes beschreibt. Dem Freundschaftsbund Antonio – Bassanio gelingt es, unter Einhaltung des Zinsverbots, des Verbots einer Fortpflanzung des Geldes, auf dem *Umweg* über die Heiratsregeln und die Sphäre familialer Genealogie, in der die Frau zum Äquivalent des familialen Vermögens wurde, dennoch eine Fortpflanzung des Geldes zu bewirken – eine Funktion, die Portia im konfliktreichen Übergang zwischen Gabe und Tausch zunächst verborgen bleibt.

Die direkte und sichtbare Fortpflanzung des Geldes in Geld dagegen, das heißt Kredit und Zins, wird auf die Position jenseits dieses Verbots verschoben, auf den Juden Shylock, dessen Stellung die christliche Ordnung auf diese Weise zugleich stützt.[29] In der Funktion als Stütze korrespondieren also die Positionen der Frau und des Juden, deren Orte dennoch gänzlich verschieden sind: er sichtbar und ausgeschlossen, moralisch verworfen, sie eingeschlossen in das Gesetz, aber mit ihrem Körper die Geldform der Zirkulation verbergend. Diese Verbergung nun wird durch Shylock sichtbar gemacht, wenn er die leibliche Fortpflanzung als Urszene des Zinses thematisiert, und zwar in Form jener biblischen Mythe, die von Jakobs Schafen handelt. Als Jakob Labans Schafe weidete, erhielt er zum

Lohn zur Wurfzeit *(in eaning time)* einen Teil der Lämmer für sich. Sein gesegneter Gewinn ist also direkt hervorgegangen aus dem Akt einer Zeugung, aus «the doing of the deed of kind» (I.3, 80).

Im Naturalzins, den Jakob zur Wurfzeit erhält, hat die leibliche Vermehrung in der Zeit stattgefunden, ebenso wie im Geldverleih sich die Zeit in Zins verwandelt. Insofern ist es die vermehrende Bedeutung der Zeit, über die die Analogie der Fortzeugung von Leib und Geld funktioniert. Leitet Shylock aus dieser Mythe seine Moral eines gesegneten Gewinns ab und das Postulat, sein Geld sich vermehren zu lassen, so wird seine Erzählung von Antonio als teuflisches Zitat der Heiligen Schrift gewertet.[30] Damit wird erkennbar, daß es auch hier um Deutung und Lektüre geht. Antonios Qualifizierung von Shylocks Auslegung der Heiligen Schrift als abweichend, das heißt, seiner christlichen Vernunft widersprechend, fügt sich in ein Deutungsmuster, das – wie Pierre Legendre gezeigt hat – mit der Novelle der justinianischen Gesetze etabliert wurde und in der Aussage mündet: «Die Juden interpretieren verrückt»[31].

Ein Symptom konkurrierender Deutungsmuster ist die Art und Weise, wie sich das Wort *kind* zwischen den Kontrahenten bewegt. So findet Shylock sich zum Beispiel mit den Worten «This is kind I offer» (I.3, 138) bereit, Antonio das gewünschte Geld zu leihen, wobei Bassanio in seiner Entgegnung die Ambivalenz des Worts tilgt und es seiner Forderung eines Freundschaftsdienstes einverleibt: «This were kindness» (I.3, 139). Shylocks Forderung nach einem leiblichen Pfand ist insofern auch eine Antwort auf die Diskriminierung des Geldzinses, des Verbots geldlicher Vermehrung und deren Einschränkung auf die leibliche Fortzeugung. Wenn Antonio keinen Geldzins zahlen will, so fordert Shylock von ihm eben einen Zins, der in der christlichen Moral sanktioniert ist, das heißt einen leiblichen Zins. In der Forderung von einem Pfund Fleisch aus dem Körper des Schuldners hat er Antonios Rede vom unfruchtbaren Geld lediglich wörtlich genommen.

Von der unmöglichen Konversion des Leibes ins Symbolische

Aber noch in anderer Hinsicht kommentiert die Shylock-Handlung die Portia-Handlung. Während Portias Gabe im Gesetz des Tausches und in der Zirkulation annulliert wird, fordert Shylock in der Gerichtsszene das

Gesetz ein und verweigert, als die Kreditfrist abgelaufen und die Zeit der Rückgabe gekommen ist, jene Gabe, die man im Namen christlicher Moral von ihm fordert: die Gnade, die nicht erzwungen, sondern nur gegeben werden kann. In leitmotivischer Form stehen in der Gerichtsszene die Begriffe von *mercy* und *justice* (Gnade und Gerechtigkeit) und die Begriffe von *law* und *bond* (Gesetz und Vertrag) einander unversöhnlich gegenüber. Mit dem *law* verbindet sich für Shylock die buchstäbliche Realisierung des Vertrags, womit nun er beim Wort genommen wird. Wenn der Urteilsspruch der weisen Portia sagt, ihm sei zwar gewährt, sein Pfand zu nehmen, doch dürfe er dabei kein Blut vergießen, ihm stünde qua Vertrag ein Pfund Fleisch, aber kein Jota Blut zu, dann überbietet sie ihn in der *buchstäblichen* Auslegung des Vertragstextes[32] und gibt ihm insofern, wie sie sagt, mehr Recht, als er begehrte: «Thou shalt have justice more than thou desir'st» (IV.1, 312).

Es mag irritieren, daß gerade Portia in der Gerichtsszene die Rolle übernimmt, gegen Shylock Recht zu sprechen bzw. ihn zu verurteilen, da doch ihre Position eine verschwiegene Verbindung zu der seinen unterhält. Gerade aufgrund der Korrespondenzen aber zwischen dem Ort Portias und dem Shylocks in der allgemeinen Zirkulation ist sie es, die ihm nicht eine andere Moral entgegenhält, sondern aufgrund einer subtilen, internen Kenntnis den symbolischen Tausch von Leib und Geld unterbricht. Portia besetzt im «Merchant of Venice» nämlich jenen Ort, den Lévi-Strauss auf der allerletzten Seite seines über 600 Seiten dicken Buchs über die «Elementaren Strukturen der Verwandtschaft» andeutet: den Ort der Frau, die in dem die Strukturen des Symbolischen etablierenden Frauentausch als Zeichen behandelt wird und dennoch auch als *Erzeugerin* von Zeichen anerkannt werden muß. Portia besetzt zugleich den Ort eines Zeichens und den einer Sprechenden. Sie ist ein sprechendes Zeichen – und zwar aus dem Wissen um die Zeichenfunktion und die das Zeichen hervorbringende unmögliche Konvertierung des Leiblichen in das Symbolische. Insofern ist sie eine frühe Vorläuferin jener Waren, die sprechen können, die bei Karl Marx im Fetischkapitel des «Kapitals»[33] für einen kurzen Moment in Erscheinung treten und die Walter Benjamin in seinem Baudelaire-Essay in dessen Heroinen der Moderne wiedererkannt hat. Selbst Verkörperung einer Vermehrung des Vermögens in der familialen Genealogie, kehrt sie die Struktur der Verkörperung um, womit das vertragsförmige Fleischpfand in blutiges Fleisch rückverwandelt wird.

Unterbricht diese Rückverwandlung bzw. Wiederverkörperung die

Exekution des Gesetzes, so markiert diese Zäsur zugleich einen Zusammenbruch der Funktionsweise des Körpers im Symbolischen überhaupt. Denn in der Zirkulation des Körpers als Zins und im Tausch überkreuzen sich die Portia- und die Shylock-Handlung, um darin die Funktion des Körpers auch in der Sprache zu inszenieren: als Störung der Zirkulation des Körpers als Metapher ebenso wie der Metapher als Münze (des Sinns). Das Skandalon des Stücks, das Fleisch auf der Schwelle zwischen symbolischem und blutendem Körper, stellt das Unmögliche der Körpermetaphern überhaupt heraus. An ihnen wird die Schnittstelle zwischen einer Theorie der Bedeutung und einer Theorie des Werts, die in der Metaphern-Philosophie konkurrieren[34], sichtbar.

Diese Zäsur ereignet sich aber erst, nachdem Shylock und die als Rechtsgelehrte verkleidete Portia sich in der Gerichtsszene begegnet sind und die Korrespondenz ihrer beider Positionen deutlich geworden ist. Schon die Tatsache, daß sich in der Gerichtsszene, der Schlüsselszene des Textes, in der sich die Portia- und die Shylock-Handlung überkreuzen, eine Tochter ohne Vater und ein Vater, dem die Tochter enteignet wurde, gegenüberstehen, ist ein Hinweis auf die Verschränkung beider Orte. Wenn Portia, als Rechtsgelehrter verkleidet, hier nun Shylocks Gesetzesbegehren und seinen Pfandwunsch zerstört, ist ihr unmittelbar zuvor in derselben Szene das eigene Wunschbild eines Ehemanns zerstört worden, wodurch sie mit ihrer eigenen Funktion als Pfand im Freundschaftsbund Antonio – Bassanio konfrontiert wurde, eine Funktion, die ihr bis dahin offensichtlich verborgen geblieben war. Bassanio nämlich bekundet in dieser Szene seine Bereitschaft, alles, auch seine Frau zu opfern, um den Freund zu retten. Bietet er zunächst Hand, Kopf und Herz als Pfand (IV.1, 208), das heißt die drei Kapitalformen menschlichen Vermögens, die in Körpermetaphern repräsentiert werden, dann überschreitet er dieses Angebot wenig später und bekundet, sein Leben, seine Frau und die ganze Welt für den Freund opfern zu wollen. Dies wird in einer Taxierung verschiedener Leben vorgebracht, denen damit, in der Figur eines Vergleichs, eine Wertform zukommt: «But life itself, my wife, and all the world, / Are not with me esteem'd above thy life. / I would lose all, ay sacrifice them all / Here to this devil, to deliver you» (IV.1, 280 ff). Während Bassanio sich mit dieser Rede gegenüber dem Freund positioniert, wird in dem Opfer die Gabe seiner Frau annulliert – so wie Derrida gezeigt hat, daß, sobald Geber und Schenker sich als identische Subjekte konstituieren, die Gabe annulliert und zum symbolischen Opfer wird.[35]

Die Blutspur im Symbolischen

Portia also, soeben über ihre eigene Funktion im symbolischen Tausch belehrt, deckt dessen Unmöglichkeit auf, indem sie Shylock mit der Möglichkeitsbedingung seiner Pfandforderung konfrontiert: daß es nur blutig zu erwerben wäre. Verwirft sie in der Gerichtsszene die Inanspruchnahme des Fleisches für die Exekution des Gesetzes, so ist es nicht zufällig das Blut, das die Unmöglichkeit einer Metamorphose des Fleisches in Zins, in einen vertragsförmigen Teil des Körpers bzw. in einen für das Gesetz funktionierenden Körperteil markiert. Hatte das Blut zuvor im Text als Metapher für Leidenschaft und Herkunft gestanden, so reinszeniert die Gerichtsszene diese Bedeutung und schließt über das Wort *blood* indirekt auch die Portia-Handlung ein. Für Portia nämlich war die vom Vater erdachte, der Vermehrung von Leib und Gut dienende Heiratsregel an die Stelle der ungenügenden, vom Hirn erdachten Gesetze für das Blut bzw. die Leidenschaft getreten – «the brain may devise laws for the blood, but a hot temper leaps o'er a cold decree» (I.2, 17–18). In der Übergabeszene dann war von der ‹Sprache des Blutes› die Rede, die Bassanio geblieben war, als er sich aller Worte beraubt fühlte. Steht das Blut in diesen beiden Szenen für die Erotik der Geschlechterverhältnisse, dann verweist es in zwei anderen Szenen auf Herkunft bzw. ethnische Differenz. So adressiert die Frage des ersten Werbers, eines «braunen Mohrs», des Prinzen von Marokko, wessen Blut röter sei (II. 1, 7), die konkurrierende Wertskala des *symbolischen* Bluts zwischen Rassen- und Ständeunterschieden, während Shylocks Frage, ob der verletzte Körper eines Juden etwa nicht blute – «if you prick us, do we not bleed?» (III. 1, 57) –, den Ausschluß der Juden aus den christlichen Menschenrechten anklagt. In der Gerichtsszene überkreuzt sich diese Blut-Metapher mit der Bedeutung des Fleisches für das Symbolische, und im selben Moment wird gleichsam die beiden eingeschriebene Blutspur lesbar.

Dies beleuchtet auch die Bedeutung einer im Stück zirkulierenden Metapher, die Formel von ‹Fleisch und Blut›, die häufiger in der besitzanzeigenden Form «mine own flesh and blood» (zum Beispiel II. 2, 87 und III. 1, 31) vorkommt.[36] Über diese Formel wird der Zusammenhang von Herkunft, Eigentum und Zirkulation thematisch. Es ist nämlich nicht nur so, daß in den Korrespondenzen der Shylock- und der Portia-Handlung die Unvereinbarkeit von Gabe, Tausch und Zirkulation ebenso wie die Unmöglichkeit einer Konvertierung ins Symbolische lesbar werden, darüber hinaus werden darin auch differente symbolische Strukturen bzw. Gesetze erkennbar. Das wird deutlich, wenn man die bisher noch nicht beachtete Jessica-Handlung mit ins Spiel bringt.

Der symbolische Vater und die Travestie der Frauen

Shylocks Tochter Jessica nämlich, die den Christen Lorenzo liebt, während der Abwesenheit des Vaters aus seinem Haus flieht und dabei auch noch einen Teil seines Geldes entwendet, ist es, die gegen die Formel vom ‹Fleisch und Blut› opponiert: «But though I am a daughter to his blood / I am not to his manners» (II. 3, 18 f). Sie verfolgt dagegen die Idee einer Konversion durch Liebe: «Become a Christian and thy loving wife!» (II. 3, 21) Wenn nun Shylock über den Verlust von Tochter, Geld und kostbaren Steinen in eine Klage ausbricht – «My daughter! O my ducats! O my daughter!» (II. 8, 15) –, was meist als Gleichsetzung von Tochter und Geld gedeutet wird, dann zeigt das im Gegenteil, daß für ihn das Verhältnis von Familie und Zirkulation anders als in der Portia-Handlung organisiert ist. Beklagt er den Verlust der Tochter, die seine Abwesenheit ausgenutzt hat, und den Verlust konkreter Schätze, zum Beispiel auch des Rings seiner verstorbenen Frau, der in seinen Worten außerhalb jeglicher Äquivalenzbeziehungen steht, dann ist für ihn das Familiale von der Zirkulation und der Ökonomie geschieden. Er wünscht, die Tochter im Hause zu behalten, während er draußen sein Geld zirkulieren läßt. Gerade indem er die Vermehrung explizit in der Sphäre des Geldes ansiedelt, hält er die leibliche Genealogie und die Familie getrennt davon: als Schatz, den er horten und verlieren, nicht aber zirkulieren lassen kann. Jessica *ist* der Schatz, sie wird nicht in Vermögen konvertiert, was sie selbst andeutet, wenn sie, als sie aus dem Haus des Vaters flieht und sein Geld mitgehen läßt, von ihrer Vergoldung spricht: «gild myself / with some moe ducats» (II. 6, 49–50). Diese Trennung von Familienhort und Geldzirkulation stimmt mit der Tatsache überein, daß Shylock zwar bereit ist, mit seinem Geschäftspartner, neben kaufen und verkaufen, zu reden und zu laufen, nicht aber zu essen, zu trinken und zu beten, daß er letzteres also streng aus der Sphäre von Tausch und allgemeiner Zirkulation fernhält.

Die Tochter Portia ist dagegen durch die Weisheit des Vaters begrenzt und umfriedet, wie es heißt: «scanted me, and hedg'd me» (scanted: wörtlich kleinhalten bei Pflanzen, II. 1, 17–18). Das Gesetz des Vaters, dem Portia untersteht, funktioniert nicht über dessen leibliche Anwesenheit, und es ist selbst noch über seinen Tod hinaus gültig – ein symbolisches Gesetz, das auch die Tochter ins Symbolische integriert, indem ihre Übergabe in einen Tausch verwandelt und in die Zirkulation eingebracht wird. Hält die allegorische Verkörperung der Heiratsregel die Zinsfunktion der Tochter latent, so macht die Szene der Konfrontation mit Shylock, mit demjenigen, der über ein subtiles Wissen aus der Sphäre der Geldzirkulation verfügt, diese Funktion manifest.

Auffällig ist nun, daß die Gestalt des Shylock nach dem Urteil in der Gerichtsszene von der Bühne abtritt und gleichsam spurlos aus dem Text verschwindet. Hatte er sich immer wieder der skandalösen Forderung Antonios nach seiner Konversion zum Christen widersetzt, so wird diese nun symbolisch vollzogen. Er wird nämlich dazu verurteilt, sein Restvermögen, das ihm nicht per Gerichtsurteil entzogen wird, von Antonio verwalten zu lassen, der es nach dem Tod Shylocks dem Mann geben will, der dessen Tochter gestohlen hat, während Shylock gezwungen wird, eine Schenkungsurkunde zu unterschreiben, durch die alles, was er bei seinem Tod besitzt, an seinen «Sohn Lorenzo und seine Tochter» fällt. Damit wird er gezwungen, einen Vertrag zu unterschreiben, mit dem er sein Vermögen in die Regeln des Frauentausches einbringt und sich selbst in den Vater eines christlichen Sohns verwandelt. Die Zwangskonvertierung geschieht also über eine Zwangsübernahme der Position des Vaters im herrschenden Gesetz. Hatte Portia die Unterschrift unter die Deutung Bassanios mit einer Konvertierung ihrer Selbst und ihres Vermögens unterlaufen, so wird Shylock nun konvertiert durch seine eigene erzwungene Unterschrift unter das christliche Gesetz, wobei zugleich durch die von ihm erzwungene Geldgabe seine Tochter in die Regeln des Frauentausches eingeführt wird. Sein Verschwinden von der Bühne mag insofern darin begründet sein, daß es selbst dem Autor für die Formulierung weiterer Auftritte einer solchen Figur die Worte verschlagen hat. Es hätten Worte für die Sprache eines erfolgreich zwangskonvertierten Shylock sein müssen.

Daß die Portia-Handlung die Shylock-Handlung überdauert, wird über eine andere Art von Tausch ermöglicht, über jenen *exchange*, den man als Travestie bezeichnen könnte, da Portia und Nerissa durch ihre Verkleidung in männlichen Rollen die Gerichtsszene durchstehen bzw. das Gesetz überlisten. Portia allerdings bringt die Bedeutung der Travestie für das Gesetz, dem die Frauen unterstehen, drastischer zur Sprache: «[...] they shall think we are accomplished / With that we lack» (III. 4,

61 f). Ob man das, was ihnen mangelt, nun als Phallus, als Wissen oder als Redeposition bezeichnen will: In der Verkleidung ausgestattet mit dem, was ihnen fehlt, gelingt es den Frauen, den symbolischen Tausch und die Zirkulation der Zeichen zu durchschauen. Auch gelingt es ihnen, das Gesetz ironisch zu kommentieren, wenn sie zum Beispiel das Äquivalent von Ring und eigenem Körper wörtlich nehmen und sich bzw. ihre Körper den Besitzern der zirkulierenden Ringe zuschreiben. Es gelingt ihnen aber nicht, dem Symbolischen zu entkommen. Nach der Gerichtsszene kehren sie ins Haus zurück, legen ihre Verkleidung ab und wiederholen die Szene der Übergabe – dieses Mal allerdings nicht ohne die Entstellungen ihrer respektlosen Witze.

Während im etablierten Symbolischen die Frauen als Travestierte ihren Ort erhalten haben, erst nachdem Gabe und Frauentausch in die Zirkulation eingeführt wurden, wird der Jude als Zwangskonvertierter darin ein- und ausgeschlossen, nachdem der Zins von den Spuren seiner Herkunft aus der leiblichen Fortpflanzung gereinigt wurde.

Das In-Szene-Treten der Zirkulation

Bedenkt man das dramaturgische Szenario des elisabethanischen Theaters, in dem auch Frauenrollen von männlichen Schauspielern gespielt wurden, dann inszenieren Bühnengeschehen und -körper noch einmal das im «Merchant of Venice» Dargestellte. Vice versa könnte man mit Bezug auf Stephen Greenblatts[37] These vom symbolischen Tausch zwischen Theater und Gesellschaft aber auch sagen, daß Shakespeares Stück «The Merchant of Venice» diesen Tausch szenisch reflektiert. Da die Zirkulation als ein das ganze Stück organisierendes Gesetz betrachtet werden kann, zeigt das Stück mehr und damit auch anderes als die Zirkulation von sozialer Energie im Austausch von Theater und Gesellschaft. Es kann gleichsam als die Inszenierung der Zirkulation selbst betrachtet werden. Damit wäre es im Hinblick auf Greenblatts Thesen als Allegorie des elisabethanischen Theaters zu verstehen.[38]

Jedenfalls verdoppeln sich *exchange* bzw. Travestie auf der Theaterbühne, so wie überhaupt die im Stück erkennbar werdenden Unvereinbarkeiten, Brüche und Störungen ja nicht allein die Zirkulation, sondern ebenso die *Repräsentation* betreffen. Die beim Versuch, die Körper in das Symbolische einzuführen, sichtbar werdende blutige Spur ebenso wie die vielen Witze, Wortspiele und Äquivokationen kommentieren die

Konversion der Sprache in ein System zirkulierender Zeichen, in ein symbolisches System. Das wird auch dort kenntlich, wo der Text Korrespondenzen im buchstäblichen Sinn thematisiert, in den Briefen, die zwischen den verschiedenen Handlungen und Orten kursieren. Auch die Briefform der Mitteilungen kann die blutige Spur der Konversion von Körper und Symbolischem nicht verbergen; das zeigt eine Formulierung Bassanios, mit der die unmögliche Bedeutung des Fleisches für den Buchstaben des Gesetzes schon vor der Gerichtsszene expliziert wird: «Here is a letter, lady,/The paper as the body of my friend,/And every word in it a gaping wound/Issuing life-blood» (III. 2, 262–64).

Im Komischen wie im Tragischen des Stücks werden also Spuren der Unterstellung heterogener Ordnungen unter *ein* Gesetz kenntlich. Denn zusammenfassend läßt sich der «Merchant of Venice» als Inszenierung einer Übergangskonstellation verstehen, in der *ein* allgemeines Gesetz etabliert wird und buchstäblich in Szene tritt. Sind selbst am Ende vom «Merchant of Venice», in der merkwürdigen Idylle des letzten Akts, noch Erinnerungszeichen des Vorausgegangenen markiert, so setzt das Stück insgesamt die differenten Ökonomien und Ordnungen in Szene, von deren konfliktreicher Annullierung im zu etablierenden Symbolsystem dabei doch vorwiegend die Rede ist.

In dieser Struktur ist Shakespeares Text vergleichbar dem Gemälde «Las Meninas» von Velázquez, in dessen Szenario unterschiedlichster Repräsentationsformen Michel Foucault eine Allegorie des Übergangs aus dem Spiel vielfältiger Ähnlichkeiten in das System einer allgemeinen Repräsentation entdeckt hat.[39] Ebenso wie «Las Meninas» steht «The Merchant of Venice» an der Schwelle des Zeitalters der Repräsentation, in dem nicht nur die Sprache als Zeichen zirkulieren wird. Und die Blutspur des Stücks markiert dabei gleichsam den Moment, bevor – mit der Entdeckung des Blutkreislaufs – eine Vorstellung entsteht, die dem Vergleich von Leib und Ökonomie in der allgemeinen Zirkulation noch Vorschub leisten wird.[40]

Man könnte sagen, daß Shakespeares Stück jenen Augenblick festhält, in dem das Gesetz der allgemeinen Zirkulation «aus den Kulissen auf die offene Bühne» tritt[41] – vergleichbar dem Szenario des Entspringens einer neuen Ordnung auf dem Schauplatz der Geschichte, wie Foucault es in seinem Nietzsche-Aufsatz für die Historie entworfen hat. Beschreibt Foucault die Etablierung von Herrschaftsverhältnissen als Ritual wiederholter Markierung und Einschreibungen in Dinge und Leiber und daneben auch als ein immer wieder auf einem ortlosen Theater gespieltes

Stück, so erscheinen diese beiden Formen historischer Entstehung im «Merchant» als buchstäbliches Theater, mit dem eine historische Szene als kultureller Text lesbar wird.

Anmerkungen

1 Sigmund Freud: Das Motiv der Kästchenwahl. In: Studienausgabe. Bd X: Bildende Kunst und Literatur. Hg. von Alexander Mitscherlich, Angela Richards und James Strachey. Frankfurt/M. 1982, S. 183 f.
2 Ebd., S. 190. Freud hätte das Motiv, statt auf die drei Moiren, auch auf die antike Überlieferung von den drei, in Gold, Silber und Bronze dargestellten, Menschengattungen bzw. -arten in Hesiods «Werke und Tage» beziehen können und auf deren Umdeutung in Menschenalter in Ovids «Metamorphosen».
3 Freud deutet Shakespeares Kästchenallegorie als geschlechter-verkehrte Version einer Legende aus den «Gesta Romanorum». Vgl. Die Prinzessin. In: Gesta Romanorum. Das älteste Märchen- und Legendenbuch des christlichen Mittelalters. Übersetzt von J. G. T. Graesse, ausgewählt und eingeleitet von Hermann Hesse (1915). Frankfurt/M. 1978, S. 296 f.
4 Freud, Das Motiv der Kästchenwahl, S. 193 (Hervorhebung S. W.).
5 Diese Perspektive begegnet nicht in allen Interpretationen Freuds. Zur Ungleichzeitigkeit von Universalien und der Sprache des Unbewußten vgl. Sigrid Weigel: Freuds Schriften zu Kunst und Literatur zwischen Rätsellösung, Deutung und Lektüre. In: Birgit R. Erdle/Sigrid Weigel (Hg.): Mimesis, Bild und Schrift. Entstellung und Ähnlichkeit im Verhältnis der Künste. Köln 1996.
6 Margaret L. King: Die Frau. In: Eugenio Garin (Hg.): Der Mensch der Renaissance (1988). Frankfurt/New York 1990, S. 282–340, hier S. 305, 340.
7 Ich zitiere nach der zweisprachigen Reclam-Ausgabe: William Shakespeare: The Merchant of Venice/Der Kaufmann von Venedig. Übersetzt, kommentiert und herausgegeben von Barbara Puschmann-Nalenz. Stuttgart 1975.
8 Klaus Reichert: Fortuna oder die Beständigkeit des Wechsels. Frankfurt/M. 1985, S. 122; das nachfolgende Zitat ebd., S. 62 ff.
9 Vgl. dazu King, Die Frau, S. 291 ff, die das Mitgiftsystem der Renaissance in dieser Weise beschreibt. Die Analogie von familialer Genealogie und Zins spielt auch in der Aufnahme der Shylockfigur in der Gegenwart eine zentrale Rolle. Vgl. dazu meinen Beitrag Shylocks Wiederkehr. Die Verwandlung von Schuld in Schulden oder: Zum symbolischen Tausch der Wiedergutmachung. In: Sigrid Weigel/Birgit R. Erdle (Hg.): Fünfzig Jahre danach. Zur Nachgeschichte des Nationalsozialismus. Zürich 1995, S. 165–192.
10 Claude Lévi-Strauss: Die elementaren Strukturen der Verwandtschaft (1947/1966). Frankfurt/M. 1984.
11 Luce Irigaray: Das Geschlecht, das nicht eins ist (1977). Berlin 1979.
12 Eve Sedgwick, zit. nach Karen Newman: Portia's Ring: Unruly Women and Structures of Exchange in «The Merchant of Venice». In: Shakespeare Quarterly. 1 (1987), S. 19–33.

13 Newman, Portia's Ring, S. 21 f; das nachfolgende Zitat ebd., S. 33.
14 Newmann bezieht sich hier auf das Gabentauschsystem in Neuguinea, auf das sich Mauss stützt; vgl. Marcel Mauss: Die Gabe. Form und Funktion des Austauschs in archaischen Gesellschaften (1950). Frankfurt/M. 1984.
15 Lévi-Strauss, S. 652.
16 «My lord and lady» ist künftig die Anrede für das Paar, während sie für die Teile des Paars geschlechtsspezifisch differiert: «my lord» für ihn und «madam» für sie.
17 Reichert (Fortuna, S. 86) deutet dies als Drohgebärde, die an die Doppeldeutigkeit der Fortuna erinnert: Aufstieg und Fall.
18 Donner le temps (de la traduction) – die Zeit (der Übersetzung) geben. Vortrag von Jacques Derrida (protokolliert von Elisabeth Weber). In: Georg Christoph Tholen / Michael O. Scholl (Hg.): Zeit-Zeichen. Aufschübe und Interferenzen zwischen Endzeit und Echtzeit. Weinheim 1990, S. 43 f; das nachfolgende Zitat ebd., S. 33.
19 Vgl. dazu Ulla Haselstein: Poetik der Gabe: Mauss, Bourdieu, Derrida und der New Historicism. In: Gerhard Neumann (Hg.): Poststrukturalismus. DFG-Symposion 1995 (im Druck), Ms-S. 18.
20 Derrida, Donner le temps, S. 47; das nachfolgende Zitat ebd., S. 44.
21 Jacques Derrida: Wenn es Gabe gibt – oder: «Das falsche Geldstück». In: Michael Wetzel/J.-M. Rabaté (Hg.): Ethik der Gabe. Denken nach Jacques Derrida. Berlin 1993, S. 110.
22 Jacques Derrida: Grammatologie (1966). Frankfurt/M. 1983, S. 109.
23 So wie Newman (Portia's Ring, S. 19) die Shylock-Handlung aus ihrer Interpretation ausdrücklich ausblendet.
24 Harold Bloom: Shylock. New York/Philadelphia 1991.
25 Frank Engehausen: Shylock, Antonio und die zeitgenössische Diskussion um die Rechtmäßigkeit des Geldverleihs für Zinsen. In: Jahrbuch 1989. Deutsche Shakespeare-Gesellschaft West. Bochum 1989, S. 148–168.
26 Christian Enzensberger: Literatur und Interesse. Frankfurt/M. 1981.
27 Sarah Kofman: Konversionen. Der Kaufmann von Venedig unter dem Zeichen des Saturn. Wien 1989, S. 30.
28 So wird von Kofman auch die Kästchenallegorie letztlich symbolisch gedeutet. Das Metall symbolisiert bei Kofman das Problem der Konvertierbarkeit, und die drei Kästchen verkörpern dann Antonio, Bassanio und Shylock als je unterschiedliche Gestalt der Ambivalenz (ebd., S. 43). Besonders problematisch wird das verallgemeinernde Deutungsmuster bei Kofman aber dort, wo sie von der «Universalität der Triebe» und der «Einheit des Menschengeschlechts» jenseits von Sozial- und Rassenunterschieden spricht (ebd., S. 61).
29 Das entspricht der Erwähnung des Wucherzinses als Supplement der Gabe bei Derrida.
30 Kofman (Konversionen, S. 76, 93) weist darauf hin, daß es nach jüdischem Recht erlaubt sei, von Fremden Zins zu nehmen, nicht aber von Juden, so Deuteronomium 23, 20.
31 Pierre Legendre: «Die Juden interpretieren verrückt.» Gutachten zu einem klassischen Text. In: Psyche. Zeitschrift für Psychoanalyse und ihre Anwendung 1 (1989), S. 20–39.
32 Vgl. Kofman, Konversionen, S. 54.
33 «Könnten die Waren sprechen [...]». Karl Marx: Der Fetischcharakter der Ware

und sein Geheimnis. In: Marx Engels Werke. Bd. 23: Das Kapital (1867). Berlin 1962, S. 85–98, hier S. 97.
34 Jacques Derrida: Die weiße Mythologie. Die Metapher im philosophischen Text. In: Randgänge der Philosophie (1972). Wien 1982, S. 205–258.
35 Vgl. Derrida, Donner le temps, S. 43 f.
36 Vgl. dazu Clayton Koelb: The Bonds of Flesh and Blood: Having it Both Ways in «The Merchant of Venice». In: Cardozo Studies in Law and Literature 5 (1993) 1, S. 107–113.
37 Stephen Greenblatt: Verhandlungen mit Shakespeare. Innenansichten der englischen Renaissance (1988). Berlin 1990.
38 Gerade wegen der herausragenden Bedeutung der Zirkulation im «Merchant» ist es bemerkenswert, daß dem Stück, soweit mir bekannt, im Kontext von Greenblatts Arbeiten zu Shakespeare und zum elisabethanischen Theater keine besondere Rolle zukommt. In einem Aufsatz über Marlowes «Jude von Malta» und Marx' Beitrag zur «Judenfrage» geht Greenblatt kurz auch auf den «Merchant» ein, allerdings unter eher sozial- und wirtschaftsgeschichtlichen Aspekten und im Hinblick auf die Figur des verräterischen Juden (Stephen Greenblatt: Marlowe, Marx und der Antisemitismus. In: Christopher Marlowe: Der Jude von Malta. Deutsch von Erich Fried. Hg. von Friedmar Apel. Berlin 1991, S. 125–152).
39 Michel Foucault: Die Ordnung der Dinge (1966). Frankfurt/M. 1974, S. 31–45.
40 Zur Bedeutung dieser «Entdeckung» vgl. Richard Sennett: Fleisch und Stein. Der Körper und die Stadt in der westlichen Zivilisation. Berlin 1995, S. 317 ff.
41 Mit diesen Worten beschreibt Foucault (Nietzsche, die Genealogie, die Historie. In: Von der Subversion des Wissens. Frankfurt/Berlin/Wien 1978, S. 93) den Augenblick des Entspringens in der Geschichte.

Lothar Müller

Jenseits des Transitorischen: zur Reflexion des Plastischen in der Ästhetik der Moderne

Im Begriff der Kulturwissenschaft, wie er sich derzeit einiger Beliebtheit erfreut, kommen sezessionistische und synthesehungrige Energien zusammen. Die sezessionistischen entstammen dem Ungenügen einzelner Fächer – etwa der Philologien – an sich selbst; die synthesehungrigen dem Ungenügen an der Struktur des universitären Fächerkanons insgesamt. Wo der Begriff auftaucht, wird er gern als Gegengewicht einerseits zur hypertrophen Binnendifferenzierung und Spezialisierung, andererseits zur wechselseitigen Isolierung der geistes- und sozialwissenschaftlichen Disziplinen in die Waagschale geworfen. Wer ihn programmatisch benutzt, spricht in der Regel von Grenzüberschreitungen und Vernetzungen. Manchmal scheint es gar so, als gingen Fragestellungen der Kulturwissenschaft aus Erosionsprozessen an den Peripherien etablierter Disziplinen hervor. Nicht zuletzt um diesem Mißverständnis vorzubeugen, ist der folgende Versuch eines Brückenschlags von der Ästhetik zur Kulturwissenschaft auf bekanntem Terrain angesiedelt und an kanonischen Problemkonstellationen orientiert. Wenn ich nach dem Ort des Plastischen in der Ästhetik der Moderne frage, so ausdrücklich nicht nach einer exzentrischen, randständigen Kategorie. Ich möchte in der Untersuchung dieser Frage zeigen, daß und wie ein Begriff, der zum Zentrum aller Bestimmungen des klassischen Schönen gehört, zur Schlüsselkategorie nicht nur der Selbstbegründung ästhetischer Modernität, sondern zugleich der Selbstreflexion «moderner Kultur» avanciert.

Plastik oder Moderne: die Frühromantik

Der Schlüssel zum Verständnis der Bedeutung des Plastischen in der Ästhetik der Moderne liegt in der frühromantischen Kunsttheorie. Zu ihren markanten Gesten gehört die der souveränen Fortschreibung und Kritik sowohl Winckelmanns wie Lessings. Winckelmann gilt Friedrich wie August Wilhelm Schlegel als Entdecker der absoluten, substantiellen Antinomie von Antike und Moderne. Meinte die Antike im Sprachgebrauch des 18. Jahrhunderts zunächst und vor allem die antike Statue, so wird sie durch Winckelmann als Epoche denkbar und zugleich der Verabschiedung überantwortet. Die auf Winckelmann zurückgehende geschichtsphilosophische Polarität von Antike und Moderne aber, die vor allem Friedrich Schlegel als Komplementarität von kreisförmig-natürlicher und pfeilartig-künstlicher Bildung ausprägt, ist aufs engste mit der kritischen Revision der in Lessings «Laokoon» enthaltenen Grenzziehung zwischen den Künsten verschränkt. Diese Revision folgt im wesentlichen der Logik der Entgrenzung. Ihr Zentrum ist der Poesiebegriff als Inbegriff des Unbegrenzten und Organon der in Analogie zur Chemie betriebenen Mischung aller überlieferten Genres und Formen. Es ist Friedrich Schlegel zufolge unsinnig, die Poesie begrenzen zu wollen, «da es doch eben das Wesen dieser Kunst ist, schlechthin universell zu sein, nicht so wohl eine bestimmte Gattung und Art der Kunst, als vielmehr der allgemeine Geist der Kunst, die Weltseele aller».[1]

Daß Lessing von Grenzen der Poesie spricht, moniert Friedrich Schlegel freilich vergleichsweise milde. Härter ist sein Urteil über den im «Laokoon» entwickelten Begriff der Bildenden Kunst. Die Harrissche Unterscheidung «der in sukzessiven und der in coexistenten Medien wirkenden oder bildenden Künste» habe Lessing bloß auf die äußerlichen Bedingungen, nicht aber auf den Geist der Künste bezogen. Die antiaristotelische Fundierung der Schlegelschen Kritik muß uns hier nicht im einzelnen interessieren. Wichtig sind ihre Konsequenzen für die Neuformulierung der Polarität von zeit- und raumgebundenen Künsten:

«Die Künste, auf welche jener Unterschied eigentlich paßt, und wo der Gegensatz des Seyenden und Werdenden am schneidensten und strengsten gefunden wird, sind Musik und Plastik; die eine ganz nur wirkend in schnell eingreifende, aber auch schnell vorüber eilende Bewegung, die andre nur in unvergänglichen Werken sichtbar, würdig, daß das ruhige Auge sich ewig in ihre Betrachtung versenke.»[2]

Die Etablierung der Polarität von Musik und Plastik geht mit der Kritik an der Ineinssetzung von Malerei und Plastik bei Winckelmann und Lessing einher. Gegenläufig zur Rhetorik der Entgrenzung, die für den Poesiebegriff gilt, klagt Schlegel für den Bereich der Bildenden Kunst um so strenger die strikte Binnengrenzziehung zwischen Malerei und Bildhauerei als Versäumnis sowohl Winckelmanns wie Lessings ein. Diese Operation hat einen doppelten Effekt. Die Malerei, befreit von den Grenzen, die der Bildhauerei gesetzt sind, wird der Musik und Poesie angenähert. Zugleich bestätigt und akzentuiert Schlegel den Begriff der Bildhauerei als Kunst der engen Grenzen und beschränkten Entwicklungsfähigkeit. In seinen Notizheften übersetzt Friedrich Schlegel die Antinomie zwischen den Prinzipien der «classischen» und der «progressiven» Kunst mit denen des «Plastischen» und des «Musikalischen». Indem aber das Plastische dem Progressiven entgegengesetzt wird, erscheint es geschichtslos. Von Schelling stammt der Satz: «Was nicht progressiv ist, ist kein Objekt der Geschichte.»[3] Er findet in August Wilhelm Schlegels Berliner «Vorlesungen über schöne Literatur und Kunst» sein Echo: «Gegenstand der Geschichte kann nur dasjenige seyn, worin ein unendlicher Fortschritt stattfindet.»[4]

Nicht minder scharf als Winckelmann und Mengs verurteilt August Wilhelm Schlegel in diesen Vorlesungen die plastische Kunst Berninis. Sie gilt ihm als Ausartung. So sehr die Idee der Perfektibilität im Blick auf die Malerei anwendbar sei, so wenig gelte sie für die Bildhauerei. Ihr habe die Antike keinen Spielraum der Vervollkommnung gelassen.

Der frühromantische Aufbruch zur progressiven Universalpoesie wie die Theorie des romantischen Romans als moderner Überbietung des antiken Epos lassen das im Begriff des Plastischen eingeschlossene Erbteil Winckelmanns unberührt. Die Bildhauerei hat keine Zukunft, oder anders: Ihre Zukunft ist ihre Vergangenheit. Im Raum der ästhetischen Moderne führt sie das Schattendasein einer prinzipiell unmodernen Kunst.

«In allen anderen Künsten giebt es etwas eigenthümlich modernes, nur in der Sculptur ist das, was dafür ausgegeben wird, bloße Ausartung, und die neueren Künstler haben, um etwas ächtes, wahrhaft schönes und großes hervorzubringen, durchaus auf der Bahn der Alten gehen müssen: die Antike ist für ihr Studium alles. Manche haben zwar geglaubt, den Geist der eigenthümlich modernen Skulptur beim Michelangelo zu finden; [...] allein es bleibt doch sehr problematisch, ob das Streben des Michelangelo allgemeine Norm werden konnte, ob es nicht vielmehr ein seiner Originalität angemessener, bloß für sie eröffneter Privat-Pfad war, hingegen in der Antike nicht das individuelle Genie dieses oder jenes Meisters, sondern ein allgemeiner Kunstgenius herrscht. Ausgemacht ist es wenigstens, daß der Einfluß, den er gehabt, sich sehr bald ganz ins Manirierte verlohr. Wir dürfen uns auch über das Nachstehen der Modernen und ihren Mangel an eigenthümlicher Kraft und Richtung in dieser Kunst nicht wundern. Denn wenn wir überhaupt den Geist der gesamten antiken und modernen Kunst durch Zusammenfassung unter das Prinzip einer einzigen Kunstdarstellung charakterisieren wollen, so können wir jenen füglich plastisch, diesen pittoresk nennen. Den Alten ist in allen ihren Kunstwerken die Reinheit der Strenge und Absonderung, die Einfachheit, die Beschränkung auf das Wesentliche, die Isolierung, das Verzichtleisten auf materielle Reize eigen, die [...] so besonders im Wesen der Bildnerey liegen.; die Neueren hingegen suchen wie die Mahlery den Schein, die lebendigste Gegenwart, und begleiten den Hauptgegenstand ihrer Darstellung mit echappées de vue ins Unendliche. Hemsterhuis sagt sinnreich und treffend: die neueren Bildhauer seyen zu sehr Mahler, die alten Mahler seyen allem Ansehen nach zu sehr Bildhauer gewesen.»[5]

Die historische Diagnose, die Schlegel hier formuliert, läßt sich von der scharfen, auf Hemsterhuis zurückgehenden Grenzscheidung zwischen Malerei und Bildhauerei nicht ablösen. Es gibt, so die eine Seite des Befundes, nach Michelangelo keine moderne Skulptur mehr, die dem Begriff ihrer Kunst noch entspricht. Es gab, so die andere Seite, in der Antike keine Malerei, die ihrem Begriff entsprach. Beide Phänomene entspringen nicht dem Unvermögen der Künstler, sondern dem «Geist» ihrer jeweiligen Zeit. Unterwarf in der Antike die Bildhauerei kraft ihrer Zentralstellung im Reigen der Künste die Malerei plastischen Gesetzen, so tendiert umgekehrt in der Moderne die Bildhauerei dazu, sich der Dominanz des Malerischen anzubequemen und dabei ihre Grenzen zu überschreiten. Wie in den Notizheften Friedrich Schlegels reicht auch in August Wilhelm Schlegels Vorlesungen der Begriff des Plastischen über die Sphäre der Bildhauerei als Einzelkunst hinaus. Er meint das auf alle Einzelkünste ausstrahlende Zeitklima der antiken Kunst, nicht den Himmel der Antike im Winckelmannschen, sondern ihren «Zeitgeist» im Hegelschen Sinn.

Hegels «Vorlesungen zur Ästhetik» sind nicht zuletzt durch ihre scharfe Kritik der romantischen Ironie berühmt geworden. In der Perspektive unserer Fragestellung jedoch erscheinen sie nicht als Negation, sondern als Synthetisierung und Systematisierung der frühromantischen Polarisierung von Malerei und Bildhauerei. Hier wie dort verläuft die Grenze zwischen den Bezirken des Klassischen und des Romantischen innerhalb der Bildenden Künste. Möglichst weit entfernt Hegel die Malerei von der Architektur als dem Zentrum der symbolischen und von der Skulptur als dem Zentrum der klassischen Kunstform. Zwar gehört sie noch zur Sphäre der Bildenden Künste, markiert aber als erste der romantischen Künste den Übergang zur Musik.

Im System der Künste ist bei Hegel ihre Geschichte enthalten. Das Zu-sich-selbst-Kommen des Geistes vollzieht sich in der historischen Abfolge der Künste als Prozeß des Distanzgewinns gegenüber allen materiellen Rückbindungen und naturgesetzlichen Restriktionen. Die Kategorie der Schwere ist hierfür exemplarisch. Ist die Architektur, aber auch die Plastik der symbolischen Kunstform von ihr dominiert, so balanciert die antike Skulptur als Inbegriff des klassischen Schönen die Schwere des Materials durch die Geistigkeit ihres Gehaltes aus. In der Malerei verliert sich in der Tilgung der Dreidimensionalität die Schwere im Schein. Die Musik schließlich tilgt nicht nur eine Raumdimension, sondern die Räumlichkeit überhaupt. Alle nicht-romantische Malerei schöpft Hegel zufolge das spezifisch Malerische der Malerei, alle nicht-romantische Musik das spezifisch Musikalische der Musik nicht aus. Entsprechend gilt: Alle nicht-klassische Skulptur ist ein Grenzphänomen der Skulptur. «Denn in der Skulptur greift das Klassische, in Musik und Malerei das Romantische so tief durch das ganze Prinzip dieser Künste hindurch, daß für die Ausbildung des Typus der anderen Kunstformen nur ein mehr oder weniger enger Spielraum übrigbleibt.»[6]

Der Spielraum des klassischen, an die Kunstform der Skulptur gebundenen Schönen wird durch den Begriff der Bewegung begrenzt. Er erfüllt im Blick auf die antike Statue zwei Funktionen. Als Signum der Lebendigkeit und Anwesenheit des Geistes in der Körpersphäre grenzt die Bewegung die klassische Statue von ihren Vorläufern in der symbolischen Kunst ab. Hier ist sie der Ausgang aus dem Statuarisch-Starren, noch unfrei Gebannten. Der Weg von Ägypten nach Griechenland führt aus der Situation der Situationslosigkeit und negativen Ruhe heraus zur Bewegung und Äußerung in der bestimmten Situation, die freilich das Ausmaß der Bewegung auf Situationen der «Unbedeutendheit» herabzustimmen hat, damit die positive Ruhe des Ideals nicht gefährdet wird. In dieser zweiten Funktion als Abgrenzung des Ideals vom Transitorischen ist die Bewegung nicht mehr Signum der Durchdringung von Natur mit Geist, sondern selbst Natur, die überwunden werden muß. Die Zeit der Natur ist Zeit der Vergänglichkeit, die der Kunst Ewigkeit und Dauer. Endlichkeit, Schwäche und Relativität sowie Zufälligkeit und Partikularität gehen in den Begriff des Vorübergehenden ein. Sie haben kein Anrecht auf Darstellung in der Kunst. Das Transitorische ist das Substanzlose und als solches dem klassischen Schönen entgegengesetzt. Seine positive Funktion als Element der Entschwerung, Entmaterialisierung und Darstellung reiner Innerlichkeit erfüllt es in der Musik.

Die in der Frühromantik etablierte Polarität des Plastischen und des Musikalischen ist von Beginn an auf die geschichtsphilosophische Antinomie von Antike und Moderne bezogen. Sie beinhaltet zugleich die Prozessualisierung des überlieferten Paragone von Malerei und Bildhauerei. Die von der «Laokoon»-Tradition vorgegebene Frage nach der Grenze zwischen den Künsten wird in Hegels Ästhetik endgültig in die Bindung der Kunstformen an ihren je spezifischen Ort in der Geschichte der Selbstentäußerung des Geistes überführt. Winckelmanns Lokalisierung und Konkretisierung des klassischen Schönen in den Statuen der Antike wird damit zugleich bestätigt und verabschiedet. Von Friedrich und August Wilhelm Schlegel bis zu Hegel gilt der Befund, es könne kein spezifisch modernes Gegenüber zur Bildhauerei der Alten geben. Damit ist nicht nur die Bildhauerei als Kunstform dem Gesetz der geschichtlichen Progression entzogen, sondern zugleich jeder denkbaren ästhetischen Moderne eine Schranke gesetzt. Sie kann nicht umstandslos wie die «progressive Universalpoesie» Schlegels als Organon der Synthetisierung aller überlieferten ästhetischen Formen gedacht werden, sondern findet im Plastischen ein intransigentes Gegenüber, das sich der Integration in ihren Horizont verweigert. Die Spannung zwischen dem Begriff des Plastischen und dem des Modernen beinhaltet nicht nur die Auffassung der Bildhauerei als historisch begrenzter, zum ewigen Klassizismus verurteilter Kunst. Sie geht zugleich als diskursives Grundmuster in die Bestimmung der Umrisse des Modernen selbst ein.

Plastik oder Malerei: der Impressionismus

Von Schopenhauer über Wagner und Nietzsche bis hin zu Thomas Mann reichen die Apotheosen der Musik im 19. und frühen 20. Jahrhundert. Wenn ich dennoch im folgenden nicht der Polarität von Plastik und Musik im Blick auf ihre Überführung in die des Apollinischen und des Dionysischen nachgehe, sondern der zeitgleich mit ihr etablierten von Plastik und Malerei, so vor dem Horizont der These, daß sich die Ästhetik der Moderne im 19. Jahrhundert entscheidend in der Auseinandersetzung mit der Bildenden Kunst formiert, und zwar mit der Bildhauerei wie mit der Malerei.

Hegel lobte Winckelmann dafür, daß er «mit ebensoviel Begeisterung seiner reproduktiven Anschauung als mit Verstand und Besonnenheit das unbestimmte Gerede vom Ideal der griechischen Schönheit dadurch verbannte, daß er die Formen der Teile einzeln und bestimmt charakterisiert hat.»[7] Die historische Konkretisierung des Ideals erwies sich jedoch im späten 18. und frühen 19. Jahrhundert als Achillesferse des Klassizismus. Die Entfaltung des ihm innewohnenden Widerspruchspotentials zwischen normativer Aufladung und Historisierung des klassischen Schönen läßt sich als autonome Quelle für die Selbstbegründung ästhetischer Modernität darstellen. Die Erosion des Klassizismus und der Abbau der platonisierenden Elemente im Begriff des Idealschönen verändern im 19. Jahrhundert den Status der antiken Statuen, auf die Winckelmann sich bezog, auch dort, wo sie ihren kanonischen Rang behalten. Sie lassen sich nur im Kontext der Geschichte von Archäologie und Anatomie sowie der Herausbildung eines ethnographisch-anthropologischen Blicks auf die Antike seit dem 18. Jahrhundert darstellen. Vor allem durch die Vorlesungen August Wilhelm Schlegels und ihre Übersetzungen gewann die frühromantische Kunstlehre über den deutschen Sprachraum hinaus Einfluß. Die Fortschreibung der Polarität von Malerei als moderner und Bildhauerei als antiker Kunst ging in die gesamteuropäische Erfolgsgeschichte des Gegensatzpaars klassisch – romantisch ein. Stendhals «Histoire de la Peinture en Italie» (1814), die sich als romantische Programmschrift und Pendant zu «Racine et Shakespeare» auf dem Gebiet der Bildenden Kunst lesen läßt, verabschiedet mit der Gegenüberstellung des «Beau Idéal Antique» und des «Beau Idéal Moderne» die antiken Statuen zugunsten der vom Geist des Plastischen gelösten Malerei der Renaissance.[8]

In der zweiten Hälfte des 19. Jahrhunderts gewinnt mit den Debatten um den Impressionismus die begriffliche Polarität von plastisch orientierter Tradition und um die Malerei zentrierter ästhetischer Moderne historische Aktualität und Prägnanz. Die von Beginn an kontroverse Rezeption der impressionistischen Malerei dokumentiert innerhalb der Sphäre der Kunst einen Epochenumbruch von der Art, wie ihn Michel Foucault im zweiten Teil von «Les Mots et les choses» im Blick auf die Wissenschaften des 19. Jahrhunderts beschrieben hat. Wie in Foucaults Erzählung die Sprache als Repräsentationsmedium ihre Transparenz und Neutralität verliert, so verliert das Bild die unproblematische Beziehung auf die Sichtbarkeit. Das Inwendigwerden der Zeit löst mit den klassischen Ordnungen des Denkens auch den klassischen Bildraum auf. Foucault hat das in «Les mots et les choses» enthaltene Thema «les tableaux et les choses» nur ansatzweise ausgeführt, etwa im brieflichen Dialog mit Magritte. Auf die Frage, welche Bilder er als moderne Gegenstücke zu dem am Beginn seines Buchs als exemplarisch für das Zeitalter der Repräsentation analysierten Velázquez-Bild sehe, hat er beiläufig auf Paul Klee und Wassilij Kandinsky verwiesen.

Kandinskys Bericht über seine Erschütterung angesichts der 1895 in Moskau ausgestellten «Heuhaufen»-Bilder Monets dokumentiert, daß die malerische Parallele zum Verlust begrifflicher Gegenstandsgewißheit nicht erst von den Avantgarden um 1910 gezogen, sondern schon in der Erfahrung des Impressionismus reflektiert wird.

«Plötzlich zum ersten Mal sah ich ein Bild. Daß das ein Heuhaufen war, belehrte mich der Katalog. Dieses Nichterkennen war mir peinlich. Ich fand auch, daß der Maler kein Recht habe, so undeutlich zu malen. Ich empfand dumpf, daß der Gegenstand in diesem Bild fehlt. Und merkte mit Erstaunen und Verwirrung, daß das Bild nicht nur packt, sondern sich unverwischbar in das Gedächtnis einprägt und immer ganz unerwartet bis zur letzten Einzelheit vor den Augen schwebt. [...] Die Malerei bekam eine märchenhafte Kraft und Pracht. Unbewußt war aber auch der Gegenstand als unvermeidliches Element des Bildes diskreditiert.»[9]

Die gegenstandsunabhängige Bildkonstitution, die Kandinsky in diesem Text von 1913 rückblickend als neue Kraftquelle der Malerei feiert, wurde im 19. Jahrhundert zunächst als Infragestellung ihrer Fundamente reflektiert. Schon die im Prinzip wohlwollende Kritik, die Jules Castagnary 1874 der Gemeinschaftsausstellung am Boulevard des Capucines widmete, fixierte die Positionen in der Debatte. Der Begriff «Impressionisten» wurde hier erstmalig und bewußt als Neologismus verwandt. «Ils sont impressioniste en ce sens qu'ils rendent non le paysage, mais la sensation produite par le paysage.»[10] Nicht diese immer wieder zitierte Formel ist die Pointe in Castagnarys Kritik, sondern seine skeptische Interpretation der impressionistischen Malerei als gesteigerter Romantik. Die Radikalität, mit der diese Malerei die Technik des «non fini» kultiviere, führe zu einer ungeahnten Entfesselung nicht nur der «sensation», sondern zugleich der «imagination», zu einer Romantik ohne Grenzen. Die Natur, so Castagnarys Befürchtung, werde sich in einen Vorwand für Träume auflösen, die «imagination» sich in die gänzlich subjektive «rêverie» verlieren, in der jede Kontrolle durch allgemeinverbindliche Strukturen der Wirklichkeit suspendiert ist. In der Kunstkritik des späten 19. Jahrhunderts werden die Versuche der theoretischen Reintegration der impressionistischen Bilder in den klassischen Bildraum und den Horizont ästhetischer Mimesis immer wieder von der Beunruhigung über jene Aufkündigung begrifflicher Gegenstandsgewißheit herausgefordert, die Kandinsky als Vorgriff auf die Abstraktion markiert. Die grundlegenden diskursiven Raster, welche die Theoretisierung des Impressionismus einerseits als radikalen Naturalismus, andererseits als antimimetische Attacke auf die überlieferten Konventionen malerischer Repräsentation codieren, lassen sich am einfachsten am Begriff der «Impression» selbst erläutern.[11]

Die Impression läßt sich erstens auf den Augenblick im temporalen Sinn beziehen. Sie erscheint in dieser Hinsicht als Auflösung der klassischen Verpflichtung der Bildenden Kunst auf die Zeit als Dauer. Zwar ist es immer ein Augenblick, den der Maler festhält, aber er muß traditionell so eingebettet sein in ein Vorher und Nachher, daß dieses virtuell im Bild mit vorhanden ist. In der Betonung und Isolierung des Augenblicks als Moment sehen zahlreiche Kritiker einen Anschlag auf die Grundlagen der Malerei. Die zentralen Begriffe dieses diskursiven Feldes der Kunstkritik sind der Rahmen, die Skizze und die Bewegung. Im Begriff des Rahmens konzentriert sich – vor allem im Blick auf das Abschneiden der Gegenstände am Bildrand – die Frage nach der Legitimität akzentuierter Ausschnitthaftigkeit als formaler Konsequenz der Einwanderung des Transitorischen ins Bild. Die Farbflecken und der evident flüchtige Pinselauftrag der Impressionisten provozieren die Frage nach dem Verhältnis zwischen der Form der Skizze und dem Anspruch des Tafelbildes, Ausführung eines Entwurfs zu sein. Dem entspricht die Reflexion des Impressionismus als Verletzung kodifizierter Grenzen zwischen *genre majeur* und *genre mineur* in dem Sinn, daß er in den graphischen Künsten legitime Darstellungsformen des Transitorischen illegitim im Tafelbild dominant werden lasse. Dabei verlagert sich in der Erörterung der Bewegungsdarstellung die überlieferte Konnotation von Bewegung als flüchtigem Affekt in Richtung auf die Bewegung als physischer Dynamik im Raum.[12]

Die zweite, von der temporalen nur analytisch geschiedene Facette des Begriffs Impression rekurriert auf die Physiologie visueller Wahrnehmung. Sie ist das Zentrum der Allianz des kunstkritischen mit dem szientifisch-positivistischen Diskurs. Als Impression im physiologischen

Sinn gilt den Zeitgenossen der unmittelbare, vorreflexive Kontakt zwischen Netzhaut und sichtbarer Welt. Die Auslegung des Impressionismus als eines radikalen Naturalismus hat hier ihr Zentrum. Die Netzhaut tritt dabei in Analogie zur lichtempfindlichen photographischen Platte, die Palette des Malers wird den Gesetzen der wissenschaftlichen Farbenlehren unterstellt, das impressionistische Bild als ästhetisches Äquivalent zur erkannten Struktur des menschlichen Auges propagiert. Der von Castagnary formulierte Vorbehalt gegen die Auslegung der Impression als mimetischer Repräsentation der Natur bleibt freilich auch hier wirksam. Den technisch codierten Objektivitätsmetaphern, die sich auf die allgemeine physiologische Natur des Menschen beziehen, steht das Porträt des impressionistischen Malers als eines Spezialisten und Virtuosen des Sehens gegenüber, der in subjektiv-hypertropher Kultivierung des Augensinns eine neue Dimension der Welt entdeckt, die auf Verallgemeinerbarkeit gerade keine Ansprüche erheben kann. In Jules Laforgues physiologisch argumentierender Impressionismustheorie bricht in diesem Sinn die stabile Subjekt-Objekt-Opposition zusammen und macht einem Begriff von Impression Platz, der als Aufflackern einer Relation beider gefaßt ist. Die Impression öffnet hier nicht den unverstellten Blick auf die Natur, sondern ein künstliches Paradies der ununterscheidbaren Einheit von Subjekt und Objekt.[13]

Das Einfangen der Bilder durch die szientifischen Theorien, die die Maler als ihre Ästhetik formulieren, ist freilich stets von Selbsttäuschungen bedroht. So ist Georges Seurats ‹Chromo-Luminarismus› zwar als monumentale Synthetisierung aller flüchtigen Reize konzipiert, doch ergibt sich aus der pointillistischen Bildrasterung gerade nicht der angestrebte «subtile Gesamtton» einer einheitlichen Farbempfindung, sondern ein unruhiges Flackern der Farben im Auge des Betrachters, das sich auch bei größerer Entfernung vom Bild nicht auflöst. Die unterschiedslose Anwendung des Kontrastprinzips sowohl in lichtreichen wie in lichtarmen Szenerien hat etwa in Seurats nächtlicher «Parade de cirque» den antimimetischen Effekt, daß der Lichtschein nicht von den Laternen, sondern von den Figuren auszugehen scheint. So schlägt der szientifisch radikalisierte Naturalismus des Theoretikers in eine ästhetische Strategie des Malers um, die im Rückblick als Vorgeschichte der Abstraktion erscheint.[14]

Von der temporalen und der physiologischen Seite der Impression läßt sich ihre dritte Facette nur schwer ablösen. Ihr Zentralbegriff ist die Oberfläche. Die Impression wird darin als Sphäre reiner Sichtbarkeit reflektiert. Die rousseauistische Gedankenfigur der Befreiung des Blicks von allen Konventionen, die ihn daran hindern, die Welt zu sehen, als sei es das erste Mal, gehört als rhetorische Popularisierung von Ruskins emphatischer Beschwörung des «innocent eye» zum Standardrepertoire aller Apologien der antiakademischen Farb- und Oberflächenauffassung des Impressionismus. Im Gegenzug witterten die Verteidiger des klassischen Bildraums in der radikalen Mimesis des Sichtbaren die Aufkündigung aller Bindungen der Malerei an die Repräsentation der ganzen Wirklichkeit. Gewiß, Kunst für das Auge war auch die Malerei der Vergangenheit gewesen. Aber noch keine hatte das Auge so rücksichtslos emanzipieren wollen, noch keine schien so sehr davon absehen zu wollen, daß die Dinge der Welt noch anderes sind als sichtbar, noch keine hatte sich dem Spiel der Farben und des Lichts so konsequent ergeben und darin eine autonome, alles Thematische und Motivische transzendierende Bildquelle entdeckt. Die in der «impression» angezielte Emanzipation des Sichtbaren ließ sich ebensogut als hypertropher Staatsstreich des Auges auf Kosten der anderen Sinne reflektieren. Die Austreibung aller allegorischen und narrativen Referenzen sowie der Verzicht auf die Konventionen der religiösen, moralischen oder historisch-politischen Rhetorik in der Pleinair-Malerei erschienen als Unterminierung des Begriffs vom Bild als eines in sich gestaffelten Komplexes von hierarchisch angeordneten Elementen. Die Impression wurde als Einfallstor für die ästhetische Nivellierung und Einebnung der Differenz von Wertsphären, als Schule der Indifferenz gegenüber Werthierarchien kritisiert.

Auch für diese Kritik des Impressionismus als Radikalismus der Oberfläche ließ sich der Vergleich mit der Photographie heranziehen. Die Beargwöhnung der Sphäre reiner Sichtbarkeit als Produkt der Austreibung des Geistes zugunsten der Alleinherrschaft des Sinnlichen ließ sich leicht innerhalb der überlieferten Opposition von *disegno* und *colore*, Zeichnung und Farbe formulieren. Galt doch seit je die Zeichnung als Statthalterin des Plastischen im Bild und – zumal in allen klassizistischen Theorien – die Farbe als das Akzidentell-Sekundäre. In der ans Auge als vorreflexives Sinnesorgan adressierten Impression schien sich dieses Verhältnis umzukehren. Nicht nur sah man die Allianz von Zeichnung und Geist im Bild zerstört, sondern insgesamt die Linie als Garantin der Unversehrtheit und verbindlichen Erkennbarkeit der Dinge gefährdet. Die Apologeten des Impressionismus wie Stéphane Mallarmé begriffen demgegenüber ganz im Sinn der frühromantischen Polarisierung von Malerei und Bildhauerei den Verzicht der Malerei auf das Plastische als

Voraussetzung ihrer notwendigen Arbeit an der Entbegrifflichung des Sehens.¹⁵ Mallarmés Plädoyer für Manet ist eine Parallele zu seinem Diktum, Gedichte mache man nicht aus Ideen, sondern aus Worten. Man hat zeigen können, daß zwischen der Konzeption des «Wortes» in der Poetik des «vers libre» und Mallarmés Verteidigung der Impressionisten enge Beziehungen bestehen. Gemeinsamer Kern ist die künsteübergreifende Strategie des Symbolismus, den Dingen ihre Namen zu entziehen. Namensentzug und Auflösung plastischer Gegenstandsgewißheit im Licht entsprechen einander.¹⁶

Der Auszug des Plastischen aus der Malerei wird am Ende des 19. Jahrhunderts zunehmend als Epiphänomen der grundlegenden Spannung zwischen den Formforderungen des Plastischen und der formauflösenden Tendenz der modernen Kultur insgesamt reflektiert. Der ästhetische und der zeitdiagnostische Diskurs überlagern einander. Der Formbegriff etwa gewinnt zu den Konnotationen, die er als Erbteil klassisch-idealistischer Ästhetik enthält, neue hinzu, die der entstehenden Soziologie entstammen. Die Parallelität von kunstkritischer Reflexion des Impressionismus als Schlüsselphänomen der ästhetischen Moderne und Etablierung der Soziologie als neuer Disziplin, die sich vor allem als Gegenwartswissenschaft und Organ der Selbstdiagnose der Kultur der Moderne insgesamt versteht, ist für die Universalisierung des Impressionismusbegriffs von erheblicher Bedeutung.

Die Soziologie Georg Simmels ist für diesen Prozeß deshalb wichtig, weil sie ausdrücklich nicht nur die Analyse der Vergesellschaftungsformen, sondern zugleich die der auf diese bezogenen Kunstformen umfaßt. Die «Philosophie des Geldes» (1900) entführt der Ästhetik den Begriff des «Stils» und überführt ihn in die soziologische Kategorie des «Lebensstils».¹⁷ Der Ursprungssinn schwingt dabei stets mit und erlaubt nicht nur, sondern befördert systematisch die Analogisierung von «Stil des Lebens» und «Stil der Kunst». War in Hegels «Ästhetik» das Plastische gewissermaßen der ‹Zeitgeist› der Antike, so erscheint in Simmels Soziologie die Moderne als Epoche des Unplastischen. Dies freilich implizit. Denn sie wird hier nicht als Negation der Antike bestimmt, sondern in ihrer Eigenlogik als Welt der Bewegung und Beschleunigung gewürdigt. Die Zirkulation des Geldes beschreibt Simmel als Liquidierung der Tradition im doppelten Sinn von Vernichtung und Verflüssigung. In der universellen Verknüpfung rein formaler Zweckreihen geht das vormals Substantielle im Funktionalen unter. Der nicht hintergehbaren Relativität der Wahrheit entspricht die Erosion und Nicht-Fixierbarkeit der

Dinge. Die Sprache, in die Simmel seine Theorie der Moderne faßt, ist imprägniert von heraklitischer Metaphorik.[18] In der Explikation der Geldzirkulation verfolgt sie den Sieg des Flüssigen über das Feste. Die äußere, technisch-motorische Dynamik des modernen Verkehrs erscheint als Oberflächenkonsequenz des unsichtbaren Bewegungsflusses, in den das Geld die materiellen Dinge ebenso wie die immateriellen Beziehungen zwischen den Individuen hineinreißt. Der Zusammenhang von Beschleunigung der Bewegung und Entschwerung der Dinge wird evident am Begriff des Möbels.

«Das Mittelalter und noch die Renaissance hatte das, was uns jetzt ‹Mobilien› in engster Bedeutung sind, wenig in Gebrauch. Schränke, Kredenzen, Sitzbänke waren in die Täfelung eingebaut, Tische und Stühle so schwer, daß sie oft unbeweglich waren, die kleinen, hin und her zu schiebenden Einrichtungsgegenstände fehlten fast ganz. Seitdem erst sind die Möbel gleichsam mobil geworden wie das Kapital.»[19]

Innerhalb der diskursiven Polaritäten, von denen die «Philosophie des Geldes» durchzogen ist, stehen das Feste, das Schwere und das Unbewegliche dem Porösen, Leichten und Mobilen gegenüber. Nicht nur die Möbel, auch die «Immobilien» werden ihrem Begriff zum Trotz einbezogen in die Bewegung vom einen Pol zum anderen. Und wie in der Frühromantik aus der Bildhauerei der ubiquitäre Begriff ‹des› Plastischen hervorging, so ist Simmels Soziologie der Mode nicht nur auf Phänomene wie die Kleider- und Haarmode bezogen, sondern analysiert die Zentralfunktion ‹des› Modischen auch im Geistesleben der Moderne. Aus stabilen Überzeugungen werden temporäre Meinungen, so wie die Zigarette als Erbin von Pfeife und Zigarre zur Habitualisierung kleiner Zeitpraxen beiträgt.[20]

Die Affinität zwischen der «wilden Ontologie» Foucaults und Simmels Diagnose des im Geld symbolisierten absoluten Bewegungscharakters einer heraklitisch gefaßten Moderne zeigt sich vor allem im Blick auf den hier wie dort prekären Formbegriff. Bei Simmel ist er so nachhaltig von der Metaphorik der Auflösung und Verflüssigung geprägt, daß er die paradoxe Struktur einer ‹Form des Formlosen› gewinnt:

«Durch die Rastlosigkeit, mit der die Dinge sich in jedem Moment der Anwendung eines Gesetzes darbieten, wird jede Form schon im Augenblick ihres Entstehens wieder aufgelöst, sie lebt sozusagen nur in ihrem Zerstörtwerden, jede Verfestigung ihrer zu dauernden – wenn auch noch so kurz dauernden – Dingen ist eine unvollkommene Auffassung, die den Bewegungen der Wirklichkeit nicht in deren eigenem Tempo zu folgen vermag.»[21]

Das Transitorische ist hier nicht mehr aus der Perspektive des Dauerhaften und als dessen Gegenpol gedacht. Vielmehr ist die Dauer nur noch ein scheinhaftes Grenzphänomen in einer den Gesetzen des Transitorischen unterstehenden Welt. Die Formen sind in dieser Welt nicht mehr Stabilitätsgaranten, sondern temporäre Kristallisierungen, die stets vom Aggregatzustand des Festen in den der Verflüssigung übergehen können.

Im kunstkritischen Diskurs des späten 19. und frühen 20. Jahrhunderts spielt die Überblendung ästhetischer Gedankenfiguren mit Bezugnahmen auf soziologisch oder kulturhistorisch formulierte Gegenwartsdiagnosen eine große Rolle. Die Rezeption des Impressionismus in der Malerei erfolgt als diskursive Universalisierung des Begriffs Impression. Er bezeichnet mehr als einen Kunststil und wird zur Schlüsselkategorie im allgemeinen zeitdiagnostischen Räsonnement über den Begriff der modernen Kultur.[22]

Die temporale Facette der Impression wird eng an die Erfahrung der Industrialisierung von Raum und Zeit gebunden. Bis hin zu Oswald Spenglers «Untergang des Abendlandes» setzt sich der Vergleich durch, impressionistische Landschaften seien wie aus dem Fenster eines fahrenden Zugs gesehen. Die ästhetische Nobilitierung des Transitorischen und die Beschleunigung des Lebens erscheinen als Komplementärphänomene. Auch dort, wo er Landschaften malt, wird das Auge des impressionistischen Malers als von der Flüchtigkeit geschultes Organ des Großstädters begriffen.

Die physiologisch verstandene Impression wird in den deutschsprachigen wie in den französischen Parallelführungen von ästhetischer und technisch-zivilisatorischer Moderne als «Reiz» debattiert. Dieser Begriff ist die große Brücke zwischen Physiologie und Ästhetik. Mit dem Begriff Reizkunst ließ sich der Impressionismus sowohl als Ausverkauf der Kunst an die Sinnlichkeit attackieren wie als unvermeidliches ästhetisches Äquivalent zum Maschinenwesen der Fabriken und zur Kultur der Großstadt und des Verkehrs darstellen.[23] In die Konstruktion eines Zeitalters der «Reizsamkeit» als Epochenbegriff, wie sie Karl Lamprechts Kulturgeschichtsschreibung um 1900 unternimmt, geht die zeittypische Äquivokation von «impressionistischer Kultur» und «Zeitalter der Nervosität» ein. Die seit circa 1882 erfolgende Konturierung und Nuancierung der Zeitkrankheit Neurasthenie ist als Modell einer tendenziell pathographischen Färbung des Begriffs Moderne eine der wichtigsten terminologischen Ressourcen der antiurbanen Impressionismuskritik.

Aus der Impression als reiner Sichtbarkeit erwächst die – meist zivilisationskritisch akzentuierte – obsessive Reflexion der «Oberfläche» als letzter Instanz der relativistischen, metaphysikfeindlichen Moderne. Die Übergänge zwischen dem ästhetischen Reizklima der Erosion alles Statischen und dem sozialen Klima der Metropolen galten den Zeitgenossen als fließend. Die Auflösung der Dinge in Nuancen und das Unkenntlichwerden oder Verschwimmen der Konturen, die Hingabe an den Augenblick und die Vergleichgültigung verschiedener Wertsphären, die Aufweichung des Festen und die Zerstreuung des ehemals aus einer Zentralperspektive Gebundenen wurden um 1900 nicht mehr als Charakteristika eines Kunststils, sondern als Diagnose des «Zeitgeistes» der Epoche formuliert.

Innerhalb der diskursiven Erschließung und Universalisierung des Impressionismusbegriffs wird das Plastische zur Integrationskategorie all jener Traditionen, die im Zug der technisch-zivilisatorischen Modernisierung wie der Herausbildung einer spezifisch modernen Kunst aufgelöst werden. Indem nicht nur die Kunstform der Plastik als «unmodern», sondern zugleich die Moderne als «unplastisch» gilt, erhält eine dem ästhetischen Diskurs entstammende Kategorie Schlüsselfunktion innerhalb der zeitdiagnostischen Bestimmung des Begriffs moderner Kultur. Richard Hamanns Buch «Der Impressionismus in Leben und Kunst» (1907)[24] faßt diese Universalisierung des Impressionismusbegriffs im Rückgriff auf die Soziologie Georg Simmels wie auf die physiologische Codierung der Moderne als Epoche der Nervosität zusammen. Seine Perspektive ist ausdrücklich die der Diagnose einer hypertrophen Fehlentwicklung. Seine Parole «Mehr Hegel!» ist nicht nur an die zeitgenössische Philosophie gerichtet, die er von der Auflösung im Aphoristischen bedroht oder in scholastischer Kant-Exegese erstarren sieht. Sie ist zugleich als allgemeine Aufforderung gedacht, der modernen Kultur die fast schon preisgegebene Dimension des Plastischen zurückzugewinnen.

Moderne Plastik: Rodin

Im ästhetischen Diskurs des späten 19. Jahrhunderts wurde die Polarität nicht nur des Plastischen und des Musikalischen, sondern – wie oben angedeutet – zugleich die von Plastik und Moderne zum Allgemeingut.

Der Berliner Kunstkritiker Max Osborn leitete seine im Jahr 1905 erschienene Broschüre «Moderne Plastik» mit den Sätzen ein:

«‹Moderne Plastik› – das sind zwei Worte und zwei erbitterte Gegner. Dort das Fließende, nervös Bewegte, sehnsüchtig Drängende, Brodelnde, Gärende. Hier das Gefestete, Ruhige, Sichere, in sich Geschlossene, Fertige. [...] Ein Abgrund gähnt zwischen diesen Welten. Wer schlägt eine Brücke darüber? Wie strömt der Geist eines Zeitalters, das in Wagners unendlicher Melodie letzten Ausdruck seines Fühlens, in Monets wogenden Lichtfluten Abbild seines Sehens findet, dessen Denken in die hymnischen Aphorismen Nietzsches zerflattert, in Stein und Erz?»[25]

Osborns Frage faßt die diskursiven Oppositionen der Debatten über die impressionistische Kultur noch einmal zusammen, um sie rhetorisch auf die nur scheinbar unmögliche Antwort zuzuspitzen. Spätestens seit ihm auf der Pariser Weltausstellung des Jahres 1900 auf der Place d'Alma ein eigener Pavillon zur Verfügung gestellt war, hieß diese Antwort im europäischen Bewußtsein Auguste Rodin. Wie im 19. Jahrhundert die Ausgrabungen der Archäologen, die großen Museen und die Weltausstellungen die vom Klassizismus kanonisierten Statuen der Antike durch ihre Einfügung in neue Kontexte relativierten, so wurde im frühen 20. Jahrhundert das Werk Rodins zum Katalysator der Reformulierung und Neubestimmung der überlieferten Opposition von Plastik und Moderne. Die Tendenz vieler seiner frühen Interpreten, ihn als singuläre Erscheinung aus der Geschichte der französischen Bildhauerei im 19. Jahrhundert weitgehend zu isolieren, diente nicht zuletzt der Setzung einer möglichst scharfen Zäsur. Plötzlich und mit der Aura des Unerwarteten umgeben wie einer, dem die Quadratur des Kreises gelungen ist, betritt Rodin als erster wahrhaft moderner Bildhauer die publizistische Bühne, die ihm der ästhetische Diskurs der Jahrhundertwende mit imponierender Schnelligkeit errichtet.

Georg Simmel hat sich seit seinem Besuch der Prager Rodin-Ausstellung im Jahre 1902 immer wieder mit dem Werk des französischen Bildhauers befaßt.[26] Die Schlüsselstellung, die ihm Simmel bis in sein spätes Rembrandt-Buch hinein zumißt, gewinnt Rodin als epochale Symbolfigur, in der die Perspektiven von Soziologie und Ästhetik sich kreuzen. Die Begriffe, in denen Simmel sein Werk erörtert, verweisen zum einen auf die klassisch-idealistische Ästhetik, zum anderen auf die eigene Zeitdiagnose in der «Philosophie des Geldes». Simmel beginnt seinen ersten

Aufsatz über Rodin (1902) mit der Feststellung: «Die Geschichte der Plastik schließt mit Michelangelo. Was nach ihm kommt, ist entweder barocke Ausartung, oder, selbst in den edleren Erscheinungen, Epigonenwerk unter seiner und der Antike Botmäßigkeit.»

Die frühromantische Diagnose des Herausfallens der Plastik aus der modernen, unter dem Gesetz der Progression stehenden Geschichte findet hier ein spätes Echo. Das Oszillieren der Bildhauerei des 19. Jahrhunderts zwischen «Naturalismus» und klassizistischer «Konvention» begreift Simmel nicht als Geschichte im substantiellen Sinn. Denn die Geschichte der Kunst gibt es nur dort, wo es historisch neue Formen und Stile gibt. Der Naturalismus aber gilt Simmel nicht als Stil, der Klassizismus lediglich als Wiederholung eines Stils aus dem Geist des Historismus. Als das Problem der Bildhauerei in der Moderne bestimmt er die Aufgabe, einen plastischen Kunststil auszuprägen, der dem Anspruch moderner Subjektivität – Simmel setzt dafür durchgängig den Begriff «Seele» – gewachsen ist. Als deren «politische Souveränitätserklärung» erscheint die Philosophie Kants.[27] Die in ihr proklamierte formelle Inbesitznahme der Welt durch die Seele haben die Künste «Schritt für Schritt sich zu eigen zu machen» und zu realisieren. Der Ort der Einzelkünste in diesem Prozeß ergibt sich aus dem Maß an Widerstand, das ihr je spezifischer Stoff den Ansprüchen der modernen Seele entgegensetzt. Aus dieser Konstellation geht Simmels Version der Plastik als «unmoderner» Kunst hervor: «Die Beseelung des Steines fordert offenbar einen viel größeren Aufwand von Seele als der fließende, nachgiebigere Stoff des Oeles oder der Tempera, der Worte oder der Töne. Indem der Plastik nun dieser Zauber der subjektiven Seele seit Michelangelo fehlt, ist sie die spezifisch unmoderne Kunst geworden.»

Die Trias aus Malerei, Poesie und Musik steht hier wie bei den Schlegels und in Hegels Ästhetik für diejenigen Künste, die auch in der Moderne im substantiellen Sinn eine Geschichte haben. Die Plastik tritt Simmel zufolge erst mit Rodin wieder in die Geschichte ein, weil sie sich erst in seinem Werk jenseits aller Gehalte einen spezifisch modernen «Stil» erobert. Anders als in der Gotik, wo die Körper sich als widerstandslose Verfügungsmasse, «plastisch gewordene Askese» dem Geist der Transzendenz beugen, sieht Simmel in Rodins Gestalten die Bewegung immanent, im Körper *als* Körper realisiert: «Die Bewegung hat sich ihren Leib gebaut, das Leben seine Form.»[28]

In seinen Rodin-Texten ab 1908 hat Simmel den Begriff der modernen Seele und ihren Hintergrund, die Kantische Philosophie, eng an den stark soziologisch konnotierten, an die «Philosophie des Geldes» rückgebundenen Begriff der «Bewegung» gekoppelt. Die Formel vom «Souveränwerden des Bewegungsmotivs gegenüber dem Seinsmotiv» beerbt dabei die Ausdruckslehren des Klassizismus, in denen die virtuelle Bewegung im plastischen Kunstwerk stets als sichtbar werdende Seelenbewegung gefaßt war. Wie das Geld in den Formen der Vergesellschaftung wirkt die moderne Seele in den Künsten als Medium der Auflösung und Verflüssigung.

«Die antike Plastik suchte sozusagen die Logik des Körpers, Rodin sucht seine Psychologie. Denn das Wesen der Moderne überhaupt ist Psychologismus, das Erleben und Deuten der Welt gemäß den Reaktionen unsres Inneren und eigentlich als einer Innenwelt, die Auflösung der festen Inhalte in das flüssige Element der Seele, aus der alle Substanz herausgeläutert ist, und deren Formen nur Formen von Bewegungen sind. Darum ist Musik, die bewegteste aller Künste, die eigentlich moderne Kunst; und darum war die Lyrik, die am meisten die Sehnsucht ihrer Zeit erfüllte, um ihre Musik aufgebaut.»[29]

Die Diagnose einer Allianz von Lyrik und Musik als Zentrum ästhetischer Modernität, die sich als Abbreviatur einer Theorie des Symbolismus im allgemeinen und als Würdigung Stefan Georges im besonderen lesen läßt, scheint sich ganz in den Bahnen der Polarität von Plastik und Musik zu bewegen. Ihre Pointe aber ist, daß Simmel die Apotheose der Homologie von moderner Seele und moderner Kunst gerade nicht aus den romantischen Künsten hervorgehen läßt, sondern aus der «unmodernen» Plastik. In ihr findet die Souveränitätserklärung der modernen Seele nicht nur ihren zeitlich spätesten Ausdruck, sondern zugleich ihren logischen Abschluß. Rodin, der philosophisch gesehen der Welt nach Kant und soziologisch gesehen der Welt der «Philosophie des Geldes» die plastische Form abringt, ist für Simmels Theorie der Moderne der wichtigste Kronzeuge. Denn die Eroberung des Plastischen als letzter, gewissermaßen auf feindlichem Gebiet errungener Sieg der ästhetischen Moderne bestätigt in der Sphäre der Kunst die Universalität und Unhintergehbarkeit der in der Soziologie auf den Begriff gebrachten Bestimmungen der zivilisatorischen Moderne. Simmels Rodin-Porträt ist darum das eines Künstlers der heraklitischen Welt par excellence. Er erschließt der Bildhauerei nicht etwa die Dimension der Bewegung als solcher, sondern entdeckt die «künstlerische Zeitlosigkeit der reinen Bewegung». Gekennzeichnet durch die Metaphorik von Wind und Welle, fehlt dieser spezifisch modernen Bewegung wie den relativen Zwecken in der «Philosophie des Geldes» das Gegenüber des Absoluten und Ruhenden.

«Eine Zeit, die schlechthin nur verfließt, sozusagen gedächtnislos, wäre keine Zeit, sondern ein ausdehnungsloses Jetzt; nur wo sie eine Form bietet, in der das Vergangene noch zu irgendeiner Synthese mit dem Gegenwärtigen gelangt, ist Zeit. Die Welt der Rodinschen Gestalten aber ist (ihrer Idee nach, auf die die Anschauung natürlich nur aus einer Entfernung hinweist) gerade eine solche des absoluten Flusses, der Aufhebung jeder Festigkeit, an der sich ein Früher und ein Später, also eine Zeit markieren könnte.»[30]

Zweierlei ist in diesen Sätzen angepeilt. Zum einen die unmißverständliche Trennung der «zeitlosen Impression» Rodins vom Modell des Lessingschen «fruchtbaren Augenblicks», für den die konturierte Existenz des Vorher und Nachher unverzichtbar ist. Geht bei Lessing in der Anschauung der Formen Bildender Kunst das Zeitmoment aus den Bewegungsillusionen im virtuellen Spiel der Einbildungskraft hervor, so wird bei Simmel umgekehrt die plastische Form selbst in den Status der Virtualität gerückt. Er konstruiert seine Schlüsselformel von der «Monumentalität des Werdens» gerade nicht als Parallele zur klassischen Überführung des Transitorischen ins Dauerhafte, sondern sucht das exakte Gegenbild zur Zeitenthobenheit der antiken Statue.

Zweitens zielt Simmel darauf ab, Rodins Werk nicht nur – wie in der Kunstkritik üblich – als Komplementärphänomen, sondern als Überbietung impressionistischer Malerei erscheinen zu lassen. Erst mit Rodin hat der «ganze Mensch» der heraklitischen Welt ein Gegenüber in der Kunst und findet in der Darstellung und Stilisierung die «zeitlose Impression; nicht die der einzelnen Seite oder des einzelnen Augenblickes des Dinges, sondern des Dinges überhaupt; auch nicht nur die Impression des Auges, sondern des ganzen Menschen.»[31] Die «zeitlose Impression» der Plastik Rodins deutet Simmel als anthropologische Universalisierung der in der modernen Malerei erschlossenen Impression über die Sphäre des Augensinns hinaus.

Es gibt bei Simmel kein Jenseits der modernen Kultur. Denn das Transitorische ist die Substanz der Moderne. Wo selbst die stofflich dem Festen und Dauerhaften verpflichtete Plastik der Universaltität des Transitorischen Rechnung trägt, ist den Künsten der Fluchtweg ins Gegenteil der heraklitischen Welt, in die auf ewig verlorene Welt der Herrschaft des Seins über das Werden abgeschnitten. Rodins Plastik steht für diese unvermeidliche Imprägnierung aller modernen Kunst und ihrer Formen mit dem Geist der Bewegung. «Die Kunst spiegelt nicht nur eine bewegtere Welt, sondern ihr Spiegel selbst ist beweglicher geworden.»[32]

Rainer Maria Rilkes Schriften über Rodin lassen sich dagegen als Versuche lesen, das Werk des Bildhauers der Ästhetik des Transitorischen zu entziehen.[33] Die Polarität von Antike und Moderne tritt dabei in den Hintergrund. Rodins Werk entstammt zunächst der großen Sammlung plastischer Kunst des Louvre, in der «den vielen lichten Dingen der Antike [...] andere, schwere steinerne Dinge, aus undenklichen Kulturen hinüberdauernd in noch nicht gekommene Zeiten» gegenüberstehen. Sodann und vor allem der gotischen Plastik der Kathedralen. Ihr gewinnt Rilke einen Begriff der Bildhauerei ab, der alle klassizistischen Konnotationen unmißverständlich ausschließt. Im Blick auf die steinernen Tiere unter den Konsolen mittelalterlicher Kathedralen porträtiert er die Plastik als Kunst der Angst und Sehnsucht und stellt sie mit Herder als Kunst höherer Wirklichkeit und Einfachheit der von Täuschung und Schein lebenden Malerei gegenüber. Die Geschichte der Bildhauerei begreift er als Abfolge nicht von Stilen, sondern von Aktualisierungen ihres Potentials an Ausdrucksformen der Angst und Sehnsucht.

«Und wenn man von der Plastik des Mittelalters zurücksah zur Antike und wieder über die Antike hinaus in den Anfang unsagbarer Vergangenheiten, schien es da nicht, als verlangte die menschliche Seele immer wieder an lichten oder bangen Wendepunkten nach dieser Kunst, die mehr giebt als Wort und Bild, mehr als Gleichnis und Schein: nach dieser schlichten Dingwerdung ihrer Sehnsüchte und Ängste?»[34]

Durch die Verlagerung des perspektivischen Fixpunkts der Geschichtsschreibung der Plastik von der Antike aufs Mittelalter akzentuiert Rilke ihre Funktion als ästhetisches Organ historischer Ängste. Indem er allein der Plastik die volle Erfüllung dieser Funktion zuschreibt, wird sie zur dunklen Königin im Ensemble der Künste. Nicht anders als für Simmel und die klassisch-idealistische Ästhetik gilt auch hier der Befund, «eine große plastische Kunst» habe es zuletzt in der Renaissance gegeben. Vor dem Hintergrund dieser Abbreviatur einer Geschichte der Plastik, die deren archaische und «dunkle» Perioden gegenüber der «lichten» Antike privilegiert, skizziert Rilke die aktuelle Konstellation, in die Rodin eintritt. Aus der in den Bann des Klassizismus geschlagenen, «unmodernen» und verspäteten Kunst läßt er die überlegene Nachzüglerin hervorgehen, auf die alle anderen Künste gewartet haben.

«Die Künste hatten sich irgendwie erneut, Eifer und Erwartung erfüllte und belebte sie; aber vielleicht sollte gerade diese Kunst, die Plastik, die noch in der Furcht einer großen Vergangenheit zögerte, berufen sein zu finden, wonach die andern tastend und sehnsüchtig suchten? Sie mußte einer Zeit helfen können, deren Qual es war, daß fast alle ihre Konflikte im Unsichtbaren lagen. Ihre Sprache war der Körper.»[35]

Rilke läßt keinen Zweifel daran, daß Rodins Kunst aus dem Bruch mit den Formforderungen des akademischen Klassizismus und seiner «herkömmlichen Begriffe» hervorgeht: «Es gab weder Pose, noch Gruppe, noch Komposition». Zugleich aber porträtiert er Rodin gerade nicht als Genie, das die Bildhauerei befreit und zur Schwester der Zeitkünste erhebt, sondern als bäuerlich-handwerklichen Wahrer der traditionellen Bestimmungen des Plastischen: Dauer, Ruhe und Kontur. Sie fundieren den programmatischen Schlüsselbegriff seiner Rodin-Deutung, den «Ding»-Begriff:

«Dinge. Indem ich das ausspreche (hören Sie?) entsteht eine Stille; die Stille, die um die Dinge ist. Alle Bewegung legt sich, wird Kontur, und aus vergangener und künftiger Zeit schließt sich ein Dauerndes: der Raum, die große Beruhigung der zu nichts gedrängten Dinge.»

Ehe man aus Rilkes Dingen den Vorklang auf Heidegger heraushört, sollte man ihr Echo auf die Soziologie Georg Simmels wahrnehmen. Sie sind Gegenbilder zu den Dingen der «Philosophie des Geldes», die im Heraklitismus der Moderne ihre Konturen und ihre Festigkeit verlieren. Dem Transitorischen entzogen, unterstehen sie dem Schutz des nichtklassizistischen Plastischen. Rilke verteidigt die als solche konzipierten Torsi Rodins als plastische Äquivalente der «vom Bildrande abgeschnittenen Bäume der Impressionisten», insgesamt aber ist sein Rodin-Porträt gegen die in der zeitgenössischen Kunstkritik virulente Formel vom «impressionistischen Bildhauer» gerichtet. Alle Befunde, die scheinbar in Richtung dieser Formel weisen, erobern Rilkes Texte für ihren jenseits des Transitorischen angesiedelten Begriff des Plastischen zurück.

«Hier muß von der Bewegung gesprochen werden; nicht in dem Sinne allerdings, in dem es oft und vorwurfsvoll geschah; denn die Bewegtheit der Gebärden, die in dieser Skulptur viel bemerkt worden ist, geht innerhalb der Dinge vor sich, gleichsam als ein innerer Kreislauf, und stört niemals ihre Ruhe und die Stabilität ihrer Architektur.»

Wie die Bewegung so entführt Rilke auch die Oberfläche und das formauflösende Licht im Werk Rodins dem Begriff des Impressionismus und der Ästhetik des Transitorischen. Er wendet sich damit nicht zuletzt gegen seinen Förderer Richard Muther, in dessen Kunstbuch-Reihe der Rodin-Essay von 1902 erschien. Muther hatte schon vor Simmel in Rodin den Virtuosen der Augenblicks- und Bewegungsdarstellung gerühmt, ihn mit Edgar Degas, dem Meister der temporalen Impression, verglichen, aus seinen Zeichnungen das Formgesetz auch der plastischen Gestalten herausgelesen und in Analogie zur Musik gesetzt.[36] Gegen die von Muther eingeführte Auslegung der augenblicksverhafteten Zeichnungen Rodins als Kronzeugen für seine Integration in die Ästhetik des Transitorischen läßt Rilke die Flüchtigkeit ihres Ursprungs in den Konturen der hingeworfenen Striche verschwinden, um sie für die Sphäre des Plastischen zu retten. «Ein Pinsel voll Ocker, schnell, mit wechselnder Betonung durch diese Kontur geführt, modellierte so unglaublich stark die eingeschlossene Fläche, daß man meinte, plastische Figuren aus gebrannter Erde zu sehen.»[37]

Der programmatische Charakter von Rilkes Texten über Rodin wird nicht zuletzt daran sichtbar, daß sie als Gegenstück zu Baudelaires Essay über Constantin Guys konzipiert sind, dem Entwurf einer Ästhetik der Moderne als Ästhetik des Transitorischen. Rilke setzt diesem Essay den Lyriker Baudelaire als einen Vorläufer Rodins gegenüber. Seine Beschwörung des unklassisch codierten Plastischen wendet die Formel von der unmodernen Bildhauerei ins Positive. Was ursprünglich als Mangel und Beschränkung der Kunstform formuliert war, wird zum Mangel der unter dem Gesetz des Heraklitismus stehenden Kultur der Moderne. Gegen Simmels der Zeitgeist-Konzeption verpflichtete Homologisierung von Kunst und Leben steht bei Rilke das Plastische für die Notwendigkeit eines Gegengewichts zum Heraklitischen. Nicht zuletzt darum erscheint Rodin als der große Anachronist im Zeitalter der Auflösung der Dinge: «diese Plastik ist in eine Zeit geboren worden, die keine Dinge hat, keine Häuser, kein Äußeres, denn das Innere, das diese Zeit ausmacht, ist ohne Form, unfaßbar: es fließt.»[38]

Leo Popper, der früh verstorbene Jugendfreund Georg von Lukács', hat im Jahrgang 1911 der «Fackel» einen Aufsatz über – oder besser: gegen –

Rodin veröffentlicht, der in Kenntnis von Simmels Essay über das Bewegungsmotiv bei Rodin wie des Rodin-Buchs von Rilke entstanden ist. Popper setzt in kalkulierter Provokation der klassisch-idealistischen Rückbindung des Simmelschen Begriffs vom Plastischen mit einem Hymnus auf die ägyptische Bildhauerei an: «Die riesige, starre Gebärde der ägyptischen Bildwerke hat, über allen Wandel hinaus, ihre Heiligkeit bewahrt; sie huldigt nicht der Gottheit; sie huldigt dem Stein.»[39] Popper läßt – ganz gegen Hegel – das Leben der ägyptischen Kunst aus der Konsequenz hervorgehen, mit der sie das Gesetz der Schwere realisiert. War in aller idealistisch-klassizistischen Ästhetik die Schwere das in der vom Geist geprägten Form zu Überwindende, so dient sie Popper nicht nur als Signalbegriff einer strikt antiklassizistischen Auffassung des Plastischen, sondern zugleich als Protestkategorie gegen Simmels Äquivokation von Seele und Bewegung.

«Die Bildhauerei muß immer eine reaktionäre Kunst bleiben. Sie ist von allen Künsten am wenigsten entwicklungsfähig. Darum ist bei ihr, mehr als bei jeder anderen Kunst, das Zurückgreifen auf ihre alten Beispiele eine tiefe Handlung. Sie ist in Wahrheit eine primitive Kunst. Ihr Barock beginnt schon beim vorgestreckten Fuß.»

Nicht anders als Simmel und Rilke beruft sich auch Popper auf den Topos der Bildhauerei als der genuin «unmodernen» Kunst. Ihre «klaffende Diskrepanz gegen das Lebensgefühl des modernen Menschen» aber, die sich bei Simmel durch Rodins Eroberung des Transitorischen innerhalb der Sphäre des Plastischen schließt, gilt Popper gerade nicht als zu behebender Mangel, sondern als große Stärke der Bildhauerei. In der Allianz des Plastischen mit einem positiv konnotierten Begriff des Primitiven prägt er eine Gedankenfigur aus, die im Kontext der Avantgardebewegungen des frühen 20. Jahrhunderts als Alternative zur Durchdringung des Plastischen mit dem Geist der transitorischen Moderne entfaltet werden wird. Mit der Positivierung des Starren, Schweren und Primitiven gewinnt die Bildhauerei den Status des – auch im ethnographischen Sinn – ‹Anderen› der modernen Dynamik, Beschleunigung und Auflösung.

Bis in die Satzstruktur hinein ist Poppers Ästhetik der Schwere durch die polemische Umkehrung der von Simmel etablierten Homologie zwischen der modernen Seele und der von Rodin erschlossenen modernen Bildhauerei geprägt. Simmel hatte – ganz in der Tradition idealistischer Ästhetik – formuliert: «Erst wenn die Seele sich der Schwere des Körpers entgegensetzt, ihr Impuls seine Materialität nach aufwärts zieht, das bloß Naturhafte seines Bewegtwerdens ablenkt – kann sie in die Erscheinung treten.»[40] Poppers Antwort:

«Es ist dem Bildwerk versagt, der Seele in ihren Äußerungen nachzugeben. Der Stein, mit seiner Grundmusik, wird die verstiegenen Bewegungsstimmen unbegleitet lassen. Und doch ist dem Bildwerk eine Möglichkeit gegeben: es kann die Seele ausdrücken, wenn es sie *nicht* darstellt. Die starren Ägypter können in Vibration geraten und Seele ausströmen, und in den schweren Michelangelos kann es fließen mit unerhörten Wassern tiefsten Seelentums. Denn: nur wo die Form den Stoff verstanden hat, versteht die Seele die Form und will in ihr wohnen. Aber die berühmte Seele Rodins ist nicht von dieser Art. Rodin hat keine Seele, weil er nichts als Seele hat. Er ist Stimme ohne Raum, Licht ohne Ding. Man hat vor ihm ein Gefühl haltlosester, gleichsam unmagnetischer Freiheit.»[40]

Die Formel «Licht ohne Ding» zeigt Poppers Affinität und Differenz zu Rilke. Wie dieser denkt er die Kunst der Bildhauerei als anachronistisches Remedium gegen die Universalität und Ubiquität des Transitorischen. Anders aber als Rilke gesteht er Rodin nicht zu, Statthalter der Dinge im Zeitalter ihrer Auflösung zu sein. Seine Polemik gegen Rodin setzt implizit Simmels Deutung des Bildhauers als Inkarnationsfigur der Ästhetik des Transitorischen voraus. Nur gilt ihm gerade die Virtuosität, mit der Rodins «Bewegung» über den Stein siegt wie Paganini über die Schwierigkeit des Geigespielens, als Verstoß gegen das von der Schwere diktierte Formgesetz seiner Kunst.

«Wer von Rodins Virtuosität einen Begriff haben will, sehe sich diese herrlichen Zeichnungen an, auf denen das Lasso einer Linie alle flüchtige Bewegung eingefangen hat, und blicke dann auf einen Marmor. Es ist ein makabres Schauspiel, wie da der ganze Gestenschwarm, das ganze rinnende Leben, das auf den Zeichnungen war, in den Marmor hineingeraten ist. Als ob der Meißel ein Bleistift sei, ist er dem Auge gefolgt und hat seine leiseste Regung dem Marmor eingeflößt, und hat das Flüssigste-, nur-im-Vorbeifliegen-wahre hineingebracht: bis aus dem Marmor aller Stein gewichen war.»

Die Kritik des Virtuosentums und die Positivierung des Primitiven laufen bei Popper parallel. Seine Ästhetik der Schwere verpflichtet die Bildhauerei auf das Unmoderne, ja Reaktionäre. Anders als bei den Frühromantikern fällt sie jedoch dadurch aus der Geschichte nicht heraus. Ihre historische Funktion ist es vielmehr, retardierendes Element inmitten der Progression zu sein. Als «die Verwirklichung tiefster statischer

Wünsche, die im Menschen sind», ist sie nicht aus ästhetischen, sondern aus anthropologischen Gründen auf jeder Stufe der historischen Entwicklung möglich und «wohltätig». Ihr unmodernes, von der Schwere bestimmtes Formgesetz hindert nicht ihre Zeitgemäßheit als moderne Kunst, weil die Menschen auch in der Moderne selber schwer sind.

Anmerkungen

1 Friedrich Schlegel: Lessings Geist aus seinen Schriften. Erster Teil. Leipzig 1810, S. 339; die nachfolgenden Zitate ebd., S. 333, 334 f.
2 Ebd., S. 333. Vgl. das Fragment 186 aus Friedrich Schlegels Heften zu Poesie und Literatur (1796–1801): «Muß die Principien der progressiven und der classischen Kunst enthalten. – *Thesis*. Es soll Urbilder geben. *Antithesis*. Es soll keine geben; die Kunst soll ewig fortschreiten. Antinomie des Classischen und Progressiven. Giebt es nicht auch eine Antinomie des Pathetischen oder *Musikalischen* und des *Plastischen* in der Kunst?» (Studienausgabe Bd. 5: Kritische Schriften und Fragmente [1794–1818]. Paderborn 1988, S. 195).
3 Friedrich Wilhelm Joseph Schelling: Über die Frage, ob eine Philosophie der Erfahrung, insbesondere ob eine Philosophie der Geschichte möglich sei (1798). In: Schellings Werke. Nach der Originalausgabe in neuer Anordnung hg. von M. Schröter. Bd. 1. München 1927, S. 394.
4 August Wilhelm Schlegel: Vorlesungen über schöne Literatur und Kunst [Berlin 1801–1804]. In: Vorlesungen über Ästhetik I. Mit Kommentar und Nachwort hg. von Ernst Behler. Paderborn 1989, S. 191.
5 August Wilhelm Schlegel, Vorlesungen, S. 301.
6 Georg Wilhelm Friedrich Hegel: Vorlesungen über die Ästhetik II. In: Werke Bd. 14. Frankfurt/M. 1970, S. 271.
7 Ebd., S. 378.
8 Stendhal: Histoire de la Peinture en Italie. Bd. 2. Genf 1969, S. 3–158.
9 Wassilij Kandinsky: Rückblicke. In: Sturmbuch. Berlin 1913, S. XV. Vgl. hierzu Max Imdahl: Farbe. Kunsttheoretische Reflexionen in Frankreich. München 1987, S. 19 ff.
10 Jules Castagnary: L'Exposition du Boulevard des Capucines: Les Impressionistes (1874). In: Hélène Adhémar: L'Exposition de 1874 chez Nadar. Paris 1974. Vgl. zum folgenden Richard Shiff: The End of Impressionism. A Study in Theories of Artistic Expression. In: The Art Quarterly 1 (1978), S. 338 ff.
11 Vgl. zum folgenden John Rewald: Die Geschichte des Impressionismus. Köln 1979; Timothy J. Clark: The Painting of Modern Life. Paris in the Art of Manet and his Followers. Princeton 1986; Theodore Reff: Manet and Modern Paris. Paris 1982.
12 Vgl. Max Imdahl: Die Momentphotographie und «Le Comte Lepic» von Edgar Degas. In: Wilhelm Schmid (Hg.): Wege zu Degas. München 1988, S. 298–309.
13 Vgl. hierzu Imdahl, Farbe, S. 27–31.
14 Allan Lee: Seurat and Science. In: Art History 10 (1987), S. 44 ff.

15 Stéphane Mallarmé: The Impressionists and Edouard Manet (1876). In: Penny Florence: Mallarmé, Manet and Redon. Visual and Aural Signs and the Generation of Meaning. London/New York 1986, S. 11–18.
16 Ebd., S. 26 ff.
17 Georg Simmel: Der Stil des Lebens. In: Philosophie des Geldes. Berlin 1977, S. 480 ff.
18 Vgl. hierzu Aleida Assmann: Fest und Flüssig. Anmerkungen zu einer Denkfigur. In: Aleida Assmann/Dietrich Harth (Hg.): Kultur als Lebenswelt und Dokument. Frankfurt/M. 1991, S. 181–199.
19 Simmel, Philosophie des Geldes, S. 580.
20 Georg Simmel: Die Mode. In: Philosophische Kultur. Gesammelte Essais. Berlin 1983, S. 26 ff.
21 Simmel, Philosophie des Geldes, S. 583.
22 Vgl. zum folgenden Lothar Müller: Impressionistische Kultur. Zur Ästhetik von Modernität und Großstadt um 1900. In: Thomas Steinfeld/Heidrun Suhr (Hg.): In der großen Stadt. Frankfurt/M. 1990, S. 41–70.
23 Vgl. zum Beispiel Willy Hellpach: Nervosität und Kultur. Berlin 1902.
24 Richard Hamann: Der Impressionismus in Leben und Kunst. Köln 1907. Einem positiven Begriff des Impressionismus als Verjüngung und Verfeinerung der Zivilisation unterstellt Egon Friedell seine Kulturgeschichte der Jahrhundertwende Ecce Poeta. Berlin 1912.
25 Max Osborn: Moderne Plastik. Berlin 1905, S. 2.
26 Georg Simmel: Rodins Plastik und die Geistesrichtung der Gegenwart. In: Der Zeitgeist. Beiblatt des «Berliner Tageblatts» vom 29. 9. 1902. Erneut abgedruckt in Hannes Böhringer/Karlfried Gründer (Hg.): Ästhetik und Soziologie der Jahrhundertwende: Georg Simmel. Frankfurt/M. 1976, S. 231–237; Georg Simmel: Die Kunst Rodins und das Bewegungsmotiv in der Plastik. In: Nord und Süd. Eine deutsche Monatsschrift 129 (Mai 1909), S. 189–196; Georg Simmel: Rodin (1911). In: Philosophische Kultur, S. 139–152.
27 Simmel, Rodins Plastik und die Geistesrichtung der Gegenwart, S. 234; das nachfolgende Zitat ebd.
28 Simmel, Rodin, S. 147.
29 Simmel, Die Kunst Rodins und das Bewegungsmotiv, S. 194 f.
30 Georg Simmel: Rembrandt. Ein kunstphilosophischer Versuch. Leipzig 1916, S. 135.
31 Simmel, Rodin, S. 146.
32 Simmel, Die Kunst Rodins und das Bewegungsmotiv, S. 195.
33 Rilke hat seinen Essay aus dem Jahre 1902 und den seit dem Jahre 1905 gehaltenen, überarbeiteten Vortrag über Rodin im Jahr 1907 in einer mit zahlreichen Photographien versehenen Buchpublikation zusammengefaßt. Alle Fassungen der Texte sowie Aufzeichnungen aus dem Nachlaß finden sich in Rainer Maria Rilke: Sämtliche Werke. Bd. 5. Frankfurt/M. 1965, S. 139–280; das nachfolgende Zitat ebd., S. 143.
34 Ebd., S. 145; das nachfolgende Zitat ebd.
35 Ebd., S. 146; die nachfolgenden Zitate ebd., S. 150, 208, 163, 218.
36 Vgl. Richard Muther: Die Ausstellungen im Januar 1901. In: Studien und Kritiken. Bd. 1. Wien 1901, S. 105 ff.

37 Rilke, Werke Bd. 5, S. 178.
38 Ebd., S. 240. Vgl. hierzu Günther Anders: Obdachlose Skulptur. Über Rodin. München 1994.
39 Leo Popper: Die Bildhauerei, Rodin und Maillol. In: Die Fackel, Nr. 321/22 (April 1911), S. 31–41; wiederabgedruckt in Popper: Schwere und Abstraktion. Versuche. Berlin 1987, S. 63–71; das nachfolgende Zitat ebd., S. 66.
40 Popper, Rodin, S. 67f; das nachfolgende Zitat ebd., S. 69.

Barbara Naumann

Kulturen des symbolischen Denkens: Literatur und Philosophie bei Ernst Cassirer

In der Einleitung zum ersten Band von Cassirers «Philosophie der symbolischen Formen»[1] findet sich folgende Ausführung:

«Neben der reinen Erkenntnisfunktion gilt es, die Funktion des sprachlichen Denkens und die Funktion der künstlerischen Anschauung derart zu begreifen, daß daraus ersichtlich wird, wie in ihnen allen eine ganz bestimmte Gestaltung nicht sowohl *der* Welt, als vielmehr *zur* Welt, zu einem objektiven Sinnzusammenhang und einem objektiven Anschauungsganzen sich vollzieht.»

Und hierauf folgt der entscheidende Satz:

«Die Kritik der Vernunft wird damit zur Kritik der Kultur. Sie sucht zu verstehen und zu erweisen, wie aller Inhalt der Kultur, sofern er mehr als bloßer Einzelinhalt ist, sofern er in einem allgemeinen Formprinzip gegründet ist, eine ursprüngliche Tat des Geistes zur Voraussetzung hat.»[2]

Unübersehbar ist, daß die Aussage: «Die Kritik der Vernunft wird [...] zur Kritik der Kultur» eine neue Dimension eröffnet. In diesem Satz hat Cassirer seiner umfassenden philosophischen Anstrengung seit Beginn der zwanziger Jahre die denkbar kürzeste Formel gegeben. Cassirer verläßt spätestens mit der «Philosophie der symbolischen Formen» die neukantianische, primär erkenntnistheoretisch orientierte Selbstreflexion der Philosophie zugunsten eines Denkmodells, das erkenntnistheoretische Fragestellungen in einer kulturorientierten Symboltheorie aufgehen läßt. Aber in einer Hinsicht bleibt für Cassirer das Kantische Modell der Philosophie weiterhin bestimmend. Denn die Kulturphilosophie stellt die Reflexion der symbolischen Formen von vornherein und unmißverständlich in eine *kritische* Perspektive.[3] Dadurch wird der umfassende Anspruch dieser Kulturtheorie deutlich, die mehr und vor allem etwas anderes sein will als eine anthropologische, ethnologische, soziologische oder kunsttheoretische Beschreibung von Kulturen, obwohl sie an deren Beschreibungsverfahren stets partizipiert.[4] Sie verfolgt kulturelle Aspekte bis ins Zentrum aller einzelnen Formen von Ausdruck und Darstellung hinein. Sie transzendiert dabei natürlich auch etablierte Grenzen der einzelnen Disziplinen. So schreibt Cassirer: «Nicht also was das Symbol in irgendeiner besonderen Sphäre, was es in der Kunst, im Mythos, in der Sprache bedeutet und leistet, soll hier gefragt werden; sondern vielmehr wie weit die Sprache als Ganzes, der Mythos als Ganzes, die Kunst als Ganzes den allgemeinen Charakter symbolischer Gestaltung in sich tragen.»[5] Man bewegt sich in Cassirers Symbolphilosophie also in einem kulturellen Multiversum, das seinen Vernunftbegriff als kulturellen Begriff denkt und stets kritisch auf die Bedingungen seiner Erkenntnis und seiner Form reflektiert.

Die «Philosophie der symbolischen Formen» macht es der Literaturwissenschaft auf der Suche nach einer kulturphilosophischen Orientierung schwer und leicht zugleich. Die Literaturwissenschaft hat es schwer, da Kunst und Literatur eingebunden in ein System angeblich gleichwertiger kultureller Formen und so ihrer Spezifik beraubt zu sein scheinen. Eine symbolphilosophische Betrachtung verspricht auf den ersten Blick, nicht viel mehr zeigen zu können als ein diffuses System von Analogien und Differenzen zwischen verschiedenen symbolischen Formen, die, in ihrer Gesamtheit betrachtet, «Kultur» buchstabieren. Artistische oder ästhetische Werke, so mag es scheinen, rangieren nur als eine symbolische Form unter vielen.

Cassirer macht es der Literaturwissenschaft aber auch leichter als andere, referentiell orientierte Symboltheorien. Denn Sprache und Kunst werden von der «Philosophie der symbolischen Formen» nicht nur als kulturell ableitbare Formen begriffen, sondern als unhintergehbare Weltentwürfe, als Gestaltungen «zur Welt». Sprache und Kunst sind in dieser Philosophie nicht nur Gegenstand der Erkenntnis, sondern selbstbezügliches Organon einer Kritik der Kultur in symbolischer Form.

Im folgenden gehe ich der Frage nach, auf welche Weise sich im Werk Cassirers die kulturtheoretische und symbolphilosophische Betrachtung mit einer im engeren Sinn textorientierten, literarischen Analyse verbindet. Gezeigt werden soll zunächst, inwieweit die «Philosophie der symbolischen Formen» sich selbst aus einem literarisch entwickelten Symbolbegriff herleitet. In diesem Zusammenhang ist entscheidend, daß im Kern der Symbolphilosophie der Goethesche Symbolbegriff fungiert. In umgekehrter Blickrichtung möchte ich dann untersuchen, wie ein durch die Reflexion symbolischer Formen geschärfter Blick auf Literatur, in diesem Fall auf Goethes «Wilhelm Meisters Wanderjahre», den Roman als poetische, kritische Auseinandersetzung mit kultureller Pluralität verstehen kann.

Nicht erst seit dem Erscheinen des dreibändigen Hauptwerks, der «Philosophie der symbolischen Formen» (1923, 1925, 1929), bildet der Symbolbegriff die Grundlage der Cassirerschen Philosophie. Bereits in Schriften wie «Goethe und die mathematische Physik» (1921), «Die Begriffsform im mythischen Denken» (1922)[6] und «Der Begriff der symbolischen Form im Aufbau der Geisteswissenschaften» (1923) zeichnet sich Cassirers Interesse ab, eine kulturphilosophische Wendung der Philosophie herbeizuführen. Und noch in seinem Spätwerk, dem «Essay on Man» (1944), faßt Cassirer die Reflexion der Anthropologie unter transzendentalphilosophischen Voraussetzungen als Hauptaufgabe der zeitgenössischen Philosophie. Sein Interesse gilt stets der Frage, wie sich Kulturen verschiedener historischer Stufen und Erkenntnisbereiche als Denken in symbolischen Formen entfalten. Die Anerkennung der Pluralität von Kulturen, der ausgesprochen moderne Zug in Cassirers Philosophie, ergibt sich beinahe umstandslos aus seinen Überlegungen. Pluralität gilt in fast allen zeitgenössischen kulturtheoretischen Debatten als vordringliches Problem. Cassirers Verständnis der kulturellen Pluralität impliziert, daß nicht erst im Kontakt ‹fremder› Kulturen der symbolische Prozeß des Verstehens bedeutungsträchtig wird. Bereits die ‹eigene› Kultur muß als ein Ensemble verschiedener und spezifischer «Kulturen»[7] gelten und unterliegt damit vergleichbaren Prozessen, wie sie das Bemühen um Fremdverstehen kennzeichnen.

Es ist kein Zufall, daß Cassirer eine der frühesten gedanklichen Konzeptionen dessen, was später die Philosophie der symbolischen Formen werden sollte, in einem Aufsatz über Goethe und sein Verhältnis zur mathematischen Physik faßt. Dort bezeichnet er noch mit «Grundformen des Weltverständnisses»[8], was kurze Zeit später im engeren Sinn «symbolische Form» genannt wird: Sprache, Mythos, Kunst, Wissenschaft, Technik, Religion, Recht usf. Schon diese Aufzählung macht deutlich, daß es Cassirer nicht in erster Linie um ein abschließbares oder gar geschlossenes System symbolischer Formen geht. Vielmehr bedeutet ein Denken in symbolischen Formen, nicht mehr den denkenden Verstand und die Arbeit des Begriffs zum Zentrum der Philosophie zu machen, sondern das Symbolische. Es prägt und durchdringt alle «Äußerungsformen des Bewußtseins in der Kultur».[9] Die Philosophie der symbolischen Formen versteht sich als eine «Philosophie im Plural»[10], und zwar nicht nur, weil sie vielfältige Kulturformen untersucht, sondern, weil sie jeweils deren perspektivierende und konstruierende Funktion in den Vordergrund stellt: «Jede echte geistige Grundfunktion hat mit der Erkenntnis den einen entscheidenden Zug gemeinsam, daß ihr eine ursprünglich-bildende, nicht bloß eine nachbildende Kraft innewohnt.» Diese bildende Kraft produziert «Bedeutung», dargestellt in den je «eigentümlichen Bildwelten» der symbolischen Form, «in denen sich nicht ein empirisch Gegebenes einfach widerspiegelt, sondern die sie vielmehr nach einem selbständigen Prinzip hervorbringen.»[11]

Goethe selbst hat die Literatur als eine Erkenntnisform privilegiert, die Aufschluß gibt über den Prozeß der Bedeutungskonstitution. Hier sei nur an den berühmten Brief an Schiller vom 16. August 1797 erinnert. Goethe befindet darin, daß Gegenstände erst eigentlich symbolisch sind, wenn sie «eminente Fälle» bilden, «die in einer charakteristischen Mannigfaltigkeit als Repräsentanten von vielen andern dastehen», eine «gewisse Totalität in sich schliessen», eine «gewisse Reihe fordern.»[12]

An dieser Stelle sei darauf hingewiesen, daß man keine vollständige Einsicht in die Symboltheorie Cassirers gewinnen kann, ohne auch die zum größten Teil noch unveröffentlichten Nachlaßtexte zu berücksichtigen. In dem von John Krois herausgegebenen ersten Band des Nachlasses, dem sogenannten vierten Band der «Philosophie der symbolischen Formen»: «Zur Metaphysik der symbolischen Formen», zeigen zahlreiche Notizen zu den «Basisphänomenen»[13] die direkte Abhängigkeit des Cassirerschen Theorems der Unhintergehbarkeit des Symbolischen von Goethes Formulierungen über das «Urphänomen». Basisphänomene stehen für Cassirer in Analogie zu Goethes Urphänomenen, insofern sie «nicht etwas an sich Vorhandenes» sind, «was irgendwie durch die Fenster unseres Bewusstseins [...] zu uns hereinkommt.» Sie seien vielmehr «der Blick, den wir auf die Welt werfen – sozusagen das Auge, das wir aufschlagen.» An die Stelle der Logik der Repräsentation tritt das differentielle Moment der symbolischen Darstellung, die nicht in der Referenz auf Dargestelltes, sondern als Modus einer aktiven, schöpferischen Gestaltung ihre symbolische Funktion erhält.

Ein Blick in den noch unveröffentlichten Nachlaß Cassirers ist ebenso aufschlußreich für Cassirers Lektüre des oben erwähnten berühmten «Symbol»-Briefs Goethes an Schiller. Cassirer hat den Brief für seine

Stichwortsammlung von wichtigen Goethe-Stellen exzerpiert, und zwar mit charakteristischen Auslassungen. Er zieht die Zentralaussage des Briefs zur prägnanten Konstellation der Stichworte «eminenter Fall», «Repräsentation», «Totalität» und «Reihe» zusammen. Das aber sind die Leitbegriffe, die in den Aufsätzen des mittleren wie des späten Cassirer über Goethes Naturwissenschaft und über Goethes Verhältnis zu Kant und Newton sowie über den Symbolbegriff im geisteswissenschaftlichen Kontext die symboltheoretische Argumentation stützen. Besonders wichtig ist für Cassirer der Begriff der «Reihe». Daß jegliches empirisches Material erst lesbar und interpretierbar wird, wenn es in «genealogischen Reihen» organisiert auftritt[14], ist Goethes naturwissenschaftliches Credo. Cassirer hebt an diesem zentralen Begriff von Goethes Forschungen den relationalen und funktionalen Aspekt hervor. Die Anordnung in Reihen, mithin eine differentielle Bestimmung der Relation aber markiert den Übergang von der Empirie zur Organisation und symbolischen Darstellung des Wissens. Daß heterogene Gegenstände der Anschauung zu abstrakter Erkenntnis, zur Bedeutsamkeit hin organisiert werden können, wenn sie in die logische Folge einer Reihe gebracht werden, ist unter anderem das Ergebnis der Phänomenologie der Erkenntnis in symbolischen Formen, die Cassirer im dritten Band der «Philosophie der symbolischen Formen» ausführt.

Zur Kritik der Repräsentation

Cassirers Philosophie beschreibt das Symbolische aus einer funktionalen, relationalen und pluralen Perspektive. Für eine literaturwissenschaftliche Betrachtung im engeren Sinn hat dies kritische Konsequenzen, die vor allem in der Auseinandersetzung mit einem traditionellen repräsentationistischen Modell des Symbols zutage treten können. Um diese Kontrafaktur deutlich zu machen, möchte ich Wilhelm Emrichs grundlegende Symbolanalyse von Goethes Werken diskutieren. Es ist Emrichs Verdienst, die formale wie inhaltliche Stringenz der späten Werke Goethes, vor allem des «Faust II» und der «Wanderjahre», nachgewiesen zu haben. Für Emrich besteht das Spezifikum der Dichtung schlechthin in ihrem Symbolgehalt und damit generell in ihrer Enthaltsamkeit gegenüber Begriff, exakter Methode und wissenschaftlicher Gesetzmäßigkeit. Statt dessen privilegiere die Dichtung in ihrer Redeweise das «Besondere», und zwar vor allem durch Verwendung von «Bild[ern]» und die

Insistenz auf eine nichtwissenschaftliche Sprache.[15] Emrich fordert, daß in jeder Interpretation zwei Aspekten gleichzeitig Rechnung getragen werden müsse: der Spezifik der Symbolschicht wie dem eigenständigen Charakter des Werks. Zugleich sollen durch dieses Lektüreverfahren verallgemeinerungsfähige Ergebnisse erzielt werden. Verallgemeinerung und Wissenschaftlichkeit der literaturwissenschaftlichen Methode sucht Emrich auf dem Weg einer «genetischen» Rekonstruktion der Symbole zu erlangen. In der Einleitung zum «Faust II»-Buch wird dieses Ziel folgendermaßen formuliert: «Um [...] eine einwandfreie Grundlage der Sinndeutung zu erhalten, unternahm vorliegende Arbeit eine Entstehungsgeschichte der spätgoetheschen Symbolik auf der ganzen Breite der künstlerischen, biologischen, geologischen, kunsttheoretischen und -geschichtlichen Vorstellungswelt Goethes.»[16] Emrich will demzufolge den Nachweis leisten, daß die Genese der spätgoetheschen Symbolik in einer weit ausgreifenden, aber «methodisch sicheren, objektiven Deutung» erfaßt werden könne.

Zwischen den vielfältigen Wissenschaftsfeldern, die Emrich als Hintergrund seiner Symbolanalyse aufzählt und mit denen er den Rahmen von Goethes eigener wissenschaftlicher Tätigkeit nachzeichnet (Biologie, Anthropologie, Geologie, Kunstgeschichte und -theorie usf.), und der Komplexität der symbolischen Formen in der Theorie Ernst Cassirers könnte man leicht eine Analogie ziehen – allerdings nur auf den ersten Blick. Denn auch Cassirer geht es darum, Mythos, Sprache, Kunst, Religion, Wissenschaft, Technik, Recht usf. als eigenständige und doch in ihrer symbolischen Funktion vergleichbare Formen der Reflexion und Darstellung des Wissens zu beleuchten.[17] Schon in seinem 1921, also vor Erscheinen der «Philosophie der symbolischen Formen» in der Bibliothek Warburg gehaltenen Vortrag «Der Begriff der symbolischen Form im Aufbau der Geisteswissenschaften»[18] vertritt Cassirer die These, daß sich in den historischen, sprachtheoretischen und kulturwissenschaftlichen Einzeldisziplinen die «Aufgabe einer allgemeinen Systematik der symbolischen Formen» immer deutlicher abzeichne.[19] Der Zusammenhang verschiedener Symbolformen könne jedoch niemals – und hier liegt der Unterschied zu Emrich – «vom Gegenstand her, sondern nur von der Funktion her, die ihm zugrunde liegt», bestimmbar sein.

Die Funktion einer symbolischen Form, der «ideelle Zusammenhang», den sie mit anderen bildet, entscheidet bei Cassirer über das Wesen der symbolischen Form; nicht formale und inhaltliche Aspekte sind in erster Linie verantwortlich für ihre Rolle. Dieses kritische Funktionsmodell symbolischer Formen läßt Bedeutung nur innerhalb eines Bezugsnetzes verschiedener symbolischer Formen entstehen; für sich allein genommen und eindimensional bestimmt kann ein Symbol noch keine semantische Aufgabe erfüllen.

Anders bei Wilhelm Emrich. Dieser versteht die Arbeiten Goethes zu Wissenschaft und Kunst als Bildspender für die poetischen Werke und verfolgt in seiner «genetischen» Symbolanalyse den Weg, den diese Bilder von der Wissenschaft in die Kunst nehmen. Emrich hält fest an einem eingeschränkten figuralen Symbolmodell, das sich deutlich von der erkenntniskritischen Wendung des Symboldenkens unterscheidet, wie sie die «Philosophie der symbolischen Formen» entfaltet. Emrich versteht das Symbol als eine ableitbare rhetorische Figur, die ihre Sonderstellung im sprachlichen Ganzen des Romans allein als Bild erreicht. Diese Sonderstellung des Symbols erst verhelfe dem Roman zu seiner innerlich gespannten Form. Spannung bestehe zwischen «Sinn und Bild», zwischen «Erscheinung und Wesen bis zum Äußersten» und werde auch nicht aufgelöst, denn: «Kein Bild wird auch nur mit einer ‹Silbe› im Werk selbst deutend erhellt.»[20] Emrich beschreibt dieses Fehlen einer gesicherten Verweisungsstruktur als einen Mangel. Er sei letztlich verantwortlich dafür, daß zusammen mit einer eindeutigen Referenz auch die letztendliche Auflösung des «Rätsels» Text verhindert wird. Aber weder der Text der «Wanderjahre» noch der des «Faust II» folgt einem derartig einfachen repräsentationistischen Modell. In den «Wanderjahren» erscheint Symbolentfaltung als ein doppelter Prozeß, der *zugleich* im engsten Sinn die figurale Funktion einzelner Symbole zeigt wie im weitesten Sinn auf einen allgemeinen kulturellen Prozeß des Symbolischen hinweist. Das Handlungs- und Darstellungsgerüst des Romans im ganzen, komplex strukturiert als Ineinander verschiedener Gattungen und Erzählweisen, die die Bereiche Kunst, Naturwissenschaft, Pädagogik, Philosophie, soziale und moralische Welt etc. tangieren, folgt diesem doppelzügigen Verfahren. Auch bildet die symbolische Komplexität des Romans nicht einfach das Gegenmodell zu einem repräsentationistischen Symbolverständnis, für das hier dasjenige Emrichs stellvertretend diskutiert wird. Denn auch Emrich legt die innere Verwobenheit und Bezugsfülle des gesamten Werks seiner Symbolanalyse zugrunde[21], ohne jedoch den Schritt zu tun, das Symbol aus der Funktion eines rhetorischen Sonderfalls innerhalb des Sprachgefüges zu entlassen.

Von daher ergeben sich für Emrich zwei parallele Tendenzen der hermeneutischen Interpretation, die nicht miteinander versöhnt werden können. Die «Arbeit des Sisyphos»[22], wie Emrich die Aufgabe des Interpreten nennt, resultiert einmal daraus, den Bildcharakter des Analysierten nicht unzerstört lassen zu können, wo «Bilder und Symbole im engeren Sinne», aber auch die Dichtkunst im ganzen gedeutet wird. Dieses Problem der wissenschaftlichen Metasprache aber ist mit einem anderen verbunden, dem Problem der Vermittlung oder auch Konkurrenz von «Allgemeinem und Besonderem» im Kunstwerk. Emrich erhofft sich zumindest eine Annäherung beider und sucht deshalb die Rückkoppelung einzelner Symbolinterpretationen an das strukturierte Ganze des Romans.

Im Interesse einer «objektiven» Deutung konstatiert er im Roman ein verrätseltes Gefüge, das letztlich doch nach einem bestimmten Kriterium – Emrich spricht in Analogie zum Kästchen- und Schlüsselmotiv des Romans ebenfalls von einem «Schlüssel» – dechiffriert werden müsse. Emrich selbst kleidet dieses Problem in die Metaphorik des Verhüllens und Enthüllens: «Interpretation will und soll eine Dichtung möglichst restlos enthüllen», und das Werk selbst legitimiert im Grunde dieses Ziel, denn: «Verhüllung liegt ja selbst im Wesen der Dichtung.» Doch nicht allein das. «Offenbaren, öffnen und zugleich Verhüllen, Verschließen»[23] bilden die Darstellungsmodi der Dichtung. Dabei begibt sich die Dichtung in eine Kreisbewegung, die ihre eigene «Natur» wie auch die Aporie ihrer Analyse in ein- und demselben Zug trifft: «Die Dichtung muß, im Unterschied zur wissenschaftlichen Wahrheitserforschung, das Phänomen erst erbauen, dessen Wahrheit sie aufschließen will.»[24] Die Resultate einer solchen Konstruktion sind unendliche Bedeutungsfülle der Dichtung einerseits, ein unendlicher Verweisungscharakter, eben das Symbolische der Dichtung andererseits. Nicht allein ein hermeneutischer Zirkel macht sich hier – ungenannt – in Emrichs methodischer Reflexion bemerkbar, sondern auch eine repräsentationslogische Falle. Denn in den interpretatorischen Formulierungen selbst zeigt sich, daß Emrich seinem Postulat, den Roman als ein plurales Gefüge, ein «sinnbildliches Gewebe» wahrzunehmen, nicht ernsthaft folgt. Am Ende meint Emrich das Rätsel der «Wanderjahre» lösen zu können, indem er ein einziges Motiv des Romans als Zentralsymbol privilegiert und zum Schlüssel des Ganzen erklärt. «Durch das ganze Werk zieht leitmotivisch vom ersten Buch bis zum Abschluß des letzten ein Zentralsymbol, in dem sich gleichsam das Geheimnis der Gesamtdichtung komprimiert und zugleich offenbart.»

Nun ist aber deutlich zu sehen, daß keineswegs allein die leitmotivischen Verkettungen in den «Wanderjahren» strukturbildend sind. Vielmehr bilden funktionale Prinzipien von Wiederholung und Ähnlichkeit in den «Wanderjahren» ein logisches Muster, innerhalb dessen Erkenntnis, als Wiedererkennen und fortlaufende Entfaltung von Varianten, vorangetrieben wird. Das literarisch-symbolische Verfahren des Romans stellt sich als ein Bezugsnetz von symbolischen Funktionen dar, denen man nicht gerecht wird, indem man eine einfache Schlüsselfunktion, die zielgerichtete Decodierung eines Bildercodes, als «Auflösung» sucht. Emrichs Symbolbegriff aber legt genau diese Form der Detektivarbeit nahe. Er begibt sich auf die Suche nach einem Geheimnis, nach Enthüllung eines «Zentralsymbols», das, einmal aufgefunden, den Rest des Textes automatisch in eine sich selbst erklärende Ordnung fallen lassen müßte. Und selbstverständlich wird der solchermaßen Suchende auch fündig. Emrich erkennt das Zentralsymbol der «Wanderjahre» im Motiv des Kästchens, «dessen Schlüssel, von Hersilie als Pfeil mit Widerhaken bezeichnet, Goethe selbst im Roman abbilden ließ. [...] Kästchen und Schlüssel» treten «mit auffällig stereotyper Wiederholung» auf. «Beide standen also in Goethes künstlerischem Bewußtsein an zentraler Stelle.»

Kästchen und Schlüssel werden als Leitmotiv des Romans gesehen. Nicht nur durchdringt es den gesamten Erzählraum des Romans, es entwickelt sich sogar zu seinem verschwiegenen Zentrum. Emrich konstatiert, daß dieses Symbol «sämtliche Sphären umfaßt.»[25] Hier spätestens ist die Eigenständigkeit der verschiedenen Symbolbereiche aufgegeben, und Emrich folgert, daß «Geologie, Liebesprobleme, Gesellschaftsprobleme, religiöse und pädagogische Probleme usw. miteinander in einer streng gegliederten inneren Beziehung stehen» und «niemals isoliert erforscht werden können.» Diese innere Beziehung wird allerdings nicht genauer verfolgt und dennoch gleichzeitig im Symbol des Kästchens als eine schon dargestellte erkannt.

Gegenüber der Komplexität von Emrichs hermeneutischer Reflexion auf die Bedeutungskonstruktion und -fülle in der Dichtung wirkt seine Konzentration auf das Kästchen und dessen zentrale Bildfunktion innerhalb des Romans überraschend eindimensional. Um die symbolische Komplexität des Romans zu erfassen, der ja ein Roman der schrittweisen Entfaltung, Verkettung und Verzweigung symbolischer Schichten und Anspielungen ist, erweist sich die «Lösung» des Kästchens als zu eingeschränkt.

Wäre die Verschlüsselung oder Verhüllung der Pointe des Romans in der Kästchen-Symbolik das hermeneutische Ziel der poetischen Anstrengung, dann würden damit die Bilder- und Symbolfülle, aber auch die vielfältigen Verknüpfungstechniken einzelner Romansegmente reduziert auf eine nur das Kästchen indizierende Funktion. All diese Aspekte des Romans sind aber nicht allein Konstruktionsmerkmale des Textes, nicht nur funktionale Einheiten seiner Struktur, sondern zugleich und untrennbar davon sein Thema.[26]

Was Cassirer zum Grundzug seiner philosophischen Symboltheorie macht, hat ebenfalls im literarischen Feld Konsequenzen für den Symbol- und Sprachbegriff. Cassirers Theorie der symbolischen Formen macht in bezug auf das literarische Kunstwerk deutlich, daß das Symbol nicht auf die bildhafte rhetorische Figur, auf einen bloßen Sonderfall der Sprache beschränkt werden kann. Im Begriff der symbolischen Form sucht Cassirer «für die mannigfachen Richtungen des Geistes» weiter ausgreifend nach einer «vermittelnden Funktion».[27]

Cassirer gibt, und das ist bedeutsam, in seinem Hauptwerk nicht eine einzige griffige *Definition* der symbolischen Form. Wohl aber findet sich ein Beschreibungsversuch schon in dem Vortrag «Der Begriff der symbolischen Form im Aufbau der Geisteswissenschaften» von 1921. In diesem Text antwortet Cassirer mit dem Begriff der symbolischen Form auf die Frage, welcher Anschauungsmodus der Dynamik des «Werdens», der Bewegung ständiger Veränderung gerecht werden könnte. «Auf dem beweglichen Hintergrunde des Geschehens» bildet sich die Form des Symbols als ein «Bleibendes» ab, «das in sich Gestalt und Dauer hat.»[28] Damit steht die symbolische Form von Anfang an mit dem Begriff der Verzeitlichung in Verbindung. Bewegung des Denkens, Veränderung und damit Zeit bilden schon im Begriff des Symbols eine Grundlage für die historische Dimension seiner Untersuchungen, die Cassirer stets im Blick behält. Tatsächlich beschränken sich seine philosophischen Untersuchungen mit wenigen Ausnahmen nicht auf logische und phänomenologische Entfaltungen wissenschaftlicher Probleme, sondern nehmen zugleich die Form historischer Betrachtungen an, die die *longue durée* des jeweiligen Problems nachzeichnen. Wichtiger noch ist für den hier diskutierten Zusammenhang, daß auf der Basis dieser symbolimmanenten Verzeitlichung der Begriff des Symbols im Werk Cassirers stets mit einer inneren Zeitdimension, das heißt als dynamischer Begriff, gelesen werden muß. «Symbol» stellt im Cassirerschen Sinn deshalb keine Definition eines starren Repräsentationsverhältnisses dar, sondern einen Prozeß, dessen funktionale und relationale Aspekte entscheidend sind. Cassirer grenzt denn auch seinen Symbolbegriff schon in der ersten Beschreibung[29] von einem streng repräsentationistisch gedachten Symbolverständnis ab. In «Der Begriff der symbolischen Form im Aufbau der Geisteswissenschaften» von 1921/22 heißt es:

«Was dagegen hier durch den Begriff der symbolischen Form bezeichnet werden soll, ist ein anderes und allgemeineres. Es handelt sich darum, den symbolischen Ausdruck, d. h. den Ausdruck eines ‹Geistigen› durch sinnliche ‹Zeichen› und ‹Bilder›, in seiner weitesten Bedeutung zu nehmen [...].»[30]

Die Formen Sprache, Mythos und Kunst zeichnen sich nicht nur durch ihre jeweilige spezifische Verwendung von Symbolen «im engeren Sinne» aus. «Als Ganzes» betrachtet, sind sie die symbolische Erfassung der Welt und bleiben letztlich als Welt übrig – nämlich in der Form, in der sie kritisch auf ihre Erfahrung hin befragt werden kann. Denn Cassirer zufolge tritt die Welt aus Zeichen und Bildern der «objektiven Wirklichkeit der Dinge» zwar entgegen, aber sie «behauptet sich gegen sie in selbständiger Fülle und Kraft». Während in diesem frühen Aufsatz das Moment der Selbständigkeit der symbolischen Form noch *en passant* erwähnt wird, entwickelt es Cassirer in der «Philosophie der symbolischen Formen» zur funktionalen Grundlage der Symbolphilosophie weiter.

Was aber leistet die Verbindung des Symbolischen mit dem Begriff des Zeichens, den Cassirer an dieser Stelle einführt und dem des Bildes gleichsetzt? Zwar steht die oben zitierte Ausführung zum Begriff der symbolischen Form noch im Modus der Annäherung an die «Philosophie der symbolischen Formen». Es wird darin aber schon deutlich, daß Cassirer die symbolische Form nicht bloß als eine quasi Kantische Leistung der Vernunft erfaßt. Diese Leistung wird relational und zeitlich-prozessual gedacht und erscheint damit nicht mehr als eine nur transzendental bestimmbare Kategorie. Zur Auszeichnung des relationalen, vermittelnden Charakters der symbolischen Form benutzt Cassirer in dem hier diskutierten Text den Terminus «Medium»:

«Sie alle [Bilder und Zeichen, B. N.] treten zwischen uns und die Gegenstände; aber sie bezeichnen damit nicht nur negativ die Entfernung, in welche der Gegenstand für uns rückt, sondern sie schaffen die einzig mögliche, adäquate *Vermittlung* und das Medium, durch welches uns irgendwelches geistige Sein erst faßbar und verständlich wird.»[31]

Hiermit ist nun endgültig der Grenzfall einer Relation, im engeren Sinn der Zeichenrelation, formuliert. Denn in der Konsequenz dieses relationalen, medialen Symbolbegriffs *besteht* das Zeichen bzw. die symbolische Form *sui generis* aus seinen Relationen. Die Relation wird von Cassirer differenzlogisch betrachtet. Die «Selbständigkeit» des Symbolischen besteht also gerade in jener vermittelnden Funktion, die als einzig mögliche Weise das «Wesen des Geistigen selbst» ausmacht. Es ist aus der Logik des relationalen Denkens Cassirers heraus nur konsequent und steht im Einklang mit der Struktur der symbolischen Form selbst, daß die «Philosophie der symbolischen Formen» eine «Definition» vermeidet, die ja eine arelationale Gegenstandsbeschreibung der symbolischen Form im engeren Sinn wäre. Denn bei Cassirer ist die philosophische kritische Reflexion in eins gesetzt mit der Pluralität der Kultur – mit der Konsequenz, daß sich jeglicher transkulturelle oder superkulturelle Metadiskurs ausschließt.

Ein Blick auf Goethes «Wilhelm Meisters Wanderjahre»

Aus der Perspektive der Symbolphilosophie Cassirers ergeben sich für eine literaturwissenschaftliche Analyse neue Leitbegriffe. Zu diesen Begriffen gehören Pluralität (der Formen), Relation und Funktion sowie Umwegigkeit (des Erzählens). Mit dem Begriff der Relation steht der der Differenz in Verbindung. Auf differentieller Ähnlichkeit basiert die Übersetzbarkeit einer symbolischen Form in die andere. Ähnlichkeit, Differenz, Übersetzbarkeit bilden das plurale Gefüge der symbolischen Formen; neben ihrer Vielfalt ist damit aber auch ihr potentielles Bezugnehmen aufeinander ausgesprochen.

Insofern kann man Ernst Cassirers symbolische Formen in bezug auf Literatur immer in zweierlei Richtungen bewegen: Die Literatur, selbst eine symbolische Form, besitzt ästhetische Spezifik in ihrer Bildlichkeit, ihrem Rhythmus, ihrer poetischen Funktion. Die poetische Spezifik macht aber gerade den symbolischen Prozeß der Bedeutungsgenese besonders deutlich. Die «Philosophie der symbolischen Formen» verdankt wesentliche Aspekte eben der Auseinandersetzung mit der symbolischen Form, die Goethe seinen poetischen wie naturwissenschaftlichen Werken gegeben hat. Umgekehrt hat sich Cassirers Philosophie durch die Auseinandersetzung mit Goethes Modellen der Natur- und Kunstanschauung selbst als symbolische Philosophie betrachten gelernt. Im Licht der symbolischen Form Goethescher Literatur aber zeigt die Philosophie wiederum ihr symbolisches, ihr selbstreflexives und kritisches Gesicht. Man könnte deshalb von einem Austausch der Erkenntnisbewegungen zwischen Goethes und Cassirers Texten sprechen. Hier sollen nun zwei Beispiele aus Goethes Roman «Wilhelm Meisters Wanderjahre» dazu dienen, diesem Austausch einmal in einem literarischen Werk selbst nachzugehen.

Goethe läßt seinen Altersroman mit einer auffälligen Verdichtung beginnen. Der Wanderer Wilhelm begegnet im Gebirge einer Menschengruppe, die er nur «mit Verwunderung»[32] betrachten kann, so sehr verblüfft ihn deren Ähnlichkeit mit etwas, das ihm bisher nur als biblische Erzählung oder deren bildliche Illustration vertraut war. Ein Mann, auf den ersten Blick an seinem Werkzeug als Zimmermann erkennbar, führt eine Frau im blauen Mantel auf einem Esel durchs Gebirge; die Frau wiederum trägt ein kleines Kind im Arm. Daß überdies der Fremde gleich beim ersten Gespräch Wilhelm ermuntert, nach ihm unter dem Namen «Sankt Joseph» zu suchen, mildert dessen Erstaunen keineswegs. Wilhelm fragt den Fremden, und er fragt auch sich, ob «ihr wirkliche Wanderer oder ob ihr nur Geister seid, die sich ein Vergnügen daraus machen, dieses unwirtbare Gebirg durch angenehme Erscheinungen zu beleben»[33]. Sein Erstaunen macht der Neugier Platz, und er entschließt sich, der fremden und doch so vertrauten Erscheinung nachzugehen und zu sehen, was es mit dieser Szene einer «Flucht nach Ägypten» auf sich hat.

Der Effekt dieser wiederholenden Verdichtung wird im Laufe der ersten Kapitel des Romans noch gesteigert, wenn zur Auftrittsszene und zur ikonographischen Geste der Menschen das gemalte Bild, die Ikonographie der Kapelle, wenn zur Namensgleichheit des Zeitgenossen mit dem biblischen Joseph und seinem Lebensort, dem Kloster Sankt Joseph, noch Übereinstimmungen der Biographie hinzutreten und wenn schließlich Joseph erzählt, wie diese Übereinstimmungen teilweise zufällig, teilweise aber von ihm konstruiert sind.

Die Heilige Familie, so gibt Goethes Roman zu verstehen, ist für Joseph ein «äußerer Schein», zu dem seine Familie «zufällig gelangt» ist und «der so gut zu [ihrem] Innern paßt».[34] Damit bildet diese Familie eine lebendige Mischform aus sakraler Tradition und säkularer Abweichung, aus Kontingenz und Notwendigkeit, aus lebensweltlichen wie phantastischen, ästhetischen Momenten. All diesen Aspekten ist jedoch gemeinsam, daß sie die Familie als Bild wie als Lebensform nach Kriterien eines differenzlogischen Systems lesbar machen. Sankt Joseph der

Zweite entfaltet seine Geschichte und damit auch seine Bedeutung im Roman als ein Zwischenspiel, das aus symbolischen Vorlagen und nichtidentischen Wiederholungen gewebt ist.

Überdeutlich eingebettet in eine differentielle Erscheinungsfolge von Verweisen auf Vorgeschichten, Vorbilder, Vorlagen entsteht die Geschichte des – von der Romanhandlung aus betrachtet zeitgenössischen – Joseph durch das Ineinanderblenden verschiedener zeitlicher, künstlerischer und symbolischer Sphären. Joseph und seine «heilige» Familie wachsen damit zu einer neuen symbolischen Figur, zu einem lebensweltlichen Geschehen, das geboren ist aus der Bewegung sich wiederholender symbolischer Prozesse. Zirkulierend zwischen Kunst, Leben und wieder Kunst entfaltet sich die Geschichte Sankt Joseph des Zweiten paradigmatisch in symbolischer Verfaßtheit. Sie antizipiert so auch weitere Handlungsfäden des Romans. All das, was die neue Josephsgeschichte zu formieren hilft, erscheint selbst schon im Zustand der symbolischen Vermitteltheit, ist von Anfang an symbolisch. Von so vielen Ursprüngen ist hier die Rede, von Verweisen auf die Legende einer Figur, von Abbildern, Zitaten, Nachahmungen, daß ein einfaches oder eindimensionales «Urbild»[35] des Symbols «Heilige Familie» oder «Joseph» nicht auszumachen ist, wohl aber jedes symbolische Detail als Effekt eines anderen Symbols innerhalb einer Kette oder Reihe der Symbolisierungen steht.

Der einmal so prägnant in Gang gesetzte Prozeß der Wiederholung eröffnet die verschiedensten symbolischen Bezüge, auch die zwischen theoretischen und poetischen Aspekten des Romans, zwischen seinen «Tönen». Der Romananfang ist in sich polyphon. An den Anfang ist eine Typologie der Vielfältigkeit gesetzt. Die ironisch vervielfältigte Erzählung von dem einfachen christlichen Gemüt Sankt Josephs zeigt sich der theoretischen Entfaltung des Pluralitätsprinzips durchaus gewachsen. Auch in diesem Roman Goethes, wie schon in «Wilhelm Meisters Lehrjahren», steht so am Anfang ein «dissonanter Keim»[36], wie Novalis dies nennt; ein Signal der Pluralität der Darstellungsweisen, der gleichzeitigen Mehrfachbedeutung, der vermiedenen Eindimensionalität – kurz, aller Charakteristika eines Romans, der sich als eine Mischform von Gattungen, als ein multiperspektivisches dezentrales Textgefüge präsentiert.

Die Übersetzung einer symbolischen Sphäre in eine andere kann die Grenzen zwischen den Kategorien Kunst und Leben, Phantasie und Realität oder Traum und Realität, Logos und Mythos überspringen und neu verteilen. Auch wenn jeder einzelnen Sphäre eine spezifische Logik eignet – beispielsweise den Josephsfresken in der Kapelle die ikonographische Konvention der Bebilderung biblischer Erzählungen –, so bildet diese Logik doch auch den Anschlußpunkt für eine mögliche Übersetzung in eine jeweils differierende symbolische Sphäre. Bilder und Namen sind Joseph, sind Wilhelm, Felix, Makarie, Montan und all den anderen Figuren des Romans vorgegeben; Lebendigkeit und Handlung aber erwächst ihnen durch den beweglichen Prozeß der symbolischen Übersetzung. In der Terminologie von Cassirers «Philosophie der symbolischen Formen» gesprochen, zeigt sich in der Übersetzbarkeit einer symbolischen Sphäre in eine andere, daß keine mehr «dem bloßen Material» gleicht, «von dem sie anfänglich ausgegangen waren.» Verschiedene «Bildungsprinzipien» der einzelnen symbolischen Formen haben ihr Gemeinsames demnach darin, daß sie sich vom ursprünglichen «bloßen Material» lösen müssen, um in je spezifischen Formen eine «selbständige Prägung» anzunehmen.[37]

Aus der Ballung eines Motivs und seiner erzählten und gelebten symbolischen Varianten gewinnt der Roman gleich zu Anfang Energien, die im Verlauf des Textes immer wieder nachwirken. Ähnlich vielgerichtete Energien bestimmen auch die Funktion einer zweiten Romanfigur, der geheimnisvollen und «seligen» Makarie.

Makarie gilt als eine der rätselhaftesten Figuren der «Wanderjahre». Sie wirkt stets aus dem Verborgenen und ist doch bestimmend für eine Fülle von Entscheidungen, die die Romanfiguren in bezug auf Leben und Liebe treffen, und so für den Gang der Romanhandlung im Ganzen. Zunächst steht Makarie in einem nur mittelbaren Verhältnis zu anderen Charakteren und erscheint «über weite Strecken nur in Äußerungen anderer, in der Wirkung auf andere und im Widerschein der Begebenheiten.»[38] In der optischen Metaphorik zu sprechen, die Makarie umgibt: Ihr Licht wird in den Brechungen gezeigt, die es an anderen Figuren erfährt, bevor endlich, im 15. Kapitel des 3. Buchs, eine – wiederum vermittelte – Beschreibung von Biographie und Persönlichkeit gegeben wird. Die Diskretion, mit der Makarie vorgestellt wird, bildet einen merkwürdigen Kontrast zur zentralen Funktion, die sie im Roman und in den Lebensgeschichten seines Personals einnimmt.

Aber Diskretion, Mittelbarkeit und Verborgenheit sind nicht die einzigen Merkmale ihres erzählten Lebens. Der Roman inszeniert eigens narrative Tendenzen der Verschleierung dessen, was über Makaries Leben und Wirken bekannt ist. Um die Mittelbarkeit der Beschreibung zu unterstreichen, schaltet Goethe schon im ersten Buch eine – hier wieder nur indirekt wirksame – Herausgeber-Fiktion ein, die sich allerdings erst zu einem späteren Zeitpunkt auswirken wird, dann nämlich, wenn die erwähnten Papiere vorgestellt werden: «Die Papiere, die uns vorliegen, gedenken wir an einem andern Orte abdrucken zu lassen und fahren diesmal im Geschichtlichen ohne weiteres fort, da wir selbst ungeduldig sind, das obwaltende Rätsel endlich aufgeklärt zu sehen.»[39] Noch bis zum 15. Kapitel des dritten Buchs wird sodann die Information über Makaries Leben hinausgeschoben.

Aber auch dort, wo die alles und alle miteinander verbindende Gestalt der Makarie das übrige Personal des Romans in ihr Universum einbezieht und daher eine vollständige Darstellung des kommunikativen Netzes dieser anderen Figuren zu erwarten wäre, wird nur Fragmentarisches preisgegeben. Ein Beispiel: Über die Gespräche, die Montan und der Astronom in Makaries Gegenwart führen, findet gegen Ende des Romans der fiktive Herausgeber zu seinem Bedauern «weniger niedergeschrieben, indem Angela seit einiger Zeit beim Zuhören minder aufmerksam und beim Aufzeichnen nachlässiger geworden war.»[40] Auch Wilhelm selbst wird im Umfeld der indirekten Wirkungsweise Makaries zu einem Instrument der Mittelbarkeit, indem er die Funktion des Mittlers ausübt. Er trägt dazu bei, das «nußbraune Mädchen» Nachodine, zu finden und Lenardo wieder zuzuführen.

Dies alles sind Indizien für eine Romankonstruktion, die in einer ihrer zentralen Figuren versammelt, was über die einzelnen Erzählteile, die Novellen, die Haupt- und Nebenhandlungsstränge ebenso gesagt werden kann: Es handelt sich um eine Konstruktion der Umwegigkeit.[41] Diese Umwegigkeit wiederum bildet eine direkte Verbindung zur symbolischen Struktur des Romans, insofern sie Relationen, Verbindungen auch dort am Werk sieht, wo sie nicht an der Oberfläche des Erzählten dingfest gemacht werden können. Wenn endlich von Makarie selbst die Rede ist und die Herausgeberfiktion ein «Blatt aus unsern Archiven» preisgibt[42], wird die Indirektheit und Umwegigkeit nicht mehr nur auf Makaries Wirken, sondern auch auf Person und Biographie bezogen: «Leider ist dieser Aufsatz erst lange Zeit, nachdem der Inhalt mitgeteilt worden, aus dem Gedächtnis geschrieben und nicht, wie es in einem so merkwürdigen Fall wünschenswert wäre, für ganz authentisch anzusehen». So entsteht Makarie erneut als Figur, die nur in der umwegigen Darstellung eines unvollständigen und fragwürdig überlieferten Manuskripts lebt. Ihre Beschreibung gewinnt keine «Authentizität», dafür aber «Ähnliches oder sich Annäherndes». In diesem Sinn könnte man geradezu von einer Geburt der Makarie aus dem Geist der symbolischen Form sprechen. Ihr Auftauchen in tableauartigen Szenen, Ähnlichkeit, Übersetzbarkeit ihres allgemeinen und kosmologisch fundierten Lebensprinzips in die individuellen Biographien ihrer Verwandten, Freunde und Bekannten, das Stiften von Ordnung und Form, dazu die Handlungsweise der Mittelbarkeit, des Umwegigen – all das läßt Makarie deutlich zu einer Figur werden, in der sich ein wesentlicher Symbolbegriff darstellt. Im Verborgenen bleiben aber mit der Handlungsweise der Makarie auch deren Zwecke. Darin besteht die formale Analogie zum Ganzen des Romans, dessen umwegige symbolische Erzählform ebenfalls kein Telos zu erkennen gibt.

Makarie trägt von Beginn ihres Lebens an eine symbolische Doppelung in sich. Nicht etwa als Abstraktion, sondern sinnfällig, anschaulich in Form einer Vision demonstriert sie, wie sich am differentiellen Ursprung der symbolischen Form Wiederholung und Ähnlichkeit zueinander verhalten: «Oft sah sie zwei Sonnen, eine innere nämlich und eine außen am Himmel, zwei Monde, wovon der äußere in seiner Größe bei allen Phasen sich gleich blieb, der innere sich immer mehr und mehr verminderte.» In diesem Fall bildet die Wiederholung bzw. die Doppelung eine symbolische Relation zwischen Innen und Außen, zwischen Seele und Welt.

Als man vermutet, daß Makarie Jupiter und seine Planeten von der Seite betrachten könne, heißt es,

«daß sie [...] im Begriff sei, über dessen Bahn hinauszuschreiten und in dem unendlichen Raum dem Saturn entgegenzustreben. Dorthin folgt ihr keine Einbildungskraft, aber wir hoffen, daß eine solche Entelechie sich nicht ganz aus unserm Sonnensystem entfernen, sondern, wenn sie an die Grenze desselben gelangt ist, sich wieder zurücksehnen werde, um zugunsten unsrer Urenkel in das irdische Leben und Wohltun wieder einzuwirken.» [43]

Es ist leicht zu sehen, daß die Figur der Makarie als ein Relationswesen konstruiert ist. In ihr symbolisiert sich jegliche Relation als symbolische und das Symbolische als Relation. Die Grenzen dieses Symbols bestehen in den Grenzen der Erkenntnis, den Grenzen des Universums schlechthin. Makarie steht in direkter, wundersamer Relation zum Ganzen – des Kosmos wie des Romans. Darin liegt aber, von der poetischen Seite her betrachtet, nicht unbedingt eine Stärke dieser Figur. Durch die strenge symbolische Konzeption widersetzt sich die Figur der Makarie dem narrativen Fluß des Romans. Es ist nicht verwunderlich, daß Goethe diese so hoch programmatisch konzipierte Figur nicht zu einem lebendigen, runden Charakter werden lassen konnte. Ihre beinahe zu programmatischen Züge tragen denn auch dazu bei, daß sie als Ausdruck der mythisierenden Tendenz des Romans gelesen werden konnte. Man muß zugeben, daß eine etwas steife, eine unpoetische Seite der «Wanderjahre» bei Makarie ebenso deutlich zum Ausdruck kommt wie etwa in der Beschreibung programmatisch verstandener Lebens- und Sozialformen oder auch im szenischen Arrangement des Auswandererbundes. Makarie bezieht die wundersame Kraft für ihre soziale Wirkung aus ihrer vertikalen, aufsteigenden Orientierung an den Sternen. Aber auf der horizontalen Ebene der prosaischen Lebensverhältnisse und der symbolischen Ordnungen organisiert diese Kraft die Verbindungen und Trennungen nach einem verborgenen inneren Ziel, dessen unerkennbare Teleologie die Vielfalt der symbolischen Ordnungen innerhalb des Romans sowie die Vielfalt der Zugangsweisen zu verschiedenen (Lebens-)Zielen der einzelnen Charaktere noch unterstreicht.

Angesichts Makaries phantastischen Parforceritts durch den irdischen und himmlischen Raum wird nun auch deutlich, wo erst für Goethe die philosophischen Grenzen des Symbolischen liegen: im Jenseits der Einbildungskraft, im Jenseits des Lebendigen, im Tod. Damit aber geht er einen Schritt über Cassirer hinaus. Cassirer verbleibt in seinen Formulierungen des symbolischen Denkens im Diesseitigen, auf der Seite der Erkenntnis, der Bewegung, des fruchtbaren, «prägnanten» Augenblicks, stets gewandt gegen die mortifizierenden Tendenzen des Denkens. Er schließt die Mortifikation selbst, den Tod, aus seinem Denken aus.

Übersetzbarkeit und Pluralität

Am Ende soll noch einmal der Frage nachgegangen werden, in welcher Weise hier ein Text den anderen kommentiert, das heißt, in welcher Weise sich das Verhältnis von Philosophie und Literatur in diesem speziellen Fall gestaltet. Zum einen bildet die symbolische Verfassung der «Wanderjahre» den Hintergrund, vor dem es möglich ist, die philosophische Aussagekraft der symbolischen Formen Cassirers zu prüfen. Zum anderen kommentieren die methodischen Reflexionen der «Philosophie der symbolischen Formen» die «Wanderjahre» in einer solchen Weise, daß dadurch erst ihr Charakter als ein Roman offenbar wird, der sich um den zentralen Prozeß der Symbolisierung entwickelt.

Die Entscheidung, die «Wanderjahre» als einen Roman der symbolischen Formen zu lesen, macht in gewisser Weise die Dynamik der Betrachtung nach beiden Richtungen auch notwendig. Cassirers theoretisches Interesse, die Lebendigkeit der symbolischen Formen, ihre Umwegigkeit, ihre nicht-teleologische Dynamik zu verfolgen, findet in diesem Roman eine kongeniale Entsprechung – nämlich in der symbolischen Form der Literatur. Die Theorie der symbolischen Formen wiederum öffnet sich in viele Richtungen, greift vielfältige Aussageweisen auf und verfolgt sie unter ihren je spezifischen Bedingungen im Detail.

Dazu gehört auch die Form der Kunst, die, als eine symbolische Form gefaßt, nicht in sich selbst abgeschlossen oder auch nur abschließbar wäre. Das Grundproblem der Veränderung, das Goethe in den «Wanderjahren» anspricht, ist, symboltheoretisch gefaßt, auch lesbar als das Problem der Vielfalt und Veränderung, der «Wanderung» von symbolischen Formen. Aus expliziten Kommentaren Cassirers zu Werken Goethes, insbesondere zu seinen naturwissenschaftlichen Schriften wird deutlich, daß Cassirer gerade am Problem der Übersetzbarkeit verschiedener symbolischer Formen ineinander, am Problem der Relation zwischen Aussageweisen in Wissenschaft und Kunst interessiert ist – und dieses Problem in privilegierter Weise in Goethes Texten dargestellt findet. Die Übersetzbarkeit von Dichtung in Naturwissenschaft und umgekehrt steht im Zentrum von Goethes Überlegungen und erhält in Cassirers Theorie eben deshalb besondere Aufmerksamkeit. Schon in dieser Problematik ist die allgemeine Bewegung der symbolischen Formen als Struktur gefaßt. Cassirers Aufmerksamkeit für Goethes Aussagen zur Wissenschaft und seine Übersetzung dieser Aussagen in die Logik seiner philosophischen und kulturellen Symboltheorie verdankt sich dem Umstand, daß er in Goethes Werk das Problem symbolischer Verfaßtheit von Erkenntnis nicht nur beschrieben, nicht nur reflektiert, sondern als symboltheoretische Kunstform ausgeführt sieht.

Aber damit nicht genug: In Goethes Kunst tritt ihm das Problem der symboltheoretischen Fundierung von Wissenschaft wie Kunst gänzlich erfaßt entgegen. Goethes Kunst ist für Cassirer die Kunst dieser Fragestellung *par excellence*. Insofern kommentiert Cassirers Philosophie Goethes Texte in ebendem Maß, wie sie durch die Lektüre dieser Texte zur Formulierung ihrer Symboltheorie inspiriert worden ist. In diesem Sinn ist es ebenfalls möglich zu sagen, daß Goethes Text die «Philosophie der symbolischen Formen» kommentiert. Die Perspektiven sind umkehrbar, und ebenfalls ist es das gegenseitige Kommentierungsverhältnis. Diese Umkehrbarkeit aber ist der Erkenntnisweg, den Cassirers symbolische Formen als eine theoretische Bewegung gerade nachzeichnen wollen.

Das Fragmentarische in Goethes Erzählweise bildet nicht einfach die Signatur eines Sich-Abfindens mit der Unmöglichkeit, die Totalität zur Darstellung zu bringen. Nicht etwa gibt Goethe seine Intention auf, im konkreten Einzelnen das Allgemeine, im Individuellen Paradigmatisches, im gesamten Bezugsnetz der Erzählungen Symbolisches darzustellen. Vielmehr ist die komplexe Form, die Goethe entwickelt, Ausdruck eines Spannungsverhältnisses zwischen dem einzelnen und dem nichteinholbaren Gesamtzusammenhang. Dieses Spannungsverhältnis selbst bleibt nun aber im ganzen Verlauf der «Wanderjahre» wirksam und tritt an die Stelle positiver Formulierungen über «das Ganze». Wie Cassirer es für das Gefüge der symbolischen Formen konstatiert, entsteht ein Spannungsverhältnis zwischen den verschiedenen kulturell sedimentierten Formen, ihrer tendenziellen Unendlichkeit und der Bedeutsamkeit jeder einzelnen. Diese Spannung wird, bei aller Fragmentarität und Aufsplitterung, an keiner Stelle der «Wanderjahre» aufgegeben.

Der Hegel-Schüler H. G. Hotho schrieb in seiner bereits 1829/30 erschienenen Rezension des Romans:

«Dieser oft schroffe Wechsel gerade und diese Verschlingung scheinbar heterogener Elemente giebt unserem Romane jenen Reiz der Sprödigkeit, welcher ebenso anlockt als abstößt, und uns nur dann zu ungestörtem Genusse gelangen läßt, wenn wir ganz mit den Eigenheiten des Werkes vertraut geworden sind.»[44]

Goethes Romanprojekt der «Wanderjahre» ist unter dem Vorzeichen entstanden, einen Roman über «das Ganze» zu schreiben.[45] Dieses Projekt, das Goethe auch als einen Roman über «das Weltall» bezeichnet hat, läßt sich ebenso wie die spannungsvolle Beziehung zwischen Allgemeinem und Besonderem, die die gesamten «Wanderjahre» durchzieht, symptomatisch betrachten: Sie lassen zusammengefaßt Goethes Intention auf Totalität erkennen, die er angesichts ihrer Unmöglichkeit, ja selbst gegen ihre Unmöglichkeit beibehält. Aus dieser Quelle rührt auch die «Verschlingung scheinbar heterogener Elemente» in den «Wanderjahren». Unter dem Vorzeichen der Unmöglichkeit, das Ganze auszusagen, gewinnt das symboltheoretische Format des Romans größtes Gewicht.

Bei Goethe wie bei Cassirer ist das Konzept des Symbolischen bzw. der symbolischen Form Ausdruck der Intention, Aussagen über das Ganze – der Wissenschaft(en), der Kultur, letztlich Aussagen über die Welt – treffen zu wollen: Aussagen, die aus der Unmöglichkeit erwachsen, den stets und notwendig fragmentarischen und endlichen Charakter der Erkenntnis ignorieren oder gar überwinden zu können. Aus der Perspektive des Partikularen, des einzelnen, des Individuellen und damit aus der Perspektive der Begrenztheit antwortet die symbolische Theorie auf die Einsicht in die Unmöglichkeit von Totalität. Sie erhält aber gleichzeitig den Anspruch aufrecht, Grundsätzliches über den Zusammenhang von Kunst und Wissenschaft (bei Goethe), Verbindliches über die Pluralität der symbolischen Formen als Gesamtheit von Kultur (bei Cassirer) sagen zu können. Diese Intention findet in der Theorie der symbolischen Form bei Cassirer und in dem komplexen und umwegigen Roman der symbolischen Formen bei Goethe ihre Darstellung. Die Affinität zwischen Cassirers und Goethes Denken resultiert aus der Anstrengung beider, den Bogen der Erkenntnis trotz allem bis zur größtmöglichen Allgemeinheit zu spannen und das Reich der Partikularität nicht einfach resignativ oder relativistisch anzuerkennen. Symbolisches Denken ist Ausdruck des Vertrauens in die allgemeine Aussagekraft der Formen gerade dort, wo positive Inhalte sich im Unendlichen verlaufen müßten.

Kulturwissenschaft und Literatur treten bei Ernst Cassirer in ein fruchtbares Verhältnis. Für Cassirer ist jede literarische Lektüre in einem spezifischen Sinn eine kulturwissenschaftliche: Über die Feststellung hinaus, daß Kultur in sich ein plurales Konzept ist, weil sie das Ensemble und die Übersetzbarkeit symbolischer Formen umfaßt, kann man erkennen, daß die Pluralität der Kultur gerade in der symbolischen Form Literatur eine Darstellung erhält, die den Begriff des Symbolischen als pluralen, relationalen und funktionalen Begriff zu konturieren vermag. Cassirer macht aus Goethes Literatur für seine Philosophie der symbolischen Formen ein Medium, durch das sich diese Philosophie aussprechen kann. Im Licht der Symbolphilosophie wiederum erstehen die vielfältigen kulturellen Bezüge der Goetheschen Literatur als symbolische neu; in einem Akt der Wiederholung, des Wiedererkennens erfahren Goethes Texte durch Cassirers Philosophie neue kulturwissenschaftliche, symbolische Prägnanz.

Anmerkungen

1 Ernst Cassirer: Philosophie der symbolischen Formen. 3 Bde. Darmstadt. Teil 1: Die Sprache (1923). 9. Aufl. 1988; Teil 2: Das mythische Denken (1925). 8. Aufl. 1987; Teil 3: Phänomenologie der Erkenntnis (1929). 8. Aufl. 1982.
2 Cassirer, Philosophie der symbolischen Formen I, S. 11.
3 Schon frühere Arbeiten wie Die Begriffsform im mythischen Denken. Studien der Bibliothek Warburg. Hg. von Fritz Saxl. Bd. 1. Leipzig 1922; Idee und Gestalt. Fünf Aufsätze. Berlin 1921 (wieder: Darmstadt 1971 u. ö.), oder Der Begriff der symbolischen Form im Aufbau der Geisteswissenschaften (1922/23). In: Wesen und Wirkung des Symbolbegriffs. 7. Aufl., Darmstadt 1983, S. 169–200, bereiten den Begriff der symbolischen Form als kulturelle Einheit vor; erwähnt werden bereits die Formen Mythos, Sprache, Kunst als spezifische Ausdrucks-, Darstellungs- und Erkenntnisweisen.
4 Die linguistischen, biologischen, ethnologischen, medizinischen, physikalischen etc. Quellen, die Cassirer der «Philosophie der symbolischen Formen» zugrunde legt, machen dies deutlich.
5 Cassirer, Der Begriff der symbolischen Form, S. 174.
6 In Cassirer, Wesen und Wirkung des Symbolbegriffs, S. 1–70.
7 Zum Problem der verschiedenen Kulturen einer Kultur vgl. Wolf Lepenies: Die drei Kulturen. Soziologie zwischen Literatur und Wissenschaft. München/Wien 1985.
8 Ernst Cassirer: Goethe und die mathematische Physik (1921). In: Idee und Gestalt: Goethe, Schiller, Hölderlin, Kleist. Darmstadt 1989, S. 33–80, hier S. 70.
9 Cassirer, Philosophie der symbolischen Formen I, S. 9; hierzu auch Heinz Paetzold: Ernst Cassirer – Von Marburg nach New York. Darmstadt 1995, S. 54.
10 Ähnliches formuliert Paetzold, Ernst Cassirer, S. 104.
11 Cassirer, Philosophie der symbolischen Formen I, S. 9.
12 Goethe an Schiller, 16.8.1797. In: Briefwechsel Goethe–Schiller. Hg. von Emil Staiger. Frankfurt/M. 1977, S. 439 f.
13 Ernst Cassirer: Nachgelassene Manuskripte und Texte. Bd. 1: Zur Metaphysik der symbolischen Formen. Hg. von John Krois. Hamburg 1995. Vgl. besonders S. 123–198: «Über Basisphänomene»; das nachfolgende Zitat ebd., S. 132.
14 Vgl. Johann Wolfgang von Goethe: Der Versuch als Vermittler zwischen Subjekt und Objekt (1792). In: Goethes Werke. Hamburger Ausgabe in 14 Bänden. Textkritisch durchgesehen und kommentiert von Erich Trunz. München, 9. Aufl. 1977, Bd. 13, S. 10–20. Versuche sollen nicht isoliert, sondern müssen in «Vereinigung und Verbindung» mit anderen gesehen und folglich in «Reihen» angeordnet werden, um zu gültigen Aussagen, hier bezeichnet als «Erfahrungen der höheren Art», führen zu können. Die genealogische Reihe bildet für Goethe die einzig mögliche sichere Form naturwissenschaftlicher Erkenntnis, nicht die «hypothetische Weise» der Anordnung des Gefundenen und ebensowenig die «systematische Form».
15 Wilhelm Emrich: Das Problem der Symbolinterpretation im Hinblick auf Goethes «Wanderjahre». In: DVjs 26 (1962), S. 331–352, hier S. 332.
16 Wilhelm Emrich: Die Symbolik von Faust II (1957). 3. Aufl. Frankfurt/M. 1964, S. 9; das nachfolgende Zitat ebd.

17 Hilfreich zur Klärung der vielfältigen Kontexte des Begriffs «symbolische Form» bei Cassirer ist der Aufsatz von John Krois: Problematik, Eigenart und Aktualität der Cassirerschen Philosophie der symbolischen Formen. In: Hans-Jürg Braun/ Helmut Holzhey/Ernst Wolfgang Orth (Hg.): Über Ernst Cassirers Philosophie der symbolischen Formen. Frankfurt/M. 1988, besonders S. 18 ff, 37. Vgl. auch Donald P. Verene: Cassirer's Concept of Symbolic Form and Human Creativity. In: Idealistic Studies 8 (1978), S. 17–19.

18 Entstanden ist der Text in der Zeit, als Cassirer besonders intensiv mit der Bibliothek Warburg zusammenarbeitete. Schon bei seinem ersten Besuch hatte Cassirer Aby Warburgs Verknüpfung historiographischer, ikonologischer und mythologischer Aspekte des Nachlebens der Antike als eine Art Systematik seiner symbolischen Formen *avant la lettre* verstanden. Er sah in der methodischen Organisation der Bibliothek die systematische und inhaltliche Materialisierung und Konkretion dessen, was seine Theorie der symbolischen Formen in kultur- wie geistesgeschichtlicher Hinsicht beabsichtigte. – Vgl. dazu Claudia Naber: «...die Fackel deutsch-jüdischer Geistigkeit weitertragen». Der Hamburger Kreis um Ernst Cassirer und Aby Warburg. In: Arno Herzig (Hg.): Die Juden in Hamburg 1590–1990. Wissenschaftliche Beiträge zur Ausstellung «Vierhundert Jahre Juden in Hamburg». Hamburg 1991, S. 393–406; sowie Tilmann von Stockhausen: Die Kulturwissenschaftliche Bibliothek Warburg. Architektur, Einrichtung und Organisation. Hamburg 1992, S. 35.

19 Cassirer, Der Begriff der symbolischen Form, S. 174; das nachfolgende Zitat ebd.

20 Emrich, Das Problem der Symbolinterpretation, S. 344.

21 Sowohl in seinem als Grundlagenwerk anzusehenden Buch über «Faust II» als auch in dem vergleichsweise knappen Aufsatz zu den «Wanderjahren» verfährt Emrich in dieser Weise.

22 Emrich, Das Problem der Symbolinterpretation, S. 332; die nachfolgenden Zitate ebd., S. 333.

23 Ebd., S. 350. Mit dieser Verhüllungs- und Enthüllungsmetaphorik führt Emrich eine Bildlichkeit ein, die in diesem Kontext metaphysischer orientiert ist, als er es im Interesse seiner «objektiven» Deutung intendieren kann. Im Schiller-Goetheschen Umfeld entwickelt, aber erst in der Ästhetik Hofmannsthals und Georges zu ihrer gangen Tragweite entwickelt, ist diese Metaphorik Indiz eines repräsentationistischen Modells der Darstellung, die ausgeht von einem immer nur partiell Sagbaren. «Hinter» der Dichtung bleibt unausgesprochen und unaussprechlich, was deren Verhüllungs- und Enthüllungsstrategien präfiguriert. Vgl. dazu Wolfram Malte Fues/Wolfram Mauser (Hg.): «Verbergendes Enthüllen». Zur Theorie und Kunst dichterischen Verkleidens. Würzburg 1995.

24 Emrich, Das Problem der Symbolinterpretation, S. 333; die nachfolgenden Zitate ebd., S. 345.

25 Ebd., S. 348; das nachfolgende Zitat ebd.

26 Aus anderer Perspektive hat Heinz Schlaffer (Faust zweiter Teil. Die Allegorie des 19. Jahrhunderts. Stuttgart 1989) Emrichs Methode der Symbolanalyse des «Faust II» kritisiert. Schlaffer wirft Emrich vor, die eindeutig allegorisierenden Tendenzen des Dramas zugunsten eines weiten und unscharfen klassizistischen Symbolbegriffs zu übersehen. Schlaffer bleibt dabei jedoch einem Repräsentationsmodell verpflichtet, das sich in der Debatte, ob Symbol oder Allegorie die angemessenere

Darstellungform der geschichtlichen Entwicklung des 19. Jahrhunderts sei, entfaltet, und das letztlich auch Emrichs Interesse zugrunde liegt. Unter Berufung auf Walter Benjamins Allegoriebegriff fällt Schlaffer die Entscheidung zugunsten der Allegorie. – Im Gegensatz zu diesen beiden Deutungsverfahren von Goethes Spätwerk steht hier aber nicht die geschichtsphilosophische Frage nach der Angemessenheit zwischen einer literarischen Form und einer historischen Epoche im Vordergrund, sondern die Frage, wie Symbolisierungsprozesse generell die rhetorische Organisation des Romans formen und damit das Augenmerk auf die kritische Selbstbefragung des Romans nach Zeit, Geschichte, Wissenschaft, Kunst usf. lenken. Die formale Betrachtung einer Allegorie oder eines Symbols kann daher in dieser Untersuchung nur dazu dienen, das funktionale Netz von symbolischen Aussagemodi zu illustrieren. Das, was bei Emrich oder Schlaffer die Ergebnisse der Untersuchung bildet, zum Beispiel Aussagen über Epoche, geschichtsphilosophische Position, weltanschauliche Perspektive etc., kann – symbolisch verstanden – selbst wieder als Problem der Konstruktion von Darstellung und Literarizität verstanden werden.

27 Cassirer, Philosophie der symbolischen Formen I, S. 17.
28 Cassirer, Der Begriff der symbolischen Form, S. 172.
29 Der Begriff «Beschreibung» scheint mir hier eher zuzutreffen als der der «Definition» des Symbols, auch wenn diese Passage in der Forschung als Definitionsversuch eingeschätzt wird. Vgl. zum Beispiel Dominic Kaegi: Jenseits der symbolischen Formen. In: Dialektik (1995), 1, S. 74 f: «Unmißverständlich ist diese Definition der symbolischen Form – die einzige, die Cassirer offeriert – vielleicht nur in einem Punkt: symbolische Formen stellen geistige Energien dar, also Handlungen bzw. Tätigkeiten, die sich auf vorliegende sinnliche Zeichen richten.» Diese Reduktion des Symbols auf einen rein interpretatorischen Status vergißt aber den gesamten Prozeß symbolischer Produktion und damit den philosophischen Hintergrund von Cassirers Symbolbegriff. Wenn Symbole nur die bereits vorhandenen sinnlichen Zeichen ordneten und interpretierten, wären sie jedem Zeichenbegriff gegenüber indifferent und könnten weder die Unhintergehbarkeit des Symbolischen erfassen, die Cassirer aus der Auseinandersetzung mit Goethes Symbolbegriff gewinnt und schließlich im Begriff der «symbolischen Prägnanz» (Philosophie der symbolischen Formen III, S. 320) faßt, noch die Eigendynamik symbolischer im Sinne kultureller Entwicklungen beschreiben.
30 Cassirer, Der Begriff der symbolischen Form, S. 174 (die Interpunktion folgt der Cassirers, B. N.); das nachfolgende Zitat ebd., S. 175 f.
31 Ebd., S. 176; das nachfolgende Zitat ebd.
32 Goethes «Wilhelm Meisters Wanderjahre oder Die Entsagenden» wird, wenn nicht anders angegeben, in der 1829 erschienenen 2. Fassung zitiert, und zwar nach der Hamburger Ausgabe: Goethes Werke. Bd 8. Textkritisch durchgesehen und kommentiert von Erich Trunz. München, 9. Aufl. 1977, hier S. 9.
33 Goethe, Wanderjahre, S. 10.
34 Ebd., S. 28.
35 Erich Trunz im Kommentar zu den «Wanderjahren», S. 558: «Dadurch, daß die Vorbilder der christlichen Legende angehören, vermischt sich in dem Nachbild das Christliche mit dem Goetheschen Typusgedanken, dem Urbildlichen.» – Trunz weist ebenfalls auf den Symbolgehalt der Josephsgeschichte hin, nimmt jedoch den

Begriff des Symbols im Sinne von repräsentierend, stellvertretend und damit quasi eindimensional und unkritisch. Er fällt, wie noch zu zeigen sein wird, hinter Goethes eigene vielschichtige Symboltheorie zurück (und folgt damit im übrigen einer Forschungstradition, die bis zu Wilhelm Emrichs bedeutenden Studien über Goethes Symbolik vorherrschend ist). Trunz' These des Urbildlichen ist ebenfalls repräsentationslogisch gedacht und vernachlässigt die komplexe funktionale Reihe des Symbolischen, die in der Josephsgeschichte entfaltet wird.

36 Zur Theorie des «dissonanten Keims», die Novalis' Charakteristik der produktiven Anfangskonstellation des Romans «Wilhelm Meisters Lehrjahre» darstellt wie auch von Novalis zum differentiellen poetischen Konstitutionsprinzip überhaupt entwickelt wird, vgl. die Kapitel über Novalis in meiner Studie Musikalisches Ideen-Instrument. Das Musikalische in Poetik und Sprachtheorie der Frühromantik. Stuttgart 1990, vor allem S. 163–167.

37 Cassirer, Philosophie der symbolischen Formen I, S. 43. – Cassirer macht diesen Prozeß der Verselbständigung deutlich an einem Beispiel aus der historischen Linguistik. Im Sinne der Sprachforschung Herders und Humboldts sieht diese ihre Aufgabe darin, der Sprachursprünglichkeit nachzugehen. Anstatt aber tatsächliche Ursprünge sprachlicher Äußerungen konstatieren zu können, wird auch sie überall auf «geistige Verfahren» des sprachlichen Ausdrucks (Philosophie der symbolischen Formen I, S. 42) stoßen, die die sprachliche Fassung eines Ausdrucksimpulses ermöglichen. In einem solchen «geistigen Verfahren» sieht Cassirer eine Abstraktionsebene, mit der sich bereits eine Trennung vom bloßen Artikulationsmaterial vollzogen hat. Selbst scheinbar naturnahe mimetische Laute wie Onomatopoetika seien bereits von einer solchen geistigen Leistung geformt (vgl. Philosophie der symbolischen Formen I, S. 42 ff). An diesem Beispiel läßt sich erkennen, wie stark in Cassirers Theorie des symbolischen Denkens auch Aspekte einer Bewußtseinsanalyse symbolisch aufgefaßt werden. Selbst die Ausgangspunkte von Sprache und Denken stehen unter dem Vorzeichen eines Ursprungs, der selbst schon wieder symbolisch verdoppelt ist. Mit Cassirers kritischem Begriff des Symbolischen zeigt sich die positive Formulierung eines einfachen «Ursprungs» als unvereinbar.

38 Manfred Karnick: «Wilhelm Meisters Wanderjahre» oder die Kunst des Mittelbaren. München 1968, S. 170.

39 Goethe, Wanderjahre, S. 118.

40 Ebd., S. 442.

41 In der germanistischen Forschung ist, vor allem in der Nachfolge Erich Trunz' und Deli Fischer-Hartmanns: Goethes Altersroman. Halle 1941, die fragmentarische Organisation der Handlung häufig nachvollzogen worden. Fischer-Hartmann betont das «Prinzip der inneren Einheit innerhalb der offenen Form, welche nicht gleichbedeutend mit vollkommener Gesetzlosigkeit ist» (S. 112). In jüngeren Arbeiten, wie etwa bei Waltraud Maierhofer: «Wilhelm Meisters Wanderjahre» und der Roman des Nebeneinander. Bielefeld 1990, werden die «Wanderjahre» aus der Perspektive von Gutzkows Terminus «Roman des Nebeneinander» erläutert. Die Umwegigkeit des Erzählens entsteht in dieser Lesart aus der multiperspektivischen Organisation verschiedener Formen des Erzählens selbst: «Nichts ‹Romanhaftes› im Sinne von privaten Erlebnissen bestimmt den Aufbau, sondern öffentliche Erfahrungen und kommunikatives Verhalten: Die Romanfiguren erzählen Ge-

schichten und eigene Erlebnisse, teilen Beobachtungen mit, halten Vorträge, schreiben – und lesen – Briefe und Tagebücher. Die Figuren objektivieren sich auf diese Weise selbst in ihren Erzählungen, sie sind wichtiger als die Handlungen und bestimmen die Romanstruktur» (S. 119). Auf die dominante Funktion des Erzählmodus hat bereits Hannelore Schlaffer hingewiesen; in ihrem Buch Wilhelm Meister. Stuttgart 1980, S. 211, heißt es: «Die ‹Wanderjahre› sind der Roman der Selbstdarstellung und Selbstreflexion, das gesamte Personal ist fortwährend mit Erzählen, insbesondere aber mit dem Niederschreiben von Ereignissen und Erlebnissen, mit Beichten beschäftigt». – Manfred Karnick hat seine Studie (Die Kunst des Mittelbaren, S. 75 f) explizit der Untersuchung von «Umwegen», dem Modus des indirekten Sagens (ebd., S. 70 ff) und der Mittelbarkeit gewidmet. Daß Makarie umgeben ist von Attributen wie «Verschwiegenheit, Geheimnis» (ebd., S. 172) sowie einer Herausgeberfiktion, dient Karnick zu Recht als Warnung vor einer buchstäblichen Auslegung der Figur. Karnick setzt die Pointe der Makarienfigur mit der des gesamten Romans gleich. Sie bestehe in einer Art «höherer Mitteilung», die Goethe anstrebe (ebd., S. 81). – Die «stückhafte Erzählweise» wählt Heidi Gidion: Zur Darstellungsweise von Goethes «Wilhelm Meisters Wanderjahre». Göttingen 1969, zum Gegenstand ihrer Romanlektüre. «Das Absetzen ist zweifellos die bemerkenswerteste Eigenart der Darbietungsweise» (S. 21). Neben der Fragmentierung sind es die unbeschrittenen und die verstellten Wege, die nicht ausgeführten Reisen (ebd., S. 23 f) sowie der «Wechselweg» der letzten Romanszene, das «Unterbrechen» von Handlungen (ebd., S. 67), die insgesamt das Formprinzip des Romans zeigen. Es besteht nach Gidion darin, daß jeweils ein Teil das «Analogon anderer Teile» bilden kann und damit das «Romanganze repräsentiert» (ebd., S. 136).
42 Goethe, Wanderjahre, S. 448; die nachfolgenden Zitate ebd., S. 448 f.
43 Ebd., S. 451 f.
44 H. G. Hotho: Wilhelm Meisters Wanderjahre oder die Entsagenden. In: Jahrbücher für wissenschaftliche Kritik. Stuttgart/Tübingen 1829–1830. Wieder in: Oskar Fambach (Hg.): Goethe und seine Kritiker. Düsseldorf 1953, S. 333. Vgl. dazu den Aufsatz von Cyrus Hamlin: Goethe und die Schule Hegels. In: Christoph Jamme (Hg.): Spekulation und Erfahrung. Stuttgart 1994, S. 396–434.
45 Darauf hat Elisabeth von Thadden in ihrer grundlegenden Studie zu den «Wahlverwandtschaften» aufmerksam gemacht: Erzählen als Naturverhältnis. Die «Wahlverwandtschaften». München 1993, besonders S. 49–63.

Ulrich Raulff

Wäre ich Schriftsteller und tot...
Vorläufige Gedanken
über Biographik und Existenz

Splitter des Biographischen (Roland Barthes)

Wenn man sich lange Zeit intensiv und nicht ohne Sympathie mit dem Denken der französischen Strukturalisten beschäftigt hat, dann liegt es nicht unbedingt auf der Hand, sich der Biographik zuzuwenden. Erst recht nicht, wenn man ein Schüler Foucaults war und einige seiner Schriften ins Deutsche übersetzt hat. Denn niemand hat vehementer die biographischen und personalen Wege zum Wissen zu Sackgassen erklärt und dazu aufgerufen, sie zu verlassen, als Michel Foucault. Der Tod des Subjekts, den er verkündete, und das Verschwinden des Menschen bedeuteten auch das Ende der Biographik. Nicht genug damit, daß er das Subjekt als Träger von Ideen und Schöpfer von Bedeutung zum Verschwinden brachte, wollte Foucault es auch als souveränen Agenten seiner literarischen und graphischen Selbstorganisation, wollte er den «Autor» abschaffen. An seine Stelle sollten namenlose Diskurse, das herrenlose Gemurmel der Sprache treten. Die am Wege lauernden Selbstwidersprüche kümmerten den Autor, der den Autor umbrachte, wenig – damals, an der Wende zu den siebziger Jahren, auf dem Höhepunkt von Foucaults antihumanistischer Polemik.

In der Tat liest sich Foucaults gesamtes Werk der sechziger und siebziger Jahre wie ein mit den Mitteln der Historie geführter Beweis, daß das Subjekt, daß die personale Identität nicht nur eine idealistische Illusion war oder eine literarische Fiktion, sondern eine politisch und gesellschaftlich nützliche Konstruktion, eine zwanghafte «Subjektivierung», das heißt eine Unterwerfung unter die regierbaren und kontrollierbaren Identitäten des Arbeiters, des Soldaten, des kranken, irren oder delinquenten Menschen. Bis hinein in die sexuellen Identitäten von Männern und Frauen, von Päderasten, Hysterikerinnen und Hermaphroditen, so Foucault gegen Ende der Siebziger, gehe die formierende Macht der Diskurse und der mit ihnen verknüpften politischen und therapeutischen Programme. Wenn aber der Lebensweg der Subjekte in der bürgerlichen Gesellschaft nichts als die Resultante aus dem Kräfteparallelogramm des Wissens und der Macht war – was konnte Biographik dann mehr sein als die literarische Verdoppelung solcher Subjektbildung?

Foucault selbst löste den Knoten, als er zu Beginn der achtziger Jahre eine «Wende» vollzog, die ihn das Selbst – vom Subjekt war jetzt nicht mehr die Rede – als Gegenstand der Sorge und Pflege, als Gegenstand einer kunstvollen Hervorbringung und Stilisierung erkennen ließ. Gewiß sprach er weiterhin als Historiker, diesmal sogar als einer der Antike, aber zugleich ließ er durchblicken, daß er an die Gegenwart dachte, wenn er das Leben als Kunstwerk zu begreifen lehrte. Damit war das Tabu, das von seinen früheren Arbeiten her über der Biographik lag, gebrochen. Der Autor durfte wieder Autor sein: Nach Jahrzehnten peinlich beachteter Selbstdistanzierung und nach zahllosen theoretischen Maskeraden hob der zweite Band der «Geschichte der Sexualität» an mit dem einfachen Wort «Ich». Foucault fühlte sich frei zu bekennen, seine bisherigen Bücher seien «Fragmente einer Autobiographie» gewesen: «Meine Bücher sind immer meine persönlichen Probleme gewesen mit dem Wahnsinn, dem Gefängnis, der Sexualität.»[1]

Aussagen wie diese haben Foucault zu einem Lieblingsobjekt der Biographik werden lassen, die, wie das Beispiel James Millers[2] zeigt, immer mehr dahin tendiert, die Ereignisse des Lebens und Schreibens des Subjekts auf den einzigen Grund und die einzige Wahrheit des Sex zu reduzieren. Ihren Wert dahingestellt, sieht es im Rückblick tatsächlich so aus, als habe Foucault nie die schlichte und einfache Abschaffung des Subjekts (und in Folge davon auch der Lebensbeschreibung) im Sinn gehabt. Sondern als habe er versucht, das Theoriefeld, das die im Nachkriegsfrankreich dominierenden Spielarten des Humanismus, Existentialismus und Marxismus besetzt hielten, zu durchkreuzen – um alsdann die Gegenwart des schreibenden und sprechenden, des gesellschaftlich agierenden und sich politisch ausdrückenden Subjekts neu bestimmen zu können.

Dem Widerstand der Strukturalisten, allen voran Foucaults, gegen die humanistische Subjektzentrierung der Erkenntnis und gegen die biographische Ausrichtung der Historie lag insgeheim eine Suche nach anderen Möglichkeiten zugrunde, das Leben zu denken und zu führen, zu entwerfen und zu beschreiben. Gäbe es, so dachten damals manche, einen neuen Stil, das Leben zu führen, so wären auch neue Weisen denkbar, es zu beschreiben und historisch zu rekonstruieren. Dieses Bedingungsverhältnis ließ sich auch umkehren: Die Biographik konnte dann zur Sonde werden, mit der sich nach solchen erahnten Möglichkeiten, nach anderen, fragileren, aber vielleicht richtigeren Lebensmöglichkeiten tasten ließ. Als ein solches Instrument hat sie Roland Barthes genutzt, angefangen mit seinem «Michelet» Anfang der fünfziger Jahre, über «Sade, Fourier, Loyola», «S/Z» und die «Fragmente einer Sprache der Liebe» bis zu seinem autobiographischen «Über mich selbst» und dem letzten seiner Bücher, der «Hellen Kammer». Anders als bei Foucault, für den die Biographik eine ferne, ungenutzte Möglichkeit blieb[3], wurde sie bei Barthes zum bevorzugten Genre eines spielerischen, experimentierenden Schreibens.

In seinen kunstvoll gebrochenen und nach ästhetischen Mustern neugeordneten Viten erprobte Barthes die Spielräume eines anderen, schöneren Lebens. Der Reflex auf das eigene Selbst war dabei ständig gegenwärtig, Autobiographie der unüberhörbare Motor der biographischen Bemühung: «Wäre ich Schriftsteller und tot», so beginnt eine berühmte Passage aus «Sade, Fourier, Loyola», in der Barthes über sein Verfahren spricht, «Splitter der Erinnerung» einzusammeln, in denen fremdes Leben das eigene des Biographen berührt – «wäre ich Schriftsteller und tot, wie sehr würde ich mich freuen, wenn mein Leben sich dank eines freundlichen und unbekümmerten Biographen auf ein paar Details, einige Vorlieben und Neigungen, sagen wir auf ‹Biographeme›, reduzieren würde, deren Besonderheit und Mobilität außerhalb jeden Schicksals stünden und wie die epikuräischen Atome irgendeinen zukünftigen und der gleichen Auflösung bestimmten Körper berührten; ein durchlöchertes Leben, so wie Proust es in sein Werk einfließen ließ oder ein Film der alten Art, wo jede Rede fehlt [...]»[4]

Während eines Zeitraums von etwa zehn Jahren, von seiner Japanreise Ende der sechziger bis zum Tod seiner Mutter Ende der siebziger Jahre, wurde neben den biographischen und autobiographischen Versuchen die Malerei für Barthes zu einem zweiten, parallelen Feld, auf dem er seine Techniken des Punktierens, Schraffierens, Kritzelns und Verstreuens weiter üben konnte. Malen wie schreiben, schreiben wie malen – gleich Henri Michaux schien er in beiden Registern nach analogen ästhetischen Mustern zu suchen, die in der Lage wären, sinnliche Empfindungen zu übertragen oder eine Erinnerung zu wecken. Neben der Semiotik stellte die Psychoanalyse, die er als großzügig Kredit gewährende Ideenbank betrachtete und in wenig orthodoxer Weise benutzte, für Barthes das wichtigste Repertoire hermeneutischer Verfahren dar. Nach Freud, daran gab es für Roland Barthes keinen Zweifel, konnte die Biographik nie mehr dieselbe sein wie zuvor.

In seinem letzten Buch, «La chambre claire»[5], wandte sich Barthes, der seit dem Tod seiner Mutter nicht mehr malte, der Photographie zu. Im Lichtbild und durch es hindurch suchte er den Weg ins Schattenreich und fand zu seiner Bestürzung, daß da kein Weg war. Nur scheinbar hielt die Photographie die Vergangenheit lebendig; und auch als Medium der Trauerarbeit war sie nicht geeignet. Alle photographischen Repräsentationen vergangenen Lebens bekräftigten, wie Barthes fand, immer nur die melancholische Feststellung, *dies sei gewesen* – und fortan unwiderruflich vergangen.

Zur gleichen Zeit, als Michelet die Geschichte neu erfand – als Mittel, die Vergangenheit wiederauferstehen zu lassen –, war auch die Photographie entstanden. Ihre Bedeutung für die Rekonstruktion von Lebensgeschichten dürfte kaum zu überschätzen sein. Nach Daguerre und nach den großen Porträtisten wie Félix Nadar und Julia Margaret Cameron sollte die Biographik nicht mehr dieselbe sein wie zuvor. Das Leben lagerte sich in der Erinnerung anders ab, es organisierte sich in anderen Sinnfiguren, seit es nicht mehr allein erzählerisch oder malerisch porträtiert wurde, sondern als «Selbstabdruck» seine Spur in Brom und Silber hinterließ. Doch vergangenes Leben wiederzubringen lag nicht in der Macht der Photographie. Noch in ihrer größten Lebensnähe, so schien es Roland Barthes, trug sie die Züge eines Totenkults.

Viktorianische Porträts (Lytton Strachey)

Eines der Photos, an denen Barthes die Idee des *punctum*, die seiner Rezeptionsästhetik zugrunde liegt, erläuterte, ist das von George Washington Wilson aufgenommene Bild der Königin Victoria zu Pferde aus dem Jahr 1863. Das *punctum* ist das unbedeutende Detail, das sich – wie das ‹Biographem› aus dem Text – aus der sinnfälligen Komposition des Bildes herauslöst und dem Betrachter buchstäblich ins Auge sticht. Im Fall des viktorianischen Porträts ist dieses *punctum* nicht die Queen selbst, sondern ihr schottischer Kammerdiener, der das Pferd an etwaigen Kapriolen hindert und so die Wahrung der gebotenen Dignität besorgt. Mit keinem Wort verrät Barthes, ob ihm die Identität des Schotten bekannt ist (es handelt sich um John Brown, der im libidinösen Haushalt der alternden Queen eine gewisse Rolle spielte) noch ob er je die an «Biographemen» so reiche Lebensgeschichte der Queen aus der Feder von Lytton Strachey gelesen hat. (Von Lacan weiß man, daß er seinerseits sie gelesen und hoch geschätzt hat.) Hätte Barthes es getan, so wäre er auf eine Stelle gestoßen, die ihn in seiner melancholischen Sicht der Photographie bestärkt hätte. Die alte Königin, schreibt Strachey, lebte in ihrer immensen Sammlung von Geschenken, Kleidern, Andenken und Photographien wie in einem enormen Gedächtnistheater, das die Erinnerung an ihre Jugend und ihr Leben bewahrte und das vor allem dem Kult des teuren Toten, des verstorbenen Prinzgemahls, gewidmet war:

«Sie gab Befehl, daß nichts weggeworfen werde, und so geschah es. Darum häuften sich die Kleider von siebzig Jahren in Schubladen über Schubladen, Schränken über Schränken. Aber nicht nur die Kleider; auch die Pelze, die Mäntel und Umhängekragen, die Muffe, Sonnenschirme und Hauben – alles war in chronologischer Reihenfolge geordnet, mit Datum versehen und in Vollständigkeit [...]. Andenken häuften sich um sie; in jedem Zimmer waren die Tische dick besät mit Photographien der Verwandten; Porträts, die sie in jedem Alter zeigten, bedeckten die Wände [...] In jeder Gestalt – als Miniatur, in Porzellan, in ungeheurer lebensgroßer Ölmalerei – waren die Toten beständig um sie [...]. Aber nicht genug, daß jedes Teilchen der Vergangenheit in Metall und Marmor zu neuer Dauer erweckt wurde; die Sammlung als Ganzes sollte ebenso wie ihre einzelnen Bestandteile unwandelbar bestehen bleiben. Neues mochte hinzukommen, aber nichts sollte verändert werden [...]. Kein neues Bild durfte an den Wänden von Windsor aufgehängt werden; denn die schon vorhandenen waren von Albert an ihren Platz gehängt worden, und seine Anordnungen sollten ewig gültig bleiben. Und so auch ihre eigenen. Um das ganz sicherzustellen, wurde die Hilfe der Kamera in Anspruch genommen. Jeder einzelne Gegenstand im Besitz der Königin wurde von allen Seiten photographiert. Die Bilder wurden Ihrer Majestät vorgelegt, und wenn sie nach sorgfältiger Prüfung für gut befunden wurden, erhielten sie in einer Reihe prächtig eingebundener Alben ihren Platz. Neben jeder Photographie wurde eine Eintragung gemacht mit der Bezeichnung der Nummer des Gegenstandes, der Nummer des Zimmers, in dem er aufbewahrt wurde, des genauen Standorts in diesem Zimmer und aller seiner besonderen Merkmale. Das Schicksal eines jeden Gegenstandes, der diesen Prozeß durchgemacht hatte, war von nun an unwiderruflich besiegelt [...]. Notwendigerweise gruppierte sich diese Erinnerungsmanie am dichtesten um den Tod – diese letzte Bestätigung menschlicher Vergänglichkeit [...] Darum war an jedem Bett, in dem Victoria schlief, über dem Kopfkissen, an der Rückseite und rechts an der Wand ein Brustbild Alberts angebracht, das ihn auf seinem Totenlager zeigte, von einem Kranz von Immortellen umwunden. In Balmoral, wo sich Erinnerungen so drängten, mehrten sich die sichtbaren Zeichen des Gedenkens in erstaunlicher

Fülle. Obelisken, Pyramiden, Grabmäler, Statuen, Granitsitze mit Inschriften zeugten von Victorias Hingabe an den Toten. Zweimal im Jahre, an den Tagen ihrer Ankunft, erfolgte ein feierlicher Pilgerzug zur andächtigen Besichtigung aller Andenken.»[6]

Es sind nicht allein die Subtilität von Stracheys Beobachtung und die kaum verhüllte Ironie der Darstellung, die ein Zitat in dieser Länge rechtfertigen. Es ist Stracheys Fähigkeit, in einer großen Szene, einem einzigen Bild aus dem Leben der Queen den Geist des späten 19. Jahrhunderts einzufangen, die latente Angst einer Epoche, die ihre vitalen Antriebe erschöpft sieht und sich in magischen Praktiken ihres Fortlebens zu versichern sucht. Gelassen, in elegantem Konversationston, forscht Strachey nach den Quellen eines spätzeitlichen Lebensgefühls und mustert die Riten, in denen es die Drohungen der Endlichkeit abzuweisen sucht, die Sammlungen, Photos, Andenken, Denkmäler, die Kulte und Objekte eines sich selbst historisch werdenden Zeitalters. «Queen Victoria», die 1921 erschien, war nicht die erste Biographie, die Lytton Strachey schrieb. Wohl aber war es, dem Sujet geziemend, seine umfangreichste. «Eine Biographie sollte entweder so lang sein wie die Boswells oder so kurz wie diejenigen Aubreys», schrieb Lytton 1923 in einem Porträt John Aubreys[7] (mit dem er es meist hielt, was die Längen anging). Aber «Queen Victoria» war auch sein reifstes Werk – zeigt diese Biographie doch, daß er seine Sujets nicht nur zu entlarven und zu ridikülisieren wußte, sondern daß er seinen Figuren Zuneigung entgegenbrachte, gleichgültig welchen Geschlechts sie waren.

Das war anders gewesen in dem drei Jahre zuvor erschienenen Buch, das ihn schlagartig berühmt machte – den (bis heute nur teilweise übersetzten) «Eminent Victorians». In diesem, aus vier biographischen Essays komponierten Band praktizierte Lytton, was man als «debunking» bezeichnete – eine spöttische, enthüllende, auf Normalmaß reduzierende Betrachtung herausragender Vertreter der viktorianischen Moral. Kardinal Manning, prominenter Repräsentant des evangelischen Glaubens im 19. Jahrhundert, sah sich als eitler Machtmensch entlarvt, die aufopferungsvolle Florence Nightingale als Neurotikerin, der große Schulmann Thomas Arnold als engstirniger Pedant und der gottesfürchtige General Gordon als willfähriges Werkzeug des aggressiven Imperialismus. Durch das Quartett von Protagonisten der viktorianischen Epoche hindurch zielte Stracheys Kritik auf den Liberalismus des 19. Jahrhunderts, der, so Michael Holroyd, «nicht auf fortschrittlichen Grundsätzen, sondern auf den abgewandelten Prinzipien überkommener Herrschaftsformen beruhte»[8]. Lytton Stracheys Mission, schrieb Edmund Wilson 1932, habe wesentlich darin bestanden,

> «die Ansprüche des viktorianischen Zeitalters auf sittliche Überlegenheit ein für allemal zu zerstören. Das schroffe Urteil, das in den ‹Eminent Victorians› zum Ausdruck kommt, hätte ohne Stracheys ausgebreitete Gelehrsamkeit und seine Bitterkeit [...] den Wert der Geschichte herabgemindert. Das aber hat Strachey niemals getan, denn obwohl er den Viktorianern mit Bissigkeit begegnete, blieben sie bei ihm doch stets ernstzunehmende Persönlichkeiten.»[9]

Aller Respekt seinen Figuren gegenüber hinderte Lytton nicht daran, der moralischen Statur der Viktorianer mit gezielten Indiskretionen auf den Leib zu rücken – beispielsweise indem er durchblicken ließ, daß der fromme Mut General Gordons von gehörigen Mengen Alkohol befeuert worden sei oder daß Queen Victoria, wie er 1920 an seinen Bruder James schrieb, «zu den Märtyrerinnen der Analerotik gehörte»[10] – war er doch zu der Überzeugung gelangt, der Prinzgemahl sei im Grunde homosexuell gewesen. «Discretion», bemerkte Lytton, ganz im Tonfall Oscar Wildes, «is not the better part of biography.»[11] Mit den «Eminent Victorians» hatte Strachey die Biographie des 20. Jahrhunderts von dem «Damoklesschwert des Anstands» befreit, welches laut Carlyle über den bedauernswerten englischen Biographen wie über dem englischen Leben generell hing.[12] Obendrein hatte er sie auch vom Damoklesschwert Carlyle befreit, das jahrzehntelang über der Biographik der Viktorianer hing.

Im Grunde, so formulierte Thomas Carlyle 1840, sei die Weltgeschichte nichts als die Geschichte der großen Männer, die sie gemacht hatten: «The History of the world is but the Biography of great men.»[13] In seiner Vorlesung über Heldenverehrung, an deren Beginn diese Worte standen, gab er dem Ideal-Ich der Viktorianer seinen historischen Ausdruck und ihrer Biographik das beherrschende Modell. 80 Jahre später ging Lytton Strachey durch die Porträtgalerie des 19. Jahrhunderts und ersetzte die Bildnisse der welthistorischen Helden durch eine Reihe vollkommen unheldischer Porträtskizzen. Die heroische Selbststilisierung des viktorianischen Bürgertums wurde zum Objekt seines Spotts; wenn Lytton töten wollte, dann durch Preisgabe an die Lächerlichkeit. Im Gefängnis von Brixton, in dem er wegen seines öffentlich propagierten Pazifismus 1918 einsaß, hörte man Bertrand Russell über der Lektüre der

«Eminent Victorians» schallend lachen. Zweifellos fand der Pazifismus der Intellektuellen von Bloomsbury, zu denen beide, Strachey wie Russell, gehörten, in Lyttons ironischer Demontage der Helden (Kriegshelden eingeschlossen) seinen historisch-literarischen Ausdruck.

Verblüffend wirkt, daß Strachey, eben im Begriff, die viktorianische Moral zu verabschieden, sich eines literarischen Lieblingsgenres der Viktorianer bediente (den Roman für einen Augenblick beiseite gelassen). Lytton wußte nicht nur um den unersättlichen «Hunger nach Biographie» (Carlyle), den die Viktorianer verspürt hatten, er teilte ihn auch. Der Mann, den Peter Gay unlängst «that nemesis of nineteenth-century biographers» nannte[14], war ein unermüdlicher Leser von Biographien, Autobiographien und Memoiren; durch alle seine Aufzeichnungen und Briefe zieht sich die Spur jener Lektüren. Er war der Erbe eines Zeitalters, das dem Konsum erzählten Lebens sein unerhörtes Ausmaß wie auch seine enzyklopädische Form gegeben hatte: Zwischen 1885 und 1900 schuf Leslie Stephen (der Vater von Virginia Woolf und Vanessa Bell) das Riesenwerk des 63bändigen «Dictionary of National Biography», das auf annähernd 30 000 Seiten annähernd ebenso viele Viten ausbreitete. Aber Lytton war nicht der Typ des glücklichen Erben; ihm gefiel nicht, was er sah. Im Vorwort der «Eminent Victorians» schrieb er:

«Die Kunst der Biographie steht offenbar in England unter keinem guten Stern. Gewiß haben auch wir einige Meisterwerke gehabt, aber anders als die Franzosen hatten wir nie eine große biographische Tradition; wir hatten keine Fontenelles und Condorcets mit ihren unvergleichlichen *éloges*, die auf einigen glänzenden Seiten die vielfältigen Geschicke der Menschen verdichten.»[15]

Die beiden dicken Bände voll unverdauten Materials, mit ihrer mangelnden Auswahl und zähen Panegyrik, in denen man in England der Toten gedachte, glichen einem stumpfen, barbarischen Totenkult eher als einer lebendigen Literatur. Doch statt das Erbe auszuschlagen, trat Strachey es an – um es von innen heraus umzukehren und zu pervertieren.

Man darf das so und so verstehen: Nicht nur der Prinzgemahl Albert hegte nach Lyttons Auffassung verbotene Leidenschaften, auch die Queen verlor ihre steife Würde und wurde zu einer lebhaften, rundlichen Person mit ausgeprägt sinnlichem Eigenleben. Lytton Strachey wurde zum ersten in einer Reihe von Kulturhistorikern, die in der Prüderie der Viktorianer die Fassade einer intensiv den Sex kultivierenden Gesellschaft erkannten. Vermutlich war es seine eigene Sensibilität als Homosexueller, die ihn empfänglich machte für die *sub rosa* mitgeteilten Botschaften der Biographik und Memoirenliteratur, zudem seine Lehrzeit bei den «Aposteln» von Cambridge, seine Existenz im promiskuitiven, bisexuellen Bloomsbury, seine Freude an Frivolitäten und gelegentlich drastischen Obszönitäten, sein maliziöses, satyrhaftes Naturell – es kam schon einiges zusammen, was ihn dafür qualifizierte, zum Archäologen der viktorianischen Sexualmoral zu werden. Der Psychoanalyse hatte es dazu ursprünglich gar nicht bedurft; als er Mitte der Zwanziger seine flüchtige Bekanntschaft mit den Schriften Freuds (der seinen Bruder therapierte und den dieser übersetzte[16]) vertiefte, fand Lytton nicht Weniges, was ihm eigene Intuition längst vermittelt hatte.

Das heißt nicht, die Psychoanalyse hätte sein Werk nicht bereichert: «Elisabeth und Essex», sein letztes größeres biographisches Werk, das 1928 erschien, machte fast ebenso ausgiebig wie von den Techniken der elisabethanischen Bühne von den Deutungsangeboten der Psychoanalyse Gebrauch. Hinter dem Handeln der alternden Elisabeth, die ihren jugendlichen Geliebten Essex hinrichten läßt, kann Strachey ein Muster von Kindheitstrauma und Wiederholung sichtbar machen: Elisabeth, die die Hinrichtung ihrer Mutter, Anna Boleyn, durch ihren Vater, Heinrich den VIII., wiederholt und rächt. Neben den Kritiken der Historiker, denen Stracheys Deutung der elisabethanischen Zeit zu frei, und denen der Literaten, allen voran Virginia Woolf, denen sie nicht frei genug war, erntete Strachey mit seinem Spätwerk das Lob Freuds, der ihm schrieb, er sei «in größere Tiefen hinabgestiegen» und habe sich als wahrhaft «vom Geist der Psychoanalyse durchtränkt» erwiesen.[17]

Freud hatte recht: Lytton Strachey war (und blieb trotz einzelner dramatischer Versuche) in erster Linie Historiker und Literaturhistoriker – auch wenn er ein sehr merkwürdiges Exemplar dieser Spezies war. Das wiederum lag daran, daß er die Historie der Literatur so nah wie möglich zu bringen suchte. Das Maß an Wahrheit, dessen die Historie teilhaftig werden konnte, hing ihm zufolge ab von dem Maß an Kunst, über das sie gebot. So schrieb er schon 1909 in einer Rezension von Guglielmo Ferreros «Größe und Niedergang Roms»:

«Als Livius sagte, er hätte Pompejus die Schlacht von Pharsalus gewinnen lassen, wenn es der Satzfluß erforderlich gemacht hätte, redete er durchaus keinen Unsinn. Vielmehr drückte er auf paradoxe Weise eine bedeutende Wahrheit aus: daß es eines großen Historikers erste Pflicht ist, Künstler zu sein. Kunst hat in der Historie eine sehr viel wichtigere Funktion als die, reines Dekor zu sein [...] Eine ungedeutete Wahrheit ist so nutzlos wie verbranntes Gold. Und die Kunst ist die große Deuterin. Sie allein vermag es, aus einer großen Vielfalt von Tatsachen ein sinnvolles Ganzes zu machen, indem sie Wichtiges klarstellt und hervorhebt, Unwichtiges beiseite läßt und dunkle Bereiche mit der Fackel des Vorstellungsvermögens ausleuchtet.»[18]

Daß er sich im Weglassen und Hinzufügen künstlerische Freiheiten erlaubte, die den Historikern vom Fach gelegentlich zu weit gingen, oder daß er Zitate erfand wie das obige, Livius zugeschriebene – «eines meiner bekannten Pseudozitate», schrieb er 1908 an seinen Bruder James[19] –, das konnte wohl verhindern, zu wissenschaftlicher Reputation zu gelangen, auf die er übrigens keinen Wert legte. Nicht verhindert hat es, daß er einen neuen Stil der Biographik erfand und hierin Fundamente legte, auf denen heute noch viele bauen, die seinen Namen gar nicht kennen. Wenngleich zum engeren Kreis von Bloomsbury gehörend, entwickelte er keinen eigentlich modernen Schreibstil, wie Virginia Woolf es tat. Die «Eminent Victorians», fand Cyril Connolly, seien «ein revolutionäres Lehrbuch zur bürgerlichen Gesellschaft, geschrieben in jener Sprache, die das bourgeoise Ohr einlullt und betört»[20].

Was nicht heißt, sein Stil sei schlicht oder gar simpel. Tatsächlich war er in hohem Maß kunstvoll – um nicht zu sagen unnatürlich. Stracheys Stil mit seinen gewollten Übertreibungen, gefolgt von Lakonismen, «überraschenden Wendungen, ironischen Crescendi und jähen Abstürzen ins Triviale», war der eines Virtuosen. Oszillierend zwischen Manierismen und Flapsigkeit, hielt er sich, wie ein Kritiker (Barry Spurr) bemerkte, der Stimmlage nach «auf halber Höhe zwischen der männlichen und der weiblichen». Auch mit den Zeichnungen Beardsleys, Beatons und Ertés hat man ihn verglichen und damit, scheint mir, etwas Wesentliches getroffen – nämlich das Malerische von Stracheys Stil. Sämtliche Biographien, die Lytton schrieb, sind gleichsam mit literarischen Mitteln ausgeführte Porträts, von seinen «Portraits in miniature» (die nicht umsonst so heißen) bis zu den großen Biographien wie «Queen Victoria» – welche nichts anderes ist als eine Galerie, eine Abfolge größerer und kleinerer Porträts. Weniger ein Zeichner wie Beardsley oder Erté, war Lytton vielmehr ein Maler in der Sprache, eine Art ‹Postimpressionist›, wie man die Cézanne, van Gogh, Matisse, Picasso nannte, die die Bloomsbury-Gruppe so bewunderte und deren Widerschein sich in der Malerei von Vanessa Bell, Roger Fry, Duncan Grant und, last not least, Dora Carrington findet.

Keineswegs soll bestritten sein, daß Strachey auch in der englischen Tradition der witzigen, boshaften und lästerlichen Biographik steht; er selbst berief sich ja – neben seinen französischen *guides spirituels* – auf John Aubrey und James Boswell. Unübersehbar auch sein Hang zur Groteske à la Hogarth oder seine Anlehnung an Max Meerbohm, dem er die «Portraits in Miniature and Other Essays» von 1931 widmete und dem er die Übertragung der Karikatur in die Biographie abgeschaut hatte. Aber die eigentümlichste Morgengabe, die Lytton Strachey der Biographik brachte, war wohl die, daß er sie mit Worten malen, daß er sie den Schritt vom Pastiche zum *pasticcio* zurückzugehen lehrte – auch wenn er zeitlebens keinen Pinsel anfaßte, woran selbst das Zusammenleben mit einer Malerin nichts zu ändern vermochte.

«Wir bedenken nicht», schrieb Strachey im Vorwort zu den «Eminent Victorians», «daß es vielleicht genauso schwer ist, ein gutes Leben zu schreiben wie eines zu leben.»[21] So wie die Skurrilitäten seines Charakters und seines Lebens sich in den Viten spiegeln, die er schrieb, reflektierten auch seine historischen und literarischen Porträts die Suche nach dem richtigen Leben. Auch für Strachey, der sich dem Genre der Biographie in einer Gründlichkeit, ja fast Ausschließlichkeit verschrieb, wie sie wohl nur in England denkbar ist, stellte die Biographik so etwas wie ein Labor für alternative Lebensentwürfe, eine Versuchsanstalt zur Existenzentwicklung dar.

Vorbild und Standbild (Friedrich Gundolf)

Damit kommt der Ausgangspunkt meiner Überlegungen wieder in Sicht, und es wäre zweifellos reizvoll, jetzt den Vergleich zwischen Lytton Strachey und Roland Barthes, zwischen dem Postimpressionisten und dem Poststrukturalisten zu wagen. Ich will aber etwas anderes versuchen. Skizzenhaft, im flüchtigen Umriß, werde ich den Biographen von Bloomsbury vergleichen mit einem Mann, der sich ebenfalls als Erneuerer der Biographie einen Namen machte, der im selben Jahr (1880) geboren wurde und nur wenige Monate vor Strachey starb. Ein Mann, der unter anderen Umständen und nach anderen Idealen lebte, und den mit seinen englischen Zeitgenossen zu vergleichen den ganzen Reiz und die ganze Schwierigkeit des Vergleichens demonstrieren wird; ein Mann, der so sehr für das Deutscheste der deutschen Literatur und Historiographie steht, daß meines Wissens bisher niemand auf den Gedanken verfallen ist, ihn mit dem Protagonisten von Bloomsbury zu vergleichen – ich meine Friedrich Gundolf.

Aus Platzgründen muß ich darauf verzichten, ein umfassendes Porträt von Gundolf zu entwerfen. Ich setze also voraus, daß sein intellektuelles Profil bekannt ist und ebenso seine Rolle als akademischer Herold Stefan Georges (von dem ja angeblich kein Weg zur Wissenschaft führte), als fulminanter «Wissenschaftskünstler» und Fixstern am geistigen Himmel Heidelbergs und endlich als Autor einer Reihe von Werken, von denen manche es wert wären, immer noch mit Ernst studiert zu werden. Ich muß mich darauf beschränken, Gundolf als Biographen zu skizzieren, was in der Tat ein interessanter Aspekt ist, auf den, knapp, aber zielsicher, Arnaldo Momigliano hingewiesen hat, als er in der Einleitung zu seinem Buch über die Entwicklung der griechischen Biographie wichtige Stationen in der Bewertung der Biographik seit Droysen aufzählte.[22]

Wie Momigliano richtig sah, kam der Biographik im George-Kreis eine strategische und (auf «den Staat» bezogene) politische Bedeutung zu – nicht anders als den «Deutungsbüchern» oder dem zwischen 1910 und 1912 erschienenen «Jahrbuch für die geistige Bewegung». Als der Kreis um George aufhörte, ein esoterischer Dichterbund zu sein und die Gestalt einer höfischen Gesellschaft annahm, die sich als «Staat» begriff und als Orden zelebrierte, wurde deutlich, daß Biographien – weit besser als Lyrik von höchstem Formanspruch – ein Mittel sein konnten, die Ideen des Kreises wirksam zu verbreiten. So wurden einzelne Biographien wie etwa Kantorowicz' «Friedrich II.» von George regelrecht in Auftrag gegeben. Gundolf, geübt darin, George jeden Wunsch von den Augen abzulesen, erkannte die veränderte Auftragslage als erster und beeilte sich, ihr zu entsprechen. Er tat es zunächst in Form einer Programmschrift, dem berühmten Text «Vorbilder» aus dem dritten Band des «Jahrbuchs» von 1912.

Auf wenigen Seiten umriß er hier die Grundlinien einer Geschichtsschreibung, die auf die Erkenntnis des Großen (und der Großen) der Vergangenheit ausgerichtet war. Carlyles historische Heldenverehrung übertreibend und zugleich in eigentümlicher Weise rezeptionsästhetisch wendend, entwarf Gundolf die Geschichte als einen Prozeß der Memorierung und Aktualisierung vorbildlicher Menschen, «repräsentativer» Helden wie Alexander, Caesar und Napoleon oder «synthetischer» Helden wie Dante, Shakespeare und Goethe. Eine Kette aus wenigen hellen Lichtern überspannte die Jahrtausende. Solche «Inkarnationen des Göttlichen» ereigneten sich in jeder Ära nur ein einziges Mal; eine «Entwicklung», einen historischen Progreß zwischen ihnen gab es nicht. Wer als synthetischer Held der Gegenwart am diesseitigen Ende der Jahrtausendkette stand, konnte Gundolf an dieser Stelle ungesagt lassen – der ganze Kontext des «Jahrbuchs» kündete von Georges Ruhm.

Acht Jahre später setzte Gundolf ihm mit seinem «George» ein Sprachdenkmal von kaum zu übertreffender Wucht. Stefan George erschien als der «Gesamtmensch», fähig, die neuzeitlichen Dualismen von Leib und Seele, Wissen und Glauben zu überwinden, Inkarnation des «ewigen Menschen», dem nun die «Volkwerdung» aufgegeben war. Im übrigen aber wollte die Geschichtsdeutung des George-Kreises in ihrem prononcierten Antihistorismus nichts wissen von irgendwelchen Konzepten historischen Werdens, Sich-Entwickelns oder Fortschreitens; daher die Eigentümlichkeit, daß die Biographik der Georgianer nicht das Werden und Vergehen eines Lebens in der Zeit erzählen, sondern das zeitentrückte, dem Temporären enthobene Sein der großen Täter und Seher darstellen wollte.[23] Diese Zeitlosigkeit oder, wenn man will, «Temporalfeindlichkeit» des von George inspirierten und von Gundolf, Vallentin, Wolters, in späteren Jahren auch von Kantorowicz und Percy Gothein ins Werk gesetzten Geschichtsbildes sollte die paradoxe Folge haben, daß die Biographien des Kreises quasi *gegen die Zeit* geschrieben wurden und dadurch eigentümlich statuenhaft gerieten.

Lassen wir den von Kantorowicz deutlich überhöht, aber doch gleichzeitig höchst tätig und wirksam dargestellten Friedrich von Hohenstaufen, lassen wir auch den schon politisch-humanistisch gedachten und über den engeren Horizont des George-Kreises hinausführenden «Francesco Barbaro» von Percy Gothein, und konzentrieren wir uns ganz auf die Biographik Friedrich Gundolfs, so zeigt sich diese Tendenz zur ganzheitlichen, statuarischen Schau auf «Gestalten» nirgends deutlicher als in seinen Werken der frühen zwanziger Jahre, seinem «George» (1920) und seinem «Heinrich von Kleist» von 1922. Mit seiner Geschichte von Caesars Ruhm (1924), seinem «Paracelsus» (1927) und seinen Romantiker-Porträts (1930/1931) werden seit Mitte der Zwanziger andere geschichtstheoretische und ästhetische Konzepte sichtbar. Das Gemeißelte, Marmorne seiner früheren Bildniskunst tritt zurück zugunsten einer freieren Prosa und kleineren, gelegentlich auch ironisch gebrochenen Porträts.[24]

Vollständig vom Modell des ganzheitlichen Menschen sich zu lösen, gelang Gundolf freilich nie. Das hing mit dem erotischen Sublimationsgedanken des George-Kreises zusammen, den er sich literarisch so vollkommen zu eigen gemacht hatte, wie er ihn erotisch-praktisch unterlief: Die libidinöse Grundfigur des Kreises im allgemeinen und der Gundolfschen Biographik im besonderen hieß *liebende Verehrung* (ein Grund dafür, weshalb ihm der ungeliebte Kleist in seinem Buch von 1922 so sehr mißriet). Ganz anders demgegenüber das «biographische Verlangen», das den Schriften von Lytton Strachey zugrunde lag. Hätte man ihn gefragt (man hat es gelegentlich getan[25]), was seiner Biographik den Schwung und seinem Schreiben die Richtung oder besser die Richtungen gab, so hätte seine Antwort unfehlbar *Leidenschaft* gelautet – Leidenschaft in ihren unberechenbaren Peripetien und in ihrer Verstreuung in ein kompliziertes Muster von Lüsten.

Aber ich glaube, man kann die Biographik Stracheys zu derjenigen Gundolfs nicht in Beziehung setzen, wenn man nur ihre größeren und kleineren Biographien nebeneinander legt. Man muß wohl auch berücksichtigen, daß in ihrer jeweiligen Biographik so etwas wie ein Gruppenstil und in diesem wiederum eine Art Gruppenverlangen zum Ausdruck kommt. Biographik im George-Kreis und Biographik in Bloomsbury läßt sich durchaus vergleichen, denn sie erfüllt auf der Ebene wissensstrategischer und existentieller Intentionen ähnliche Funktionen. In beiden Fällen war sie Mittel der Absage und Mittel der Erneuerung zugleich: Absage an die moralischen Standards und die heroische Selbststilisierung der Viktorianer auf der einen, Absage an den Historismus und die bürgerliche Massenkultur der Wilhelminer (und ihrer Kinder) auf der anderen Seite; Erneuerung des Lebens- und Schreibstils im pazifistischen, promiskuitiven, elitären und ‹modernen› Bloomsbury, Erneuerung von Lebenskunst und Wissenskunst, Bildung des Neuen Menschen im Georgeschen «Staat». Biographik als Mittel der Befreiung aus einer als zwanghaft empfundenen Epoche, Biographik aber auch als Labor zur Erprobung neuer vitaler und artistischer Möglichkeiten: In dieser strategischen Betrachtung ergeben sich Ähnlichkeiten und Übereinstimmungen. In der Betrachtung der ästhetischen Wirklichkeit aber treten die Unterschiede hervor. Auch im skizzenhaften Vergleich erweisen sich Bloomsbury und der George-Kreis als vollkommen verschiedene Welten.

Die eine dieser Welten war streng hierarchisch aufgebaut und auf ein monadisch geschlossenes, distanziertes Zentrum – den Mann George – hin ausgerichtet, um das sich in konzentrischen Kreisen Jünger verschiedenen Ranges bewegten. Ein Orden oder eher eine Mischform aus Apostelschar und Urgemeinde, die freilich nur so lange Bestand hatte, wie der

Religionsstifter in ihrer Mitte lebendig anwesend war. Die andere Welt zeigte das Bild einer urbanen, intellektuellen Boheme mit Tendenz zur libidinösen Anarchie, ohne festen Mittelpunkt (es sei denn einen geographischen: Gordon Square im Londoner Stadtteil Bloomsbury), «Moleküle» (Holroyd), die aus drei, vier, fünf Atomen bestanden und eine Weile zusammenhielten, bevor sie zerfielen und sich in anderer Zusammensetzung neu formierten. Was die Moleküle zusammenhielt, war Erotik, was sie zerfallen ließ, ebenfalls. Bloomsbury war bisexuell; wem diese Doppelnatur in sich noch unbekannt war, dem half man, sie zu entdecken. Das Resultat konnte sich, siehe Angelica Garnett[26], in Richtung einer «totalen Familie» (ähnlich und doch anders als in Doderers «Merowingern») bewegen. In Bloomsbury, das die Züge einer weichen, femininen Kultur trug, war die Rolle der Frauen derjenigen der Männer mindestens gleichwertig. Im George-Kreis dagegen blieb sie marginal; Bisexualität und Heterosexualität waren, wie Gundolfs Fall zeigte, nicht ausgeschlossen, aber schwierig zu leben. Sexualität im George-Kreis blieb in erster Linie ein Gegenstand erzieherischer Sorge.

Freundschaft war auf beiden Seiten das erstrebte Verhaltensideal. Aber auch sie unterlag im George-Kreis strenger Erziehung, wurde nach dem Muster von Gefolgschaft gebildet und den Zielen des «Dienstes» im «Staat» unterworfen. In Bloomsbury besaß sie einen amourösen Grundzug, blieb von Ironie nicht verschont und mußte Kritik ertragen können. Philosophischen Rückhalt für ihren Lebensstil fanden viele der «Bloomsberries» in der Ethik G. E. Moores, die die Betrachtung des Schönen zum integralen Bestandteil des Guten machte und das Wohlgefallen an schönen Gegenständen zu den höchsten Gütern rechnete. In den zwanziger Jahren wurde die Psychoanalyse zu einer Art Deutungsmuster, das geeignet schien, die Literatur und das Leben, die Äußerungen der Kunst und die der Sexualität sinnvoll zu konstellieren.

George und sein Kreis hielten auf größte Distanz zur Politik, auch wenn viele derer, die in Deutschland Politik machten, sich an ihnen orientierten (wie C. H. Becker) oder um sie warben (wie Joseph Goebbels). Auffallend ist die Zahl der Ökonomen im Kreis oder an dessen Rändern (wie Salz, Salin und der junge Kantorowicz). Allerdings besaßen sie nicht das Format eines John Maynard Keynes, der das Bindeglied darstellte zwischen Bloomsbury und der großen Politik. Ein *homo politicus* war auch Bertrand Russell, der den Pazifismus, die einzige ganz Bloomsbury gemeinsame Ideologie verkörperte; ein politisch aktiver Sozialist war Leonard Woolf.

Anders als im Kreis Georges gab es in Bloomsbury keinen Leitdiskurs, kein dominierendes Genre künstlerischer Produktion. Bildende Kunst, in erster Linie Malerei und Design, standen gleichwertig neben Literatur und Biographik. Viele Bloomsberries liebten es, die Grenzen zwischen Literatur und Malerei zu überspringen oder zu verwischen, so der Maler und Kunstkritiker Roger Fry, von dem Virginia Woolf schrieb, er habe die Literatur wie einen Teppich von der Rückseite betrachtet und übersehene Muster im Gewebe entdeckt.[27] «Kein Ding sei wo das Wort gebricht», hieß es demgegenüber bei George, und dieses Wort war Dichterwort. Alle anderen literarischen und bildnerischen Genres waren ihm nachgeordnet.

Malerei, die nahtlos überging von der dekorativen Kunst in die reine, hohe Kunst (namentlich des Porträts), spielte in Bloomsbury eine unvergleichlich größere Rolle als im Kreis Georges. Während der junge George in Paris, München und Berlin noch zahlreiche Freunde unter Malern und Graphikern (allen voran Lechter und Lepsius) hatte und in den «Blättern für die Kunst» Böcklin feierte, dominierten in späteren Jahren als Medium bildkünstlerischen Ausdrucks die Plastik (Thormaehlen, Zschokke) und die Photographie. Diese allerdings wurde, anders als in Bloomsbury mit seinen verwackelten Schnappschüssen, als eine zweite skulpturale Kunst gebraucht, eine Art Bildhauerei mit Licht und Silber.[28] Die von Döblin beobachtete Analogie des photographischen Porträts mit der Totenmaske läßt sich nirgends besser verifizieren als in der photographischen Porträtkunst des George-Kreises.

Diese knappen und insofern problematischen Bemerkungen zu den unterschiedlichen Quellen und Kontexten der Biographik in den Kreisen von Bloomsbury und der Georgeaner schließe ich mit dem Hinweis auf eine Tatsache, die beiden gemeinsam war. Viele der Jünger Georges – und übrigens der Meister selbst – sind, darauf hat Stefan Breuer unlängst hingewiesen[29], früh gestorben, meist an Stoffwechselerkrankungen. Viele aber, so muß man hinzufügen, zwar nicht der Protagonisten, wohl aber der Enkel und Epheben, sind noch jünger gestorben: von eigener Hand. Auch in Bloomsbury war die Zahl derer, die, sei's durch Krankheit, sei's durch Selbstmord, vor der Zeit starben, nicht gering. Vielleicht ist dies eines der stärksten Motive, die wirksam werden in Momenten intensiver Biographik, wie ich sie hier beschreiben wollte: der Wunsch oder die Hoffnung, durch das Schreiben von Viten den Tod fernzuhalten, den Tod aufzuschieben – wie es auch Queen Victoria mit ihren Gedächtniskabinetten versuchte, in deren Schilderung ihr Biograph gleichsam seine eigene Kunst vor den Spiegel treten ließ.

Von drei großen und merkwürdigen Biographen war die Rede, Roland Barthes, Lytton Strachey und Friedrich Gundolf – alle drei keine unumstrittenen oder gar kanonischen Größen der Historiographie, der Kultur- oder Literaturwissenschaften. Alle drei aber haben entscheidend dazu beigetragen, die Biographik des 20. Jahrhunderts zu erneuern und zu bereichern. Womit nicht gesagt sein soll, niemand außer ihnen hätte solches vollbracht; man sollte Viktor Sklovskij nicht vergessen und auch nicht Virginia Woolf. Barthes, Strachey und Gundolf haben die Biographik, die üblicherweise zu den konventionellsten und langweiligsten Genres der Literatur und der Historiographie zählt, zu einem ihrer spannendsten gemacht: indem sie sie experimentell, als Labor vergangener und künftiger Lebensstile begriffen. Daß ihre Versuche nicht zufällig in Krisen- und Aufbruchszeiten fielen – vor und nach dem Ersten Weltkrieg, vor und nach 1968 –, daran muß nicht eigens erinnert werden.

Anmerkungen

1 Zit. nach Wilhelm Schmid: Auf der Suche nach einer neuen Lebenskunst. Die Frage nach dem Grund und die Neubegründung der Ethik bei Foucault. Frankfurt/M. 1991, S. 315.
2 James Miller: Die Leidenschaft des Michel Foucault. München 1995.
3 Ausnahmen bilden seine Studien zum Fall des Familienmörders Pierre Rivière: Der Fall Rivière. Hg. von Michel Foucault. Frankfurt/M. 1975, und der kurze Text Das Leben der infamen Menschen. In: Tumult 4 (1982).
4 Roland Barthes: Sade, Fourier, Loyola. Frankfurt/M. 1974, S. 13.
5 Roland Barthes: Die helle Kammer. Bemerkungen zur Photographie. Frankfurt/M. 1985.
6 Lytton Strachey: Queen Victoria. Frankfurt/M. 1991, S. 251 ff.
7 Lytton Strachey: Biographical Essays. San Diego/New York/London (o. J.), S. 16.
8 Michael Holroyd: Carrington. Eine Liebe von Lytton Strachey. Reinbek 1995, S. 114.
9 Edmund Wilson, zit. nach Holroyd, Carrington, S. 118 f.
10 Zit. nach Holroyd, Carrington, S. 201.
11 Zit. nach Michael Holroyd: Lytton Strachey. The New Biography. London 1995, S. 429.
12 Vgl. Holroyd, Carrington, S. 124.
13 Thomas Carlyle: On Heroes, Hero-Worship, and the Heroic in History. London 1908, S. 266.
14 Peter Gay: The Naked Heart. The Bourgeois Experience. Bd. 4. New York 1995, S. 368.
15 Lytton Strachey: Eminent Victorians. London 1986, S. 10.

16 Vgl. dazu Perry Meisel/Walter Kendrick (Hg.): Kultur und Psychoanalyse in Bloomsbury und Berlin. Die Briefe von James und Alix Strachey 1924–1925. Stuttgart 1995.
17 Holroyd, Carrington, S. 366 f.
18 Lytton Strachey: A New History of Rome. In: Spectatorial Essays. London 1964, S. 13 (dt. Übers. der Passage nach Holroyd, Carrington, S. 112).
19 Holroyd, Carrington, S. 113.
20 Zit. nach Holroyd, Carrington, S. 123; die nachfolgenden Zitate ebd.
21 Strachey, Eminent Victorians, S. 10.
22 Vgl. Arnaldo D. Momigliano: The Development of Greek Biography. Harvard 1971, S. 7 f.
23 Vgl. Friedrich Gundolf: George. Berlin 1920, S. 33.
24 Dadurch erledigt sich auch die naheliegende Frage, ob man im Fall Gundolfs tatsächlich von einer Biographik reden kann oder ob man es nicht ausschließlich mit «Deutungsbüchern» nach dem Muster von Bertrams Nietzschebuch zu tun hat.
25 Vgl. die Anekdote seines Auftritts in Pontigny, in: Holroyd, Carrington, S. 248.
26 Angelica Garnett: Freundliche Täuschungen. Eine Kindheit in Bloomsbury. Berlin 1990.
27 Virginia Woolf: Roger Fry. A Biography. London 1940, S. XXX.
28 Vgl. Robert Böhringer: Mein Bild von Stefan George. 2 Bde. Düsseldorf/München 1967.
29 Vgl. Stefan Breuer: Ästhetischer Fundamentalismus. Stefan George und der deutsche Antimodernismus. Darmstadt 1995, S. 86 ff.

Helmut Lethen

Versionen des Authentischen: sechs Gemeinplätze

D-Day mit Contax

Am 6. Juni 1994 veröffentlichte die «New York Times» ein Invasionsphoto, das Robert Capa 50 Jahre zuvor um 6 Uhr 30 des D-Days vor dem Omaha Beach aufgenommen hatte. Die Redaktion versah es mit einem Kommentar von Alan Trachtenberg, Professor für American Studies und Anglistik in Yale.[1] Aufgrund welcher Bedingungen, fragt Trachtenberg, kann authentisches Erinnern in den Bilderschatz des kollektiven Gedächtnisses übertragen werden, ohne der Gefahr der Sentimentalität oder Monumentalität – naheliegende Formen, in denen Schmerz und lähmende Furcht des Augenblicks vergessen werden – zu erliegen?

Kann uns Robert Capas Photo des am Omaha Beach gestrandeten Soldaten, der sich in der Brandung schwach vor dem Hintergrund zerschossener Landungsfahrzeuge abhebt, etwas über die Bedingungen mitteilen, unter denen die Photographie einer kontingenten Situation zu einem Geschichtszeichen wird und nach wie vor den Effekt des Authentischen auslöst?

Als dieses Photo am 19. Juni 1944 im «Life»-Magazin veröffentlicht wurde, habe es, so Trachtenberg, eine gewisse polemische Qualität gehabt, insofern es in Widerspruch zu den ersten offiziellen Verlautbarungen von der Leichtigkeit der Landung die physischen Erfahrungen vom Chaos des D-Days dokumentiert habe. Capa, der mit bei der ersten Landungswelle gewesen sei, habe sich 1947 in seinen Memoiren «Slightly out of Focus» daran erinnert, das Licht der Morgendämmerung sei so grau gewesen, daß sich die Konturen der Soldaten kaum von dem von Einschlägen gepunkteten Meerwasser unterschieden hätten. Optisch sei nur das «surrealistisch» anmutende Design von Hitlers Anti-Invasions-

Abb. 1: Robert Capa: Landung der alliierten Truppen in der Normandie (1944)

Braintrust aufgefallen, die, wie er sagt, «grotesken» Stahlhindernisse, die aus dem Wasser ragten. Er selbst habe, hin- und hergerissen zwischen dem Fluchtreflex des Körpers und dem professionellen Impuls, die Situation mit seiner Contax festzuhalten, vor allem die Qualität des Lichts taxiert.[2]

Von 72 Aufnahmen, so Capa, überlebten nur elf die Hektik des Dunkelraums in London, und auch diese nur mit Hitzeblasen, den Spuren geschmolzener Emulsion, da ein Assistent die Negative während des Trocknens überhitzt habe. Das zum Jahrestag der Invasion in der «New York Times» reproduzierte Bild, die Nr. 4 der Serie, sei ein von dem Debakel der Dunkelkammer besonders malträtiertes Photo. Allerdings verstärkten die technischen Mängel, die Unübersehbarkeit des Defekts der chemischen Trägerschicht, den Eindruck der Unmittelbarkeit, weil durch sie nicht nur die riskante Situation des Brandungssoldaten sowie seines Kriegsphotographen, sondern überdies die Ereignisse der Dunkelkammer gegenwärtig seien. (Das Dunkelkammer-Argument scheint allerdings den Zeitgenossen 1944 nicht relevant gewesen zu sein. Die Redaktion verschwieg das Malheur und führte die extremen Unschärfen in der Bildunterschrift auf die «immense Erregung des Augenblicks» zurück. Das Londoner «Life»-Büro ließ Capa eine Zeitlang in dem Glauben, eindringendes Meerwasser habe den Film teilweise zerstört.³)

Das Photo zeigt, so Trachtenberg lakonisch, die Spannung zwischen Furcht und Pflicht – der Furcht des Soldaten, an Land zu kommen, der Pflicht des Photographen, dies zu dokumentieren. Die hohe Horizontlinie deute auf die niedrige Position des Photographen hin, der sich mitten im Chaos der Landung befinde. Man sehe den auf ein unbekanntes Ziel gerichteten Blick des Soldaten, den Winkel seines Kopfes, die Stellung des Unterkiefers und die nutzlos neben dem Körper schwimmende Schwimmweste. Seine Gesichtszüge kündeten von der Konzentration, die nötig gewesen sei, um inmitten des Desasters Grund unter die Füße zu bekommen: Grund in einem Sinn, der sich außerhalb des Bildes befinden müsse, da er im Bild nicht sichtbar sei. Das Photo biete keinesfalls das «Antlitz des Krieges», dokumentiere vielmehr nur den Akt der Suche nach diesem «Antlitz», die unmögliche Anstrengung, es zu sehen und zu überleben. Klingt das in der deutschen Wiedergabe pathetisch, so nicht in der «New York Times». Trachtenberg kommt zu einem Fazit, das heroische Erwartungen enttäuscht: Das Photo ermögliche die Imagination einer Person, die an einem unmöglichen Ort mit ihrer Kamera die Erfahrungen anderer teilen wolle.

Das Ritual der Erinnerung an die Tage der Invasion, für die auch nach einem halben Jahrhundert noch leicht ein stabiler Sinnhorizont konstruiert werden kann, wird in diesem Gedenkartikel von Überlegungen neuerer Medientheorien geprägt, die normalerweise die Möglichkeit des technischen Bildes, authentisch zu reproduzieren, also einen Fingerabdruck des Ereignisses festzuhalten, grundsätzlich bestreiten. In diesem Fall scheinen die Nachrichten über die medialen Bedingungen von der Contax bis zur Dunkelkammer freilich nötig, um der speziellen Leserschaft der «New York Times» die Authentizität des Ereignisses einzuschärfen.

Denn dieser Leserschaft wird es nicht anders ergangen sein als den Kulturwissenschaftlern, die an der Möglichkeit des Authentischen von Haus aus zweifeln: Wir wünschen erhöhte Aufmerksamkeit für den Aspekt des Medialen von der Mechanik der Blende und Belichtungszeiten bis zur Beschaffenheit der chemischen Trägerschicht des Films. Ist diese Bedingung erfüllt, sind zweitens auf dem Photo offizielle Insignien der Geschichte abwesend, gewährt uns drittens das Photo einen Blick in die Kontingenz der Geschichte, ermöglicht es also den Gedanken, daß sie auch ganz anders hätte verlaufen können; und ist viertens das technische Bild mit der riskanten Geste eines Körpers verbunden, zeugt es vom gefährlichen Leben dessen, der augenscheinlich keine Zeit hatte, die Einstellung seiner Kamera von einer Kunstdoktrin steuern zu lassen, so sind wir geneigt, unsere Skrupel zu vergessen und dem Bild eine gewisse Authentizität nicht abzusprechen.

Fast sogar den Rang des Erhabenen, wenn dieser pathetische Zug nicht sogleich vom amerikanischen Kommentar unterlaufen würde: Kurz nach dem Krieg habe eine Frau in einem kleinen Ort in Pennsylvania beim Lesen einer Illustrierten auf Capas Photo ihren 22jährigen Sohn Edward erkannt, der überlebt, seit 1946 als Mitarbeiter von Sozialhilfe-Organisationen in Atlanta gearbeitet habe und sich heute noch darüber wundere, daß ein Photograph es riskierte, diesen heiklen Augenblick der im Abwehrfeuer stagnierenden Landung am Strand der Normandie festzuhalten. Da es sich aber im letzten Jahrzehnt in Deutschland eingebürgert hat, die Tätigkeit eines Sozialarbeiters geradezu für einen Gegenpol zur Ästhetik des Erhabenen zu halten, betrachten wir verstört die amerikanische Pointe, die sich der ästhetischen Doktrin selbst in ihrer patriotischen Version nicht beugt.

Bertolt Brecht entdeckte seinerzeit Capas Photo im «Life»-Magazin und versah es mit einem Vierzeiler. Aus dem Emblem, das so entstand, sind sowohl die Verschwommenheit der Konturen als das Moment der historischen Kontingenz entfernt. Man liest:

«In jener Juni-Früh nah bei Cherbourg
Stieg aus dem Meer der Mann aus Maine und trat
Laut Meldung gen den Mann an von der Ruhr
Doch war es gen den Mann von Stalingrad.» [4]

Der Kommentar zu Brechts «Kriegsfibel» erläutert die Verse folgendermaßen:

«Der 6. Juni 1944 war der ‹D-Day›, der Beginn der von den Völkern Westeuropas lange erwarteten Zweiten Front. Immer wieder hinausgezögert, schickten nun doch England und Amerika ihre Soldaten über den Kanal. Die Soldaten, die am Morgen des 6. Juni aus den Landungsbooten sprangen und durch das Wasser wateten, meinten, ihr Leben für die Freiheit Europas zu geben. Sie wußten nicht, daß sie erst in den Kampf geschickt wurden, als die sowjetischen Armeen die geschlagenen Hitlerheere nach Deutschland verfolgten.»

In dieser Lesart wird Soldat Edward von welthistorischen Prozessen mediatisiert, die sich hinter seinem Rücken abspielen. Im Emblem der Fibel hat er sein individuelles Gewicht verloren. Capas Kamera ist nicht von Interesse. Ruth Berlaus Vorbemerkung zu dem Reprint von 1968 begründet diese Art der Entzifferung wie folgt:

«Dieses Buch will die Kunst lehren, Bilder zu lesen. Denn es ist dem Nichtgeschulten ebenso schwer, ein Bild zu lesen, wie irgendwelche Hieroglyphen. Die große Unwissenheit über gesellschaftliche Zusammenhänge, die der Kapitalismus sorgsam und brutal aufrechterhält, macht die Tausenden von Fotos in den Illustrierten zu wahren Hieroglyphentafeln, unentzifferbar dem nichtsahnenden Leser.»

Was «authentisch» ist, kann nicht geklärt werden. Mich interessiert, welche Verfahren den Effekt des «Authentischen» auslösen können bei einem Publikum, das die Möglichkeit von Authentizität eher skeptisch einschätzt. Soziologen bezweifeln die Möglichkeit des unvermittelten Austauschs von Personen ohne Inszenierung und soziales Rollenspiel. In den linguistisch orientierten Kulturwissenschaften hat der Begriff ebensowenig Heimatrecht wie in den Geisteswissenschaften, in denen statt dessen Zitat, Konstruktion oder Fiktionalität eine Schlüsselrolle spielen. Auch die Bürgschaft der Stimme ist entwertet; mit dem Angriff auf den Phonozentrismus nahm die Attraktion der Oral History bedeutend ab. Mit dem Eindringen des Begriffs Maskerade in die Untersuchung der Geschlechtlichkeit als sozialer Konstruktion hat der Anspruch auf Authentizität zudem auf dem Gebiet der sexuellen Identität an Überzeugungskraft verloren. Wenn keine klaren Schnittstellen zwischen Natur und sozialer Konstruktion mehr bezeichnet werden können, scheint Authentizität bestenfalls ironisch als Kriterium zur Unterscheidung verschiedener Grade der Künstlichkeit verwandt zu werden. (Carl Wege bemerkte, daß man im Schweizer Alpenroman eine «authentische» Figur daran erkenne, daß sie nach Betreten des Raums erst einmal das Radio abschalte.)

Das Authentische hat gegenwärtig denkbar schlechte Karten. Ein Blick in die Wortgeschichte ist ohnehin ernüchternd genug. Lange war das Wort in den Diskurs der Macht verwoben: Ein authentisches Siegel beglaubigte die Echtheit einer Kopie. «Bei einem eigenen Siegel, wenn es für authentisch gelten, also die Kraft der Beglaubigung irgendeiner Handlung und des darüber ausgestellten Documents haben sollte, war es erforderlich, daß der Eigenthümer des Siegels auch siegelmäßig sei, das heißt die Befugnis, ein Siegel zu führen, habe, ein Recht, welches in alten Zeiten weit eingeschränkter war als jetzt», heißt es im «Glossarium diplomaticum» von 1856.[5] Der Akt des «Authentisierens» konnte dabei auch durch Namenszeichnung oder Monogramme vollzogen werden; allerdings genügte bei Analphabeten die «Beisetzung des Creuzes». Auch das Aufschneiden oder Durchschneiden der doppelten Ausfertigung einer Urkunde mit der Schere war als notarielles Authentisieren anerkannt. Als «authentische» Interpretation galt bei Juristen die Auslegung einer Rechtsnorm oder einer Verwaltungsvorschrift durch eine neue Rechtsnorm desselben Urhebers. Der Machtaspekt der «authentischen Interpretation» wird in Zedlers Universal-Lexikon von 1732 besonders betont:

«Authentica interpretatio wird genennet, da weiter zu widersprechen, oder darinne zu critisiren, niemand erlaubt, sondern bei ihr vielmehr zu acquiesciren. [...] Wenn der Verstand zweydeutig und obscur, in welchem Fall es dem Landes Herren allein zukömmt, daß er das Rätzel auflöse, und ist ein Verbrechen der beleidigten Maiestät, wenn ein Unterthan oder sonst jemand sich dessen ohne dessen Auctorität unterfangen wolle.»[6]

Die Verstrickung des Authentizitätsbegriffs in den Obrigkeitsjargon läßt das Ausmaß und die oppositionelle Qualität der Selbstermächtigung erkennen, die in Rousseaus Anspruch eines «authentischen Menschen» liegt. In der Moderne erhält der Begriff mit der Existenzphilosophie eine Bedeutung als Äquivalent des «Eigentlichen», die bis heute auf seinen Gebrauch abgefärbt hat. Lévi-Strauss spricht von «Ebenen der Authentizität» in allen Formen des sozialen Lebens. Dabei wird seit dem ersten Drittel unseres Jahrhunderts das Wort «authentisch» oft zur Kennzeichnung der im Gegensatz zur modernen Gesellschaft in «primitiven» Kulturen noch bewahrten direkten und persönlichen Kontakte gebraucht.[7] Die existentialistisch orientierte Wende des Wortgebrauchs trifft heute auf die Skepsis verschiedener Wissenschaften, die die Möglichkeit unverstellter Unmittelbarkeit bestreiten.

Dem methodischen Zweifel am Authentizitätsanspruch kann also auch Capas Photo nicht entgehen. Zwar wird man einräumen, daß Capas Kamera in der Lage gewesen sei, ideologische Fixierungen zu unterlaufen und Bilder zu liefern, die dem regierungsamtlichen Kriegsdiskurs widersprachen. Doch gibt, nach Vilem Flusser, auch seine Contax nicht mehr her, als in ihrem «Apparateprogramm» angelegt ist.[8] Die Kamera sei ein so komplexes Spielzeug, daß die damit Spielenden, und seien es Profis, nicht durchblicken könnten. Wie andere Apparate auch, sei der Photoapparat erfunden, um spezifische Denkprozesse nachzubilden. Er liefere folglich ein «Bild von Begriffen». Das sei freilich kein Grund zur Schwermut, da die im Apparateprogramm enthaltenen Möglichkeiten erheblich größer seien als die ideologisch fixierten Ansichten der Wirklichkeit. Allerdings könne der Photograph nur innerhalb des Apparateprogramms handeln, auch wenn er nach dem Unwahrscheinlichen jage. Flusser nennt ein einfaches Beispiel: «Schwarz-weiße Sachverhalte kann es in der Welt nicht geben», weil Schwarz und Weiß Grenzfälle seien. Schwarz sei die totale Abwesenheit aller im Licht enthaltenen Schwingungen, Weiß das Gegenteil. Da schwarz-weiße Sachverhalte theoretisch seien, könne es sie in der Welt tatsächlich nicht geben; schwarz-weiße Photos dagegen schon. Denn sie seien «Bilder von Begriffen der Theorie der Optik»[9]

Es stelle also eine merkwürdige Täuschung dar, wenn Photographien als technische Bilder begriffen würden, die ihre Bedeutungen scheinbar automatisch auf ihrer Oberfläche abbilden «ähnlich Fingerabdrücken, bei denen die Bedeutung (der Finger) die Ursache und das Bild (der Abdruck) die Folge sei». Als ob das technische Bild letztes Glied einer Kausalkette sei, die es mit der Welt verbinde. Daß die Welt aufgrund der Lichtstrahlen, welche mittels mechanischer und chemischer Vorrichtungen auf empfindlichen Oberflächen festgehalten werden, eine authentische Spur hinterlassen könnte, ist ein Gedanke, den Flusser eher amüsiert betrachtet und ins Reich des magischen Denkens verbannt.

Punctum und Studium

Um so überraschender muß es wirken, daß mitten in dem akademischen Gemeinplatz der Konstruiertheit aller technischen Bilder ein Denker auftritt, dem man umwälzende Einsichten über die Zeichenstruktur verdankt und der mit einer «naiven und wilden» Geste[10] behauptet, daß es von dem Tage an, als eine wissenschaftliche Gegebenheit (die Entdeckung der Lichtempfindlichkeit von Silbersalzen) es erlaubte, die von einem abgestuft beleuchteten Objekt zurückgeworfenen Lichtstrahlen festzuhalten, tatsächlich möglich geworden ist, Ausstrahlungen des unverstellten Objektes im Medium des technischen Bildes aufzufangen und festzuhalten.

Man hat später das «Skandalöse» dieser «naiven und wilden» Intervention unterstrichen. Daß einer die Chuzpe hatte, die selbst in Gang gesetzte Phase des Strukturalismus hinter sich zu lassen, um «unbeschadet durch die Phänomenologie, die Linguistik, die Semiosis, die strukturelle Analyse usw. hindurch» zu gehen, war höchst eigensinnig.[11] Und dieser Autor selbst hat gewußt, wie «unkultiviert» seine Geste war, und die Befürchtung ausgesprochen, jetzt plötzlich «allein und mit leeren Händen» und folglich verlassen auf dem wissenschaftlichen Feld zu stehen, der Beschämungen harrend, die die Akademien in solchen Fällen bereithalten. Aber da man in diesem Buch dem Autor auf seiner Suche nach dem Blick der Mutter folgt, die Atmosphäre des Textes von Melancholie getränkt ist und Barthes überdies kurz darauf starb, konnte die Isolation dieses Werks in der Welt der akademischen Dogmen offenbar leichter überbrückt werden.

Es handelt sich um «Die helle Kammer», das letzte Buch, das Roland Barthes veröffentlicht hat.[12] In ihm findet sich die Grundannahme, daß die Photographie die Spuren der Ausstrahlung materieller Lichtpartikel von «Ereignissen von unauslöschlicher Originalität» festhalte.[13] Die Bildelemente einer Photographie, so Barthes' These, «haften» an ihren Bezugsobjekten, ihren Referenten (wie Haie, die gemäß einer Legende, die Michelet erzählte, nur gemeinsam schwimmen). Was die Photographie endlos reproduziert, habe nur einmal stattgefunden: Sie wiederhole mechanisch, was sich existentiell nie mehr werde wiederholen können. In ihr weise das Ereignis niemals über sich selbst hinaus auf etwas anderes, wie in Zeichensystemen. Sie sei die «blinde und gleichsam unbedarfte KONTINGENZ», der «ZUFALL», das «ZUSAMMENTREFFEN», das «WIRKLICHE» (alles mit Kapitälchen wie ein Transparent in den Text gehängt), sie «treibt» in die «maßlose Unordnung der Dinge».[14]

In diesen Gang des Kommentars schiebt Barthes ein Photo von Alfred Stieglitz: «Die Endstation der Pferdebahn New York 1893», als ob er – in genauer Kenntnis des Einwands, daß es sich hier um den chemisch hergestellten «Schwarz-weiß-Sachverhalt» eines technischen Bilds handelt – seinen Begriff der «Emanation», der materiellen Ausstrahlung der Objekte, an dem Dampf der Pferdeleiber in der Winterkälte einer unauslöschlichen Sekunde des Jahres 1893 illustrieren will.

Man merkt dem Schreibgestus an, wie sehr Barthes es zu genießen scheint, das schwergewichtige Theorem von der «Suspendierung des Referenten» mit einer gewissen Frivolität über Bord zu werfen. Und doch besitzt Barthes' Inszenierung der Wiederkehr des Referenten die «Form des gespenstischen Grauens», wie Derrida bemerkt.[15] Denn jede Photographie zeigt zwar Barthes zufolge materielle Spuren eines Objekts, eines Ereignisses. Aber während diese Spuren endlos reproduziert werden können, ist das photographierte Ereignis abwesend, suspendiert, für immer «verschwunden im einmaligen Gewesensein seines Geschehens». Seine Präsenz entzieht sich für immer. Photographie ist die Abbildung des «Es-ist-so-gewesen», unwiederbringlich, so groß auch die Zahl der Reproduktionen sein mag, die sie erfährt. Barthes erläutert dies an einem Photo:

«Im Jahre 1865 versuchte der junge Lewis Payne den amerikanischen Außenminister W. H. Seward zu ermorden. Alexander Gardner hat ihn in seiner Zelle photographiert; er erwartet den Henker. Das Photo ist schön, schön auch der Bursche: das ist das *studium*. Das *punctum* aber ist dies: er wird sterben. Ich lese gleichzeitig: *das wird sein* und *das ist gewesen*; mit Schrecken gewahre ich eine vollendete Zukunft, deren Einsatz der Tod ist. Indem die Photographie mir die vollendete Vergangenheit der Pose [...] darbietet, setzt sie für mich den Tod in die Zukunft. [...] Das Kinderphoto meiner Mutter vor Augen, sage ich mir: sie wird sterben [...]. Gleichviel, ob das Subjekt, das sie erfährt, schon tot ist oder nicht, ist jegliche Photographie diese Katastrophe».[16]

Dem Todesargument begegnet man in der Geschichte der Phototheorie oft genug; man kennt es aus den Schriften von Siegfried Kracauer, Walter Benjamin und Susan Sontag. Nicht darin liegt Barthes' überraschende Wende, sondern in seiner Einstellung als Betrachter *(spectator)* von Photographien, für die er in der «hellen Kammer» zwei Schlüsselbegriffe einführt, die schon im Kommentar zu Gardners Photo eine Rolle spielen: *studium* und *punctum*.

Das *studium* einer Photographie verläuft im Rahmen verschiedener Wissenschaften, die den kulturellen Code des Bildes zu entschlüsseln helfen, von der Semiotik bis zur historischen Anthropologie. Es widmet sich dem Photo als einem strukturierten Feld des Wissens. Jedes «kultivierte» Lesen eines Photos bedeutet *studium*; auch eine bis zum Äußersten getriebene strukturale Analyse bleibt im Rahmen des *studiums*. Man entziffert nach allen Regeln der Kunst: die soziologische Bedeutung der «Physiognomien», die ästhetischen Elemente der Komposition, den enzyklopädischen Rahmen, die Identität der Photographierten und natürlich auch die technischen Eigenarten des Mediums zum Zeitpunkt der Aufnahme (Verschlußzeiten, Qualitäten des Filmmaterials), den herr-

Abb. 2: Alexander Gardner: Porträt Lewis Paynes (1865)

schenden ästhetischen Code des Dokumentarischen sowie die fixen Ideen des Photographen etc. Das alles gehört zum *studium*, einer Pflicht sozusagen, und es gibt Barthes zufolge «einförmige» Photos, die dadurch restlos erschlossen werden können, weil jedes Detail des Bildes mit den Mythen des Photographen übereinzustimmen scheint. Das *studium* ist so obligatorisch wie letzten Endes beiläufig. Es gibt nicht den Ausschlag dafür, daß die Betrachtung einer Photographie zum «Abenteuer» werden kann. Das Abenteuer wird ermöglicht durch das *punctum*: Ein einzelner Punkt durchbricht wie ein «Stich» die Oberfläche, zerreißt das «Gewebe des Selbst», die «Netze oder Listen der Ökonomie» des kulturellen Codes[17], in den das Bild eingebettet ist, und trifft dich, den einsamen Betrachter. Meist ist es ein Detail, etwas «Zufälliges» und zufällig Absplitterndes, das mich – mitten im *studium*? – überfällt, und es ist fraglich, ob es ohne *studium* zu haben ist. In jedem Fall kommt es von «außerhalb des Codes», hat einen «Intensitätswert». «*Dynamis, Kraft, Latenz*» sind Begriffe, die im Zusammenhang mit dem Ereignis des *punctums* genannt werden und die es uns später ermöglichen, Anschlüsse an den Diskurs des Authentischen zu finden.

Eine Art des *punctums* haben wir bereits flüchtig erörtert: die plötzliche Gewißheit der Todesverfallenheit der photographierten Person. Zuvor aber erläutert Barthes die bestechenden Details in einer weniger dramatischen Weise, die uns mehr Spielraum gibt herauszufinden, was das *punctum* ist: Ein Detail des Photos splittert ab, besticht. Eine aufwendige Suchbewegung des Auges ist nicht nötig. So bemerkt Barthes zu einem Photo von Lewis H. Hine, das schwachsinnige Kinder in einer Anstalt in New Jersey im Jahre 1924 zeigt, daß er kaum die monströsen Köpfe und die mitleiderregenden Profile wahrnehme, ihn fessele vielmehr der «riesige Schillerkragen des Jungen, der Verband am Finger des Mädchens». Was besticht, muß nicht spontan ins Auge springen, wird oft erst nach einer gewissen Latenzzeit offenbar. Es kann während des *studiums* geschehen, ist aber auf keinen Fall Resultat einer Untersuchung. Vielmehr rühre ihn das Photo erst an, wenn er es aus seinem «üblichen Blabla entferne: aus den Kontexten von ‹Technik›, ‹Realität›, ‹Reportage›, ‹Kunst› und so weiter».[18] Dann erst bemerke er unversehens und selten genug den «kleinen sternförmigen Sprung» im Glas der Photographie.

An einem Photo, das Mapplethorpe von Bob Wilson und Phil Glass aufnahm, gelingt es Barthes nicht zu benennen, was ihn daran besticht. Fesseln ihn Bob Wilsons Blick, die Haut, die Haltung der Hände oder die

Abb. 3: Lewis H. Hine: Schwachsinnige in einer Anstalt in New Jersey (1924)

Turnschuhe? Irgendein «blindes Feld», das auch das *punctum* des erotischen Photos vom pornographischen unterscheide, führe das Verlangen nicht an ein Ziel, sondern in ein «subtiles Abseits».

Obwohl dieser junge Mann mit seinem ausgestreckten Arm, bemerkt Barthes zu einem anderen Photo, keineswegs akademischen Maßstäben der Schönheit entspricht und er, an den äußersten Bildrand versetzt, nur halb zu sehen ist, stelle sich hier das *punctum* ein. Der Photograph habe die Hand des Jungen (Barthes nimmt an, daß es Mapplethorpe selber sei) «genau im richtigen Grad des Sich-Öffnens, in der Intensität der Hingabe festgehalten: ein paar Millimeter mehr oder weniger, und der Körper, den man erahnt, hätte sich nicht mehr wohlwollend dargeboten», sondern pornographisch – das *punctum* wäre verfehlt worden.[19]

Der Einwand liegt auf der Hand, daß der raffinierte Schnitt durch Haarschopf, Augenbrauen, Backenknochen, Brustkorb und den Fingernagel des Zeigefingers nicht vergleichbar ist mit dem weißen Verband um den verletzten Finger des schwachsinnigen Mädchens. Muß die erotische Raffinesse dieses Schnitts nicht als die Bedingung des Eindrucks der

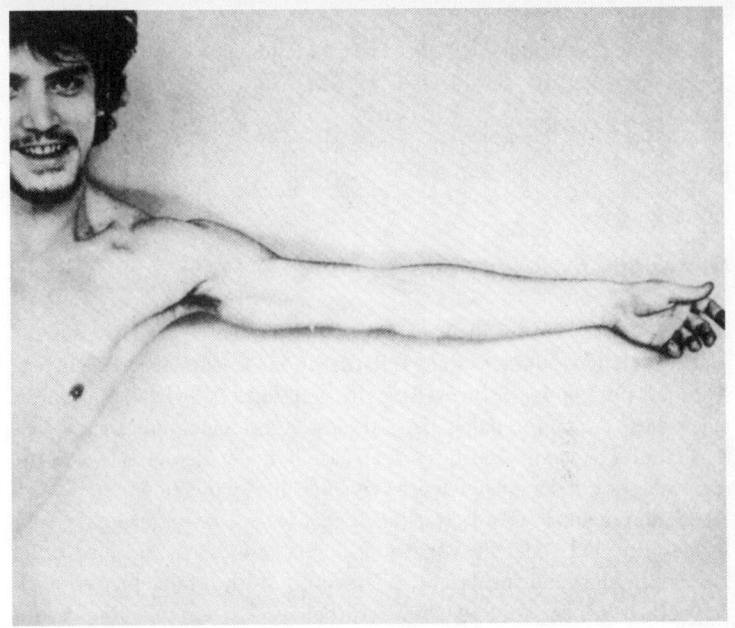

Abb. 4: Robert Mapplethorpe: Junger Mann mit ausgestrecktem Arm

«Intensität der Hingabe» begriffen werden? Das Verfahren kann im *studium* benannt werden; im *punctum* der Hand indessen konzentriert sich auch eine Gewißheit, die durch keine souveräne Schnittechnik zustande kam und nur darum besticht: Dieser photographierte Körper wird gewesen sein, so Barthes 1980.

Jede Demonstration von Barthes' *punctum* gerät in eine mißliche Lage. Derrida betonte, daß im *punctum* ein Diskurs zu einem einmaligen nicht reduzierbaren Ereignis durchstoßen werde, «zum Referenten als dem unersetzbaren Anderen»[20], dessen Authentizität keinerlei «Unterwanderung» durch die Begriffe des *studiums* dulde. Das *punctum* löse Kettenreaktionen aus, die wiederum im *studium*, wenn nicht benannt, so doch umkreist werden könnten.

Barthes hat bei seinen Illustrationen des *punctums* mit dem Risiko der persönlichen «Preisgabe» gerechnet. Die Kette der bestechenden Punkte, die Barthes uns mitteilt, läßt auf Obsessionen schließen, die wir zum

Gegenstand des *studiums* machen können. So könnten wir fragen, warum auf den wenigen Photos, die er kommentiert, auffällig häufig die Fingernägel zu dem Detail werden, das das *punctum* auslöst. Und was geschieht, wenn wir Barthes' Schrift 16 Jahre nach dem Tod des Verfassers studieren, um mimetisch sein *punctum* nachzuvollziehen?

Das Authentische im Moraljargon

Haben wir es in beiden Fällen, dem Capa-Photo in der «New York Times» und der «Hellen Kammer» Roland Barthes', mit Versionen des Authentischen zu tun? Einige Schlüsselbegriffe von Barthes' «Heller Kammer» legen diese Annahme nahe. Es sind dies: Kontingenz und Latenz, Intensität und Dynamis. Barthes versah das Photo der kleinen schwachsinnigen Wesen auf der Anstaltswiese von New Jersey mit einem merkwürdigen Kommentar: Der Betrachter, den das *punctum* treffe, sei «ein Wilder, ein Kind – oder ein Verrückter»; er lasse alles Wissen, alle Kultur hinter sich und verzichte darauf, einen von der Kultur modellierten Blick zu beerben.[21] Liegt der Rede vom «Authentischen» ein topographisches Schema zugrunde, demzufolge sich *unter* oder *hinter* kulturellen Formen «latent» Dynamisches befindet, das im *punctum* durchbricht? Der einzige historische Überblick über die Geschichte des «Authentischen» in der Literatur legt dies nahe.

1972 wurde das Buch des amerikanischen Kritikers Lionel Trilling «Sincerity and Authenticity» veröffentlicht, das 1980 unter dem deutschen Titel «Das Ende der Aufrichtigkeit» erschien.[22] In durchaus polemischer Absicht rekonstruiert Trilling den historischen Wandel von Authentizitätsformeln. Schon in diesem Ansatz ist die polemische Wucht angelegt: Er siedelt die Geschichte der «Authentizität» im Bereich der inauthentischen Konventionen an, unterwirft sie dem historischen Wandel, der ihr wie jeder anderen soziokulturellen Konstruktion widerfährt. Er beschreibt den Wandel des moralischen Idioms der Aufrichtigkeit und seine Karriere zum Authentizitätsanspruch. Er zeigt, wie historisch erschöpfte Formeln des Authentischen neuen Platz machen müssen, wie im Prozeß einer Kritik der Erschöpfung der eingebürgerten und im Rückgriff auf inzwischen verschollene Formeln der Authentizität ein treibendes Moment der Entwicklung der Künste begriffen werden kann. Die polemische Schärfe des Buchs hat einen politischen Grund. Trilling entdeckt im Begriff der Authentizität ein Schlüsselwort des «Moraljargons», mit dem ihm zufolge in den sechziger Jahren politische Exzesse legitimiert wurden.

Die moderne Karriere des Authentischen als Kriterium der Kunst sowie der Moral des ungekünstelten Lebens leitet Trilling aus verschiedenen Quellen her. Die Ästhetik des Erhabenen und der Rousseauismus des 18. Jahrhunderts, Lebensphilosophie und Reformbewegung am Ende des 19. Jahrhunderts haben für eine Aufwertung des Authentischen gesorgt. Unter seinem Stern habe im aufstrebenden Bürgertum die Entwertung der Kultur der Distanz und Zeremonialität, der Diplomatie, der notwendigen Choreographie des entfremdeten Seins in der Gesellschaft, kurz der «Höflichkeit», stattgefunden. Im Namen der Authentizität habe die Aufwertung von Unordnung, Gewalt, Schmerz und Unvernunft an moralischer Autorität gewonnen. (In diesem Zusammenhang pflegt man auf eine ursprüngliche Bedeutung des griechischen Worts «authentes» = Selbsttäter, Mörder hinzuweisen.)

Als authentisch habe im 19. Jahrhundert die «Kraft» gegolten, die die kulturellen Überbauten bis zu dem Punkt durchstößt, «an dem alle Bewegung endet und beginnt.»[23] Im ganzen 19. Jahrhundert habe die Kunst sich bemüht, ein «Gefühl des Daseins» als Vergewisserung jener Kraft zu vermitteln, die der Mensch «aus dem Stand der Wildheit» herübergerettet hat. Kunst habe zu den rituellen Übungen zu zählen begonnen, in denen man sich in die Entfremdung der Anderen versenken wollte, um sich davon zu reinigen. Dabei habe das Reinigungsritual einen durchaus paradoxen Kern: Das authentische Kunstwerk des 19. Jahrhunderts lasse den Leser, der sich darin versenkt, seine Inauthentizität erfahren und beschwöre ihn, sie zu überwinden, wobei in den großen französischen Romanen wie Flauberts «Madame Bovary» zu entdecken sei, daß wir alle ausnahmslos im Meer des Inauthentischen versunken sind.

Dabei habe sich das Authentizitätsbewußtsein im 19. Jahrhundert noch in traditionellen Genres wie der Geschichtserzählung stärken können. Seitdem Geschichte aber in zunehmendem Maße als Inbegriff des Nicht-Authentischen empfunden worden ist, hätten im 20. Jahrhundert zwei extreme Varianten des Authentischen bei den Avantgardekünstlern ihren Anhang gefunden:

1. Die Einstellung, der Stand einer «ursprünglichen Wildheit» sei im Dunkel des Unbewußten geborgen. Wahnsinn sei ein Medium des subversiv Authentischen.

2. Nachdem sich in der Reformbewegung gegen Ende des 19. Jahrhun-

derts die Einsicht eingebürgert hatte, Authentisches sei nur im «Organischen» anzusiedeln, nie im Umkreis der Maschinen, seien mit den italienischen Futuristen Artisten aufgetreten, für die plötzlich alles Mechanische die Authentizität des modernen Lebens verbürgen sollte.[24] Wie man weiß, hat die Ästhetisierung des Kriegs dann beide Varianten, die «ursprüngliche Wildheit» und die Feier der Technik, zusammengeschlossen.

Kein Zweifel, daß Lionel Trilling diese Karriere des Authentischen als fatal einschätzt, weil sie den Extremismus fördert. Er hält dieser Strömung Erkenntnisse von Diderot, Goethe und Hegel entgegen und betont die Erkenntnis von der notwendigen Entfremdung des Selbst in seinem gesellschaftlichen Dasein, plädiert mit Nietzsches und Oscar Wildes Einsichten in den Nutzen der Maske für den zivilen Umgang der Menschen und findet einleuchtende Argumente gegen das destruktive Ideal eines «unentfremdeten Daseins».

Gegen die Artisten-Attitüden der Romantisierung des Wahnsinns einerseits, der Überbietung der Entfremdung durch äußerste Isolation andererseits empfiehlt Trilling im letzten Satz seines Buchs, die Mühsal unspektakulärer Hilfe auf sich zu nehmen, einzugreifen, «Opfer zu sein, mit dem Rabbi zu streiten, zu predigen, Schüler zu gewinnen, auf Hochzeiten und Begräbnisse zu gehen, irgendetwas zu beginnen und an einem gewissen Punkte festzustellen, daß es zu Ende ist.» Ein Zitat?

Trillings Buch war in Deutschland kein nachhaltiger Erfolg beschieden. In diesem Land entspricht die übersteigerte Aufwertung des Authentischen immer noch der Verteufelung aller Phänomene notwendiger Entfremdung. Trilling zerbricht dieses vertraute Denkschema. Denn es hat sich schon zu lange eingebürgert, Triebregung und soziale Konvention, unentfremdetes Sein und gesellschaftliche Rolle als feindliche Pole zu begreifen. Der Gedanke, daß sich menschliche Triebregungen nur in der Künstlichkeit sozialer Figurationen auf eine humane Art entfalten können, daß «Künstlichkeit im Handeln, Denken und Träumen, das innere Mittel ist, wodurch der Mensch als lebendiges Naturwesen mit sich in Einklang steht»[25]; daß schließlich das Psychische sich im fremden Medium der symbolischen Ordnung verlieren muß, um zu sich zu gelangen, und die Individuen sich der sozialen Maskerade, der Zeremonien und Rituale bedienen müssen, um sich einen Freiheitsspielraum zu verschaffen – diese Denkfiguren bilden auch heute den äußersten Gegenpol zum Authentizitätsdenken.[26] Trillings Überlegungen lösen sich von der Topographie des Denkens in den Diskursen des Authentischen: von der trennscharfen Aufteilung in zivile «Oberfläche» des Verhaltens und wilde Tiefendimension, in kulturelle Konstruktion und ein latentes Reich der «Dynamis», in Inszenierungen und Maskeraden im Reich des Uneigentlichen einerseits, ein rauhes Selbst andererseits. Diesem Leitbild hält Trilling Freuds Erkenntnis entgegen, wie tief das «Es» ins Inauthentische verstrickt, wie durchlässig die Grenzen der Instanzen des psychischen Apparats seien.

Einige Authentizitätsformeln, deren Herausbildung Trilling im 19. Jahrhundert beobachtet, sind auch heute nicht aufgebraucht. Ihre Widerständigkeit kann auf die Doppelpoligkeit ‹authentischer› Erfahrung zurückgeführt werden. Denn nicht nur das «wilde Verlangen» wird als unverstellt erfahren, sondern auch das «rauhe Gebot», das es mechanisch unterdrückt. Mit dem ungezügelten Wunsch kommt der «herbe Schmerz» der Versagung in den Rang des Authentischen. Begierde *und* Zucht – im rohen Zustand haben beide die Chance, als authentisch zu gelten, solange das Reich des sublimiert zivilen Verhaltens als Form der Selbstentfremdung begriffen und abgewiesen wird. Ist von dieser Überlegung aus zu verstehen, warum vor allem Schmerz in unserer Kultur als ein sicherer Indikator eines authentischen Ausdrucks gilt?

Während das trügerische Glück leicht in den Verdacht der Maskerade gerät, erscheint der Mensch im Schmerz als maskenloses Wesen, an keine Regeln der Inszenierung gebunden. Dabei gilt die unfehlbare Sicherheit, mit der der Ausdruck des Schmerzes einem stereotypen Schema folgt, als Indiz für seine Echtheit. Groß ist die Irritation, wenn erkannt wird, daß andere Kulturen andere Konventionen des Schmerzausdrucks kennen und sie auch in der eigenen Kultur historischem Wandel unterworfen sind.

Die Literaturgeschichte zeigt, daß das Experiment mit den Konventionen des Schmerzausdrucks ein probates Verfahren ist, um den Effekt des Authentischen immer wieder auszulösen. So verwirft zum Beispiel Ernst Jünger in seinen Kriegstagebüchern die konventionellen Formeln, um im Rückgriff auf romantische Metaphern des Grauens die neue Schmerzerfahrung des Ersten Weltkriegs zu vermitteln. «Das Authentische», befand Karl Heinz Bohrer, stellt Jünger her, indem er alle «bis dahin geltenden Regeln des Humanen ins ‹Grauen›» umkehrt.[27] Auch diese Konstruktion folgt der Topographie des Authentischen, die sich im 19. Jahrhundert herausgebildet hat: Unter der zivilen Oberfläche der geltenden Regeln des Humanen wird rohe Tötungslust angesiedelt, der Jüngers Authentizitätsformeln zum «unverstellten» Ausdruck verhelfen wollen. Die Reaktionen vieler Leser aus den unterschiedlichen politischen Lagern der Weimarer Republik bestätigen, daß trotz (oder wegen) des Einsatzes manieristischer Stilmittel die mit jeder neuen Auflage verfeinerten Tagebücher Ernst Jüngers für die «authentischsten» Dokumente der Kriegserlebnisse gehalten wurden. In seiner Schrift «Über den Schmerz» billigt Jünger Photographien «Urkundencharakter» zu und erkennt im Photoapparat ein Werkzeug zur Herstellung authentischer Wahrnehmung, weil das Gerät seine Art des «grausamen Sehens» nachzuvollziehen vermag. Die Auslagerung des «grausamen Sehens» in die Welt der Geräte gibt ihm die wertneutrale Qualität einer technischen Norm; die Rückübertragung des Vermögens der Geräte auf die menschliche Wahrnehmung entlastet diese von den Einsprüchen der Moral. Man sieht, welche komplizierten Vermittlungen, Projektionen und Rückgriffe auf raffinierte romantische Stilformen geduldet werden, wenn der Wunsch nach Unverstelltem erfüllt werden soll.

Das Fremde als Residuum des Authentischen

Das größte Aufsehen hat die Krise des Authentizitätsbegriffs auf einem Sektor der Kulturwissenschaften erregt, der viele Jahrzehnte für Authentizität zuständig gewesen zu sein scheint. Wenn sich der Wunsch nach Authentischem im 19. Jahrhundert, wie Lionel Trilling vermutet, ein Reich ursprünglicher Wildheit, Ganzheit und Intensität zu erschließen suchte, so kann es erstens nicht verwundern, welchen außerordentlichen Ruf die Ethnologen als Experten für das zutage liegende Authentische jenseits der europäisch-amerikanischen Kultur genossen, und zweitens nicht, daß die Avantgardekünstler unermüdlich die Affinität ihrer Formenwelt mit derjenigen «primitiver» Stammeskulturen betont haben.

Die «Mythen des Anderen», die auf diese Weise in der ersten Hälfte unseres Jahrhunderts in der Ethnologie entstanden, wurden in den sechziger und siebziger Jahren von einer jüngeren Generation amerikanischer Ethnologen entzaubert. Man entdeckte jetzt in den eindrucksvollen Aufzeichnungen der Pioniere der Feldforschung wie Bronislaw Malinowski und Margaret Mead die «rhetorischen Konstruktionen eines homogenen Anderen, das der Stabilisierung des eigenen Selbst» gedient habe.[28] Wie schon in Lionel Trillings Studie über die Geschichte der Authentizitätsformel wird auch unter den kritischen Ethnologen Joseph Conrads «Heart of Darkness» zum Schlüsseltext, mit dessen Hilfe ein

Ausweg aus dem Dilemma der authentischen Darstellung des Fremden gefunden werden soll. Im Fall der Ethnologen wie des Literaturhistorikers scheint nur Ironie einen Ausweg zu bieten – Ironie, die entsteht, wenn die Reflexion des inauthentischen Darstellungsmediums den Akt der Wahrnehmung begleitet.

Am 9. Juli 1984 schrieb James Clifford vom Forschungsprojekt «History of Consciousness» der Universität von Santa Cruz eine Ansichtskarte aus dem Jardin des Plantes in Paris, auf der er meldete, daß sich in Frankreich neuerdings die «primitive» Malerei aus Haiti großer Beliebtheit erfreue.[29] Es sei auch alles so naturgemäß. «Ein Freund erzählte mir, er habe einmal beobachtet, wie ein haitianischer Künstler die undurchdringlichen Wälder von ‹Guinea›, das als Ursprungsort gilt, mit einer Reproduktion von Henri Rousseau als Vorlage in der Hand gemalt habe». Zwar gebe es auf Haiti keinen afrikanischen Dschungel, und der malende Zöllner habe ihn selbst auch nie gesehen. In jedem Fall hätte eine Kopie des Anblicks tropischer Pflanzen im Botanischen Garten in Paris genügt, um sich ein «karibisches Selbst» zu verschaffen.

Kurze Zeit später greift Clifford das Konzept einer Ausstellung im Museum of Modern Art in New York an, die im Winter 1984/85 unter dem Titel «Primitivismus in der Kunst des 20. Jahrhunderts» stattgefunden hat.[30] Diese Ausstellung hatte es sich zur Aufgabe gemacht, elementare Übereinstimmungen der Avantgardekunst mit Objekten primitiver Stammeskulturen zu demonstrieren. Aber selbst verblüffende formale Affinitäten zwischen Picassos Mädchen vor dem Spiegel aus dem Jahre 1932 und einer Kwakiutel-Maske können den jungen Ethnologen nicht mehr überzeugen. Sein Mißtrauen gegen die behauptete «Identity of Spirit» führt zu einem Rundumschlag. Gerade im Gleichklang der Mythen, die von den klassischen Ethnologen entworfen wurden, mit jenen der europäischen Avantgarde liegt für ihn der Hund begraben. Welche Simplifikationen liegen den Konstrukten eines unverfälschten Kerns des Menschlichen unter der Decke der Zivilisation zugrunde? James Clifford macht auf den Furor der Selektion aufmerksam, mit der die Initiatoren der Ausstellung alle Objekte des Naturalismus der Stammeskulturen, ja auch modernistische Tendenzen in den Kulturen der Dritten Welt ausschließen mußten, weil sich ihre These nur an gereinigten Phänomenen beweisen ließ. Momente der Mischkultur sowie verunreinigende Spuren, die von der Präsenz und Arbeit des Ethnologen berichten, wurden ausgeschlossen. Nur selten fand man sie in den Völkerkundemuseen des alten Typs: die Männer auf Samoa, die während der Zeremonien ihre

Armbanduhren anbehalten, die Gesichtsbemalungen, die die Trobriander für ein Cricket-Match auftragen. Die Verunreinigungen wurden im Namen der Authentizität weggewaschen – abwesend waren naturgemäß auch die satirischen Figuren, welche Stammesmitglieder von den weißen Ethnographen anfertigten. Als ob diese Verunreinigungen die Erschöpfung oder gar den Tod und nicht das Leben der Kulturen in ihrer Kraft des Assimilierens signalisierten.[31] Clifford führt uns in das moderne Völkerkundemuseum und zeigt uns die dezent ausgeleuchteten Monumente der Stammeskulturen in ihren großen Plexiglaskuben, für den Kenner der klassischen Moderne Stück für Stück eine Delikatesse, und konfrontiert diese Inszenierung mit einer Photographie vom Inneren der Hütte eines Indianerhäuptlings – ein Raritätenkabinett: Illustriertenblätter an der Wand, Konservendosen, die amerikanische Flagge... Ein anderes polemisches Photo zeigt ein Mädchen mit den verbrauchten Blitzlichtlampen des Ethnologen als Kette um den Hals.

Der jüngere Ethnologe sucht sein Heil in der Ironie und benutzt die Photographie als Medium der Selbstreferenz. Damit findet er Anschluß an eine gegenwärtig dominierende Strömung in den Geisteswissenschaften, und es gelingt ihm, sich von den Ethnologen der klassischen Moderne zu distanzieren. Das photographierte Objekt bleibt naturgemäß von diesem Reflexionsgewinn ausgeschlossen.

Die Polemik von Geertz, Clifford und anderen Rebellen im Lager der Ethnologen hatte unabsehbare Auswirkungen auf andere Gebiete der Kulturwissenschaften. In verhängnisvoller Kollaboration mit der europäischen Avantgarde habe sich, so Clifford, in der ersten Hälfte des Jahrhunderts unter den Ethnologen ein Authentizitätsbegriff herausgebildet, in dem man heute die Fiktion des reinen anderen erkennen kann. Es ist eine so radikale wie einfache Geste, mit der die europäische Avantgarde den Zerfallsprozeß der Moderne durch Rückgriffe auf fremde, homogen erscheinende Kulturen aufzufangen oder zu beschleunigen versuchte.[32]

In unserem Zusammenhang interessiert der Wandel der Authentizitätsformel, der nach dieser Kritik festzustellen ist. Gesucht wird nicht länger das «absolut Andere», diese schöne Konstruktion aus «Äquatorschatten und Dschungelfinsternissen [...] das undurchsichtige Andere, unerreichbar hinter verspiegeltem Glas am Ende der großen Suche», wie Clifford Geertz spöttisch formuliert.[33] Dies so wenig wie die Konstruktion einer völlig durchsichtigen Welt manifester Vitalität...

Schon Lévi-Strauss hatte erkannt, daß das *völlig* andere, zum Beispiel der von kultureller Arbeit absolut unberührte Naturraum, zwar Erschrecken und Angst, aber auch große Gleichgültigkeit erzeugen kann: Er ist so «eintönig», daß seine «Wildheit jeden signifikanten Wert verloren hat». Ein solche Landschaft «verschließt sich dem Menschen, vergeht unter seinem Blick, statt ihn herauszufordern.» Der Wahrnehmende verliert offenbar das Interesse an einer Botschaft, wenn eine gewisse Grenze des «maximalen Informationszuflusses» überschritten ist und die Informationsdichte der Botschaft ein Wiedererkennen von Gestalten verhindert.[34]

Liegt die Chance in der ironischen Rede des selbstreflexiven Forschers? Ist damit die Suche nach dem Authentischen an ein Ende gekommen, oder hat sich ihr Fokus bloß verschoben auf die Devise: Nur in Mischformen ist der Mensch ganz echt!?

Diese neue Authentizitätsformel findet sich in der Einleitung des letzten Buchs von Stephen Greenblatt, «Wunderbare Besitztümer. Die Erfindung des Fremden: Reisende und Entdecker», in Form einer Anekdote, der Form übrigens, die, hinreichend provisorisch, zwischen der blinden Abfolge begrenzter Augenblicke und umfassender Strategie situiert, zur einzig angemessenen literarischen Behausung für das Authentische geworden ist:

«Im August 1986 stolperte ich, ganz Tourist während meiner ersten balinesischen Nacht, auf mondlichtbeschienenen Pfaden durch die von Glühwürmchen glitzernden Reisfelder. Nach einer Weile gelangte ich zu einem kleinen Dorf, das ich in der Dunkelheit weniger an seinen flachen, halb verborgenen Hütten erkannte denn am wütenden Gebell der Hunde, die meine Ankunft weithin hörbar vermeldeten. Ich sah einen erleuchteten *bale banjar*, einen jener Gemeindepavillons, in denen – wie ich aufgrund meiner Lektüre von Clifford Geertz und Miguel Covarrubias und Gregory Bateson und Margaret Mead wußte – die Balinesier sich des Abends versammeln. Als ich näher kam, bemerkte ich, daß das Licht von einem Fernseher stammte, den die Dörfler auf den Fersen oder im Schneidersitz hockend umringten, und dessen Sendung sie mit großer Spannung verfolgten. Nachdem ich meine erste Enttäuschung überwunden hatte, folgte ich der gestikulierend ausgesprochenen Einladung, ebenfalls auf die Bühne zu klettern und mir die Sendung anzusehen: Es handelte sich um Videoaufnahmen von einer üppigen Tempelzeremonie. Durch aufgeregte Zwischenrufe und wiederholte Lachanfälle stutzig geworden, erkannte ich in der leutseligen Menge der Fernsehzuschauer einige Tänzer wieder, die in ekstatischer Trance über den Bildschirm tobten».[35]

Greenblatt registriert die «Assimilation des Anderen» ohne die Schwermut, den Ärger oder die Purifizierungssucht, die sich traditionellerweise bei den Hütern des Authentischen einzustellen pflegte, wenn sie Gemischtem begegneten. Die Leute im Pavillon benutzen laut Greenblatt die japanischen Repräsentationstechnologien auf «eine so kulturspezifische und eigensinnige Weise»: zur Erhöhung der Freude «an der Selbstrepräsentation». Wenn Greenblatt auch nicht generalisieren möchte, so beobachtet er in diesem Fall doch «kraftvolle Assimilationsmechanismen», die «wie Enzyme die ideologische Zusammensetzung der von außen eindringenden Stoffe verändern». Die Fremdkörper verschwänden nicht völlig, aber sie würden (hier beruft sich Greenblatt auf seinen Kollegen Homi Bhabha) in ein «Dazwischen» gezogen, «in eine Zone der Überschneidung, in der alle kulturell festgelegten Bedeutungen durch eine unaufgelöste und unauflösliche Hybridität in Frage gestellt werden.»

Wenn das so ist, so wäre authentisches Leben vor allem im gemischten Ensemble zu suchen, zwischen amerikanischem Stromgenerator, Zirkulation ausländischer Währung, Zollbürokratie von Jakarta und japanischem Videogerät. Oder anders gewendet: Wo, wenn nicht in diesem «Dazwischen», wären Indizien von Intensität und Ganzheit zu finden?

Auf jeden Fall werden jetzt Romane nach Maßgabe der neuen Authentizitätsformel geschrieben, wie ich einer Skizze des Schauplatzes von Louise Erdrichs Roman «Der Bingo-Palast» über ein Reservat der Chippewa in North Dakota entnehme.[36] Die Autorin ist – Clifford hätte sie nicht besser erfinden können – Tochter eines Deutschen und einer Indianerin. Der Bingo-Palast ist ein großer Halbzylinder aus Wellblech inmitten eines unbefestigten, mit Glasscherben übersäten Parkplatzes an der Straße nach Hoopdance – eine fabrikähnliche Armseligkeit, die nur nachts, im Schein der Lichterkette, erahnen läßt, welcher Zauberkraft seine Besucher im Inneren erliegen. Die Spielhalle vereint Grandmas und ihre Enkel, Reservatsheriffs und kleine Diebe, gerissene Geschäftemacher und geborene Verlierer. Sie tragen Boots und Jeans, in denen sich ihre Hüften «stolz und mit trägem Vergnügen bewegen, geschmeidig, wie in Getriebeöl gebadet», und starren gebannt auf die kleine Bühne mit der Ballmaschine, die über das große oder kleine Glück entscheidet... Eine Beschreibung, die nach einer Kamera des italienischen Neorealismus schielt.

Museale Autorität

Es ist kein ruhiges Feld, das wir auf der Suche nach gegenwärtig kursierenden Authentizitätsformeln betreten. Ein sicheres Kriterium zur Orientierung ist Authentizität offenbar nicht. Unruhig wandern ihre Formeln von einem Ort zum anderen. Es gibt immer exklusivere Kultzonen, in denen nur besonders raffinierte Mediencollagen als authentisch gefeiert werden, sei es der Distinktion halber, sei es in der Folge der Denkfigur von Kleists Aufsatz über das Marionettentheater.

Diese Unruhe wird durch gegenläufige Strömungen verursacht: auf der einen Seite wissenschaftliche Nachweise, daß alle Vorstellungen von Identität, Echtheit und Autorschaft im besten Fall nützliche Fiktionen seien; auf der anderen Seite ein wahrer Furor der Echtheitsnachweise, geradezu tragische Zerwürfnisse zwischen Kuratoren und Restauratoren der Museen und gleichzeitig Schübe des «Willens zu einem unentfremdeten Selbstsein», in den neunziger Jahren so heftig wie in den siebzigern, in Alternativkultur und Philosophie. Am ärgsten scheinen die Museumsleute, die den Ruf verteidigen müssen, Hüter authentischer Dinge zu sein, von dieser Unruhe gebeutelt zu werden, während die Literaturwissenschaft, die das Problem der Autorschaft weitgehend abgeschafft, an die Editoren historisch-kritischer Ausgaben oder an Biographen delegiert hat, relativ unbehelligt bleibt – wenn nicht plötzlich ein ungewöhnliches Tagebuch wie das von Victor Klemperer oder ein Reisebericht wie der von Peter Handke die Frage des Authentischen vehement aufwirft. Setzt sich die Ansicht von der Simulation der Medien in akademischen Kollektiven durch, so ist die Chance groß, daß plötzlich der Mythos des unschuldigen Auges bei ihnen wieder seinen Auftritt feiert.

Die Ansicht, daß Museen Behälter authentischer Dinge seien, hat Oswald Wiener zufolge dazu geführt, daß authentische Dinge museal zu sein scheinen. Dem Streit amerikanischer Museumsfachleute entnehme ich eine Formel, die schlicht soziologisch daherkommt, aber ein neues Licht auf unser Problem wirft: «Authentizität», so heißt es in einem Buch aus dem Jahre 1991, «ist keine Frage der Faktizität oder Realität. Es ist eine Frage der Autorität»[37]. Da die Dinge selbst nicht über Autorität verfügen (es sei denn im Umkreis des magischen Denkens), entspringe ihre Authentizität einer Unterwerfung unter die oder freiwillige Anerkennung der Autorität einer Stimme, eines Konzepts der jeweiligen Ausstellungsmacher. Mit dieser Wendung wären wir unversehens bei der alten Bedeutung des Begriffs angelangt: Nur mit dem Siegel einer Autorität wird etwas authentisch, so wie die Reliquie des Heiligen erst durch die beglaubigende Beischrift einer dazu befugten kirchlichen Institution authentisiert wurde. Jetzt wird also wieder das transitive Verb «authentisieren» in seiner alten Bedeutung bedacht: Dinge werden authentisch gemacht und, solange die Autorität unbestritten ist, von einem Publikum, das diese Autorität akzeptiert, auch für authentisch gehalten. Dinge, Haltungen und Kunstwerke werden so lange für authentisch gehalten, wie die Autorität ihrer *sozialen Inszenierung* als unproblematisch erscheint.

Der Ort der Ordnung

Am 16. Dezember 1995 lese ich im «Tagesspiegel» (die Angaben der genauen Daten meiner Zeitungslektüre haben den durchsichtigen Zweck, meine Ausführung zu authentisieren) einen interessanten Artikel über die Wiedereröffnung des Kunst- und Naturalienkabinetts der Franckeschen Stiftungen in Halle. In der 1700 fertiggestellten Waisen- und Armenanstalt des Pietisten August Hermann Francke findet sich eine soeben rekonstruierte Lehrmittelsammlung von 2500 Gegenständen, die von Wissenschaftlern als eine der letzten «Wunderkammern der Barockzeit» begrüßt wird. Im Kabinett befindet sich der ausgestopfte Alligator neben dem Modell einer Pfahleinramm-Maschine, das grönländische Eskimokajak neben Hüten aus Borneo, in Spiritus konservierte menschliche Embryonen neben dem Holzmodell eines Zahnradgetriebes. Erstaunlich ist der Kommentar. Thomas Medicus läßt – in Kenntnis der Diskussionen über den Zusammenhang von kulturellem Gedächtnis, Museen und Authentizität – seinen Artikel (ironisch oder allen Ernstes) mit dem Satz beginnen: «Man muß kein ins Innere Afrikas vordringender Livingstone sein, um sich ins zwei Autostunden von Berlin entfernte Halle zu begeben.» Nach der Beschreibung der «vormodernen Ganzheitlichkeit» des Raritätenkabinetts gelangt er zu dem Fazit:

«Die Franckesche Sammlung in Halle dokumentiert den Scheitelpunkt einer Entwicklung, an der sich lebendige Überlieferung mittels authentischer Objekte und das papierene Gedächtnis von Archiven und Bibliotheken noch die Waage hielten. Zwar erlaubt das momentane Gleichgewicht von Gutenberg-Galaxis und elektronischen Medien keine Prognosen. Immer deutlicher aber taucht aus dem Meer von Druckbuchstaben und elektronischen Daten die Sehnsucht nach der Authentizität der Objekte auf, wie sie im Franckeschen Kunst- und Naturalienkabinett zu bewundern sind.»

In drei Sätzen wird der ganze Radius des gegenwärtigen Gebrauchs des Worts «authentisch» umrissen, seine polemische Rolle in der Diskussion um die Schriftkultur so gut wie seine Entgegensetzung zu elektronischen Datennetzen. Aber wahrscheinlich ist der Begriff «Sehnsucht» noch das Präziseste sowohl des Kommentars wie unserer Überlegungen – Genaueres läßt sich zur Authentizität nicht sagen. Zumindest scheint das ihr erstes Merkmal. Daß sie nur dort an ihr Ziel kommen soll, wo sie das Netz der Moderne durchstößt, um sich im vormodernen Naturalienkabinett zu finden, zeigt, wie sehr die Sehnsucht von der vorgeschriebenen Topographie des Diskurses über das Authentische geprägt ist. Zwar geschah die Rekonstruktion des vormodernen Naturalienkabinetts auch in Halle mit moderner Technologie, aber – wie es im Kommentar heißt – man sei «in die mysteriöse Sammlungs-Ordnung vorgedrungen wie in eine ägyptische Grabkammer».

Von Barthes bis zu den Ethnologen, immer die gleiche Topographie des Authentischen, immer liegt es *unter* einem modernen Konstrukt, das als Oberfläche begriffen wird, die durchdrungen werden muß. Das ist immer noch ein gemeinsames Merkmal der gegenwärtig flottierenden Authentizitätsformeln. Ich zögere, ein weiteres zu nennen. Im Kommentar zu dem Capa-Photo, in Roland Barthes' Erläuterungen des *punctum* und in Stephen Greenblatts Überlegungen spielte das Element der Kontingenz eine entscheidende Rolle. Also ein Element, das weder notwendig noch unmöglich ist, einer (wie Musil meinte) «ungesetzlichen Notwendigkeit» ausgeliefert, «wo eins das andere gibt, nicht zufällig, aber doch in der durchreichenden Aneinanderkettung von keinem Gesetz beherrscht».[38]

Schon wollte ich als Pointe behaupten, Kontingenz sei das neue Zauberwort, das Ereignisse und Orte authentisiert, als mich der Kommentar von Thomas Medicus am 16. Dezember 1995 eines Besseren belehrte. Die Formel war schon weitergewandert. Uns erscheint heute die Ordnung im Naturalienkabinett als kontingent, also als eine, die auch anders möglich ist, weil sie keinen notwendigen Existenzgrund hat. Was die Dinge aber damals – in der vormodernen Welt – authentisiert hat, war die Vorstellung eines zusammenhängenden Organismus der Autorität der göttlichen Weltordnung, in dem alle Dinge ihren Ort haben. Sie brauchen nicht vom Menschen authentisiert werden. Das wäre eine denkwürdige Wende in der Geschichte der Authentizitätsformeln: Der Mensch wäre entlastet von der Anmaßung, die Dinge eigenmächtig wie sein Selbst zu authentisieren.

Anmerkungen

1 Alan Trachtenberg: Bullets Tore Holes in the Water. In: The New York Times (6.6.1994), S. A 11.
2 Vgl. Richard Whelan: Die Wahrheit ist das beste Bild. Robert Capa, Photograph. Eine Biographie. Köln 1989, S. 287–294.
3 Whelan, Die Wahrheit ist das beste Bild, S. 293.
4 Bertolt Brecht: Kriegsfibel. Berlin 1968, Bild 53.
5 Glossarium diplomaticum. Gotha 1856, Bd. 1, S. 219. Für die wortgeschichtlichen Hinweise danke ich Tilo Propp.
6 Johann Heinrich Zedler: Grosses vollständiges Universal-Lexikon (1732). Photomechanischer Nachdruck, Graz 1993, Bd. 2, Spalte 2265.
7 Joachim Ritter (Hg.): Historisches Wörterbuch der Philosophie. Darmstadt 1971
8 Vilem Flusser: Für eine Philosophie der Fotografie. Göttingen 1992.
9 Ebd., S. 38.
10 Wolfgang Kemp: Theorie der Fotografie III, 1945–1980. München 1983, S. 32.
11 Jacques Derrida: Die Tode des Roland Barthes. In: Hans Horst Henschen (Hg.): Roland Barthes. München 1988, S. 31–75. Den Hinweis auf diese Schrift und viele Anregungen verdanke ich den Diskussionen mit Arne Klawitter.
12 Roland Barthes: Die helle Kammer. Bemerkung zur Photographie. Frankfurt/M. 1989.
13 Derrida, Die Tode des Roland Barthes, S. 55.
14 Barthes, Die helle Kammer, S. 12–14.
15 Derrida, Die Tode des Roland Barthes, S. 56; das nachfolgende Zitat ebd., S. 37.
16 Barthes, Die helle Kammer, S. 106.
17 Derrida, Die Tode des Roland Barthes, S. 37; das nachfolgende Zitat ebd., S. 61.
18 Barthes, Die helle Kammer, S. 65; das nachfolgende Zitat ebd., S. 59.
19 Barthes, Die helle Kammer, S. 68 ff.
20 Derrida, Die Tode des Roland Barthes, S. 31.
21 Barthes, Die helle Kammer, S. 60.
22 Lionel Trilling: Das Ende der Aufrichtigkeit. München 1980.
23 Trilling, Das Ende der Aufrichtigkeit, S. 20.
24 Ebd., S. 122.
25 Helmuth Plessner: Die Stufen des Organischen und der Mensch. Berlin 1965, S. 316 ff.
26 Helmut Lethen: Verhaltenslehren der Kälte. Lebensversuche zwischen den Kriegen. Frankfurt/M. 1994.
27 Karl Heinz Bohrer: Die Ästhetik des Schreckens. München/Wien 1978, S. 143.
28 Clifford Geertz: Die künstlichen Wilden. Der Anthropologe als Schriftsteller. München/Wien 1988. Die Hinweise auf die Diskussionen in der amerikanischen Ethnologie verdanke ich Carrie Asman.

29 James Clifford: The Predicament of Culture. Harvard 1988, S. 184.
30 James Clifford: Histories of the Tribal and the Modern. In: Clifford, The Predicament of Culture, S. 189–214.
31 Ebd., S. 201.
32 Wolfgang Eßbach: Das Formproblem der Moderne bei Georg Lukács und Carl Schmitt. In: Dirk van Laak et al. (Hg.): Metamorphosen des Politischen. Berlin 1995, S. 137–155.
33 Clifford Geertz, Die künstlichen Wilden, S. 71.
34 Zit. nach Götz Großklaus: Natur-Raum. Von der Utopie zur Simulation. München 1993, S. 82.
35 Stephen Greenblatt: Wunderbare Besitztümer. Die Erfindung des Fremden: Reisende und Entdecker. Berlin 1995, S. 12; die nachfolgenden Zitate ebd., S. 13.
36 Harald Jähner: Glücksspiele im Zwischenreich. In: FAZ (2. 11. 1995), S. 38.
37 Spencer R. Crew/James E. Sims: Locating Authenticity: Fragments of a Dialogue. In: Exhibiting Cultures: The Poetics and Politics of Museum Display. Smithsonian 1991, S. 159–175.
38 Robert Musil: Das hilflose Europa oder Reise vom Hundertsten ins Tausendste. In: Gesammelte Werke. Hg. von Adolf Frisé. Bd. II. Reinbek 1978, S. 1075–1094, hier S. 1081; vgl. dazu Michael Makropoulos: Haltlose Souveränität. In: Manfred Gangl/Gérard Raulet (Hg.): Intellektuellendiskurse in der Weimarer Republik. Frankfurt/New York 1994, S. 197–214.

Heide Schlüpmann

Am Leitfaden der Liebe: Philosophie und Kino

Die feministische psychoanalytische Filmtheorie, die in den siebziger und achtziger Jahren sich entfaltete, ist heute zum Stillstand gekommen. Diese Theorie konzentrierte sich auf die Frage des Blicks im Kino, den sie als männlich kritisierte. Die Erkenntnis der Dominanz des männlichen Blicks und seiner Einschreibung in die Filme ließ nach der Position der Zuschauerin im Kino fragen, ohne diese Frage mit Hilfe der Psychoanalyse beantworten zu können.

Die feministische kritische Theorie hatte sich am Hollywoodkino gebildet. Die Wiederentdeckung des frühen Kinos in den achtziger Jahren bedeutet eine Revolutionierung der Ansichten vom männlichen Blick im Kino. Offenbar hatten wir es vor dem Ersten Weltkrieg mit einer Filmproduktion zu tun, die in weiten Teilen für ein weibliches Publikum gemacht war und die jedenfalls die Dominanz des männlichen Blicks nicht kannte. Ich habe das in dem Buch «Unheimlichkeit des Blicks. Das Drama des frühen deutschen Kinos» (1990) darzustellen versucht. Die Dominanz des männlichen Blicks fand ich dabei vor allem in zeitgenössischen Schriften der sogenannten Reformbewegung repräsentiert. Sie wenden sich massiv gegen das Kino, gerade unter dem Aspekt seines verderblichen Einflusses auf die Frauen. Niemand aus der Frauenbewegung hatte sich damals auf die Seite der Frauen gestellt, die massenhaft ins Kino gingen. Es gilt, etwas nachzuholen und, statt von einem Männerkino auszugehen, um sich im Verhältnis dazu kritisch zu definieren, auszugehen von der Liebe der Frauen zum Kino. Es gilt, diese Liebe nicht als naiv, der Aufklärung bedürftig, anzusehen, sondern als etwas, das uns über die gleichsam revolutionäre Bedeutung des Kinos für die Frauen aufklären könnte. Die Ansicht der Liebe nehme ich statt aus der Psychoanalyse aus einer anderen Theorie, die sich auf Liebe verstand, auf ‹Liebe zur Weisheit› – ich nehme sie aus der Philosophie.

Ästhetik versus Blicktheorie

Von Nietzsche stammt die Wendung ‹am Leitfaden des Leibes›.¹ Seine Gedanken zur Kunst und zum Schönen lassen sich davon leiten, ohne jedoch in eine physiologische Ästhetik zu münden, wie sie im 19. Jahrhundert insbesondere in Frankreich diskutiert wurde, beispielsweise von Jean Marie Guyau, dessen Schriften Nietzsche kannte. ‹Am Leitfaden der Liebe› ist in Analogie zum Nietzscheschen Projekt und im Gegensatz dazu formuliert. Warum diese Spiegelung? Um ein Ich zu bilden, aus dem ich als Frau schreiben kann? Jedenfalls praktizierte Helene Stöcker schon um 1900 in ihren Schriften zu «Die Liebe und die Frauen», in den Formulierungen eines neuen weiblichen Selbstbewußtseins, ein solches Verhältnis gegenüber Nietzsche.² Helene Stöcker war die zentrale Vertreterin des sexualpolitischen Flügels der deutschen Frauenbewegung.

Das herrschende Kino spricht den Frauen den Blick ab. Aber das Selbstbewußtsein unserer Liebe zum Kino ist über der theoretischen Auseinandersetzung mit diesem Problem gewachsen. Läßt sich vielleicht auch von der Position der Zuschauerin aus eine Ästhetik des Kinos entwickeln? ‹Am Leitfaden der Liebe› ist eine Parole, um die Fixierung der Theorie des Films auf die Technik zu durchbrechen, ähnlich wie Nietzsche die idealistische Ästhetik durchschlagen wollte. Ästhetik wird in manchem Fremdwörterlexikon als ‹Lehre vom Schönen› geführt. Ein Bestandteil solcher Lehre wäre die Aufklärung über den repressiven Umgang der Filmtechnik mit der Frau auf der Leinwand. Diese Aufklärung hat die feministische Filmtheorie vollzogen. Sie ging aus von einer Einschreibung des männlichen, herrschaftlichen Blicks in den Film durch den technischen Apparat der Kamera. Aus der griechischen Sprache übersetzt meint der Begriff der Ästhetik jedoch ‹Lehre von der Wahrnehmung› oder: das die Wahrnehmung Betreffende. Schon innerhalb des Idealismus besann sich die Philosophie in den empiristischen Erörterungen des Schönen und Erhabenen auf diese Bedeutung. Kants Philosophie – bis heute das Paradigma einer Theorie der Aufklärung, wenn nicht der Aufklärung schlechthin – verzeichnet das die Wahrnehmung Betreffende einmal in der «Transzendentalen Ästhetik», zum anderen in der «Kritik der ästhetischen Urteilskraft». Kant geht von einer Teilung zwischen der Wahrnehmung, die in der allgemeingültigen Erkenntnis eine Rolle spielt, und der Wahrnehmung im individuellen Erleben aus und bekräftigt sie. Im griechischen Wörterbuch heißt es unter «aisthesis»: «1. die Empfindung, Wahrnehmung, durch die Sinne, bes. durch das

Gefühl, das Bemerken, die Kenntnis von etwas, und so von einem Dahingeschiedenen, das Vermissen [...] 2. Sinn, Sinneswerkzeug, bes. im plur. die Sinne.»[3] Vom ‹Blick› ist hier nicht die Rede.

Was lehrt uns das griechische Wörterbuch über die Ästhetik der Aufklärung? Die Aufklärung ist offenbar von einem grundsätzlichen Verdacht oder Mißtrauen gegenüber der Wahrnehmung geprägt. Denn in Kants transzendentalphilosophischer Bestimmung des menschlichen Erkenntnisvermögens findet Wahrnehmung Anerkennung – fast möchte ich sagen Duldung – nur, sofern sie bis an die Grenze der Ausschaltung reduziert ist auf qualitätslose Affektion. Bestimmt wird diese Affektion erst durch die transzendentalsubjektiven Formen der Anschauung, die Formen des Raums und der Zeit. So geformt bildet die Wahrnehmung sich zum Blick, in dem uns die Welt objektiv gegeben ist. Doch neben diesem Blick gesteht der Aufklärer qualifizierter Wahrnehmung buchstäblich in einem Naturschutzpark – der schönen und erhabenen Natur nämlich – eine Existenz zu. In der «Kritik der ästhetischen Urteilskraft» spielen die Gefühle der Lust und Unlust eine für das Urteil über Schönheit und Erhabenheit grundlegende Rolle.

Von der Liebe wird landläufig gesagt, sie sei blind, denn sie besitzt nicht den objektiven Blick. Andererseits läßt sich ihr nicht absprechen, daß sie mit der «Empfindung», «Wahrnehmung durch die Sinne», mit dem «Gefühl» und gerade auch mit dem Gefühl der Lust und Unlust viel zu tun hat. Nehmen wir noch die Bestimmung der «Wahrnehmung von einem Dahingeschiedenen, das Vermissen» hinzu, dann scheint eine spezifische Nähe der Wahrnehmung zur Liebe auf. Ästhetik am Leitfaden der Liebe will in der Tat von dem Teil der Ästhetik der Aufklärung, der die qualifizierte Wahrnehmung thematisiert, ausgehen, aber ihn vom Standpunkt des individuellen Erlebens und nicht von dem der allgemeingültigen Erkenntnis und ihrer Vertretung im Urteil aufnehmen.

Die Assoziation Nietzsches betont diesen letzteren Schritt, betont im Anschluß an die Ästhetik der Aufklärung den Gegensatz zu dem Projekt der Aufklärung, soweit die Kritik der reinen Vernunft hier die Weichen stellte. Wie Kant das Synonym für Aufklärung geworden ist, so gilt Nietzsche oft als das Paradigma der Antiaufklärung. Fast die umgekehrte Perspektive möchte ich vermitteln: Die Aufklärung, der in Kants System ein Monument gesetzt wurde, läßt sich nur durch Nietzsches in Aphorismen, in Fragmente zerfallendes Schriftwerk hindurch retten. Daß dies sichtbar werden kann, verdankt sich aber dem Bezugspunkt des Kinos, das heißt dem Umstand, daß es nicht eine Ästhetik zu gewinnen gilt, die im Naturschutzpark individuellen Erlebens stattfindet – sei es der schönen Natur oder der Kunst –, sondern im gesellschaftlichen Raum des Kinos, in dem das Erleben der einzelnen zugleich das in der Masse ist. Vom Kino her gesehen ist Nietzsche nicht das vollkommenere Spiegel-Ich, trotz seiner zuweilen manischen Bemühungen, die Projektion des Ich zu bilden. Seine Schriften teilen vielmehr schon die von der heraufkommenden Massengesellschaft aufgebrochene individuelle Wahrnehmung mit. Liebe, soviel läßt sich nun schon sagen, wird noch weniger als der Leib ein Leitfaden sein, an dem sich die Ästhetik des Kinos autoritativ darstellen ließe. Wie der Leitfaden des Leibes wird der der Liebe in eine Aufklärung führen, in der Ich und Subjekt zu den selbst aufklärungsbedürftigen – statt die Aufklärung betreibenden – gehören.

Experimentalfilm und Zuschauerin

Ihre Liebe zum Kino hat die Theoretikerinnen dazu gebracht, sich nicht mit dem kritischen Urteil über die Abwesenheit der Frau auf der Leinwand und als Zuschauerin zu begnügen. Schließen die Blickkonstruktionen den weiblichen Standpunkt aus, bleibt die Frage nach einer Wahrnehmung, die nicht im Blick aufgeht. Sind die Gefühle, die der Film im dunklen Raum des Kinos entstehen läßt, wenn sie nicht durch das Nadelöhr des Blicks auf die ‹objektive Welt› gehen, nur blind? Das Vertrauen in eine mögliche Wahrnehmung, die sich aus diesen Gefühlen bilden könnte und die nicht identisch ist mit dem objektivierenden Blick, erhält Verstärkung in dem Augenblick, da das Kino im Kontext der Mediengesellschaft etwas Historisches, Überholtes wird. Das Kino, in dem wir in den siebziger Jahren eine Macht des Blickdiktats bekämpften, erscheint heute in seiner Ohnmacht als etwas Dahingeschiedenes. Und wir vermissen es. Unsere Liebe zum Kino bildet nicht mehr den Gegensatz zu unserer kritischen Erkenntnis, sondern den Übergang zu einer Wahrnehmung des Vermißten.

In dem Augenblick der Nostalgie ist es wichtig, sich der Möglichkeiten zu vergewissern, die mit dem Kino in die Welt kamen, und das heißt: der im Kino möglichen Wahrnehmung, die anders ist als der Blick. Germaine Dulac («Das Kino der Avantgarde») sah in den zwanziger Jahren, als sie den Film gegen die Übergriffe etablierter Künste verteidigte, seine Möglichkeit nicht im apparativen Zugriff auf die Welt, sondern in den «emotionalen Verbindungen», die sich rein visuell und akustisch verwirklichen lassen.⁴ Die Frage nach einer anderen Wahrnehmung des Films erhält heute Brisanz, da auch dem ‹männlichen› Blick die Kraft der sinnlichen Wahrnehmung – samt der residualen Affektionen, die ihn begründen – abgesprochen wird. Der Auseinandersetzung um die Beziehung der Frauen zum Film ist heute die Schärfe nicht einfach deswegen genommen, weil der kinematographische Apparat ‹outdated› ist, sondern weil im Zuge der Durchsetzung der sogenannten Neuen Medien allen die Wahrnehmungsfähigkeit abgesprochen wird. Haben die Wissenschaften schon längst die Fundierung der Erkenntnis in der sinnlichen Wahrnehmung verabschiedet, so findet heute die kulturelle Abdankung einer solchen Grundlegung des individuellen Erlebens statt – und dies nicht erst mit *virtual reality*. Dabei ist der Verdacht, daß die Kulturtheoretiker und -theoretikerinnen um so mehr diese Abdankung nach- oder vorvollziehen, je mehr sie für sich an die theoretisch obsolet gewordene Form des Individuellen hängen und sich der Erfahrung in der Masse nicht aussetzen. Es entsteht ein Zirkel von Künstlern und Wissenschaftlern, in dem Kulturproduktion und -theorie betrieben wird, die den Film als Kunst am Rande eingemeindet, aber Kino als massenkulturelles, industrielles Phänomen mehr denn je außer Betracht läßt.

Kinokultur wird von der Medienkultur verdrängt. Die Liebe zum Kino wird zur Liebhaberei, die in der herrschenden Kultur geduldet, aber nicht wie andere Künste, zum Beispiel das Theater, gefördert wird. Die Filmmacherin Maya Deren bekannte sich zum Amateurhaften ihrer Arbeit, an dem sie hartnäckig festhielt, während das Fernsehen sich durchsetzte.⁵ «Film Culture», das seit den vierziger Jahren insbesondere in den USA sich bildende experimentelle Kino, verschrieb sich der Erzeugung von Sinnlichkeit, von sinnlicher Wahrnehmungsfähigkeit. Das griechische Wörterbuch verzeichnet unter «aisthetikos»: «die Wahrnehmung, Empfindung betreffend; wahrnehmbar, für die Sinne faßbar; experimentell.» Die Basis für solche Liebhaberei, ‹sinnlich Faßbares›, ‹Experimentalfilme› herzustellen, wird immer ungewisser. Innerhalb des von der politischen, gesellschaftlichen und kulturellen Entwicklung erzwungenen Konsenses bleibt kein Ort mehr für das individuelle Beharren auf Wahrnehmung. Das Interesse an einer Ästhetik des Kinos sieht sich mit dem Zerfall der Liebe zur Wahrnehmung konfrontiert: auf der einen Seite die ohnmächtige Liebe zu den Möglichkeiten des Films, auf der anderen das Kino, das als Kultur der Wahrnehmung nicht nur praktisch, sondern auch theoretisch gesellschaftlich überholt wurde. Heute ist dem Film selbst sein Handwerk abhanden gekommen, die digitalen Technologien ersetzen es.

Diese bedrohliche Entwicklung hatte in den siebziger Jahren das Projekt einer Koalition des handwerklich unabhängig arbeitenden Kinos mit der vom herrschenden Kino frustrierten Wahrnehmung der Zuschauerinnen entstehen lassen. Die feministische Filmtheorie versuchte, in die Entwicklung einzugreifen und die Liebe zur Wahrnehmung von der Liebe zum Hollywood-Kino zu lösen, um ihr in der vom Publikum vernachlässigten amateurhaften und experimentellen Filmkultur einen Ort zu eröffnen. Laura Mulvey zum Beispiel wies in den siebziger Jahren diesen Weg.[6] Die Diskussionen um den Blick haben dieses Projekt in gewisser Weise in der Folge verstellt. Statt dessen machten sie deutlich, daß sich die Dominanz des Blicks in der Entwicklung des Films durch die achtziger Jahre hindurch bis zur Elimination seiner residualen sinnlichen Qualität durchsetzte und damit letztlich auch die Konnotation des ‹Männlichen› gleichgültig werden ließ. Die Fixierung auf den Blick hat am Ende die feministische Auseinandersetzung mit dem Kino in sich zusammenfallen lassen. Worum ging es eigentlich, wieso versuchte die feministische Kritik so leidenschaftlich, sich in die Geschichte und Gegenwart des Kinos einzumischen? Die Liebe der Theoretikerinnen wird blind. Die Betonung der Wahrnehmung als ihres Gegenstands anstelle des Begriffs des Blicks versucht, sie sehend zu machen.

Ich nehme Anstoß daran, daß das ‹Amateurhafte› aus der Filmproduktion, daß der Standpunkt der Frauen zum Kino aus der Theorie ausgegrenzt wird – und zwar ohne explizite Repression, sondern auf dem Weg des finanziellen, des technologischen und des wissenslogischen Selbstlaufs. Eine eingreifende Theorie des Kinos beginnt für mich daher heute mit der Liebe zur Wahrnehmung. In ihr verbindet sich Liebe, die alte, den Frauen zugeschriebene Fähigkeit, die sie zugleich zur Theorie untauglich machen soll, mit jener Wahrnehmung, die sich in der praktizierten Filmästhetik, im experimentellen Kino manifestierte.

Zu dieser Selbstaufklärung der filmästhetischen Position nötigen die neueren Medientheorien. Sie sprechen dem Film die genuine Beziehung zur Realität ab, das ‹Sich selbst wahrnehmbar Machen der Wirklichkeit›, das ein Kernstück der kritischen Filmtheorie – etwa von Siegfried Kracauer und André Bazin – bildete. Liebe zur Wahrnehmung verbindet im Rückblick die emanzipatorischen Interessen von Frauen und Film, sofern sie beide sich von der Vormundschaft des herrschenden narrativen Kinos befreien wollten. Diese Interessen scheinen in der Praxis so obsolet geworden wie in der Theorie die Vorstellung, daß die Wirklichkeit sich uns zur Wahrnehmung bringen könnte. Wenn ich an dieser Vorstellung festhalte, scheint sie mir den Zugang zum aktuellen Theoriediskurs zu versperren. Die Formulierung der «Liebe zur Wahrnehmung» zeigt einen Ausweg an. Sie setzt sich über Nietzsche hinaus in Analogie zur Philosophie und enthält die Behauptung, daß die aus der herrschenden Theorie und Praxis herausfallende Liebe zur Wahrnehmung ein theoriebildendes Motiv werden kann, wie das vortheoretische Motiv der ‹Liebe zur Weisheit› eine Tradition abendländischen männlichen Denkens begründete. Jene Tradition stützte sich auf die Praxis einer diskursiven Männeröffentlichkeit, die hier anstehende Theoriebildung hat den kinematographischen öffentlichen Austausch der Zuschauerinnen mit den Filmemachern zum Hintergrund. Diesem Hintergrund fehlte jedoch schon seit Beginn des Kinos die politische Macht, die einmal die Philosophie als demokratische Form der Erkenntnisbildung absicherte. Es beschäftigt mich daher die Frage, ob die ästhetische Theorie des Kinos als einer Öffentlichkeit, in der die Menschen sich aus den Sozialcharakteren der rezeptiv leidenden Frau und des schaffensfrohen Mannes emanzipieren, nicht eine Basis in der Tradition philosophischer Theoriebildung gewinnen kann, sofern diese selbst, von der Macht verlassen, als Theorie zu überdauern versuchte und noch versucht. Mich interessieren dabei verständlicherweise nicht jene Bemühungen, die – wie zum Beispiel die Theorie der kommunikativen Kompetenz – der kulturellen Form der Philosophie eine Autorität jenseits der alten politischen Machtstruktur geben wollen, sondern solche Rettungsversuche, in denen die alten Formen zerbrechen.

Philosophie als Vorgeschichte des Kinos

Der Name Nietzsche steht für die Philosophie in der Krise. In diesem Sinn spielt er eine zentrale Rolle für das Projekt einer Ästhetik des Kinos heute. Seine Schriften reagieren auf die Veränderung der politischen Macht im 19. Jahrhundert, die im Kapitalismus Erkenntnisproduktion als Wissenschaft stützt. Weisheit als Qualität der männlichen Existenz tritt ihren gesellschaftlichen Wert an das positive Wissen ab. Nietzsche opponiert gegen diese Entwicklung der Selbstabdankung der Philosophie, indem er ihre Selbstaufklärung forciert. Der Idealismus der Weisheit wird preisgegeben, um dem in der philosophischen Tradition verborgenen Realismus der Wahrnehmung Geltung zu verschaffen. Mit Schopenhauer und Nietzsche, den ästhetischen Philosophen, vollzieht sich im 19. Jahrhundert eine Wendung der Philosophie von der Liebe zur Weisheit zur Liebe zur Wahrnehmung. Letztere ist in den empirischen Wissenschaften nicht aufgehoben; im Gegenteil, das Kantische Mißtrauen gegenüber der Wahrnehmung ist ihnen eingeschrieben. In Nietzsches Schriften hält Philosophie an ihrer gesellschaftlichen Relevanz fest und will eine Theorie werden, in der die Wahrnehmung nicht nur Objekt, sondern auch Subjekt ist: nämlich das die Bewegung der Erkenntnisbildung leitende und nicht ihrem Apparat unterworfene. Nur zerbricht offenbar die Philosophie, indem sie in eine andere Form der Theorie transformiert werden soll, und die der Philosophie implizierte Wahrnehmung bringt sich als Zusammenhang dieser Bruchstücke projektiv zum Vorschein – ein Vorgang ästhetischer Praxis.

Die ästhetischen Philosophien des 19. Jahrhunderts betreiben ihre Opposition gegen die Identifikation von Aufklärung mit Wissenschaft anscheinend nicht – wie die Praxisphilosophien – aus einem Begriff der politischen Macht. Sie reagieren vielmehr auf das Phänomen eines Schwindens der Wahrnehmungsfähigkeit in der Gesellschaft. Empirische Wissenschaft benutzt noch vorhandene Wahrnehmung, produziert aber keine neue. Nicht die pralle Unmittelbarkeit, sondern die Abtrennung der Wahrnehmung konstituiert daher die Liebe zur Wahrnehmung als Moment einer Theorie, die nicht identisch sein will mit der Wissenschaft. Diese Abtrennung hat aber die idealistische Philosophie von Plato bis Kant mitbetrieben. Insofern kann sich noch der theoretische Neubeginn als im negativen Sinn konstituiert durch die Philosophie verstehen. Als negative Ästhetik wird die Philosophie noch einmal zur Konstitutionstheorie – nun nicht wissenschaftlicher Erkenntnis, sondern einer anderen Theorie, als sie selbst war.

Die Absicht, die hinter dieser Spiegelung des Projekts einer Ästhetik des Kinos in Nietzsches Philosophie steht, wird damit hoffentlich klarer. Die unterschiedlichen Erfahrungen der Zuschauerinnen und der Filmemacher im Kino drängen sie aus dem Kino heraus und auf die vortheoretische und vorpraktische Liebe zur Wahrnehmung. Irrealität wird dieser Liebe von der herrschenden Theorie zugeschrieben, die das Verdikt über die Unmöglichkeit der sinnlichen Wahrnehmung fällt, die auch und gerade der Film nicht aufhebt. Wir können daher nur mit der scheinbaren Naivität der Liebe anfangen, um uns das Kino – selbst theoretisch – wiederzugewinnen. Im Blick auf Nietzsche wird dagegen eine Konstitution der Liebe zur Wahrnehmung in der Theorie sichtbar und somit eine Möglichkeit, die Theorie als Verbündeten zu gewinnen, um Kino als Kultur der Wahrnehmung zu behaupten.

Das Zentrum meines Versuchs einer Ästhetik des Kinos besteht darin, die Möglichkeit ihrer theoretischen Begründung in Nietzsches philosophischen Schriften sichtbar zu machen. Dabei geht es letztlich nicht darum, Nietzsches Ästhetik im Spiegel unseres heutigen Wunsches und Wissens in eine Theorie über das Kino umzubilden. Es gilt vielmehr, sie als Vorgeschichte des Kinos zu reflektieren. Nietzsches Schriften, in denen kritische und projektive Ästhetik sich verschränken, ermangeln jener Gegenständlichkeit, die in der Projektion den Wunsch sichtbar werden ließ. Mit dem Kino, das Nietzsche nicht mehr erlebte, bildet sich jedoch dieser Gegenstand. Aus der Negativität tritt die Ästhetik heraus, sofern das Kino Züge der ersehnten Andersheit der Theorie trägt: Film ist die Andersheit der Wissenschaft, aus der Wissenschaft entsteht der Film, er ist ihr Produkt, das ihr aber entwendet wird.[7] Diese historischen Zusammenhänge zu erkennen, ist entscheidend für unser gegenwärtiges Verständnis. Die Bedeutung des Kinos kommt erst zur Geltung, wenn wir, statt den Film im Kreise gegenwärtiger Künste zu betrachten, das Kino als Moment in der Geschichte der Erkenntnis reflektieren – zwischen dem Ende der Philosophie und dem Ausgang aus der Wissenschaft. Die erst junge Geschichte des Kinos rückt hier in den Zusammenhang der Geschichte der Theorie, von Plato als «Schau der Ideen» apostrophiert, mit der sie vielleicht unmittelbarer zu tun hat als mit der Geschichte der Künste und des Handwerks. So konnte zwar der in der Kunstgeschichte fußende Experimentalfilm zeitweise der Zuschauerin ihre Liebe zur Wahrnehmung retten, aber die ‹Amateur›filmarbeit muß wiederum ihre Anerkennung über eine Ästhetik vom Standpunkt der Zuschauerin erfahren, das heißt, vom ‹naiven› Standpunkt ihrer Liebe. Die scheinbare Naivität der Liebe dringt darauf, daß die über Filme hergestellte Unterhaltung nicht in der spielerischen Beherrschung der Bilder und virtuellen Realitäten aufgeht, sondern sich über den Film im Kino sinnliche und erinnernde Wahrnehmung reproduziert und zur öffentlichen Geltung bringt.

Krise der Liebe im 19. Jahrhundert und Visualisierung

Das 19. Jahrhundert birgt nicht nur die Krise der Philosophie, sondern auch die Krise der gesellschaftlichen Formen des privaten und intimen Lebens. Der Liebe der Frauen, die die Produktion der Individualität des bürgerlichen Mannes und der Kinder in der Familie besorgte, droht die

Entwirklichung durch Kapital und Industrie, die mit den Residuen einer nicht durch sie bestimmten Existenz aufräumen. Diese Liebe, eine gesellschaftliche Produktivkraft, aber nicht identisch mit der herrschenden vergesellschaftenden Macht – und in diesem Sinn von Rousseau bis Fichte begriffen –, drängt aus dem Privaten an die Öffentlichkeit, um im Protest ihre Wirklichkeit zu retten. Sie veröffentlicht sich in der Hysterie, die zum Gegenstand der Medizin und zum Ausgang einer neuen Wissenschaft wird, der Psychoanalyse. Sie veröffentlicht sich in den Serien der Frauenromane, von Frauen für ein Massenpublikum geschrieben.[8] Sie wird zum Thema der Publizistik der Frauenbewegung. Selbst dort aber erscheint sie noch naiv, gemessen an dem Reflexionsgrad, der in den Veröffentlichungen über Kapital und Industrie herrscht. Marx schöpfte die gesamte Tradition philosophischer Dialektik, kulminierend in Hegel, aus, um die vergesellschaftende Macht der Ökonomie zur Darstellung zu bringen. Der Versuch Helene Stöckers, Nietzsche für eine Theorie der Liebe im Interesse ihrer praktischen Veränderung zu gewinnen, ist durchaus dem Marxschen Verhältnis zu Hegel vergleichbar, doch hatte er nicht nur keine vergleichbare Wirkung, sondern erscheint in seiner Verschriftlichung auch vergleichsweise naiv.

Man muß die Reflexion der Liebe aber auch noch an anderem Ort suchen als in dem der Schriften, sei es der Frauenbewegung oder Sigmund Freuds. Es gibt in der Liebe der Frauen einen inneren Drang und äußeren Zwang zur Sichtbarmachung anstelle der Verbalisierung und Verschriftlichung. Die innere zwingende Motivation besteht darin, daß alle Verbalisierung der Liebe der Frauen schon der Agentur männlicher Veröffentlichung unterliegt. Die Alphabetisierung durch ihre Mütter liegt den Werken der Dichter, Schriftsteller zugrunde.[9] Am Wort sind die Frauen durch die Männer dingfest zu machen, wird das häusliche Patriarchat zur Agentur der öffentlichen Macht. Die averbale Symptombildung der Hysterie dagegen bringt die Frauen in Kontakt mit Männern der Öffentlichkeit, mit den Ärzten, und die Ehemänner müssen beiseite stehen. – Der äußere Zwang zur Sichtbarmachung besteht umgekehrt darin, daß die Männer die Wortsprache beherrschen und die Frauen von deren öffentlichem Gebrauch fernhalten wollen. Sichtbarwerden ist von daher mit dem Stigma des Unmündigen und das heißt des als gesellschaftliches Gegenüber nicht Ernstzunehmenden behaftet. Das hat Folgen für die Bagatellisierung und Mißachtung des Kinos. Die Veröffentlichungsbewegung der Liebe ging nur zum Teil den Weg der Unterwerfung unter den Anspruch der Verbalisierung. Mehrheitlich nahm sie die

Verachtung in Kauf und suchte jenen Apparat, der alles sichtbar werden lassen und in dieser Sichtbarkeit öffentlich machen konnte: den Kinematographen. Von der Hysterieforschung Charcots führt ein Weg über die Reihenphotographie als Untersuchungsmittel hin zur Selbstdarstellung der Schauspielerin gegenüber dem kinematographischen Apparat – neben dem Weg zur wortvermittelten Psychoanalyse und weit publikumswirksamer.[10] Die Serien-Liebesromane der Autorinnen des 19. Jahrhunderts enthalten eine Fülle von verbalen Evokationen visueller Reize, die sie dem Film näher bringen als der verbalen Aufklärung über die Liebe.

Es blieb nicht bei der Verachtung des Kinos, vielmehr entwickelten sich aus dieser Verachtung Strategien der Unsichtbarmachung der Veröffentlichung des weiblichen Intimen und Privaten. Die Abdrängung der Veröffentlichung der Liebe der Frau von Wort und Schrift auf den Film hat sich als Stigmatisierung in die Immanenz der Geschichte des Kinos übersetzt. Das Wort, das Drehbuch werden zu Agenten, die Erscheinung der liebenden Frau im Film mit der Aura der Unmündigkeit, Naivität und Unbewußtheit zu umgeben. Negativ verweisen diese entmündigenden Strategien immer noch auf die Potenz, die in der Sichtbarwerdung steckt. Andererseits bedeutet Sichtbarmachung durch den kinematographischen Apparat von vornherein auch eine Entstellung der Liebe: Die ihr eigene Wahrnehmung des anderen wird entstellt zur Wahrnehmbarkeit körperlicher Leidenschaft, der Krankheit bei den Hysterikerinnen, des sehnsuchtsvollen Leidens bei der Schauspielerin.[11] Erst diese Entstellung ermöglicht es, den Körper der Frau in der Liebe wahrzunehmen, das sinnliche Element der liebenden Wahrnehmung zu vermitteln. Aus der Entstellung holt sie die Rezeption im Kino heraus, dort wird Liebe nicht nur technisch registriert, sondern öffentlich begehrt, und verändert sich, revolutioniert sich dabei. Aus der privaten, mütterlichen Form der Reproduktion der Sprache in individueller Sprachfähigkeit wird sie zu einer öffentlichen Form sinnlicher Wahrnehmung, die durch die Abwesenheit des sinnlich Wahrnehmbaren geprägt ist. Wir sehen im Kino etwas, das im Augenblick seiner kinematographischen Vorführung nicht (oder nicht mehr) ist. In einer Gesellschaft, die die sensuelle Welt zubetoniert, ist das von höchster Relevanz.

Mein Versuch einer Ästhetik des Kinos am Leitfaden der Liebe beginnt mit der Rückbeziehung des Films in die Geschichte der Theorie und endet mit der Reflexion auf die Übersetzung des Films in die (Veröffentlichungs-)Geschichte der Liebe der Frauen. Wenn unsere wissenschaftsfixierte Gesellschaft ein Bewußtsein von der theoretischen Dignität des

Kinofilms gewönne, könnte sie auch ihr Vorurteil über die Naivität der Inhalte, die sich im Film zur Geltung bringen, verlieren; könnte die über die bloße Tatsache der Sichtbarwerdung laufende kulturelle Stigmatisierung der Veröffentlichung der Liebe im Kino aufhören. Erst dann aber wäre es möglich, die Bedeutung der Zuschauerschaft im Kino zu sehen, die Genese einer Wahrnehmung, die die Entstellung aufhebt. Die durch die Nachrichten und politischen Magazine für mündig erklärten und doch sich betrogen fühlenden Fernsehzuschauer und -zuschauerinnen haben vergessen, welche kulturelle, gesellschaftliche und politische Leistung sie als Rezipient/inn/en eines Films haben können. Vielleicht haben sie es nie wissen dürfen. Der Prozeß gesellschaftlichen Umgangs mit dem Film begann mit der männlich wort- und schriftgewaltigen verächtlichen Haltung gegenüber dem Kino, den Frauen und den Massen, und er endet mit der Ausschaltung der sinnlich rezeptiven und verbalen kommunikativen Fähigkeiten des Fernsehpublikums. Die Achtlosigkeit der herrschenden Kultur gegenüber der Rezeptionsseite des Films, der Kinoveranstaltung, fördert eine Umsetzung der ehemaligen Stigmatisierung der Frauen in eine unverantwortliche Medienproduktion, die alle trifft.

Die Frauen als Agentinnen, Produzentinnen der Sichtbarkeit und als Rezipientinnen, die die Handlung des Veröffentlichens erst vollenden, halte ich für das *missing link* zwischen philosophischer Ästhetik und der Faktizität des Kinos. Nietzsches Projekt einer Andersheit der Theorie, einer «fröhlichen Wissenschaft», verknüpft sich mit einer Adressierung der Frau – aber in einem anderen Sinn, als sie *auch* Wissenschaftler werden zu lassen. Denn die Krise der Philosophie im 19. Jahrhundert ist im Grunde auch eine Krise der Liebe. An die Frau ist der Ausdruck dieser Krise nicht nur gerichtet, sofern sie sich auf Liebe versteht, sondern mehr noch, sofern sie in der Rezeption ihrer visuellen Veröffentlichung geübt ist: als Zuschauerin des Kinos. Erst die Zuschauerin – und nicht nur Leserin – erkennt, wie bei Nietzsche die Schrift zur Leinwand wird für die Projektion einer der Philosophie immanenten Wahrnehmung, mit der der Schein eines Zusammenhangs im Fragmenteteppich der zerfallenen philosophischen Theorie hergestellt wird. Als dieser Schein des Zusammenhangs präsentiert sich die philosophische Liebe zur Wahrnehmung entstellt. Die Visualisierung in Visionen und Metaphern – der «Wille zur Macht», die «ewige Wiederkehr des Gleichen» gehören dazu – ist auch bei Nietzsche die Form eines Wahrnehmungsmoments der Liebe. Weit stärker als in weiblicher Konnotation ist seine Veröffentlichung das Unmögliche; es unterliegt dem Tabu. Die Visualisierung ermöglicht, das

Tabu zu umgehen, entstellt aber auch das Motiv. Der Philosoph ist daher für seine Mitteilung auf eine Rezeption angewiesen, die sich auf die Liebe versteht und die Entstellung aufzuheben vermag.

Zur Kritik des philosophischen Eros

Von Günter Schulte gibt es ein wunderbares Buch über die Homosexualität in Nietzsches Werken. «Ich impfe Euch mit dem Wahnsinn», zitiert der Titel den Philosophen.[12] Dieses Buch verfolgt die Entstellungen des Nietzscheschen Schreibens im Rekurs auf das Entstellte – den Eros, den die Philosophie sowohl verdrängt als auch repräsentiert. Über Homosexualität und die Geschichte des abendländischen Denkens zu sprechen, mag im 19. Jahrhundert noch schwierig gewesen sein, so daß es in der Nietzschelektüre etwas nachzuholen gibt. Aber es war nur eine Frage der Zeit, bis Michel Foucault eine solche Geschichtsschreibung in der bürgerlich-kapitalistischen Gesellschaft realisieren konnte. Er selbst sah dabei die Benennung der Sexualität nicht als Befreiung an. Das gleiche gilt schon für Nietzsche: Das Bewußtsein eigener Homosexualität ist nicht das Skandalon, das seine Schriften so sehr verbergen wie enthüllen, ihre Benennung nicht die Emanzipation aus dem Alptraum seiner Welt. Denn der homosexuelle Eros der Philosophie – idealistisch oder ‹realistisch› reflektiert – performiert selbst das Tabu, das über dem Wahrnehmungsmoment der Liebe liegt. Dem trägt Schultes Buch Rechnung, indem es an Nietzsches Philosophie nicht die Züge sexualisierten, machtvollen Männerbundes herausstellt, sondern die Ohnmacht der ‹Weiblichkeit des Mannes›.

Damit nähert es sich einem Verständnis des Liebesmomentes der Philosophie an, das seiner Festlegung in der Homosexualität entrinnt. Dieses Verständnis stellt sich erst recht her, wenn wir sehen, wie Nietzsches Schriften sich von der Figur des Philosophen abstoßen, um die Ästhetik ihrem Kontext zu entwenden. Ästhetik wird zum Wendepunkt des abendländischen, männlichen, bürgerlichen Denkens in dem Moment, wo sie als das philosophische Feld erkannt wird, in dem es nicht um Wahrnehmung schlechthin geht, sondern um das Wahrnehmungsmoment der Philosophie, das sie selbst tabuisiert und von der öffentlichen Wahrnehmung abschneidet. Nietzsche vollzieht diese Denkwendung. Das Wahrnehmungsmoment, dem seine Schriften zur Veröffentlichung helfen, ist ein Besonderes, aber nicht im Sinne eines Genius Nietzsche.

Die Wahrnehmung ist die einer Philosophie, die der Leiblichkeit des Individuums Nietzsche zu ihrer Manifestation nicht entbehren kann, die aber nicht an seinem individuellen Blick hängt. Nietzsche ist oft als Vertreter eines erkenntnistheoretischen Perspektivismus mißverstanden worden.[13] Hingegen verabschiedet sein Interesse, die Wahrnehmung zum Erkenntnisleitenden zu erheben, gerade die erkenntnistheoretische Begründung der Blickperspektive. Es geht um die Wahrnehmung, die im Eros sich zur Erkenntnis bildet.

In der platonischen Philosophie fungiert die Liebe zum Schönen als Vermittlung auf dem Weg zur Weisheit, zur Schau der Ideen. Es handelt sich bei dem Geliebten nicht um das Schöne schlechthin (der Natur oder der Kunst), sondern um den Schönen. Die Wahrnehmung des Geliebten gehört zur Entfaltung der dialektischen Erkenntnis. Die Inszenierung der platonischen Dialoge – nicht nur im «Gastmahl» bildet das Zusammenlagern des Sokrates mit den Jünglingen Athens den Hintergrund – spricht deutlich davon. Zum Selbstverständnis dieser Erkenntnis gehört jedoch, daß sie sich erst herstellt, wenn sie die Unsinnlichkeit erreicht hat. Entschieden muß also die Liebe zum Schönen vom sinnlichen Glück abgewendet und auf ihre Erfüllung in der Schau der Ideen gerichtet werden. Selbstdisziplinierung und Disziplinierung gehen von der Figur des Sokrates aus, der die dialektische Bewegung anführt. Platos Abtrennung des Dialogs von der Szene und seine einseitige Kultivierung durch die Schrift spiegeln die sokratische Entwendung des öffentlichen Denkens aus der Sinnlichkeit, die ihrerseits in die Unöffentlichkeit sinkt. In den späteren philosophischen Schriften taucht das in die Erkenntnisbewegung eingehende sinnliche Verhältnis in der Regel überhaupt nicht mehr auf, Hegels Dialektik kann seiner Repräsentanz völlig entbehren.

Doch stellt sich nicht nur eine Trennung zwischen Öffentlichkeit des Denkens und Unöffentlichkeit der homosexuellen Liebe her. Die Öffentlichkeit des Gedankens, die die philosophischen Schriften darstellen, impliziert selbst ein Unöffentliches – das nicht identisch ist mit der von der bürgerlichen Gesellschaft tabuisierten Homosexualität. Es ist das Wahrnehmungsmoment der Liebe, das, der Sinnlichkeit entwendet, in der Schau der Ideen seine unsinnliche Manifestation und zugleich seine Erfüllung finden soll, sein reines Glück. Jede philosophische Gedankenentwicklung wurde noch von diesem Glücksverlangen getrieben; wenn der Philosoph die Abstrakta anschaute, die Wirklichkeit in ihren Begriffen, beschwor er den Schein des Geliebten. Diese Beschwörung findet in den Schriftzügen der Philosophien ihren Niederschlag. (So sprach Nietzsche von den Philosophien als den «Personalakten ihrer Urheber».[14]) Beherrscht werden die Schriften in der klassischen bürgerlichen Philosophie jedoch von dem Ziel der Schau der Ideen. Die Schau der Ideen konserviert die Form einer Wahrnehmung, die durch die Präsenz des anderen konstituiert wurde, aber um den Preis des sinnlichen Inhalts – des sinnlichen Objekts wie der Sinnlichkeit des Subjekts. «Geist», «transzendentales Subjekt» werden ihre Namen. In der reinen Form stillgestellt, verkehrt der Eros sich in das Tabu, das über die sinnliche Abhängigkeit des Philosophen verhängt wird. Gerade Kants transzendentalphilosophischer Begriff der Wahrnehmung ist in diesem Sinn idealistisch. Seine Konstruktion des Subjekts repräsentiert am Ende nicht nur die Abtrennung der Erkenntnis vom Dialog, sondern auch noch des (schreibenden) Philosophen von der mimetischen Bewegung der Schrift; der neue Denker, der Wissenschaftler, ist hergestellt. Er denkt unabhängig vom Kontext des eigenen Leibes und seiner Wahrnehmung.

Die Macht, die zur Errichtung des Tabus über der sinnlichen Abhängigkeit des Philosophen zwingt, ist nicht identisch mit der Repression von Sinnlichkeit und Sexualität. Der Protestantismus mag diese Macht in der Philosophie zusätzlich ausgeübt haben. Es handelt sich aber grundsätzlich um das Verbot, Schwäche zu zeigen, und nicht um das, der Lust, den Trieben oder der Potenz zu frönen. Die Tabuisierung des Wahrnehmungsmoments der Liebe in der Philosophie stellt sich durch Mimesis an die gesellschaftliche Macht her. Plato erstrebte, daß die Philosophen Herrscher im Staat werden. Dann aber müssen sie selbst sich das Ansehen von Macht geben, während doch ihr Denken sich aus der Ohnmacht speist, der Ohnmacht des Liebenden. An der Beeindruckung durch den anderen entzündet sich die Liebe. Zu ihr gehört die Passivität, das Geöffnetsein der Sinne für die Erscheinung des anderen und die Passion, das Leiden am Triebwunsch. Denn die Sinnlichkeit, die sinnliche Ausstrahlung erregt die Liebe, vor dem eigenen Trieb, der sein Objekt sucht. So vollendet sie sich auch im Entgegenkommen des anderen und nicht in der von der eigenen physischen Potenz ausgehenden sexuellen Handlung. In der Liebe verharren heißt, den eigenen Tatendrang zurücknehmen zugunsten der Reflexion des anderen. Der zum Ziel drängende Eros geht hingegen schon über die Liebe hinweg; sie kehrt als Bann wieder, in den die Idee den Schauenden schlägt: Er ist besessen von dem Einen und keiner Begegnung mit dem Vielen der Welt der Erscheinungen mehr offen. In diesem Bann aber wirkt die gesellschaftliche Macht, gleichfalls der Sinnlichkeit entkleidet, unsichtbar, mythisch; es glaubt der Philosoph, daß er sie für die Erkenntnis gewonnen hätte, während er in die Abhängigkeit physischer Gewaltverhältnisse, der Monokratie des Phallus, geraten ist.

Die diskursive Begrifflichkeit, die der philosophische Eros ausbildet, wird in der Abtrennung vom Körper der Diskutierenden, schließlich noch in der Abtrennung von der Bewegung der Schrift zu einem System, aus dem die erotische Bewegung gewichen ist. Nur das Interesse an der Aneignung der gesellschaftlichen Macht kann dann den Diskurs wieder in Gang bringen und das System der Macht in die systemische Existenz aller aufheben, während die Liebe des Mannes der Ohnmacht zufällt und damit in die Nähe des weiblichen Menschen rückt. Nietzsche entdeckte einerseits den «Willen zur Macht» im Habitus der philosophischen Schriften seit Plato; er war andererseits voller Aufmerksamkeit für die Bedeutung von Schmerz und Leiden. Sie galten ihm nicht als etwas, das vermieden, eliminiert werden muß, im Gegenteil. Sowohl auf der Ebene der Unmittelbarkeit des Lebensglücks kommt ihnen zentrale Bedeutung zu als auch auf der Ebene des glückenden Denkens. Nietzsche fühlte seine philosophische Haltung in Lou Salomés «Hymnus auf das Leben» verstanden, sah sie ausgedrückt in dem lyrischen «wohlan – noch hast Du Deine Pein».[15] Wieder und wieder reflektierte er das Leiden als eine Bedingung der intellektuellen Produktivität, seiner Produktivität.

Ästhetik: die Produktivität des Rezeptiven

Die ‹Weiblichkeit des Mannes› in Nietzsches Schriften aufzuspüren ist ein Weg, die Ohnmacht des Denkens zu enthüllen, das erst unproduktiv wurde, als die Meisterdenker sie zu verstellen strebten. Sie unterwerfen sich in der Verstellung der Macht. Die Philosophen haben die Herrschaft im Staat nie erreicht, wohl aber sind sie seine Komplizen geworden. Innerhalb der Philosophie hat die Tabuisierung der Ohnmacht zu einer Desensibilisierung geführt, so daß das Leiden der Denker sich nur noch vollstreckt, aber nicht mehr Erfahrung wird. In der ersten Hälfte dieses Jahrhunderts brachte der Weltkrieg den Intellektuellen noch einmal schockhaft ihre Ohnmacht zu Bewußtsein und trieb sie dazu, sich offen der Macht, aber auch politischer Opposition anzuschließen. Heute ist die Ohnmacht kein bewegendes Thema mehr. Heute läßt man den Habitus der Macht vielleicht fallen, aber das bedeutet noch nicht, daß man die Ohnmacht öffentlich, in einer Solidarisierung mit den Ohnmächtigen vertritt. Das Tabu über der Ohnmacht des Denkens, sofern es einer Wahrnehmung zugehört, die durch den anderen konstituiert wird, ist nicht aufgehoben, es setzt sich in der Gleichgültigkeit gegenüber Machtverhältnissen, in der Gleichgültigkeit gegenüber der machtdurchdrungenen Wirklichkeit, in der Leugnung des Realitätsbezugs fort.

Dabei bedeutet der Rückzug der Philosophie von der politischen Tat an sich noch nicht Gleichgültigkeit. Er führte bei Nietzsche – und vor ihm schon bei Schopenhauer – zu einer Auseinandersetzung der Philosophie mit sich selbst, in der es um die Entdeckung der Produktivität von Passivität und Leiden in der ihr eigenen Auseinandersetzung mit der Wirklichkeit geht. Diesen Intellektuellen war es wichtiger, selbst nicht mehr die Illusion der Macht des Denkens zu reproduzieren, ohne des Denkens sich zu begeben. Noch als Vormünder des Volks, der Arbeiter- oder Frauenbewegung aufzutreten hieße aber, dieser Illusion zu erliegen. Die ästhetischen Philosophen öffneten sich dafür einer nichtsystemischen, einer nichtbegrifflichen, einer nichtdiskursiven und schließlich einer nicht von der Produktion einer Welt bestimmten Beziehung zu jenen außerhalb der Philosophie. Schopenhauer versuchte sie im «Mitleiden» noch einmal zu benennen. Die Benennung der Schwäche konnte er sich herausnehmen, weil er andererseits sich in die Positur des ausgeprägten Misogynen setzte. Die Vorstellung des Mit-Leidens – die den Anblick des eigenen Leidens an der Wahrnehmung noch verstellt – aufsprengend, sprach Nietzsche im Sinne «tragischer Philosophie» von der «dionysischen» Kraft des Leibes in der Leidenschaft und der «apollinischen» Passivität in der traumhaften Erscheinung des anderen. Vor allem aber erkannte er in der modernen philosophischen Ästhetik, in Kants und Schopenhauers Lehre vom Schönen und Erhabenen, die Wiederkehr der alten Liebe zu dem Schönen, dessen Ausstrahlung wahrgenommen wird, an dessen Wirklichkeit sich aber der Eros des Liebenden bricht.

Kants Rezeptionsästhetik wird Nietzsche zum Ausgangspunkt einer Selbstreflexion des philosophischen Subjekts und des nach Aufklärung (als Macht der Erkenntnis) strebenden Individuums, auf die ihnen eigene, tabuisierte Wahrnehmung der Liebe. Dieses Tabu beginnt sich bei Kant, der es einerseits radikalisierte, andererseits zu lösen. In der Wiederkehr ist aus der Liebe zum Schönen die Wahrnehmung des Besonderen – im subjektiven wie objektiven Sinn – geworden, die anders ist als die der wissenschaftlichen Erkenntnis zugrundeliegende, eine Wahrnehmung, der die ausgeklammerten Gefühle zuwachsen, die Sinnlichkeit, der Köper. In dem, was Kant Lust und Unlust nannte, reflektiert Nietzsche eine Produktivkraft philosophischer Erkenntnis, die sinnliche Erregung, die bis in die sublimen Regungen des Denkens reicht.

Die Wahrnehmung des Besonderen ist jedoch eine unöffentliche Wahrnehmung, die Öffentlichkeit nur über einen Prozeß ihrer Vergesellschaftung erreichen kann, darüber, daß sich ihr ein Publikum bildet. Kants Transzendentalphilosophie stellte den ästhetischen Bildungsprozeß wieder unter die Vormundschaft der Kritik, einer «Kritik der Urteilskraft», die Anwalt des transzendentalen Subjekts und seiner Vernunft ist. Auch Nietzsche will schreibend eine Öffentlichkeit bilden, aber eine, in der Rezeptivität die Form bildet, durch die jene Wahrnehmung zur Geltung kommt. Die Öffentlichkeit, die sich über das Ästhetische bildet, soll gerade die das Denken, Handeln und Wahrnehmen beherrschenden Formen transzendentaler Subjektivität aufheben, die Einheit, die im System gründet, die Allgemeinheit, die im Diskurs sich reproduziert. Nietzsches Schriften wenden sich an ein Publikum jenseits der diskursiven bürgerlichen Öffentlichkeit. Er bezieht sich dabei nicht mehr als bevormundender Kritiker auf ästhetische Erfahrungen; vielmehr versucht er, seine Schrift selbst zu einer ästhetischen Erfahrung werden zu lassen, durch die das Lesepublikum anfängt, sich als einer anderen Öffentlichkeit bewußt zu werden. Es ist ein Lesepublikum, das, von der bürgerlichen Öffentlichkeit und ihrer Kulturproduktion ausgeschlossen, immer nur rezeptiv auf sie bezogen war. Die Frauen, die Arbeiter, die im 19. Jahrhundert von der Volksbildungsbewegung ergriffen werden – sie alle sollen nicht auch bürgerliche Kultur produzieren und mitdiskutieren, sie sollen sich vielmehr ihrer Rezeptivität als Beginn einer anderen Öffentlichkeit vergewissern, in der Nietzsche die Wahrnehmung der Liebe aufgehoben wissen will. Dies wird die Öffentlichkeit des Kinos sein, doch der Weg dahin geht über das anscheinend Private.

Der Witz in den Texten Nietzsches

Zur Rezeption von Nietzsches oft als «ästhetisch» bezeichneter Philosophie ist es wichtig zu sehen, daß sie sich, anders als Kants kritische Philosophie, letztlich nicht mehr an die Wissenschaftler wendet – ohne damit eine Philosophie der Künstler oder der Kunst zu werden. (Denn diese haben sich in ihrem öffentlich anerkannten Raum neben der Wissenschaft eingerichtet.) Wissenschaft ist für Nietzsche kein Bereich, in dem allgemeine Erkenntnis im Sinne einer Erkenntnis von allen und für alle gebildet wird, sondern eine Form bloß privater Betätigung oder gar egoistischer Existenz. In dieser Privatheit wird sie Gegenstand einer kritischen Philosophie, die die illusionäre Geltung von Wissenschaft im Dienste eines allgemeinen gesellschaftlichen Subjekts durchschaut. Die blinde Verstricktheit des wissenschaftlichen Individuums in den Schein eines allgemeinen Subjekts der Menschheit läßt sich nur darüber auflösen, daß es Privatheit und Intimität als Kräfte seiner Erkenntnis erfährt und von seinem Hang zu einer jenseitigen Macht, sei es des transzendentalen Subjekts oder der ‹Objektivität› der Wissenschaften, abläßt. Nietzsches Schriften zielen auf die Kräfte des Privaten und Intimen. Aber eben nicht mehr auf den männlichen Eros, der über seiner Komplizenschaft mit der Macht der Erstarrung verfallen ist. Vielmehr wendet sich die Äußerung der reflektierend erinnerten Wahrnehmung der Liebe an eine korrespondierende Wahrnehmung der Liebe im Privaten, und das ist die der Frauen. Nietzsche rekurriert auf die Frauen als bildende Kräfte des Privaten, die nun nicht länger die scheinhafte Öffentlichkeit stützen sollen, sondern in einer anderen Öffentlichkeit aufgehen könnten.

Sarah Kofman hat die Metaphorik der Nietzscheschen Texte untersucht und dabei nicht nur auf ihre Visualität, sondern auch auf Mechanismen der «Verschiebung» aufmerksam gemacht.[16] Bei der Verschiebung handelt es sich um eine Form semantischer Verknüpfung innerhalb des Textes sowie auch und vor allem um eine Verschiebung in der Adressierung des Textes. Er wendet sich nicht mehr an das männliche bürgerliche Individuum abendländischer Bildung, sondern an das «Menschlich, Allzumenschliche» jenseits dieser Kultur und ihrer Repräsentanten, er wendet sich insbesondere an die Frau. Die Verschiebung der philosophischen Rede erkennt, wer sie als Äußerungsform der vom Subjekt der Erkenntnis geleugneten Wahrnehmung der Liebe versteht. Sie ist der Praxis verbaler Triebäußerung zu vergleichen, die Freud im obszönen Witz begriff.[17]

Der Witz stellt nach Freud die Form dar, in der im wachen Leben Triebwünsche, die verbietende Instanz in der Sprache umgehend, zu ihrer verbalen Darstellung und zu ihrer Befriedigung gelangen. Ähnlich kommen in Nietzsches Schriften die Wahrnehmungen der Liebe, die verbietende Instanz des philosophischen Diskurses umgehend, zum Ausdruck und zu ihrem Glück. Anstelle des sexuellen Triebs, der im männlichen Individuum sein Objekt sucht, steht in der Philosophie die liebende Wahrnehmung, die den sie konstituierenden anderen an die positiven Wissenschaften verloren hat, ihn wiedersucht, aber einstweilen nur der Frau gegenüber sich zu äußern vermag. Wieso aber wird die auf diese Weise adressierte Frau zur Vermittlerin einer anderen Öffentlichkeit?

Um das zu verstehen, ist wiederum Freuds Auskunft über den Geschlechtswechsel der Adressierung bei der Entstehung des sexuellen Witzes hilfreich. Der obszöne Witz entsteht, laut Freud, aus der Zote. Die Zote will die Frau zum Geschlechtsverkehr bewegen. Der Widerstand, den die züchtig kultivierte Frau einer solchen verbalen Attacke entgegensetzt, zwingt zu einer Verschiebung, zur Bildung des Witzes. Er hat das Begehren und die begehrte Frau zum Inhalt, richtet sich aber an einen Dritten, einen anderen Mann. Im Lachen zeigt der andere an, daß er den Triebwunsch ‹verstanden› hat. Dies Verstehen ist letztlich ein körperliches. Und der körperlichen Reaktion des Lachens ist es zu verdanken, daß der geäußerte Triebwunsch eine gewisse Befriedigung erfährt, der Witzerzähler kann, indem er andere zum Lachen bringt, selbst lachen. Es geht also bei der Verschiebung und dem Geschlechtswechsel des Adressaten um eine von der Lust im Geschlechtsverkehr unterschiedene, eigene Form der Lust.

Der kultivierten Frau, die sich dem sexuell Erregenden der Zote verschließt, ist durchaus der moderne Wissenschaftler vergleichbar. Auch er muß sich der gleichsam obszönen Anmutung, einer Wahrnehmung der Liebe zu folgen, um zur Erkenntnis zu gelangen, verschließen. Bei der weiblichen Leserin findet der Philosoph hingegen ein Echo. Nietzsche ist ein Philosoph der Frauen, auch wenn der Plan eines Symphilosophierens mit Lou Salomé scheiterte; auch wenn er sich despektierlich über Frauen äußerte. Denn ebensowenig, wie der Witzerzähler erwartet, daß der Zuhörer sexuell mit ihm verkehrt, erwartet Nietzsches Schrift die Hingabe der Frau in der liebenden Wahrnehmung, um sie anstelle des Mannes in die philosophische Erkenntnisbewegung hineinzuziehen. Seine Schrift erwartet vielmehr auf die Mitteilung des Dramas abendländisch männlicher Erkenntniskultur eine dem Lachen vergleichbare Reaktion. Die Frau läßt sich vom Philosophen nicht zur Erkenntnis führen, sondern sie wird des Erkenntnispotentials in ihrer eigenen liebenden Wahrnehmung der männlichen Kultur inne, so wie der lachende Dritte seiner Triebpotenz.

Die Philosophie erreicht die Emanzipation der Wissenschaft und der Wissenschaftler von der selbstgeschaffenen Faktizität nicht; er kann sich nur der Vormundschaft begeben und statt dessen die Wahrnehmung der Liebe als Beweggrund anderer Theorie zum Ausdruck bringen – eine Liebe, die er als ‹Philosoph der Frauen› genießen kann, ohne daß die

Wahrnehmung ihm zur Grundlage neuer Erkenntnis würde. Andererseits setzt seine Philosophie das Erkenntnisinteresse mit der Preisgabe der Vormundschaft in ein offenes Verhältnis zur gesellschaftlichen Emanzipation der Wissenschaft, für die das Modell der ‹fröhlichen Wissenschaft› steht. Diese Emanzipation bildet die gesellschaftliche Wirklichkeit im Kino.

Mit dem Kino umgeht die Gesellschaft das Tabu über der liebenden Wahrnehmung, das die Wissenschaften in ihrer Realitätsproduktion aufrichten. Der Film ist Produkt der Wissenschaft, und zwar als Ersatz für die verlorene Rezeptivität des Wissenschaftlers: Wo er das andere nicht sieht, soll der Film es in seiner unsichtbaren innersten Eigenheit registrieren – so verstand Marey seine Bewegungsaufzeichnungsapparate. Doch aus der Institution der Wissenschaft wurde der Film auf den Markt verschoben und verlor damit seinen Adressaten, den Wissenschaftler, dem er Erkenntnis bringen, den (Arbeits-)Ökonomen, der daraus praktische Konsequenzen ziehen sollte. Seine Adressaten wurden gerade Nichtwissenschaftler, diejenigen, die keine Machtpositionen hatten, die Männer von ‹niedrigem› Bildungsstand, die Frauen. Das frühe Kinopublikum bildeten all jene, die nicht das technische und ökonomische System nachvollzogen, sondern die sich auf Sehnsucht verstanden: die Sehnsucht nach einer Wahrnehmung, die durch die Impression des anderen konstituiert wird.

Das Kino stellt eine Selbstaufklärung der bürgerlichen Gesellschaft dar, der gegenüber die ästhetischen Philosophien des 19. Jahrhunderts in einem Prozeß der Selbstaufklärung und -auflösung philosophischer Konstruktion der Erkenntnis sich öffnen. Die Öffnung läßt sich nur lesen, wenn der Witz der Nietzscheschen Schriften wahrgenommen und verstanden wird – am ‹Leitfaden der Liebe›.

Anmerkungen

1 Vgl. zum Beispiel: «Wesentlich, vom Leibe ausgehen und ihn als Leitfaden zu benutzen». In: Friedrich Nietzsche: Kritische Gesamtausgabe. Hg. von Giorgio Colli und Mazzino Montinari. Abt. VII, Bd. 3: Nachgelassene Fragmente Herbst 1884–Herbst 1885. Berlin/New York 1974, S. 367.
2 Helene Stöcker: Die Liebe und die Frauen. Minden/Westf. o. J. [1905].
3 Benselers Griechisch-Deutsches Schulwörterbuch. 13. Aufl. bearbeitet von Adolf Kaegi. Leipzig/Berlin 1911.
4 Germaine Dulac: Le Cinema d'Avant-Garde, 1932 (dt. in: Frauen und Film, Heft 37, 1984).
5 Maya Deren: «Amateur versus Professional». In: Film Culture 39 (1965).

6 Die Filmmacherin und -theoretikerin Laura Mulvey schrieb ihren provokanten Artikel «Visual Pleasure and Narrative Cinema» in den Jahren 1973–75; in deutscher Übersetzung von Karola Gramann erschien er unter dem Titel «Visuelle Lust und narratives Kino» in: Gislind Nabakowski/Helke Sander/Peter Gorsen (Hg.): Frauen in der Kunst. Bd. 1. Frankfurt/M. 1980, S. 30–46.
7 Der Physiologe Jules Etienne Marey entwickelte die Chronophotographie in seinen Studien zur Erforschung der ‹inneren Zeit› von Lebewesen. Zum wissenschaftstheoretischen Kontext dieser Studien vgl. Anson Rabinbach: The Human Motor. Berkeley 1992.
8 Zu den berühmtesten Autorinnen dieser Romane gehören Eugenie Marlitt, Nathalie von Eschstuth und die Baronin von Bode.
9 Zur mütterlichen Alphabetisierung vgl. Friedrich A. Kittler: Aufschreibesysteme 1800/1900. München 1987.
10 Die Besessenheit, mit der der Arzt und Erforscher der Hysterie, Charcot, sich der photographischen Aufzeichnung der hysterischen Gesten widmete, hat Georges Didi-Huberman dargestellt: Invention de l'Hystérie. Charcot et l'Iconographie photographique de la Salpetrière. Paris 1982.
11 Zum Zusammenhang zwischen Hysterie und Filmschauspiel vgl. auch meinen Aufsatz Filmsprache als Körpersprache. Zu Béla Balázs' Ästhetik des Kinos (im Erscheinen).
12 Günter Schulte: «Ich impfe euch mit dem Wahnsinn». Nietzsches Philosophie der verdrängten Weiblichkeit des Mannes. Frankfurt/Paris 1982.
13 Zum Beispiel von Jürgen Habermas. Vgl. dazu das Kapitel Psychoanalyse und Gesellschaftstheorie. Nietzsches Reduktion der Erkenntnisinteressen. In: Jürgen Habermas: Erkenntnis und Interesse. Frankfurt/M. 1968, S. 332–364.
14 In einem Brief an Lou Salomé vom 16. September 1882, den diese ihrem Buch: Friedrich Nietzsche in seinen Werken. Wien 1894, voranstellte.
15 Der Text ist abgedruckt in Andreas-Salomé: Friedrich Nietzsche in seinen Werken, S. 301f.
16 Sarah Kofman: Nietzsche et la métaphore. In: Poétique 5 (1971), S. 77–98.
17 Sigmund Freud: Der Witz und seine Beziehung zum Unbewußten (1905). Studienausgabe. Bd. IV: Psychologische Schriften. Hg. von Alexander Mitscherlich, Angela Richards und James Strachey. Frankfurt/M. 1982, S. 9–220.

Klaus R. Scherpe

Von Bildnissen zu Erlebnissen: Wandlungen der Kultur «nach Auschwitz»

> *nachgedacht und zugedacht:*
> *dem passionierten Seminar an der*
> *Humboldt-Universität,*
> *Winter 1995/96*

Die «écriture du désastre» (Maurice Blanchot) kann man sich nicht einfach aussuchen. Das gilt für die Überlebenden, die auf ihrer nächsten Nähe zu den Toten bestehen und auf ihrer durch keinerlei Darstellungen zu ersetzenden Zeugenschaft. Es gilt auch für die nachfolgenden Generationen und ihr vom Holocaust gezeichnetes kulturelles Gedächtnis. Ebensowenig wie eine Gnade der späten Geburt gibt es eine ‹Gnade der Differenz› oder eine ‹Gnade der Rhetorik›. Angehörige der zweiten Generation nach Auschwitz müssen das authentische Geschehen der Vernichtung im eigenen Erleben wiederentdecken und sich auf andere Weise der Erinnerungsarbeit und der Frage nach seiner Darstellbarkeit stellen. Dies kann unter den heutigen Bedingungen einer multimedialen Kulturproduktion, die auch das Wissen und die Erinnerung des Holocaust verfügbar macht und als immer neu herstellbar erscheinen läßt, doppelt schmerzhaft sein.

Erfüllen das KZ als Superzeichen und die Shoah als Busines mit ihren ästhetischen Gefälligkeiten und moralischen Sinnfälligkeiten Adornos universale Voraussage von 1949: «nach Auschwitz ein Gedicht zu schreiben, ist barbarisch»?[1] Der französische Philosoph Cornelius Castoriadis hat dazu aufgefordert, Auschwitz nicht nur zu «widerlegen», sondern zu bekämpfen.[2] Gilt das heute noch für das Reden und Schreiben über Auschwitz? Die Kampfesspuren jedenfalls zeigen sich auch im aktuellen ‹Widerlegen›, das nur vordergründig von weitherziger Toleranz und eifernder Schuldbereitschaft geprägt ist. Wird kulturelle Identität als nationales Selbstbewußtsein neu eingeklagt, so können ‹die anderen› als beunruhigendes Element einmal mehr ausgegrenzt und bekämpft werden. Eine Grenze und ein Gebot allerdings gibt es, und das ist an der Oberfläche unserer Öffentlichkeit kulturpolitischer Konsens: das Gebot des Nicht-Vergessens. Aber kann man das Vergessen verbieten? Pflichtgemäßes Erinnern lähmt die Memorialkultur, hindert sie daran, im Kultur- und Lebenszusammenhang wirksam zu sein.

Eine Art Kulturkampf-Metaphorik ist präsent, wenn der um die Denkmalsproblematik verdiente amerikanische Forscher James E. Young seine Stellungnahme gegen das in Berlin geplante zentrale Denkmal für die ermordeten Juden Europas formuliert: «Ein berüchtigter hochrangiger Nazi sagte einmal, wenn er das Wort ‹Kultur› höre, greife er zum Gewehr. Sobald heute gute Deutsche das Wort ‹Nazi› hören, greifen sie ausnahmslos zu ihrer Kultur.»[3] Young zielt auf den neuen Überfluß an Gedenkkultur und Vergangenheitsbewältigung. Ist dieser Überhang an Symbolen letztlich ein Dokument ihrer realen Überflüssigkeit? Kultur ohne Lebensgefahr, nur als Abfuhr eines Traumas?

Die Nazi-Rede hält Young für eine faktische Aussage, auch dies ein Phänomen. Tatsächlich redete so eine Figur in Hanns Johsts berüchtigtem, Adolf Hitler gewidmeten Schauspiel «Schlageter» von 1933:

«Hat sich was. Da gibt es ästhetisches Geschmuse... Brüderlichkeit, Gleichheit... Freiheit... Schönheit und Würde! Mit Speck fängt man Mäuse... Hände hoch! Du bist entwaffnet... Nein, zehn Schritt vom Leibe mit dem ganzen Weltanschauungssalat... Hier wird scharf geschossen! Wenn ich Kultur höre... entsichere ich meinen Browning!»[4]

Am 22. April 1933 notierte Oskar Loerke in sein Tagebuch: «Gestern rief Benn an: er war bei der Uraufführung des Johstschen Schlageter [...] Er meinte, wir würden nicht nur ausgeschaltet, sondern auch körperlich vernichtet werden.»[5] Eine erstaunliche Äußerung, wenn man bedenkt, daß Benn sich zu Hitlers Geburtstag mit den Nazigrößen bereitwillig hatte ins Theater einladen lassen.

Das antifaschistische Motiv der Rettung der Kultur vor ihrer Vernichtung hat inzwischen seine historische Selbstverständlichkeit verloren. Die Auslöschung einer Kultur stellen wir uns heute eher als das schlechthin Andere und Fremde vor: in der Vergangenheit die Kultur des Ostjudentums, in der Gegenwart die im Bosnienkrieg zerstörten Städte. In der eigenen Kultur geht es kämpferisch nur um Geltungs- und Legitimationsfragen, Meinungs- und Verteilungskämpfe. Die Rettung der Kultur, auch die der Erinnerung an die vernichtete jüdische Kultur in Deutschland, wurde zur allzu selbstverständlichen Pflicht. Die ‹Verdrängung› von Nationalsozialismus und Holocaust scheint heute ein abgeschlossenes Kapitel der bundesdeutschen Nachkriegsgeschichte[6] zu sein. Als gute Deutsche lesen wir mit Vorliebe die Literatur der Opfer (vom «Tagebuch der Anne Frank» bis zu Ruth Klügers «weiter leben») und strafen dafür die Literatur der Täter mit Vergessen. Wer kennt noch das Schrifttum der Stehr, Kolbenheyer, Dörfler und Blunck: Benns Kollegen von der Preußischen Akademie, mit denen er 1933 im Theater saß? Ein durchweg friedfertiges Kulturverständnis ist längst eingegangen in die Wonnen der Alltäglichkeit: Performance und Wettbewerb, Denkmalspflege und Podiumsdiskussionen, Dokumentarfilm und Geschichtswerkstatt, alles was sich gehört. Das Unzugehörige und Unsagbare muß dem nicht unbedingt aufgezwungen werden. Es hat selber Konjunktur, zum Beispiel in der Debatte um die Nicht-Darstellbarkeit des Holocaust. Ein Unbehagen stellt sich zumeist erst dann ein, jedenfalls bei mir, wenn die industrielle Vernichtung von 6000000 Juden als nicht mehr steigerungsfähiges Musterbeispiel in der ohnehin florierenden Debatte des Ästhetischen (Monumentalität, Authentizität, das Erhabene) aufgerufen wird. Nichts gegen diese Debatten, auch wenn sie oft nur der Vergewisserung dienen. Aber *in ihnen selber* ist an die Radikalität der Fragestellung zu erinnern: Wie kann die Vernichtung der Juden Europas und ihrer Kultur in der Erinnerung mit Kultur bekämpft werden? Mit deutscher Kultur?

Noch einmal James Young zum Berliner Denkmalsstreit von 1995: Die Deutschen, wenn auf den Holocaust angesprochen, greifen «ausnahmslos zu ihrer Kultur. Es ist beinahe so, als ob die einzige Sicherheit vor der Rückkehr dieser gefürchteten Vergangenheit in ihrer beständigen ästhetischen Sublimation besteht – in der Kunst, der Literatur, der Musik und letztendlich in den Denkmälern, mittels derer die Ära des Nationalsozialismus im heutigen Deutschland gleichzeitig erinnert und aufgehoben wird.»[7] Theoretisch formuliert heißt der Vorwurf: Die Künste als selbstreflexives und darin autonomes Kultursystem nutzen ihren Spielraum als Schutzraum. Der Erste Weltkrieg brachte, wie Adorno 1950 bemerkte[8], in Deutschland eine Kulturrevolution hervor, nach dem Zweiten Weltkrieg dominiert die kulturelle Versicherung bei der Tradition mit einer Art «Heilung durch Zitate».[9] Hier also bereits, so könnte man meinen, beginnt das in der bundesdeutschen Kultur und Kulturpolitik besonders gefragte Kompensationsmodell: die Entsorgung aller Schädigungen am Volkskörper, aller zivilisatorischen Schadensfälle der Modernisierung der Gesellschaft durch Kultur, die eigene Kultur, wie Young betont. Die eigene Kultur? Ist damit stillschweigend gesagt, daß die Erinnerung an den Holocaust etwas der eigenen Kultur Fremdes ist und bleibt, am Ende so fremd wie die ermordeten Juden?

Wie ist das deutsche Kulturmodell in Frage zu stellen? Was Young im besonderen Fall der Denkmalskultur als Gegenstrategie empfiehlt, ist die Vermeidung der zentralen, sinngebenden und erlösenden Metapher, die Katharsis in der mit dem Namen Auschwitz verbundenen Tragödie. Dagegen steht das metonymische Prinzip, das identitätsstiftend nicht handhabbar und daher nur schwer zu ertragen ist: statt des Denkmals die nicht abschließbare Debatte über das Denkmal, statt der symbolischen Kompensation der Vernichtung der Juden «verhindern, daß die Leere sich auffüllt»[10], statt eines Museums im KZ Dachau eine Installation, die das Prinzip der Musealisierung kritisiert (Jochen Gerz' «Exit»-Projekt).[11] Keine sich ins Symbolische rettende Kunst! Zum Denkmalsstreit fügte Gerz noch hinzu, daß er den Künstler als den «mit Kunst Beauftragten» für eine inakzeptable Metapher hält, und er empfiehlt nach dem kulturpolitischen Streit um die Neue Wache in Berlin die Vergabe des Käthe-Kollwitz-Preises an Helmut Kohl.[12]

Seit der Reeducation-Politik der Alliierten in der Nachkriegszeit mußten die Deutschen zum Nicht-Vergessen ermuntert und ermutigt werden. Selbstlos, ohne Gefühlsbeteiligung allerdings ist nichts zu erinnern. Wo sollte und soll im Land der Täter die emotionale Energie herkommen für ein Gedenken, das nicht das eigene ist, das nicht dem eigenen Leid gilt, sondern einem fremden? Die Identifikation mit den Opfern – ein Kernstück der Erinnerungspolitik[13] – sorgt hier offenbar für Ersatzgefühle. Durch welche Fähigkeit des Erinnerns ist die «Unfähigkeit zu trauern» (Mitscherlich) zu supplementieren (das metonymische Prinzip), ohne Rückversicherung bei einem im großen und ganzen wiederherzustellenden deutschen Geschichtsbewußtsein: ohne Abspaltung der Ermordung von sechs Millionen Juden als etwas dem eigenen Leben Fremdes?

Youngs sarkastische Feststellung, daß die «guten» Deutschen, wenn sie auf den Nationalsozialismus und den Holocaust angesprochen werden, am liebsten mit «Kultur» antworten, ist nicht zu bestreiten, wohl aber zu differenzieren, historisch und aktuell. Die auch in der deutschen

Nachkriegskultur immer deutlicher hervortretenden Strategien des «rewriting», des Umschreibens und Übersetzens, der Visualisierung und medialen Vermittlung und Mixtur[14] haben auf dem heutigen Stand einen Resonanzraum von Bedeutungen geschaffen, mehr noch, wie manche meinen, *Erlebnisräume* eröffnet, die einen anderen Umgang mit dem Holocaust durchaus ermöglichen. Es könnte sein, daß gerade die Fülle und Standardisierung des ikonographischen Gedächtnisses (die Gleise nach Auschwitz, die Reliquien der Kleider und Schuhe und Haare, Leichen und Überlebende am Stacheldrahtzaun) nach neuen Formen der Darstellung und des Nacherlebens suchen lassen. Einige bekannte und weniger bekannte Exempel und Ereignisse sollen im folgenden aufgerufen werden, um den Wandel der ‹Holocaust-Kultur› von der Nachkriegszeit bis zur Gegenwart, die sich verändernde Darstellungs-, Erinnerungs- und Erlebnisproblematik anzudeuten.

Die Unsäglichkeit der Bilder – Celan und Améry

Ich beginne mit einer bekannten, unvergleichlich deutschen Bildergeschichte der Nachkriegskultur, die mit dem wohl prominentesten Holocaust-Gedicht, Paul Celans «Todesfuge», verbunden ist. Als vom Holocaust längst noch nicht die Rede war – erst die amerikanische Fernsehserie von 1979 hat den Begriff in Deutschland in Umlauf gebracht und auf die Ermordung der Juden in den Konzentrationslagern fixiert –, begann Paul Celans Gedicht seine Karriere durch den deutschen Literatur- und Kulturbetrieb, die der jüdische Dichter aus dem Ghetto von Czernowitz auch dadurch nicht verhindern konnte, daß er später den Wiederabdruck in Anthologien und Sammelwerken verbot. (Zumindest wollte er die Nachbarschaft zu Gedichten verhindern, denen der Nazismus noch anzumerken war.)[15] In der Kultur der fünfziger und sechziger Jahre gehörte zur pflichtgemäßen Kenntnis über die «Reichskristallnacht» und die Greuel in den Konzentrationslagern das Bekenntnis zu Celans sprachlichen Bildern:

> «Schwarze Milch der Frühe wir trinken sie abends
> wir trinken sie mittags und morgens
> wir trinken sie nachts
> wir trinken und trinken
> wir schaufeln ein Grab in den Lüften da liegt man nicht eng [...]

ein Mann wohnt im Haus dein goldenes Haar Margarete
er hetzt seine Rüden auf uns er schenkt uns ein Grab in der Luft
er spielt mit den Schlangen und träumet der Tod ist ein Meister aus
Deutschland
dein goldenes Haar Margarete
dein aschenes Haar Sulamith»[16]

1952, als er zum ersten Mal zu einer Veranstaltung ins Nachkriegsdeutschland fuhr, las Paul Celan sein Gedicht vor der Gruppe 47. Auf die zuhörenden Schriftsteller soll es eine hypnotische Wirkung gehabt haben. Es wird berichtet, daß einige von ihnen im Wiederholungsrhythmus des Gedichts die Metapher der «schwarzen Milch der Frühe» im Raum weiterskandiert hätten.[17] Die zentralen Metaphern und Bild-Bildungsassoziationen wurden seitdem als Zitate kanonisiert und erforscht. (Von Claire Goll, der Witwe Yvan Golls, gab es sogar einen absurden Plagiatsvorwurf.) Schriftsteller und Künstler von Jean Améry und Primo Levi bis zu Anselm Kiefer[18] haben Celans Bilder als sakrosankte Referenz und als ikonographische Vorgabe betrachtet und genutzt. Aus den späteren fünfziger Jahren stammt die Schallplattenaufnahme mit Celans eigener Lesung. Das Gedicht stand im Kanon der ‹Bewältigungs›-Literatur an erster Stelle und wurde unzählige Male für den Deutschunterricht interpretiert.[19] 1988 zur 50. Wiederkehr der Judenpogrome wurde es im Deutschen Bundestag rezitiert. In einem Seminar an der Humboldt-Universität 1995/96 in Berlin kannten es nur sechs von 35 Teilnehmern.

Es scheint, als habe Celans Gedicht als Ersatz für die in Deutschland nicht vorhandenen und auch nicht denkbaren Trauerrituale zur Ermordung der Juden im KZ, als unbewußte Identifikation mit den Opfern geradezu paradigmatisch gewirkt: ein symbolischer Akt der Heimholung des jüdischen Schicksals in deutscher Sprache und Musik. Auf die penetrante Nachfrage des Tübinger Rhetorik-Professors Walter Jens nach der Herkunft und der Bedeutung seiner Metapher antwortet Celan in einem Brief vom 19. 5. 1961 höflich und abweisend: «Das ‹Grab in den Lüften› – lieber Walter Jens, das ist, in *diesem* Gedicht weiß Gott weder Entlehnung noch Metapher.»[20] In seiner «Meridian»-Rede verweigert er entschieden die seiner Lyrik zugemutete symbolische Repräsentation: «das Gedicht behauptet sich am Rande seiner selbst», untauglich zum symbolischen Zentralismus, es ist nicht «Sprache schlechthin», nur Sprechen, kaum «Entsprechung»[21], also ebenso untauglich wie wehrlos angesichts seiner Inanspruchnahme als Abbild oder Vorbild.

Der Bilderstreit um Celans Gedicht ist deshalb so sprechend, weil mit ihm eine unüberbrückbare Kluft in der deutschen Erinnerungskultur des Holocaust sichtbar wird. Auf der einen Seite steht eine seit der klassischen Ästhetik stabile kulturelle Gültigkeit des Dichterworts: seine subjektiv verbürgte Universalität, die symbolische Verinnerlichung der «poetischen Wahrheit», eine in der Tiefe des Gedächtnisses bewahrte bildhafte Erinnerung, die ‹Menschlichkeit› ausstrahlt. Die kulturpolitische Wirksamkeit dieser «Seinsweise von Dichtung» zur ‹Bewältigung› der Vergangenheit hat Hans Egon Holthusen in einer hymnischen Aneignung der «Todesfuge» demonstriert, die einer unverfrorenen Enteignung gleichkommt:

«Trinken ist Sterben als äußerste Selbstverwirklichung, Opfertod, Aufsteigen zu einem ‹Grab in der Luft›. Mit ganz wenigen einfachen Paradoxien hat Celan ein alle menschliche Fassung sprengendes [...] Thema bewältigen können: indem er es ganz ‹leicht› gemacht, es in einer träumerischen, überwirklichen, gewissermaßen schon jenseitigen Sprache zum Transzendieren gebracht hat, so daß es der blutigen Schreckenskammer der Geschichte entfliegen kann, um aufzusteigen in den Äther reiner Poesie.»[22]

Obwohl Holthusen betont, daß nicht an eine Beruhigung des Gewissens der Schuldigen gedacht sei, war der «Äther reiner Poesie» als Flucht- und Schutzraum der Tätergeneration, zu der der poetisierende Kritiker zweifelsfrei gehört, besonders geeignet. (Die Kritik wurde 1954 geschrieben.) Der in der poetischen Metapher abgründige und gerade dadurch symbolische Besitzerstolz an deutscher Dichtung (zuvor wurde Celan am «östlichen Rande des deutschen Sprachgebiets» lokalisiert) ist es, den Adorno mit seiner Absage an diese Art von deutscher Nachkriegskultur, die aus Auschwitz die Rettung eines eigenen Sinns bezieht, brandmarken wollte. Keinesfalls auf Celans Gedicht, sehr wohl aber auf Holthusens Vorstellung vom dichterischen Dasein trifft Adornos Einspruch zu:

«Untrüglich fast ist ein Kennzeichen solcher Literatur: daß sie, absichtlich oder nicht, durchblicken läßt, selbst in den sogenannten extremen Situationen, und gerade in ihnen, blühe das Menschliche: zuweilen wird daraus eine trübe Metaphysik, welche das zur Grenzsituation zurechtgestutzte Grauen womöglich insofern bejaht, als die Eigentlichkeit des Menschen dort erscheine.»[23]

Auf der anderen, der klassisch-humanistischen Ästhetik abgewandten Seite steht – im Restaurationsklima der fünfziger und sechziger Jahre noch mißachtet – Adornos Ästhetik der Moderne, die das ‹Ganzheitliche› Lügen straft durch die ästhetische und die reale Erfahrung von Nicht-Identität, des Heterogenen, der Fragmentierung und der Verstümmelung von Körper und Geist. Auf die selbstgerechte Katharsis und eigenmächtige Erlösung der von Holthusen vertretenen Bewältigungskultur antwortet Adorno prinzipiell und kategorisch mit dem Schrift- und Bilderverbot: dem Kulturkampf gegen die Idolatrie eines zur (eigenen) Rettung vorgezeigten Menschenbildes. Mit dem christlichen Gedanken der Erinnerung durch Läuterung (die Leiden des Kreuzestodes) ist jüdisches Gedenken, das Adorno wie Benjamin als ein nicht anschauliches und nicht zweckhaftes Gedenken versteht, ohnehin unvereinbar.[24] Was bleibt, ist – wie Adorno mit Bezug auf Celan sagt – die Scham der Kunst angesichts des sich entziehenden Leids, das durch keine nachträgliche Erfahrung oder Sublimierung einzuholen ist.[25] Was für Auschwitz gilt, muß auch für die Auschwitz-Bilder gelten. Die schamlose Enteignung der Bilder aus Celans Gedicht ist – so müßte man mit Castoriadis sagen – nicht zu «widerlegen», sondern nur zu bekämpfen.

In «Heidegger und die Juden» spricht Jean-François Lyotard von der Schuldhaftigkeit einer deutschen Kultur, die durch die Behauptung einer «Ortschaft des Seins» und eines authentischen deutschen Schicksals die Juden heimatlos gemacht hat. Auschwitz ist dann der Nicht-Ort, der Ort des Vergessens schlechthin, der Name dessen, was in Heideggers Denken fehlt und verfehlt wird.[26] Die Ungeheuerlichkeit und Unmöglichkeit des im KZ Gefolterten, in die deutsche Kultur zurückzukehren und sich in die Literatur wieder einzuschreiben, hat Jean Améry dokumentiert: eine Leidensgeschichte des Schriftstellers in der Nachkriegszeit, die für Améry mit der Folter im «Auffanglager» Breendonk im Juli 1943 begann und im Selbstmord 1978 endete. Adorno bestand bis zuletzt auf dem in der Hermetik der Literatur zu rettenden Negativen, auf den dem entfremdeten Leben *nicht* anempfundenen Figurationen: der negativen Kraft des Widerspruchs. Jean Améry dagegen besteht auf einem nur seinem Leben eigenen «Realismus», der radikaler noch als Adornos negative Ästhetik die sinnstiftende Repräsentation des erlittenen Schicksals verweigert. Es gilt, der «ästhetischen Versuchung» zu widerstehen[27]: «[...] eine Gefängniszelle ist eine Gefängniszelle: nicht mehr und nicht weniger. Sie ist keine Halluzination, denn sie läßt sich ausmessen (nehmen wir an: drei Meter lang, zwei Meter breit).» Dieses Fakten-Plädoyer zu Costa-Gavras Film «Das Geständnis» wiederholt Amérys Kennzeichnung physischer Gewalt im Essay «Die Tortur», dem zentralen Text der von ihm so genannten «Bewältigungsversuche eines Überwältigten».²⁸ Dieser Text insistiert mit jedem Wort auf dem, was in den Interpretationen, Kommentaren und kulturellen Ritualen der Erinnerung letztlich vergessen bleibt: physische Gewalt als Reduzierung des Menschen auf seine Fleischlichkeit, Vergewaltigung als unwiderrufliche Austreibung des «Weltvertrauens», wie Améry sagt, der endgültige Bruch mit dem Denkbaren (unsere Abstraktionen, unsere Kausalschlüsse), das Zerbrechen der geltenden Sozialkontrakte. Améry legt es bewußt darauf an, alle spekulativen Auswege aus der Aussichtslosigkeit in seinem Text zu blokkieren: den psychischen Weg der Verdrängung («Ich baumele noch immer, zweiundzwanzig Jahre danach an ausgerenkten Armen über dem Boden»), den moralphilosophischen Weg der Verallgemeinerung («Es gibt nämlich keine ‹Banalität des Bösen›. Hannah Arendt [...] kannte den Menschenfeind [...] nur durch den gläsernen Käfig» – zum Eichmannprozeß), die ästhetische Erfahrung des Erhabenen (daß das Geschehnis «die Vorstellungskraft überstiege»). Unter der Folter, am Anfang seiner Irrfahrt durch mehrere Konzentrationslager geschah Améry, wie Helmut Heissenbüttel zutreffend formuliert, das Entscheidende, nicht mehr Heilbare: «Das Hineingeprügeltwerden in diesen Objektcharakter»²⁹. In Auschwitz wurde er mit der Nummer 172 364 aufgerufen und starb den immer gleichen anonymen Tod vor der absehbaren realen Vernichtung.

In Amérys Text läßt sich die fortschreitende Annihilation aus der Art der Darstellung, dem Schreibakt rekonstruieren. «Der Schlag wirkt als seine eigene Anästhesie», heißt es in einer Reflexion der «Tortur». Im Text, der die Folter beschreibt, soll der Schmerz keineswegs nachfühlbar gemacht werden. «Wer seinen Körperschmerz mit-teilen wollte, wäre darauf gestellt, ihn zuzufügen und damit selbst zum Folterknecht zu werden.»³⁰ Damit verweigert Amery auch den theatralischen und pädagogischen Ausweg, der mit der Darstellung des «Äußersten»³¹ im Blick auf den Rezipienten experimentiert. Sein eigener Versuch, den Text über die «Tortur» zu einem «rekonstruierten Auschwitz-Tagebuch» fortzuschreiben und zu ergänzen, scheiterte im Ansatz. Ein Grund dafür ist, daß Améry die «Gleichnisrede» verweigert, die in so vielen Tagebüchern und Erlebnisberichten, von Jorge Semprun bis Cordelia Edvardson, das «KZ-Universum» politisch, mythologisch oder einfach pädagogisch überschreibt. Auch scheint es, daß er überhaupt das Erzählen meidet, das dem Geschehenen den Sinn einprägt. In Amérys Essays soll das Geschehene gewissermaßen bei sich selber bleiben, nur *beschrieben* werden. Die einzig zulässige Ergänzung ist die Reflexion, die dem Beschriebenen so direkt wie möglich zugefügt wird, motiviert durch den Drang, «jetzt gleich, auf der Stelle, ohne die geringste Zeit zu verlieren, das Erlebnis geistig zu artikulieren, denn ein paar Stunden danach könnte es schon zu spät sein.»[32] In Amérys Text gewinnt das kompromißlose Bestehen auf der unvermittelten Verschriftlichung des Erlittenen Gestalt, das auch von der Angst vor dem Verlust oder dem Verrat des ‹Authentischen› in der Kunst geprägt ist. Aus der Unmöglichkeit dieses ‹primären› Darstellungsverfahrens (die Symbiose von Dargestelltem und Darstellung) resultiert eine ganz bestimmte rhetorische Schreibform: die der Tautologie.

Die Tautologie hat Jorge Luis Borges als diejenige Sprachform bezeichnet, die Gewißheit allein durch die Anordnung gewinnt. Daher ist sie geeignet, den metaphysischen Sinn auszutreiben.[33] Améry verwahrt sich gegen die metaphorische Rede als Einfallstor der Spekulation, gegen die drohende Enteignung der eigenen Rede: «Ein Vergleichsbild würde nur für das andere stehen, und am Ende wären wir reihum genasführt im hoffnungslosen Karussell der Gleichnisrede. Der Schmerz war der, der er war. Darüber hinaus ist nichts zu sagen.»[34] Die Rede- und Denkfigur der Tautologie, die im Abweisen von *origo*, *causa* und *finis* etwas Rituelles gewinnt – die Wiederholung als Obsession und Prinzip anstelle von Identitätssuche oder Differenzerfahrung – nimmt in Amérys Text den Platz ein, der sonst Anlaß geben könnte für Höhe- und Wendepunkte des Erlebten und Reflektierten – im gewohnten Alltag wie in der extremen Gewöhnlichkeit der Folter: «Ich kaufe eine Zeitung und bin ‹ein Mann, der eine Zeitung kauft›.» «Aber sie folterten vor allem deshalb, weil sie Folterknechte waren.» «Wer gefoltert wurde, bleibt gefoltert.» Den Satz «Ich habe das Unaussprechliche erfahren» kann Améry fortan nur tautologisch umkreisen. Das Todesritual der Folter, dem er entgangen ist, hat er im eigenen Denken und Handeln andauernd thematisiert und wiederholt. Den Nationalsozialismus definiert er als eine Apotheose der Folter.[35] Den tödlichen Hungerstreik der Baader-Meinhof-Gruppe bezeichnet er in Werner Höfers WDR-Frühschoppen 1974 als legitime Form des Widerstands gegen die staatliche Gewalt, woraufhin die Staatsanwaltschaft Köln gegen ihn ermittelt.[36] Sein Selbstmord im Jahre 1978 erscheint als letzte Konsequenz jener «Fundamentalerfahrung» der Tortur, die den Gefolterten auf Dauer unfähig gemacht hat, an ein von den ‹anderen› formuliertes «Weltvertrauen» anzuknüpfen oder eine Zugehörigkeit in irgendeinem «Sozialkontrakt» in Aussicht zu nehmen. Améry bleibt, wie er sagt, auf ewig der «Katastrophenjude», zu dem ihn die Nazis gemacht haben.[37]

Die Unmöglichkeit der Erfahrung – Holocaustdarstellungen nach Adorno

Im Streitgespräch mit Jacques Derrida, Sarah Kofman, Philippe Lacoue-Labarthe und anderen versteht Jean-François Lyotard die Kultur nach Auschwitz als ein Modell: «die Erfahrung eines Sprechens, das dem spekulativen Diskurs Halt gebietet.»[38] Mit Adorno glaubt er sich einig, daß von «Erfahrung» im Sinn der «Phänomenologie des Geistes» nicht mehr zu sprechen ist. Es gilt, die «Undenkbarkeit von Auschwitz wiederherzustellen»[39]. Er mißtraut der «Magie» der Negation in Adornos Darstellungsverbot, der Verteufelung jeglicher Bilder- und Sprachproduktion nach Auschwitz als Affirmation. Im Unterschied zu Adorno ist Lyotard der Meinung, daß nach dem Ende des spekulativen Diskurses und seiner Resultate nicht nur «subjektives Gerede» den leeren Darstellungsraum füllt, sondern eine Sprache gefunden werden kann, die, ohne den Namen Auschwitz zu beschwören, Sätze an Auschwitz anzuknüpfen vermag. Die Regeln der Verknüpfung von Sprache müssen nach dem Holocaust neu gefunden werden. Nicht «verknüpfen», sondern «hinzufügen» (supplementieren), erwidert Derrida und führt aus:

«Man soll an Auschwitz anknüpfen [...] Auschwitz und andere Eigennamen analoger Tragödien schreiben uns vielleicht vor (in ihrer unauflösbaren Verbreitung), zu verknüpfen. Sie schreiben uns nicht vor, das Unverknüpfbare zu überwinden, sondern: weil es nicht verknüpfbar ist, befiehlt es uns, zu verknüpfen.»[40]

Die Suche nach den Verknüpfungsregeln ist eine Suche nach dem Intelligiblen. Sie muß ohne ein «wir» auskommen. Das ist entscheidend und gegen den deutschen Holocaust-Diskurs der verpflichtenden Erinnerung gesprochen. Die «Para-Erfahrung» von Auschwitz hat die Unmöglichkeit des «wir» erwiesen, und Lyotard hält fest, «daß in Ermangelung dieses Subjekts in der Mehrzahl ‹nach Auschwitz› kein Subjekt mehr bleibt, das es für sich in Anspruch nehmen könnte, ‹sich› zu nennen, indem es diese ‹Erfahrung› nennt.» Das gilt für die Philosophie, weniger, wie wir noch sehen werden, für die neu zu suchenden Ausdrucksmöglichkeiten von Kunst und Literatur.

Die philosophische Debatte kreist weniger als die der «cultural studies»[41] um die Frage nach den «Grenzen der Repräsentation» vielmehr dagegen um die Provokation einer Grenzerfahrung und die Bedingungen der Möglichkeit der *Konzeptionalisierung* von Repräsentationen oder Repräsentationsverboten im kulturellen Kontext. Mit der Entscheidung für narrative und figurative Darstellungen des Holocaust wird eine kulturell zu spezifizierende Erinnerungspolitik gemacht (der Streit um die Denkmäler, der ‹story›-Film aus Hollywood: «Schindlers Liste»), ebenso mit der Behauptung der Nicht-Darstellbarkeit des industriellen Massenmords in den KZs, die das Nicht-Darstellbare tabuisiert und zum Sakrileg erhebt. Voraussetzung für die Qualifizierung moralischer und ästhetischer Argumentationsstrategien ist die Bestimmung von zweierlei Differenz. Zum einen der historischen Differenz im Erleben zwischen der ersten Generation der Überlebenden und der zweiten der Nachgeborenen, deren ‹Nacherleben› vermittelt ist über das gespeicherte Wissen, die Rhetorik der Erzählungen und die standardisierte Ikonographie des Holocaust. Zum andern der Differenz zwischen den nationalen Kulturen, in denen die Holocaust-Erinnerung eine entscheidende Rolle für das Selbstverständnis spielt (der Unterschied zwischen einem Holocaust-Museum in Washington, Yad Vashem in Israel und dem Anbau eines Jüdischen Museums an das Berlin-Museum).

Das von Lyotard begonnene Streitgespräch zielt auf die Frage nach der *Authentizität* der Darstellungskonzepte, der ‹wirklichen› und vor allem wirksamen Aussagekraft in den nach Auschwitz formulierbaren und verknüpfbaren Sätzen. Hier sollte die Differenz zwischen der ersten Generation der Überlebenden und ihrem Anspruch auf Authentizität einerseits und allen Darstellungspraktiken andererseits, die Authentizität nur aus dem Postscriptum, der Supplementierung einer originären Erfahrung gewinnen, die undenkbar und nicht die eigene ist, nicht heruntergespielt werden (etwa nach dem Muster ‹alles ist Erzählung›, ‹alles folgt den Regeln der Rhetorik›). Für Améry ist die durch die physische Gewalt erlittene Auslöschung von Geist und Zivilisation unteilbar: mitteilbar, aber nicht vermittelbar an andere, schon gar nicht an ein deutsches «Wir» der Gedenkkultur, das die entlastende Identifikation mit den Opfern sucht. Die Authentizität in Texten wie dem über die «Tortur» liegt in ihrer mit dem eigenen Körper erlittenen «Unterbrechung der Spekulation» (Lyotard) begründet. Daher das Pathos des *Primären*, das in sich unbestreitbar ist.

Demgegenüber können Repräsentationen der nachgeborenen Generationen Authentizität nur unter einer Bedingung gewinnen: der von Derrida so genannten «sériature»[42], einer Aneinanderreihung von Sätzen, die die Erfahrung des Holocaust, ob gewollt oder nicht, *studiert*, also ihre Bedingung des *Sekundären*, der Pluralität, der künstlerischen Konstruktion und der medialen Vermittlung selber zum Thema macht. Die hier gelingende oder mißlingende sekundäre Verknüpfung von Sätzen als Supplement zu einem Namen Auschwitz, der als direkte Referenz nicht existiert, folgt den im kulturellen Kontext sehr unterschiedlichen und veränderbaren Verknüpfungsregeln. Auf der Grundlage der Übersetzung und Rekonstruktion des unvorstellbar grauenhaften Geschehens kann es in Literatur, Film und Publizistik zu einer elementar und mythisch inspirierten Reanimation des mörderischen Faschismus kommen, wie Saul Friedländer sie als Widerschein des Nazismus in seinem Essay «Kitsch und Tod» warnend beschrieben hat.[43] Die im folgenden kurz angesprochenen künstlerischen Versuche und kulturellen Aneignungsstrategien sind allesamt radikal im Bewußtsein ihrer Verspätung, ihres Status des Sekundären und ihres nicht zu vollendenden Rettungsakts gegen das Vergessen.

An der Darstellungsgrenze von primärer Zeugenschaft des Holocaust und sekundärer Vergegenwärtigung des Bezeugten operiert Claude Lanzmanns «Shoah»-Film von 1985, ein viel diskutiertes und von der Kritik mittlerweile kanonisiertes Darstellungsexperiment. Es scheint, als wolle Lanzmann Authentizität erzwingen. Zum einen durch eine Radikalisierung des Bilderverbots, das für ihn auch ein Schrift- und Fiktionalisierungsverbot ist. «Bilder töten die Imagination», schreibt er über Spielbergs Film «Schindlers Liste», der zur Identifikation und zur tränenreichen Katharsis des Holocaust einlädt. Nicht nur die Bebilderung und Fiktionalisierung hält Lanzmann für eine Übertretung, auch seine Ablehnung des Dokumentarismus bekräftigt er, wenn er in der Auseinandersetzung mit Spielbergs Film in «Le Monde» provozierend schreibt, daß er sogar einen ihm verfügbaren Originalfilm aus der Gaskammer des Krematoriums Auschwitz 2 nicht nutzen, sondern vernichten würde.[44] Der Kampf gegen das Vergessen – Lanzmann führt mit seinem Filmprojekt offensichtlich eine Art Kulturkampf gegen die Erinnerungs- und Verdrängungsindustrie, vergleichbar Adornos Verdikt – kann nicht mit subjektiven Erinnerungen und der Popularisierung von Affekten geführt werden. In der Konsequenz von Lanzmanns radikalem Authentizitätsgebot darf es eine reproduzierte Ähnlichkeit mit den Fakten (dem als faktisch Erschlossenen und Enthüllten) eigentlich nicht geben. Alle denkbaren «Verknüpfungen» mit Auschwitz in Worten, Sätzen und Bildern müssen so angelegt sein, daß sie Auschwitz als das «Unverknüpfbare» nicht «überwinden» (Derrida), sondern als unverrückbare traumatische Erfahrung bestehen lassen. Um die Repräsentationslogik der Ähnlichkeit zu unterlaufen, arbeitet Lanzmann mit einem anderen, ursprünglicheren Verständnis von Mimesis. «Der Film *ist* eine Verkörperung, eine Reinkarnation.»[45] Wie Améry in der Rekonstruktion des selber Erlittenen sucht Lanzmann die unmittelbare Nähe des Geschehens, besucht er die Orte der physischen Vernichtung und die ihrer Vorbereitung, die Gleise der Transportstrecken, die Rampe, die Gaskammern, die Verbrennungsöfen. Diese unbedingte Annäherung als Wiederherstellung und Anverwandlung geschieht durch die Zeugen (Opfer, Täter und *bystander*), die er an den ursprünglichen Ort des Geschehens, nach Chelmno, Treblinka, Auschwitz zurückbringt oder dort, in der Umgebung, ausfindig macht und aufsucht.

Der Erinnerung ist ihre subjektive und mediale Bedingtheit und Zufälligkeit zu nehmen, um die *Form* des Erinnerten wiederzugewinnen. Die für Lanzmann einzig denkbare und zulässige Form der Erinnerung ist die Rede der Zeugen.[46] Er inszeniert die Reden der Zeugen, um den Gedächtnisraum seines Films zu füllen: nicht mit Bildern, sondern mit Sätzen, Aussagen, Mimik und Gesten, die das Abwesende bezeichnen, Zeichen setzen und verbinden, Spuren legen. Im Interview bringt er seine Zeugen dazu, die damaligen schrecklichen Erlebnisse nicht nur zu erinnern, sondern nachzuspielen, zu verkörpern, als Körper- und Sprachszenen wiederherzustellen: Simon Srebnik, den singenden Jungen, der Chelmno überlebt hat und jetzt noch einmal als alter Mann am gleichen Ort sein Lied singt, Abraham Bomba, den Friseur, der den Häftlingen vor der Gaskammer die Haare abgeschnitten hat und in einem eigens in Tel Aviv hergestellten Friseursalon seine Tätigkeit noch einmal wiederholt. An die Stelle des verworfenen Illusionismus der Repräsentation tritt die in der Präsenz wirksame Qualität von Mimesis: das mimetische Vermögen des Spiels, die Reaktivierung der sinnlichen und magischen Beziehung zu den Dingen und Vorgängen, die in der Sprache nicht oder nicht mehr formulierbar sind.[47] In der mimetischen Rückkoppelung ‹authentisiert› und ‹auratisiert› der Regisseur das Unaussprechliche. Der Zeuge ringt um Sprache für das, was er nicht sagen kann: «Das [...] das kann man nicht erzählen. Niemand kann das nicht bringen zum Besinnen, was war so was da hier war. Unmöglich. Und keiner kann das nicht verstehen.»[48] Lanzmanns Kamera beobachtet ihn dabei, hält das in den stammelnden

Sätzen Unsagbare in der Großaufnahme der Gesichtszüge und in der Halbtotale der Körperbewegungen fest. Der Satz «Schwer wiederzuerkennen, aber das war hier» muß *gesehen*[49], Wissen in Vision zurückverwandelt werden. Eine mit filmischer Technik erzeugte Vision! Tonspur und Bildführung werden zusammengehalten, damit keine Zwischenräume für ‹sekundäre› Interpretationen entstehen, die die aufs ‹Primäre› der Todes- und Folterszenen ausgerichtete Mimesis überdecken.

Und welche Anteilnahme wird dem Zuschauer dieses Films zugedacht und zugestanden? Der Zuschauer lernt sehen mit den Augen des Zeugen, der das gesehen hat. Da von den Zeugen kaum eine eigene Geschichte erzählt und ihnen subjektiv nur die Rolle der gebrochenen Vorstellung des Unvorstellbaren zugewiesen wird, entsteht beim Zuschauer in der Tat keine Identifikation, sondern ein Sehen, das mit dem vorgezeigten qualvollen Vorgang des Sich-Erinnerns direkt verknüpft wird. Das ‹Authentische› des Holocaust wird vom Zuschauer dann nicht mehr ratlos-abweisend (inkommensurabel = fremd) und auch nicht pathetisch-affirmativ (unvorstellbar = erhaben) ‹nachgesucht› und supplementiert, sondern in der «Transformation der Vorstellung vom Unvorstellbaren»[50] selber aufgesucht: dem, was vis-à-vis zu sehen ist von diesem Erinnerungsvorgang, ohne Erzählung, Kommentar und überhöhende Symbolik. Daß Lanzmann hier, vor allem an den beteiligten Holocaust-Überlebenden, einen Gewaltakt vollzieht – die Austreibung von lebensweltlichem Kontext, das möglicherweise Zerstörende beim Aufstören des in der Erinnerung Verschlossenen und Verdrängten –, ist oft kritisiert worden. Nicht berechtigt scheint mir der Vorwurf eines fanatischen Kunstwillens oder der übliche Vorwurf der Ästhetisierung. Vielmehr ist Lanzmann ein Wahrheitsfanatiker des Holocaust, der – solidarisch mit den Opfern und den Überlebenden der ersten Generation – die Auslöschung des Gedächtnisses dort bekämpfen will, wo sie beginnt: in den Todeslagern, in denen die Menschen nicht nur physisch vernichtet wurden, sondern nach dem Willen der NS-Politik auch die Erinnerung an sie ausradiert werden sollte. Und diese Erinnerung ist, wie Lanzmann meint, eben nicht durch die Belehrung des Dokumentarfilms und die Therapie des Erzählkinos vor dem Vergessen zu retten. Die Filmsprache und die im Film gesprochene Sprache werden verkürzt und zusammengezogen auf die Vergegenwärtigung der Ursprungs- und Urheberszene, das Trauma der Vernichtung.

Lanzmanns «Shoah» ist immer wieder zu nennen, da mit diesem Film eine Art Grenzmarkierung der ‹Holocaust-Kultur› gesetzt wurde: eine

Grenze nicht der Darstellbarkeit, sondern eine Grenzmarkierung der Darstellungsmittel und -methoden der nachfolgenden Generationen darstellender Künstler, Schriftsteller und Holocaustpolitiker. Lanzmanns mimetisch erzeugtes Pathos des Primären wird abgelöst durch ein Ethos des Sekundären, das in den Darstellungen des Holocaust im Abstand von Jahrzehnten immer wieder neu zu erstellen und zu definieren ist. Die für die postmoderne Literatur typische Gelassenheit, ihre spürbare Ästhetik der Indifferenz und die neuentdeckte Erzählfreudigkeit angesichts des Reproduktions- und Zirkulationscharakters der Bilder, Ideen, Empfindungen und Erinnerungen – man denke an neuere Texte von Peter Handke, Botho Strauß oder Christoph Ransmayr – gilt für die Holocaust-Thematik so nicht. Die immer wieder versuchten ‹unmöglichen Anschlüsse› der Sätze, Bilder, Installationen und Museumsräume an Auschwitz als das «Unverknüpfbare» schlechthin (Derrida) schaffen eine unaufhörliche Irritation und Beunruhigung, in der das Trauma der ersten Generation, manifest in den verschiedensten Genres und Schreibweisen, nachwirkt.

In den literarischen und künstlerischen Diskursen und in Verbindung mit unterschiedlichen kulturellen Geltungs- und Legitimationsansprüchen taucht das Auschwitz-Trauma oft unvermittelt auf: in Ingeborg Bachmanns den Geschlechterdiskurs rekonstruierender Erinnerungsprosa zum Beispiel oder in Sylvia Plaths verzweifelten Gedichten der Selbstfindung und Selbstzerstörung.[51] Tritt an die Stelle einer direkten Beziehung und *historischen* Referenz zum Holocaust das unterschiedlich handhabbare und verfügbare *Trauma*, so finden sich in den Texten, Exponaten und künstlerischen ‹Inszenierungen›, die Auschwitz rational und emotional als den modernen Zivilisationsbruch schlechthin voraussetzen, aus dem Holocaustdiskurs herausgebrochene Fragmente, abgelagerte Zeichen und Klischees. Diese Erinnerungsstücke werden in Gebrauch genommen, re-semantisiert und derart kontextualisiert, daß sie starke Bedeutungsakzente setzen können etwa dort, um nur das bekannteste Verfahren zu nennen, wo Szenen von vernichtetem Leben, Gewalt und Fremdenfeindlichkeit im Vordergrund stehen, zum Beispiel in Hans Magnus Enzensbergers neueren Essays über die Migration und den Bürgerkrieg.

Das kulturelle Gedächtnis des Holocaust mag als ein wissenschaftlich, kulturpolitisch und repräsentativ reinlich geordnetes historisches Archiv erscheinen.[52] Wird es für die aktuellen Lebens- und Überlebensfragen künstlerisch mobilisiert, so funktioniert es eher ‹inkorrekt›: als «Affektensammlung», wie ein junger Autor schrieb (Maxim Biller), als ungehöriges Spiel mit Bedeutungen, in dem die vorgedachten und vorstrukturierten Standards herausgefordert werden. Die Differenz zur Generation der Zeugen könnte nicht größer sein. Deren durch das Mitleiden und Miterleben erzeugter holistischer Anspruch der Darstellung geht mit der Zeit über in eine kaum zu begrenzende Heterogenität der Erfahrungs- und Darstellungsexperimente. Den Zeugen der ersten Generation muß dieses Fortschreiben und Überschreiben als Frevel am ‹primären› Text erscheinen, der ja auch Darstellung ist, aber dennoch für sakrosankt erklärt wurde. Ist, konsequent gedacht, nicht jede Repräsentation in Schrift und Bild eine Profanierung und ein Leugnen der Ungeheuerlichkeit dieses einmaligen, nicht vergleichbaren und daher auch – was die Darstellung angeht – *beziehungslosen* historischen Geschehens?

Methoden der Profanierung als einer Art Befreiung von der symbolischen Bedeutungslast des Auschwitz-Komplexes finden sich in verschiedenen Darstellungsversuchen nicht nur bei der jüngeren, der Enkel-Generation der Überlebenden. Bleibt der Holocaust das ausschließliche Thema, so wird das Sprechen über ihn mit in die Thematik hineingenommen. Etwa in dem Versuch, die allzu schlüssigen, rhetorisch wirksamen Verabredungen der deutschen Bewältigungskultur, aber auch gewisse Tabuisierungen der jüdischen Kultur (die Opferrolle, die Erinnerungsrituale, die Legitimation der Besonderheit) auf die Probe zu stellen. George Taboris «Kannibalen», 1969 in Berlin uraufgeführt, ist eine die Opfer-Täter-Räson provozierende Lagerkomödie, Edgar Hilsenraths «Der Nazi und der Frisör», 1977 in Deutschland mit Unverständnis aufgenommen, eine Groteske, in der der Nazimörder in die Rolle des von ihm ermordeten Juden schlüpft und nach Israel auswandert.[53]

Gegen die Symbolsprache der Erinnerungskultur: eigenes Sprechen und Erleben

Gegenwärtig lassen sich Anzeichen einer neueren ‹Holocaust-Kultur› beobachten, für die das Auschwitz-Trauma, wie gebrochen auch immer, als emotional aktives Zeichen der eigenen Erinnerungs- und Erlebnisfähigkeit nachwirkt. Eine nicht nur im drohenden Vergessen, sondern auch im übermächtigen Erinnerungsgebot wirksame Shoah wird hier zum zentralen Problem. Die neueren, ‹sekundären› Repräsentationsversuche des Holocaust stellen sich selber dar als Repräsentationskritik. Eine Metasprache der Sinnbilder und Sinngebung wird abgelehnt. Denkmäler sollen Antidenkmäler sein. Museen sollen nicht nur das Andenken der Toten bewahren, sondern auch jüdisches Leben erinnern. Die Fähigkeit zur Trauer soll wiedergewonnen werden durch die Befreiung vom Trauerritual. Um Bildersegen oder Bilderverbot geht es in der neueren, in ihrer Genrewahl und im Zeichengebrauch grenzenlos variablen, in jedem Fall aber profanierten Holocaust-Literatur nicht mehr. Die Überfülle und Übermacht der Bilder, in der der *eine* Ort des Authentischen nicht mehr einfach gesucht und gefunden werden kann, erzeugt gerade im Zwang zur Wiederholung den Wunsch nach Authentizität: dies nun aber auf der Ebene der eigenen Affekte und Erlebnisse im Umgang mit dem Holocaust-Komplex. Gegen das bislang für kulturell verbindlich gehaltene ‹Nacherleben› (die Identifikation mit den Opfern) richtet sich der Anspruch auf Ausdruck und Erlebnis im eigenen Schaffen und auf die Wirkungsabsicht. Auch wird die viel problematischere Identifikation mit den Tätern nachgeholt, um den allzu friedfertigen Erinnerungskonsens zu brechen. Wie zuvor im angeblich Nicht-Darstellbaren, so wird jetzt im angeblich Nicht-Erfahrbaren die Herausforderung gesehen, die mobilisierend wirkt. Das maßgebliche Wort der ‹Emotionalisierung› will einfach und banal verstanden werden, ist aber aufgeladen mit der theoretischen Leidenschaft der Dekonstruktion und auch Destruktion der für sakrosankt erklärten, ritualisierten Formen des Gedenkens. Nicht die von Adorno verbannten Gedichte *nach* Auschwitz, sondern Reinszenierungen *mit* Auschwitz und mit der eigenen Betroffenheit sind vorstellbar geworden und werden praktiziert.

Sollen Bildnisse derart zu Erlebnissen werden, so sind zweierlei ‹Verknüpfungen› denkbar, die in dem oben genannten Streitgespräch «nach Auschwitz» mit Jean-François Lyotard angedeutet werden. Zum einen Darstellungsversuche, die auch im entlegenen Diskurs oder zufälligen Alltagshandeln, im kulturellen Patchwork, das Trauma affektiv wiederherstellen und dabei die offiziell gültige Holocaust-Gedenkkultur emphatisch negieren. Hier wären jüngere Autoren, Filme- und Theatermacher in Deutschland und Israel zu nennen wie Maxim Biller, Robert Schindel, David Grossman[54] oder die Theatergruppe von Akko mit ihrer Performance «Arbeit macht frei», die der deutsche Regisseur Andres Veiel in seinem Dokumentarfilm «Balagan» filmisch kommentiert hat. Zum anderen Darstellungsversuche, die, wie Sarah Kofman bemerkt[55], an die anonymen Kennummern der Lagerhäftlinge anschließen: den gewöhnlichen Gebrauch der Lettern und Ziffern, die «Ausweitung des Systems», das Auschwitz war (Lyotard). Auschwitz, gedacht als Klimax der Moderne und als Zivilisationsbruch[56], bringt die subjektiven Erfahrungen und individuellen Sätze zum Verschwinden. Hier setzen aufsehenerregende Ausstellungsprojekte an wie Jochen Gerz' «Exit»-Installation, die die museale Beschriftung und kulturökonomische ‹Glattstellung› des KZ Dachau angreift oder Christian Boltanskis Photo-Installationen, die das Tötungsprinzip gerade dadurch emotional präzisieren, daß sie es in der Menge des Alltagsmaterials als Holocaust nicht eindeutig codifizieren. Daniel Libeskinds dekonstruktivistische Architektur des Jüdischen Museums als Anbau zum Berlin-Museum begreift die Vernichtung der jüdisch-deutschen Kultur als nie mehr zu substantialisierenden Verlust, als räumliches Erlebnis der Auslöschung: *the voided void*. Den verschiedenen Darstellungsversuchen gemeinsam ist eine kulturelle Strategie, die gegen das Vergessen und die mit Auschwitz erzwungene Erfahrungslosigkeit auf eine emotionale Rückkoppelung, auf anschlußfähige Tätigkeiten und Erlebnisse setzt.

In Maxim Billers «Harlem Holocaust» versucht der Erzähler, das «phantasmagorische System» der von ihm verlangten Schuldbewältigung durch eine Art Holocaust-Häresie, wenn nicht gar Schändung der Holocaustsymbole zu durchbrechen. Der amerikanisch-jüdische Schriftsteller muß sich vor dem deutschen Gesprächspartner, seinem «Fritz», zynisch entblößen: «Ich bin euer Dybbuk! Ein aschkenasischer Zombie! Die sprechende Seife! Der schreiende, schreibende Lampenschirm!»[57] Die zentralen Zeichen (die Tätowierungen, der Brandgeruch des Fleisches, Zyklon B, die Goldzähne) werden, wie es scheint, recht willkürlich in alle möglichen Diskurse (Sexualität, Wissenschaft, literarische Öffentlichkeit, Philosemitismus, Erinnerung, Ästhetik, Film, Kitsch) eingeschleust, um hier verstörend zu wirken. Die Überzeichnung soll den Überdruß an der pflichtgemäßen Erinnerung zum Eklat machen und der Gefahr begegnen, die Shoah als zentrales Ereignis gerade durch die Pflichtübungen aus dem Bewußtsein und dem persönlichen Erlebnisbereich zu verbannen. In einem anderen Text Billers, «Auschwitz sehen und sterben», werden die stereotype «Genozid-Sentimentalität» und der jüdische Holocaust-Tourismus («unser historischer Selbsterfahrungs-Stoßtrupp») sarkastisch offenbart. Darunter aber wird eine Symbolebene gesucht, die emotional trifft und das erfahrungslos gewordene Superzeichen des Vernichtungslagers in der gegenwärtigen Handlung atmosphärisch näherbringt und dadurch berührbar macht. In dem von Amon Goeth befehligten Tötungslager Plaschow regnet es auf die von einer

Überlebenden geführte Besuchergruppe: «[...] die Regentropfen seien die Tränen der Toten, und obwohl ich sonst bestimmt nicht für diese Art von Gefühlsduselei empfänglich bin, beschloß ich, still und traurig, das Bild, das Frau Jakubowicz da entworfen hatte, für immer zu bewahren.»[58] Bilder des Holocaust sind in diesem Text wieder zum Sprechen gebracht, wenn sie emotional kreiert sind (und nicht generisch abgeleitet werden). In Robert Schindels Roman «Gebürtig» (1992) geht es vor Ort, im Wiener Beisl oder im Filmatelier, um Nach-Stellungen des Holocaust im Allerweltsjargon der Intellektuellen, die sich als betont ‹cool› und unaufgeregt stilisieren («Mauthausen ist eine schöne Gegend»). Das Authentische von Auschwitz ist so fern wie das Wahre, Schöne und Gute. Auch hier zielt die Erzählung auf die emotionalen Effekte, die gerade in der Leere und Kälte, dem Herunterspielen einer substantiellen Holocaustsymbolik gesucht werden: «[...] in der Kälte wird die Unwirklichkeit so scharf und nahe, daß man sie glaubt und sogar annimmt als eigentlich Wirkliches»[59].

Erheblich anspruchsvoller, literarisch und auch kulturpolitisch, sind die Romane und Erzählungen des israelischen Autors David Grossman. Sein 1991 auch auf Deutsch erschienener Roman «Stichwort Liebe» beginnt als Kindergeschichte. Momik liest im Erlebnisbereich seines israelischen Alltags die Zeichen des Holocaust zusammen, die er von dem überlebenden Großvater Anschel und den anderen vom Holocaust gezeichneten Gestalten seiner engeren Umgebung aufschnappt. Er ist der kindliche Übersetzer eines Textes, den er nicht kennt.[60] Im Spiel erschafft er sich die «Nazibestie» und wirft ihr im Keller «seine Juden» zum Fraß vor. Da Momik nicht *wissen* kann, was der Holocaust war, will er es *spüren*. Der durch das kindliche Spiel gegebene mimetische Vorgang wiederholt im Alltäglichen die Rückkoppelung an das Unaussprechliche, die Lanzmanns Film durch die Reinkarnation der Shoah in der Präsenz der Zeugenaussagen vollzieht. Dieses ‹Authentisieren› faßt Grossman jedoch weniger kanonisch, den Urspungsort ‹heiligend›, als vielmehr profanierend im Sinn einer gegenwärtigen Deutungsvielfalt des Erinnerbaren: «Nichts wird ausgesprochen. Es ist alles nur möglich. Wird nur angedeutet. Könnte sich verwirklichen. Oder neigt dazu. Und du mußt alles von neuem durchmachen.» Grossmans autobiographisch orientierter Roman setzt gegen das im Staat Israel ritualisierte Holocaustgedenken eine in den Bildern zu aktivierende Erlebnisfähigkeit, die über die überlieferte Zeugenschaft hinausgeht. Dem erwachsenen Momik stellt sich als Schriftsteller die Aufgabe, das «weiße Zimmer» in der Gedenkstätte von Yad Vashem zu beschriften: mit Bruchstücken des Erinnerten und Gewußten, die er sich körperlich zu eigen machen muß (der Kollaborateur, «der du in deinem Innersten bist, präzise zerlegt»), um sie zu begreifen. Der unmögliche Vorgang einer Identifikation mit dem Nicht-Identifizierbaren wird als leibliche Erfahrung radikalisiert.

Wie im Trauma der «Nazibestie» in Grossmans Roman, so wird in der Performance der israelischen Theatergruppe von Akko Nazideutschland auf provozierende Weise vorgestellt: zum Beispiel auch als mörderische Verführung. Die Opfer- und Täterrollen werden schmerzhaft angenommen, anprobiert gewissermaßen und neu zugeteilt. Eine der Hauptrollen spielt ein palästinensischer Schauspieler. Die Hauptdarstellerin singt das Horst-Wessel-Lied als Kinderlied, einlullend und vereinnahmend. Die hier polemisch eingesetzte mimetisch-magische Anverwandlung der Erlebniswelt der Holocaust-Söhne, -Töchter und -Enkel an die Erfahrungen der Eltern, die nicht mehr verfügbar sind und auch niemals zugänglich waren, richtet sich gegen die in Israel «unberührbare Holocaustreligion», wie es im Drehbuch des «Balagan»-Filmes heißt.[61] Das Gebot der Unberührbarkeit wird im Theaterspiel in blasphemischer Absicht verletzt bis hin zur Selbstkasteiung. Nicht das Vergessen wird bekämpft wie in der Erinnerungspolitik der ersten Generation der Überlebenden, sondern die «Erinnerungsdiktatur», die von den «Berufsüberlebenden» errichtet wurde und nur mehr als emotionale Sperre funktioniert.[62]

Wie mit der Ziffer von 6000000 ermordeten Juden umgehen? Neben der affektiven Wiederbelebung der erstarrten Holocaust-Gedenkkultur stehen die Wirkungsstrategien der eher ‹kalten›, strukturell gedachten Präsentations- und Rekonstruktionsversuche, die aber gleichfalls auf eine emotionale (und nicht nur kognitive) Affizierung ausgerichtet sind. Trotz oder vielleicht gerade wegen ihrer Radikalkritik gehen die emotional aufgeladenen Texte und Szenen mit dem Ursprungstrauma doch ‹auratisierend› um (obsessiv, originär fixiert, mimetisch). Dagegen arbeiten die jetzt zu nennenden künstlerischen Versuche, welche die «Para-Erfahrung» (Lyotard) von Auschwitz – die unbegreifliche Un-Zahl der systematischen Tötung – ‹strukturell› voraussetzen, mit anderen Rezeptionsstrategien. Sie versuchen, die Generalisierungen (System der Moderne, Masse, Technik, Institutionen, kulturelle und ethnische Eigenart), die in der Erinnerung mit dem Namen Auschwitz verbunden werden, mit den lebensweltlich je präsenten und aktiven Imaginationen und Handlungen zu verknüpfen. An die Stelle der im Prinzip unendlichen, oft nur beschwörenden Suche nach dem Authentischen tritt die Dechiffrierung der ‹primären› Holocaust-Zeichen in ‹sekundären› kulturellen Bereichen. Politische Reden, Ausstellungen, Mahnwachen und Gedenkveranstaltungen, Erinnerungsspaziergänge, Denkmalsplanungen und die Museumsarchitektur werden zum Quellenmaterial für künstlerische Experimente aktueller ‹Holocaust-Kultur›. Der «Gedenk-Raum» zwischen Denkmal und Betrachter ist wichtiger als das Monument, so argumentiert James Young.[63] Die öffentlichen Diskussionen um das in Berlin geplante zentrale Denkmal für die ermordeten Juden sind bedeutsamer als der Bau des Denkmals selbst. Nicht das Eingravieren der Namen von Millionen von Opfern in den Gedenkstein, nicht das Ablegen der Blumen an fremden Gräbern ist eine angemessene Handlung der deutschen Öffentlichkeit, sondern die Suche nach den Spuren des Scheiterns und Versagens im Zusammenleben von Deutschen und Juden.

Jochen Gerz, der ähnlich wie Hans Haacke die Denkmalskultur handgreiflich angreift, um sie handhabbar zu machen, hat mit seinem «Exit»-Projekt nicht das KZ Dachau zum Gegenstand gemacht, sondern die museale Darstellung von Dachau. Seine Museumsinstallation ist Museumskritik und tangiert die ‹Authentizität› des Konzentrationslagers nur insofern, als die Objektsprache, die Beschriftungen und Vorschriften, mit denen ein Dachau-Museum seinen Besuchern Dachau erklärt und ihr Verständnis sprachlich reguliert, mit dem administrativen Funktionsmechanismus der Todesfabrik in Verbindung gebracht wird (hierin zweifellos Adornos Kulturkritik der Moderne verwandt). Die Beschilderungen der Gedenkstätte wurden abphotographiert, auf einen nackten Tisch in einem leeren, abgedunkelten, durch einzelne Glühbirnen beleuchteten Raum montiert. Zu hören war ein unaufhörliches Schreibmaschinengeklapper und das Keuchen eines gehetzten Menschen. Der kalte Eindruck einer «bürokratischen Exekution»[64] sollte Dachau und die Präsentation von Dachau provokativ auf eine gemeinsame Zeichenebene bringen: «radikale Nachahmung» des einen im anderen, wie Alexander Kluge dieses Verfahren nennen würde. Der Begleittext von Francis Lévy dechiffriert darüber hinaus den anonymen Tod im KZ als im Wirtschaftsablauf und im Konsumalltag stets gegenwärtiges Rechenexempel: «Die Nummern sind also sehr nützlich, weil sie präziser sind als die Namen und weil sie ermöglichen, daß irgendwo in Büros gerechnet wird.»[65] Indem Gerz jede Möglichkeit zur subjektiven Einfühlung ausschließt und statt dessen in gewissem Sinn den Kältetod in den Strukturen inszeniert, zielt er auf kritisch wirksame Affekte: die Erregung eines öffentlichen Ärgernisses inmitten der schuldfrommen deutschen Erinnerungspolitik

– eine Wirkungsstrategie, die 1972 erfolgreich war, als seine Installation unter Protest im Münchner Lenbach-Museum gezeigt wurde.

Christian Boltanski definiert seine Arbeiten nicht als Holocaust-Kunst, sondern als Kunst, die so und nicht anders existiert und wirkt, weil es den Holocaust gegeben hat.[66] Jean Amérys persönliche Erfahrung des «Hineingeprügeltwerdens in diesen Objektcharakter» transponiert er in die Dimension des Massenmords («das Beseitigen des zum Objekt erklärten anderen»), indem er sein künstlerisches Material (Photos, Nachlaßgegenstände, Requisiten, Kleider) nicht mehr intentional mit Bedeutungen auflädt und damit subjektiv ‹erlöst›. Es soll als ein zum Schweigen gebrachtes, als hingerichtetes, totes Material für sich selber ‹sprechen›. Diese Ansprache ist allein die ‹Sache› der Besucher und Betrachter, die sich von der massenhaften und grauenhaften Gegenständlichkeit affizieren lassen und dazu *ihre* Sprache finden müssen. Boltanskis Installation «Les Enfants de Dijon» (1985), eine Komposition von zweihundert Kinderphotographien, hatte zunächst nichts mit dem Holocaust zu tun. Da Porträtphotographien stets Tote abbilden, weil die Abgebildeten so nicht mehr leben, errichtete Boltanski später ein Denkmal für diese toten Kinder, die von den Besuchern der New Yorker Ausstellung ‹eindeutig› als die Photos toter Kinder in den Konzentrationslagern identifiziert wurden.[67] – 800 Photographien in einem Drahtkäfig von drei auf zwei Metern mit dem Titel «Reserve» erinnern zwanghaft an eine Gaskammer, obwohl diese von Boltanski als semantischer Bezug nicht direkt avisiert war. Bilder aus den Lagern zu verwenden, deren ‹Primäres› ihm «etwas zu Heiliges ist, um benutzt zu werden», hat Boltanski stets verweigert. Seine ‹Rekonstruktion› des «missing house» in der Großen Hamburger Straße in Berlin-Mitte, gegenüber dem Ort des ehemaligen jüdischen Altersheims, von dem aus die Deportationen im März 1943 vollzogen wurden, ist nichts weiter als eine Dokumentation des Verschwundenen: Auf den kahlen Wänden des abgetragenen Hauses erscheinen nicht die «Lebensbilder» der Toten, sondern Schilder mit deren Namen: eben dort in der Leere, wo einmal die Wohnungen der benannten Personen waren.[68] Anselm Kiefers monumentale Holocaust-Bilder hält Boltanski, im Vergleich zu seiner Kunst der Auszeichnung des Banalen und Verschwundenen, für semantische Besetzungsakte der Orte der Judenverfolgung. Gegen das «physische Gewicht» von Kiefers Bildnissen, die, wie er meint, einer (vor allem von der deutschen Erinnerungskultur) gewollten symbolhaltigen Vergewisserung dienen, setzt Boltanski seine minimalistische Objektkunst des Verschwindens und Auslöschens: «[...] ich bin der Jude, der flieht»[69]. Das Holocausttrauma soll nicht sinnbildlich überhöht werden. Es wirkt als materielles ‹Faktum›, wenn die heute Lebenden körperlich mit ihm affiziert und unvermittelt mit ihm konfrontiert werden. Ein dem subjektiven Erlebnis zugänglicher Erinnerungsraum entsteht für Boltanski niemals exemplarisch und paradigmatisch (Kiefers Gedächtnisräume), sondern in einer Art Kurzschluß zwischen dem kulturellen Gedächtnis (die abgelegten Kleider der vergasten Juden), der Erkenntnisfähigkeit («daß wir alle Mörder sein können») und der körperlichen Empfindung (Verknüpfung der Gefühle mit den Toten):

«In Basel machte ich ein Werk mit einer riesigen Menge gebrauchter Kleider am Boden, denen natürlich ein Geruch anhaftete. Die Leute mußten diese überqueren, was eine sehr schmerzliche Angelegenheit war, da man darin versank und das Gefühl hatte, über Leichen zu gehen. So machte ich sie alle zu Mördern. Natürlich war das Gehen über die Kleider auch mit einem gewissen Lustgefühl verbunden, was sie spürten und damit ganz in die Sache verstrickt waren. Sie waren Mörder.»

Man vergleiche diese künstlerische Szene mit der historischen Szene von Buchenwald 1945: Die amerikanische Besatzungsmacht zwingt die Einwohner Weimars zum Gang durch die Vernichtungsanlagen und Leichenberge des KZ auf dem Ettersberg!

Daniel Libeskinds Erweiterungsbau des Berlin-Museums mit einem jüdischen Museum wirkt im Rohbau von 1995/96 selber wie ein Holocaust-Mahnmal mit seinen ineinander übergehenden, durch enge Lichtschlitze kaum erhellten Raumfluchten, mit der im Beton verschwindenden Treppe, alle Räume ausgerichtet auf die das Gebäude durchschneidende «zentrale Leere». Libeskinds dekonstruktivistische Architektur bekräftigt die unermeßliche Leere, die durch die Shoah entstanden ist, die Nicht-Existenz, eine jede Sinngebung abstoßende Sinnlosigkeit: Lyotards Wiederherstellung der «Undenkbarkeit von Auschwitz». Das Museum zeigt nicht, sondern *ist* in seinem Aufriß ein «Verknüpfen des Unverknüpfbaren»: «zwei Linien, in Stücke gebrochen, in Fragmente zerteilt», Linien der Differenz, der zur Zickzacklinie verformte Davidsstern.[70] Die derart architektonisch gezeichnete Leere kennzeichnet nach Libeskinds imaginärem Projekt die «kulturelle Katastrophe» der in Berlin gescheiterten deutsch-jüdischen Symbiose. Wie eine Verbindung herstellen zu deren Nicht-Existenz? Ein «Sichtbarmachen der äußeren Leere», die durch die Shoah entstanden ist? Libeskind spricht davon, daß die Abstraktion durchaus «authentisch» sein kann.[71] Und dies scheint der Fokus seines dekonstruktivistischen Credos zu sein, mit dem er das gemordete Leben der Juden in Berlin mit dem Bewußtsein und dem Gefühl der Lebenden, der heute in Berlin Lebenden, verknüpfen will. Das eingerichtete Museum soll eben mehr sein als ein Mahnmal für die Toten. Und hier liegt ein Problem, ein aktiver Widerspruch. Im Gespräch über seinen Museumsentwurf weist der radikalere Philosoph des Dekonstruktivismus, Jacques Derrida, Libeskind auf die von ihm «determinierte» Leere hin: determiniert durch die Vollendung der Geschichte, die Bedeutung und Erfahrung der aus Berlin deportierten und ermordeten Juden (diese Leere im Unterschied zur Platonischen *chora*, dem weder intelligiblen noch sinnlich wahrnehmbaren Raum).[72] Und in der Tat sucht der Künstler und Architekt entgegen der konsequenten Theorie die lebendige Erfahrung auch dort, wo keine mehr vorstellbar ist (Lyotard): die am Ort und im Raum erlebbare Leere, eine architektonische Sprache des Verlusts, die *spürbar* ist. Das jüdische Museum soll Ausdruck der aus der Zerstörung wiedergewonnenen Formkraft sein, ein Raumgewinn für die Vorstellungskraft. Der «Riß» öffnet ein «Dazwischen»: die produktive Differenz.[73] Die Utopie, die Libeskind der «zentralen Leere» seines Museums eingebaut hat, ist demnach kein Rettungswerk an den Toten, keine nostalgische Wiederbelebung der zerstörten jüdischen Kultur und auch kein symbolischer Halt, der Entlastung bedeutet. Nicht um Bildnisse geht es, sondern darum, die entfernten Erfahrungen in der gegenwärtigen Gesellschaft erlebnisfähig zu machen: in der Stadt der Judenverfolgungen und Deportationen ein *Gefühl* für die Plätze, Straßen und Häuser zu schaffen. Libeskind entwickelt die schöne, aber keineswegs sentimentale Vorstellung, die leeren Plätze zu «beschützen», frei zu halten als mögliche/unmögliche Orte der Erinnerung. In seinem Entwurf «Mourning» für den künftigen Umgang mit dem KZ Sachsenhausen hat er eine «Lichtung» vorgesehen. Sie wäre der Fluchtpunkt einer künftigen Strukturierung, Enthüllung, Entdeckung und Hoffnung, ein «Hoffnungs-Einschnitt» («Hope-Incision»). «Mourning» schreibt er auch als «Morning».

Anmerkungen

1 Theodor W. Adorno: Kulturkritik und Gesellschaft. In: Prismen. Frankfurt/M. 1955, S. 31. Dazu die von Petra Kiedaisch herausgegebene Sammlung: Lyrik nach Auschwitz? Adorno und die Dichter. Stuttgart 1995.
2 Cornelius Castoriadis: Durchs Labyrinth. Seele. Vernunft. Gesellschaft. Frankfurt/M. 1983, S. 22.
3 James E. Young: Gegen das Denkmal, für Erinnerung. In: Der Wettbewerb für das «Denkmal für die ermordeten Juden Europas». Eine Streitschrift. Berlin 1995, S. 174. Grundlegende Arbeiten von Young: Writing and Rewriting the Holocaust. Bloomington 1988 (dt.: Beschreiben des Holocaust. Frankfurt/M. 1992), The Texture of Memory. New Haven 1993 und der Ausstellungskatalog Mahnmale des Holocaust. München/New York 1993.
4 Hanns Johst: Schlageter. München 1933, S. 26.
5 Oskar Loerke: Tagebücher 1903–1939. Hg. von Hermann Kasack. Heidelberg/Darmstadt 1955, S. 271.
6 Hierzu: Michael Geyer/Miriam Hansen: German-Jewish Memory and National Consciousness. In: Geoffrey H. Hartman (Hg.): Holocaust Remembrance. The Shapes of Memory. Oxford/Cambridge 1994, S. 175–190.
7 Young, Gegen das Denkmal, S. 174.
8 Theodor W. Adorno: Auferstehung der Kultur in Deutschland? In: Adorno: Kritik. Kleine Schriften zur Gesellschaft. Frankfurt/M. 1973, S. 25 f.
9 Klaus R. Scherpe (Hg.): In Deutschland unterwegs 1945–48. Stuttgart 1982, Einleitung.
10 Daniel Libeskind: Radix – Matrix. Architektur und Schriften. München/New York 1994, S. 119.
11 Jochen Gerz/Francis Lévy: Exit. Das Dachau-Projekt. Frankfurt/M. 1978.
12 Jochen Gerz: Das dekorative Gemeinwesen. In: Wettbewerb für das «Denkmal...», S. 50.
13 Zur Problematik Peter Reichel: Politik mit der Erinnerung. Gedächtnisorte im Streit um die nationalsozialistische Vergangenheit. München 1995.
14 Vgl. Andreas Huyssen: Twilight Memories. Marking Time in a Culture of Amnesia. New York/London 1995.
15 John Felstiner: Translating Paul Celan's «Todesfuge»: Rhythm and Repetition as Metaphors. In: Saul Friedlander (Hg.): Probing the Limits of Representation, Cambridge 1992, S. 250.
16 Paul Celan: Gesammelte Werke in fünf Bänden. Hg. von Beda Allemann und Stefan Reichert unter Mitwirkung von Rolf Bücher. Frankfurt/M. 1983, Bd. 3, S. 63 f.
17 Felstiner, Translating Paul Celan, S. 249.
18 Kiefers Bilder der achtziger Jahre beziehen sich direkt auf Celans Gedicht: «Dein goldenes Haar Margarete» (1981), «Shulamite» (1983).
19 Ein Beispiel für viele dieser Didaktisierungen gibt Manfred Herrmann: Paul Celans Todesfuge. In: Gedichte interpretieren. Paderborn 1978, S. 85–107.
20 Zitiert nach Barbara Wiedemann-Wolf: Antschel Paul – Paul Celan. Studien zum Frühwerk. Tübingen 1985, S. 85.
21 Für den Kontext: Lyrik nach Auschwitz, S. 79.

22 Hans Egon Holthusen: Fünf junge Lyriker. In: Merkur 8 (1954), H. 74, S. 390.
23 Theodor W. Adorno: Noten zur Literatur. Frankfurt/M. 1990, S. 424.
24 Vgl. Micha Brumlik: Trauerrituale und politische Kultur nach der Shoah in der Bundesrepublik. In: Hanno Loewy (Hg.): Holocaust: Die Grenzen des Verstehens. Reinbek 1992, S. 210.
25 Theodor W. Adorno: Ästhetische Theorie. Frankfurt/M. 1974, S. 477.
26 Jean-François Lyotard: Heidegger et les «juifs». Paris 1988.
27 Jean Améry: Wann darf Kunst auf «Kunst» verzichten. Zu dem Filmwerk «Das Geständnis». In: Merkur 24 (1970), S. 1197.
28 Jean Améry: Jenseits von Schuld und Sühne. Bewältigungsversuche eines Überwältigten. München 1966 (zit. nach der Taschenbuchausgabe 1988); die nachfolgenden Zitate ebd., S. 44, 54, 42, 41.
29 Helmut Heissenbüttel: Ich ziehe meine Klage zurück. Rede über Jean Améry. In: Text und Kritik 99 (1988), S. 3.
30 Jean Améry, Jenseits von Schuld und Sühne, S. 50.
31 Vgl. Tzvetan Todorov: Angesichts des Äußersten. München 1993.
32 Jean Améry, Jenseits von Schuld und Sühne, S. 56.
33 Jorge Luis Borges: Die Bibliothek zu Babel. In: Sämtliche Erzählungen. München 1970.
34 Jean Améry, Jenseits von Schuld und Sühne, S. 50; die nachfolgenden Zitate ebd., S. 44, 54, 42.
35 Ebd., S. 47.
36 Heissenbüttel, Ich ziehe meine Klage zurück, S. 67.
37 Die hier versuchte poetologische und rhetorische Analyse des fortgeschriebenen Textes (Beschreibung statt Erzählung, Tautologie statt Chronologie) müßte sich damit auseinandersetzen, daß Améry sehr wohl ‹weiterphilosophiert›. Bekannt ist seine Anlehnung an Sartres Existenzphilosophie und deren spätere Kritik (Flaubert), sind seine Anleihen bei Bataille und seine aufklärerische Verdammnis des Strukturalismus. Die Tautologie-These bestätigt Amérys Radikalität gegen seine eigenen spekulativen Rettungsversuche.
38 Jean-François Lyotard: Streitgespräche, oder: Sprechen «nach Auschwitz». Bremen o. J., S. 14. Übersetzung aus: Les fins de L'homme. A partir du travail de Jacques Derrida. Paris 1981. Grundlegend für die sprachanalytische Auseinandersetzung mit «Auschwitz», die Kritik der «Erfahrung» und eine Ethik «nach Auschwitz» ist Lyotard: Le différend. Paris 1983 (dt. Der Widerstreit. München 1987).
39 Ebd., S. 68.
40 Ebd., S. 64; das nachfolgende Zitat ebd., S. 31.
41 Die Debatte wird in den USA seit längerem mit großer Intensität geführt, unter anderem in Saul Friedlander (Hg.): Probing the Limits of Representation. Cambridge 1992; Geoffrey Hartman (Hg.): Holocaust Remembrance. Oxford/Cambridge 1994; Eric L. Santner: Stranded Objects. Mourning, Memory, and Film in Postwar Germany. Ithaca 1990; Dominick LaCapra: Representing the Holocaust. Ithaca 1994.
42 Lyotard, Streitgespräche, S. 63.
43 Saul Friedlander: Memory, History, and the Extermination of the Jews. Bloomington 1993 (dt.: Kitsch und Tod. Der Widerschein des Nazismus. München 1984).

44 Claude Lanzmann: Ihr sollt nicht weinen. Einspruch gegen Schindlers Liste. In: Frankfurter Allgemeine Zeitung, 5. 3. 1994 (zuvor in Le Monde, 3. 3. 1994).
45 Claude Lanzmann: Shoah. Düsseldorf 1986, S. 275.
46 Vgl. hierzu: Shoshana Felman/Dori Laub: Testimony. Crisis of Witnessing in Literature, Psychoanalysis, and History. London/New York 1992, S. 204–283.
47 Ausgangspunkt für die hier neu ansetzende Orientierung über «Mimesis» ist Walter Benjamins Aufsatz «Über das mimetische Vermögen». Hierzu: Klaus R. Scherpe: Das Andere verstehen? Mimesis – ein Vermögen beim Umgang mit dem Fremden. In: Neue Rundschau 107 (1996), S. 36–45.
48 Lanzmann, Shoah, S. 20.
49 Joachim Paech: Erinnerungs-Landschaften. In: Manuel Köppen (Hg.): Kunst und Literatur nach Auschwitz. Berlin 1993, S. 135.
50 Gertrud Koch: Die Einstellung ist die Einstellung. Visuelle Konstruktionen des Judentums. Frankfurt/M. 1992, S. 155.
51 Vgl. Young, Beschreiben des Holocaust, S. 190–215, und Sigrid Weigel: Bilder des kulturellen Gedächtnisses. Dülmen 1994.
52 Zur Problematik vgl. Jan Assmann: Kollektives Gedächtnis und kulturelle Identität. In: Jan Assmann/Tonio Hölscher (Hg.): Kultur und Gedächtnis. Frankfurt/M. 1988, S. 9–19; Aleida Assmann/Dietrich Harth (Hg.): Mnemosyne. Formen und Funktionen der kulturellen Erinnerung. Frankfurt/M. 1991.
53 Vgl. Rüdiger Steinlein: Das Furchtbarste lächerlich? Komik und Lachen in Texten der deutschen Holocaust-Literatur. In: Köppen (Hg.), Kunst und Literatur nach Auschwitz, S. 97–106.
54 Vgl. hierzu Manuel Köppen: Auschwitz im Blick der zweiten Generation. In: Köppen (Hg.), Kunst und Literatur nach Auschwitz, S. 67–82.
55 Lyotard, Streitgespräche, S. 61 f.
56 Vgl. Zygmunt Baumann: Dialektik der Ordnung. Die Moderne und der Holocaust. Hamburg 1992; Dan Diner (Hg.): Zivilisationsbruch. Denken nach Auschwitz. Frankfurt/M. 1988.
57 Maxim Biller: Harlem Holocaust. In: Wenn ich einmal reich und tot bin. Köln 1990, S. 130.
58 Maxim Biller: Auschwitz sehen und sterben. In: Die Tempojahre. München 1994, S. 118.
59 Robert Schindel: Gebürtig. Frankfurt/M. 1992, S. 353.
60 David Grossman: Stichwort: Liebe. München 1994, S. 54; das nachfolgende Zitat ebd., S. 194.
61 Ungedruckt. Vom Regisseur dankenswerterweise zur Verfügung gestellt.
62 Bewältigung ist immer eine Fiktion. Interview mit Andres Veiel. In: Freitag, 22. 4. 1994.
63 James Edward Young: Die Texte der Erinnerung. Holocaust-Gedenkstätten. In: Hanno Loewy (Hg.), S. 213–232.
64 Monika Steinhauser: Erinnerungsarbeit. Zu Jochen Gerz' Mahnmalen. In: Daidalos 49 (1993), S. 107.
65 Jochen Gerz/Francis Lévy: Exit. Das Dachau-Projekt. Frankfurt/M. 1978, S. 27.
66 Doris von Drateln: Der Clown als schlechter Prediger (Interview mit Christian Boltanski). In: Uwe M. Schneede (Hg.): Christian Boltanski: Inventar. Hamburger Kunsthalle 1991, S. 63; das nachfolgende Zitat ebd., S. 61.

67 Ein Künstler der Unbestimmtheit (Interview mit Christian Boltanski). In: Parkett 22 (1989), S. 45; das nachfolgende Zitat ebd., S. 46.
68 Christian Boltanski: The Missing House. In: Die Endlichkeit der Freiheit. Berlin 1990. Ein Ausstellungsprojekt in Ost und West, S. 71–86.
69 Ein Künstler der Unbestimmtheit, S. 45; das nachfolgende Zitat ebd., S. 46.
70 Daniel Libeskind: Between the Lines (1989). In: Libeskind: Radix – Matrix. Architekturen und Schriften, S. 102; das nachfolgende Zitat ebd., S. 101.
71 Daniel Libeskind: Kein Ort an seiner Stelle. Schriften zur Architektur. Dresden/Basel 1995, S. 169.
72 Jacques Derrida zu «Between the Lines» (1991). In: Libeskind: Radix – Matrix. Architekturen und Schriften, S. 117.
73 Libeskind, Kein Ort an seiner Stelle, S. 17; die nachfolgenden Zitate ebd., S. 103, 135.

Andreas Huyssen

Faszination des Monumentalen: Geschichte als Denkmal und Gesamtkunstwerk

Nicht zu Unrecht sprechen Kritiker seit einiger Zeit von einer Inflation des Gedenkens, nachdem man über Jahrzehnte hinweg die Unfähigkeit zu trauern und die Verdrängung des Vergangenen beklagt hat. Wenn es im vereinigten Deutschland derzeit rund 200 Planungsvorhaben für Holocaust-Gedenkstätten gibt, so gibt das in der Tat zu denken. Der öffentliche Erinnerungsdiskurs hat sich seit den achtziger Jahren in einer Weise ausgebreitet, daß man versucht ist, von der Monumentaldimension einer Erinnerungskultur zu sprechen, bei der das aller Erinnerung unabdingbare Zeitbewußtsein zusehends von Kategorien des Raums verschluckt wird. Erinnerung wird in Monumenten und Gedenkstätten topographisch kodiert, wobei immer das Risiko besteht, daß die Zeitdimension gekappt wird. Dennoch gibt dieser Erinnerungsboom Anlaß zu fragen: Haben die Deutschen nach Jahrzehnten der Verdrängung schließlich doch noch gelernt, mit einer Vergangenheit umzugehen, die weder bewältigt werden kann noch je vergehen wird? Oder werden einfach neue Strategien des Vergessens ausprobiert, die diesem neuen Deutschland erlauben sollen, zur Tagesordnung der selbstbewußten Nation überzugehen? Oder haben wir es mit einer Pathologie zu tun, die weder vergessen noch erinnern kann und infolgedessen diese doppelte Unfähigkeit durch zwanghafte Wiederholungen ständig ausstellen muß?

Solche Fragen lassen sich gewiß nicht schlicht mit ja oder nein beantworten. Daß die Diskurse über den Holocaust sich seit der kontroversen Fernsehserie «Holocaust» von 1979 und dann wieder seit 1990 deutlich verschoben haben, steht wohl außer Zweifel. Weder mit Freudscher Verdrängungshypothese noch mit Foucaultscher Anti-Verdrängungs- und Disziplinierungstheorie allein kommt man hier weiter. Es geht mir jedoch nicht um eine historische Aufarbeitung der Erinnerungsdiskurse.

Statt dessen möchte ich einen Seiteneinstieg ins Thema Erinnerung versuchen, und zwar über die Problematik des Monumentalen. In dieser ästhetisch eher verpönten Kategorie reiben sich räumliche und zeitliche Aspekte in provozierender Weise. Monumentalarchitektur zum Beispiel ist von Intention und Wirkung her auf Dauer abgestellt und nimmt ihr Vokabular meist aus den Monumenten vergangener Jahrhunderte (paradigmatisch von Boullée bis Speer), selbst wenn politische Effekte in der Gegenwart primäres Ziel sind. Das Monument seinerseits als Denk-Mal im öffentlichen Raum soll Erinnerung lebendig erhalten, eine Absicht, der die Versteinerung des Dargestellten eher zu widersprechen scheint.

Um diesen Widerspruch soll es im folgenden gehen. Das Monument als Denkmal (oder auch als Anti-Denkmal) und Ort des Eingedenkens wird derzeit in einer Weise privilegiert, die der äußerst fragilen Verknüpfung von Denkmal und öffentlicher Erinnerung allzu flott Vertrauen schenkt. Gleichzeitig ist festzustellen, daß das Monumentale als architektonische Kategorie, die ja mit dem Monument als Denkmal durchaus verwandt ist, meist automatische Ablehnung hervorruft. Wie wäre dann die Relation von Monumentalität im bebauten Raum und dem Monument als Träger des Eingedenkens jenseits eines eingefahrenen Antimonumentalismus, jenseits auch des derzeitigen ebenso unreflektierten Erinnerungs- und Denkmalskults neu zu denken? Läßt sich Monumentalität als ästhetische und soziale Kategorie möglicherweise dadurch neu bestimmen, daß man sie historisiert und damit von den zu Recht kritisierten Formen des Monumentalismus ablöst? Oder, um die Frage politisch zu wenden: Kann es eine demokratische Monumentalität geben, oder ist das Monumentale per se totalitär? Diesen Fragen möchte ich am Beispiel von drei Ereignissen des Sommers 1995 nachgehen: Wagner in Bayreuth, Christo in Berlin und das Berliner Denkmal für die ermordeten Juden Europas.

Eine Konjunktur des Monumentalen?

Die 84. Bayreuther Festspiele standen unter dem Motto «Erlösung durch Liebe». Eine Ausstellung in Bayreuths Richard-Wagner-Museum mit dem Titel «Richard Wagner und die Erotik» begleitete Aufführungen von «Tannhäuser», «Tristan und Isolde», «Der Ring des Nibelungen» und «Parsifal». Zur Eröffnung pries Museumsleiter Sven Friedrich die «Einheit und Totalität» dieser Werke und sprach von Erotik und Liebe als

«Symbolen einer Gegenwelt», die Wagners dramatischer Auffassung von Erlösung zugrunde lägen.[1] Bayreuths Verlangen nach Gegenwelten und nach Erlösung, so scheint es, ist ungebrochen, aber im Jahre Fünf nach der «Wiedervereinigung» hat dieses Verlangen eine recht spezifische Tönung.

Deutschland und Erlösung – fünfzig Jahre danach. Ein Land im Denkmalsfieber. Nicht die Gegenwelt der Erotik und Liebe wird erinnert, sondern jene Gegenwelt organisierten Mordens, die Wagner als einen ihrer herausragenden Kulturhelden und Propheten adoptiert hatte. Erlösung durch Erinnerung, so scheint es, ist das Ziel des gegenwärtigen Erinnerungsbooms. Auffallend häufig war bei den Feierlichkeiten zum 50. Jahrestag des Kriegsendes von Erlösung die Rede: Erlösung ersetzte Versöhnung oder das noch ältere Konzept Wiedergutmachung. Das bekannte jüdische Wort von der Erinnerung als dem Geheimnis der Erlösung wird zusehends zu einem Topos im deutschen Holocaust-Management der neunziger Jahre. Nicht der Wunsch nach lebendiger Erinnerung, sondern eher das Verlangen nach Erlösung artikuliert sich in jenem gigantischen Holocaust-Mahnmal im Herzen Berlins, bei dem die Namen von Millionen Opfern auf einer monumentalen Grabplatte aus Beton eingemeißelt werden sollten. Es war kein gutes Omen für die Kraft der Erinnerung, daß die Befürworter dieser Erinnerungspraxis immer wieder Vergleiche mit Washingtons Vietnam-Memorial bemühten und dabei die sich aufdrängenden topographischen Erinnerungen abblockten. Von der Nähe zu Führerbunker und Reichskanzlei war zwar die Rede, aber zur topographischen Erinnerung gehört auch Albert Speers geplante Nord-Süd-Achse mit der Großen Halle nördlich des Reichstags und Hitlers Triumphbogen im Süden, auf dem die Namen aller Gefallenen des Ersten Weltkriegs eingemeißelt werden sollten. Nicht nur der Ort, sondern auch die Einschreibungspraxis des preisgekrönten Mahnmals erscheint als Mimesis und Verdeckung einer anderen topographischen Erinnerung, wobei die Erinnerung an abwesende Speer-Architektur mit der Erinnerung an eine abwesende, eliminierte jüdische Kultur in perverser Symbiose parallelgeschaltet wird. Erinnerungspraxis als Fortsetzung des Totenkults der Nazis mit umgekehrten Vorzeichen. Um deutsche Identität ging es allemal. Gewiß trifft eine solche Beobachtung weder die Intentionen der Künstler noch die der Jurymitglieder; aber man fragt sich doch, wie es möglich ist, daß ein Land, das sich in seinem Selbstverständnis und seinen kulturellen Manifestationen nach dem Dritten Reich dem Antimonumentalen verschrieben hatte, plötzlich auf monumentale Dimensionen rekurriert, wenn es gilt, öffentliche Erinnerung an den Holocaust zu demonstrieren.

In einer anderen Perspektive freilich ist diese Privilegierung des Monumentalen in Berlin und anderswo keineswegs überraschend. Robert Musil hat einmal bemerkt, das Auffallendste an Denkmalen sei, daß man sie nicht bemerkt.[2] Unsichtbarkeit also wäre insgeheim das Ziel aller dieser Denkmale im öffentlichen Raum. Je mehr Denkmale es gibt, desto unsichtbarer wird die Vergangenheit, zugedeckt unter Grabplatten, zu Stein, Bronze oder anderer ‹hardware› abstrahiert und dem Vergessen überantwortet. Erlösung also nicht durch Erinnern, sondern durch Vergessen. Eine solche Kritik, die ja auch häufig artikuliert wurde, lehnt nicht nur Monumentalität im räumlichen Sinn ab, sondern stellt das Monumentale als materialisiertes, steingewordenes Gedenken grundsätzlich in Frage. McLuhans bekannte Formel – «the medium is the message» – bliebe demnach auch für traditionelle Medien wie das Denkmal zu berücksichtigen. Die Denkmalpraxis von Künstlern wie Jochen und Esther Gerz, Horst Hoheisel oder Norbert Radermacher hat daraus Konsequenzen gezogen. Ob freilich die Anti-Denkmale dieser Künstler auf Dauer wirksamer sein können als traditionelle Denkmale, bleibt zumindest fraglich.

Um monumentale Unsichtbarkeit jedenfalls ging es bei einer anderen Veranstaltung im Berliner Sommer 1995: der Verhüllung bzw. Verpackung des Reichstags durch Christo und Jeanne-Claude. Zwei Wochen lang wurde der Reichstag unsichtbar und diese Unsichtbarkeit zu einem internationalen Medienereignis. Der Prozeß der Verhüllung selbst wurde mehrere Tage hintereinander im US-Fernsehen geradezu euphorisch in den Abendnachrichten dokumentiert und mehrfach in seiner Symbolträchtigkeit mit dem Fall der Mauer verglichen, nach dem eher ungewohnten Motto Frohes aus Deutschland. In einer Umkehrung von Warhols 15 Minuten Ruhm im Rampenlicht, die angeblich einem jeden in der Mediengesellschaft zustehen sollen, genoß deutsche Geschichte eine 14tägige Frist der Unsichtbarkeit unter dem silbrigen Faltenwurf Christos. Die Installation funktionierte wie der Tarnhelm des Nibelungen. Für die Affinität von monumentaler Erinnerung und monumentalem Vergessen, so schien es, bedurfte es keines weiteren Beweises. Christos freudiger Triumph, des Mahnmals ebenso beredte wie betretene Trauer und Bayreuths Gegenwelt der Liebe trafen sich in Voraussetzung und Ziel: um Erlösung *von* Geschichte und Erinnerung schien es allemal zu gehen.

Das Verdienst eines Editorials von «art spezial» (Juli 1995) war es, den Bezug zwischen Reichstagsverhüllung und Wagner direkt herzustellen: «Zu verdanken haben wir dieses Gesamtkunstwerk aus gründerzeitlicher Architektur, geschichtlicher Aufladung und ästhetischer Überhöhung dem Künstlerpaar Christo und Jeanne-Claude».[3] Und Chefredakteur Axel Hecht trumpfte weiter auf: «Wer hätte das nach der Wende ahnen können: Noch bevor Berlin wirklich Hauptstadt der Bundesrepublik Deutschland geworden ist, wurde die Spree-Metropole zur internationalen Hauptstadt der Kunst.»

Nun ja, bestenfalls für zwei Wochen, und auch dann nur unter Berufung auf ein Konzept des Gesamtkunstwerks, das in den produktiven Zentren der Gegenwartskunst wohl kaum auf Gegenliebe stoßen würde.

Die Polemik ließe sich fortsetzen. Immer wieder kippt deutsches Erlösungsbedürfnis um in einen Diskurs, der genau jene Aspekte problematischster lokaler Kulturtraditionen wieder auftischt, deren Wirkungsgeschichte man nicht so einfach vergessen dürfte. Dennoch machen wir es uns zu leicht, wenn wir jene drei Ereignisse des Sommers 1995 im Sinne einer Gesamtkritik kurzschließen und unterschiedslos als Wiederholungstätertum denunzieren, etwa nach dem Motto von Gründerzeit zu Gründerzeit, von Gesamtkunstwerk zu Gesamtkunstwerk, von Totenkult zu Totenkult. Eine solche Kritik verläßt sich allzu schnell auf den Gemeinplatz Antimonumentalismus, dessen Geltung erst befragt werden müßte.

Machen wir einen ersten Versuch, über jene Gleichschaltungsgeste der Gesamtkritik hinauszugelangen. Es gab doch auch bei den Skeptikern gegenüber Christos Projekt am Ende überraschend weitgehendes Einverständnis darüber, daß der in Polypropylenplanen verhüllte Reichstag, dessen Erscheinung je nach Lichteinstrahlung faszinierend changierte, zu einem ästhetisch und konzeptuell herausfordernden Ereignis geworden war. Architektonische Monumentalität wurde sowohl kinetisch aufgelöst wie auch akzentuiert durch eine ‹Leichtigkeit des Seins›, die in scharfem Kontrast stand zu der visuellen Erinnerung an den wilhelminischen Bombast des Originals. Kann man wirklich von einer Erlösung von der Geschichte sprechen, wenn die Debatte in den Medien, im Parlament und in der Öffentlichkeit über Geschichte und Bedeutung dieses eher unbedarften Gebäudes nie intensiver verlief als in dem Streit über die Meriten von Christos Projekt? Auch unter konzeptkünstlerischem Aspekt faszinierte die Installation. Die Verhüllung brachte die Stimmen dieser unserer verantwortlichen Politik zum Schweigen. Zeitweilig außer Kraft gesetzt wurde die Erinnerung an politische Reden von Fenstersimsen, an das Hissen von deutschen oder sowjetischen Fahnen, an offizielle parteipolitische Rhetorik im Inneren. Eröffnet wurde dadurch ein Raum für Reflexion und weiterreichende Erinnerung. Die Vergänglichkeit der Installation betonte die Zeitlichkeit und Geschichtlichkeit des bebauten Raums, die unumgehbar problematische Dialektik von Erinnern und Vergessen. Die ästhetisierende Verhüllung ihrerseits schuf eine Erinnerung, die der ebenfalls unsichtbar gewordenen, autoritären Einschreibung über dem Portal DEM DEUTSCHEN VOLKE eher widerspricht. Diese neue Schicht von Reichstagserinnerung ist jetzt die eines genuin populären und demokratischen Ereignisses, gefaßt in Bildern von Hunderten und Tausenden von Menschen, die dem Verhüllungsspektakel Tag für Tag Beifall zollten. Ohne diesen öffentlichen Effekt von Christos Projekt überbewerten zu wollen, scheint er mir doch ein signifikantes Gegengewicht zu bilden zu einer Kritik, die lediglich von einer Hollywoodisierung avantgardistischer Kunstpraktiken spricht.

Wie immer man nun die antimonumentale und kritische Dimension der Reichstagsverhüllung einschätzen mag, sie erinnert auffällig an Wagners Privilegierung des Transitorischen und Ephemeren. Als Wagner erstmals eine Aufführung seines «Siegfried» ins Auge faßte, schrieb er an seinen Freund Uhlig am 20. September 1850 aus Zürich, er wolle «auf einer schönen wiese bei der stadt von Bret und balken ein rohes theater [...] herstellen und lediglich bloß mit der ausstattung an decorationen und maschinerie versehen lassen, die zu der aufführung des Siegfried nöthig sind.» Nach der dritten Woche, so fuhr Wagner fort, «wird das theater eingerissen und meine partitur verbrannt.»[4]

Ganz ähnlich betonte Wagner zwei Jahrzehnte später bei den Planungen für Bayreuth die provisorische Rolle der Architektur, und in der Tat zeigt sich die Antimonumentalität des 1875 eingeweihten Festspielhauses etwa im Vergleich mit Garniers monumentaler Pariser Oper, die im selben Jahr vollendet wurde. Wagners kurzfristige Zusammenarbeit mit Gottfried Semper war schon zuvor unter anderem an dessen für Wagner allzu monumentaler Planung gescheitert. Im Gegenzug zu diesem Antimonumentalismus impliziert gerade Wagners Forderung nach dem Gesamtkunstwerk als Paradigma des Musikdramas einen Monumentalismus der Zukunft, der seiner Einsicht in das Provisorische und Ephemere institutionalisierter Kunst in der Moderne widerstreitet. Verlangen nach Monumentalität gegenüber der Seichtigkeit der Pariser Opernszene und gleichzeitiges Bewußtsein des Transitorischen moderner Kunst jedenfalls liegen bei Wagner in einer Weise im Streit, die Baudelaires frühe Faszination durch Wagners Musik zumindest teilweise erklären dürfte. Vielleicht aber war es gerade das auch bei Wagner vorhandene Bewußtsein für die moderne Krise künstlerischer Ewigkeitsansprüche, das am anderen Ende einer spannungsgeladenen Achse das Verlangen nach überzeitlicher Monumentalität erst hervortrieb, jenes Verlangen, das Paul Eluard mit der schwer übersetzbaren alliterativen Wortfolge vom «dur désir de durer» umschrieben hat.

Historischer Exkurs

Die kulturellen Ereignisse und Debatten des deutschen Sommers 1995 lassen einen ästhetischen Konsens erkennen, der von den Modernismen des frühen 20. Jahrhunderts bis zu ganz unterschiedlichen Ausprägungen der Postmoderne unserer Zeit reicht. Es ist der Konsens des Antimonumentalismus. Das Monumentale ist ästhetisch fragwürdig, weil es mit dem schlechten Geschmack des 19. Jahrhunderts, mit Spießertum, Kitsch und Massenkultur verknüpft ist. Es ist politisch suspekt als Ausdruck der Nationalismen des vergangenen und der Totalitarismen des zu Ende gehenden Jahrhunderts. Es ist gesellschaftlich suspekt als privilegierte Artikulationsform von Massenbewegungen und Massenpolitik. Es ist ethisch suspekt in seiner Präferenz für das über- und unmenschlich Große, das den individuellen Betrachter oder Teilnehmer überwältigt bzw. instrumentalisiert. Es ist psychoanalytisch suspekt, weil es in narzißtischem Größenwahn und imaginärer Ganzheit befangen bleibt. Es ist intellektuell suspekt, weil es sich begrifflicher Festlegung entzieht. Es ist schließlich auch musikalisch suspekt, nun ja, wegen Richard Wagner.

Thomas Mann, vertraut wie wenige mit den Ambivalenzen des Wagnerschen Werks, tat dessen Gesamtkunstwerk-Monumentalismus als «*schlechtes* 19. Jahrhundert» vielleicht etwas voreilig ab.[5] Und die Monumentsmanie der heutigen Zeit läßt an Walter Benjamins Eintrag im Moskauer Tagebuch denken: «Dagegen gibt es in Europa beinahe keinen Platz, dem nicht im Lauf des 19ten Jahrhunderts die geheime Struktur durch ein Denkmal profaniert und verletzt worden wäre.»[6]

Die antimonumentalen Äußerungen von Schriftstellern, Denkern und Künstlern der Moderne ließen sich endlos häufen. Ebenso jedoch vertraten die Postmodernen ein halbes Jahrhundert später antimonumentale

Positionen, die sich nun freilich gegen die klassische Moderne selbst richteten, vor allem gegen den Produktionsmonumentalismus und Technikfetischismus moderner Architektur: jedes Gebäude eine Maschine oder eine Fabrik. Lokales und Regionales wurden stark gemacht gegen den Universalismus modernen Bauens.

Aus leicht einsehbaren Gründen ist Architektur das privilegierte Medium, wenn Monumentalität unter Beschuß gerät. Die reduktiv pejorative Gleichsetzung des Monumentalen mit Architektur in unserer Zeit resultiert freilich weniger aus den Sünden der klassischen Moderne vor allem in der Nachkriegszeit als vielmehr aus den architektonischen Phantasmagorien Hitlers und seines Chefbaumeisters Albert Speer, in denen repräsentatives Bauen zu einem Mittel der Massenpsychologie und Herrschaftsstrategie verkam. So konnte Michel Foucault das Verlangen nach Monumentalität in einer für die Gegenwart emblematischen Weise charakterisieren: «[Es ist] der Faschismus in uns allen, in unseren Köpfen und in unserem normalen Verhalten, der Faschismus, der uns dazu bringt, die Macht zu lieben und genau das zu verlangen, was uns beherrscht und ausbeutet.»[7]

Gegen einen solchen Antimonumentalismus als *idée reçue* des 20. Jahrhunderts, der im Diskurs nicht nur der Anti-Wagnerianer seit langem eine zentrale Rolle spielt, sollten wir darauf bestehen, daß das Monumentale als ästhetische Kategorie nicht zeitlos, sondern ebenso kontingent und veränderlich ist wie jede andere ästhetische Kategorie. Während das Monumentale zwar immer durch Größe überwältigt und auf sichtbare Permanenz und Dauer in der Zeit abzielt, ist davon auszugehen, daß unterschiedliche Zeiten jeweils eigene Vorstellungen davon haben, was überwältigt, und daß das Verlangen nach Monumentalität nicht überall qualitativ und quantitativ gleichermaßen stark sein dürfte. Die Verführungskraft des Monumentalismus des späten 19. Jahrhunderts, die an nationale Geschichte und Legitimationsbedürfnisse des Bürgertums und des Bismarckreichs gebunden war, hat sich gewiß seit langem erschöpft. Nationalsozialistischer Monumentalismus seinerseits untersteht einem Bilderverbot, das bestenfalls noch heimliches Gruseln hervorbringt. Das bedeutet aber noch lange nicht, daß wir gegen monumentale Verführungen überhaupt gefeit sind.

Bevor wir freilich nach unserer eigenen postmodernen Monumentalität fragen können, müßten wir die Identifikation des Monumentalen mit dem Faschismus und die Gleichschaltung des Verlangens nach Monumentalität mit Masochismus und Selbstzerstörung zunächst als historischen Text lesbar machen, statt sie in Permanenz zu denunzieren und dadurch erst zur metageschichtlichen Norm zu erheben.

Richard Wagner und der Wille zum Gesamtkunstwerk

Wie also steht es um den Diskurs des Monumentalen bei Wagner, dessen Werk ja nicht zu Unrecht mit dem Nationalsozialismus in Verbindung gebracht wird?[8] Ich stütze mich im folgenden auf Wagners theoretische und kritische Schriften, wobei mich vor allem die auffallend häufigen Architekturmetaphern beschäftigen. Wenn man sich die zahlreichen Schlösser und Burgen in Wagners Opern vor Augen hält (von Walhalla und Nibelheim bis zu Klingsors Schloß und der Gralsburg), so geben die in der Forschung meist stiefmütterlich behandelten theoretischen Schriften durchaus interessanten Aufschluß über die Rolle des Architektonischen in Wagners Œuvre.

In seiner brillanten Studie zu Bataille, «Against Architecture»[9], hat Denis Hollier darauf aufmerksam gemacht, wie Sehnsucht und Verlangen nach Monumentalität in der Moderne als Sehnsucht nach gesichertem Ursprung zu lesen sind. Paradigmatisch war hier das 19. Jahrhundert. Ursprungssuche wurde in dem Maße intensiviert, wie politische, ökonomische und industrielle Revolutionen die religiösen und metaphysischen Verankerungen früherer Zeiten aufhoben. Der Ursprungsdiskurs des 19. Jahrhunderts wurde hervorgetrieben durch jene «transzendentale Obdachlosigkeit», die Lukács in seiner «Theorie des Romans» als Signum des bürgerlichen Zeitalters markierte und der er seine Utopie einer integrierten Zivilisation gegenüberstellte. Heute lesen wir diese Ursprungsobsessionen des 19. Jahrhunderts samt ihrer mythischen Begründungen als Ausdruck der Legitimationsbedürfnisse des nachrevolutionären bürgerlichen Staats unter dem Druck sich beschleunigender Modernisierungsschübe. Das Beispiel Lukács erinnert uns daran, daß das Verlangen nach einer radikal anderen Kultur auch antiwestlich, antikapitalistisch und antimodern orientiert sein konnte. Die Faszination durch Ursprung und Mythos war immer mehr als nur reaktionäre Staatsideologie oder Legitimationsstrategie. Ihre Wahrheit lag nach Adorno darin, daß sie offenlegte, wie die Moderne selbst – im Gegensatz zu ihren liberalen und progressiven Glaubensartikeln – in jener Dialektik von Aufklärung und Mythos befangen blieb, die sich in Wagners «Ring des Nibelungen» einen zeitgemäßen Ausdruck verschaffte.

Um nun die Bezüge zwischen Mythos, Ursprung und Monumentalität bei Wagner besser in den Griff zu bekommen, mag es nützlich sein, daran zu erinnern, daß das Monumentale im 19. Jahrhundert sich zunächst vor allem in den Monumenten der klassischen Antike verkörperte, in Monumenten also, die zumeist nur mehr in fragmentarischer Form übermittelt waren. Während europäische Nationen die Ursprünge abendländischer Zivilisation an den Monumenten der klassischen Antike festmachten, schuf erst die Suche nach eigenen nationalen Monumenten jene tiefe nationale Vergangenheit, die die jeweilige Nation und Kultur von den ihr fremden abtrennte und legitimierte. Je mehr Monumente bei archäologischen und anderen Ausgrabungen zutage befördert wurden, desto verbindlicher garantierte das Monument Ursprung, Stabilität und Tiefe von Raum und Zeit in einer rapide sich verändernden Welt, die als krisenhaft, unbeständig und entwurzelnd erfahren wurde.

Was das 19. Jahrhundert an klassischer und vorklassischer Antike jedoch am meisten bewunderte, war deren Architektur. So ist es kein Zufall, daß Hegel die Kunst schlechthin mit der Architektur beginnen ließ. Monumentale Architektur vor allem – man denke an den Kult der Obelisken, Pyramiden und Tempel – schien Permanenz zu gewährleisten und als ersehntes Bollwerk zu dienen gegen die Beschleunigung der Zeit, die Dynamisierung städtischen Raums, die Vergänglichkeit modernen Lebens und die steigende Zukunftsungewißheit. Richard Wagner war durch und durch Zeitgenosse dieses 19. Jahrhunderts, nicht gegen die Architektur wie der Avantgardist Bataille, sondern durchaus für sie, nicht gegen Ursprünge, sondern immerzu auf der Suche nach ihnen, nicht für die Freuden und Verlockungen vergänglicher Moden (wie Baudelaire), sondern mit geradezu pathologischer Intensität gegen die Mode und für das Projekt einer neuen permanenten Kultur, die die «kunstweltgeschichtliche Aufgabe» der Musik erfüllen würde.[10] Trotz der Modernität seiner Kompositionstechniken war Wagners Konzept von Kunst, Drama und Musik Teil jenes Imaginären des späteren 19. Jahrhunderts, das auf triumphaler Monumentalarchitektur, gesicherten Ursprüngen und mythischen Grundierungen der Nation bestand. Besonders sein reaktionärer Populismus und seine rabiat antisemitischen Ausfälle lassen ihn schon zur Zeit der 1848er Revolution einer Traditionsschiene zugehörig erscheinen, die zum völkischen Nationalismus der Nazis führte. Der Monumentalismus seines künstlerischen Projekts Musikdrama, das er in einer Reihe kritischer Essays der späten vierziger und frühen fünfziger Jahre umriß, setzte sich freilich polemisch ab von anderen privilegierten Formen des Monumentalen im 19. Jahrhundert. Wagners Ziel, die Kunst der Zukunft ins Leben zu rufen und mit den Festspielen in Bayreuth die Dekadenz und Korruption der Kultur seiner Zeit zu transzendieren, beruhte nämlich auf zwei expliziten Voraussetzungen, in denen sich das Innovationspostulat aller Moderne artikulierte: Ablehnung aller zeitlos klassischen Normen, die in seinen Augen die zeitliche und räumliche Kontingenz aller Kunst verfehlten, sowie Ablehnung aller historisierenden Baustile, deren Popularität im bürgerlichen Zeitalter er der Korruption durch Luxus und Mode zuschrieb. So heißt es im «Kunstwerk der Zukunft»:

«[Die Architektur] wiederholt die Bauwerke früherer, aus Schönheitsbedürfnis produzierender Zeiten, stellt die Einzelheiten dieser Werke nach luxuriösem Belieben zusammen, verbindet – aus unruhigem Verlangen nach Abwechselung – alle nationalen Baustyle der Welt zu unzusammenhängenden, scheckigen Gestaltungen, kurz – sie verfährt nach der Willkür der Mode, deren frivole Gesetze sie zu den ihrigen machen muß, eben weil sie nirgends aus innerer, schöner Nothwendigkeit zu gestalten hat.»

Eine solche vernichtende Kritik historisierenden Bauens ließe sich leicht mit der Kritik der Wiener Moderne am Bauprinzip der Ringstraße oder gar mit der ebenfalls an der Moderne orientierten heutigen Kritik an postmoderner Fassadenarchitektur verknüpfen. Wagner steht hier auf der Seite der Moderne und antizipiert Nietzsches unzeitgemäße Betrachtungen zur monumentalen Geschichte im Bereich Architektur. Andererseits war es derselbe Nietzsche, der in einem seiner nachgelassenen Fragmente von 1878 hellsichtig schrieb: «Wagner kämpft gegen das Monumentale, aber glaubt an das allgemein Menschliche!»[11] In ähnlich widersprüchlicher Weise entwirft Wagner ein universalisierend mythisches Bild von Architektur, um seinen Anspruch auf eine neue ästhetische Monumentalität zu begründen, die Monumentalität des Musikdramas als Gesamtkunstwerks. Das Konzept des Gesamtkunstwerks selbst, dies meine Hypothese, ist durch und durch architektonisch gedacht.

So funktioniert die Metapher Architektur durchweg als Leitmotiv in Wagners programmatischen Texten wie «Kunst und Revolution», «Das Kunstwerk der Zukunft», «Oper und Drama» und «Mitteilung an meine Freunde», Texte, die alle in die Entstehungszeit der Ring-Tetralogie fallen. Ungeachtet seiner Kritik am Monumentalen und an klassisch antiken Normen bleibt die griechische Tragödie Wagners paradigmatisches

Modell für das Kunstwerk der Zukunft, und der Antigone-Mythos wird zum Grundstein für seine Ideologie absoluter und erlösender Liebe als Voraussetzung für den geforderten Zusammenbruch des bestehenden Staats. In einer für die post-herdersche Kulturgeschichtsschreibung typischen Weise wird der normative Charakter der griechischen Tragödie eingebettet in eine mythisch-historische Erzählung von Verfall und Neugeburt, der Wagner mit seiner Beschreibung des Kapitalismus als Dekadenz, Korruption und Verderbnis des deutschen Volks die zeitgemäße Pointe aufsetzt. Die ersten Seiten von «Kunst und Revolution» folgen dem Schema von Verfall und Neugeburt:

«Genau mit der Auflösung des athenischen Staates hängt der Verfall der Tragödie zusammen. Wie sich der Gemeingeist in tausend egoistische Richtungen zersplitterte, löste sich auch das große Gesammtkunstwerk der Tragödie in die einzelnen, ihm inbegriffenen Kunstbestandtheile auf: auf den Trümmern der Tragödie weinte in tollem Lachen der Komödiendichter Aristophanes, und aller Kunsttrieb stockte endlich vor dem ernsten Sinnen der Philosophie [...]. Der Philosophie, und nicht der Kunst, gehören die zwei Jahrtausende an, die seit dem Untergange der griechischen Tragödie bis auf unsere Tage verflossen.»[12]

Wagners monumentaler Anspruch, das neue, erlösende Gesamtkunstwerk gegen 2000 Jahre Weltgeschichte aus den Ruinen der Tragödie erstehen zu lassen, hat somit eine Welt in Trümmern zur Voraussetzung, nicht in der Zukunft freilich, sondern in der tiefen Vergangenheit. Wenn jedoch der Ursprung selbst schon als Ruine begriffen wird, dann ist schwer vorstellbar, wie das künftige Gesamtkunstwerk einer ähnlich ruinösen Verfallsgeschichte entgehen soll. In einem weiteren Argumentationsschritt übersetzt Wagner den historischen Topos vom Aufstieg und Fall der Kulturen in eine rein mythische Dimension, die das desaströse Ende bereits in die Gründungstat des Bauens selbst verlegt. In einer Schlüsselpassage des «Kunstwerks der Zukunft» vergleicht Wagner die Trümmer des Gebäudes «Tragödie» mit der Ruine des Turmbaus zu Babel:

«Wie beim Thurmbau zu Babel die Völker, als ihre Sprachen sich verwirrten und ihre Verständigung unmöglich wurde, sich schieden, um jedes seinen besonderen Weg zu gehen: so schieden die Kunstarten, als alles Nationalgemeinsame in tausend egoistische Besonderheiten sich zersplitterte, sich aus dem stolzen, bis in den Himmel ragenden Bau des Drama's, in welchem sie ihr gemeinsam beseelendes Verständniß verloren hatten.»[13]

Der Bau einer neuen unverdorbenen Kultur und die Forderung nach einer dem kommenden Zeitalter adäquaten Kunst ist bei Wagner stets mit einer Zerstörungs- und Trümmerimagination verknüpft. Wagners Musikdrama erhebt sich programmatisch aus den Ruinen der Großen Oper, ganz wie «die reichste Blume *reiner Menschenliebe*» (Antigone/ Siegfried) aus den «Trümmern der Geschlechts-, Eltern- und Geschwisterliebe» hervorwuchs, «welche die Gesellschaft verläugnet und der Staat verneint hatte»[14].

In einem Brief an Uhlig vom 11. November 1851, der die Tetralogie in groben Zügen umreißt, heißt es zu einer antizipierten Uraufführung des «Rings»:

«An eine *Aufführung* kann ich erst *nach der Revolution* denken: erst die Revolution kann mir die künstler und die Zuhörer zuführen. Die nächste Revolution muß nothwendig unserer ganzen *theaterwirthschaft* das Ende bringen: sie müssen und werden alle zusammenbrechen, dies ist unausbleiblich. Aus den trümmern rufe ich mir dann zusammen, was ich brauche: ich werde, was ich bedarf, *dann* finden. Am Rheine schlage ich dann ein theater auf, und lade zu einem großen dramatischen feste ein: nach einem jahre vorbereitung führe ich dann im laufe von *vier tagen* mein ganzes werk auf: *mit ihm* gebe ich den menschen der Revolution dann die *bedeutung* dieser Revolution, nach ihrem edelsten sinne, zu erkennen. *Dieses publikum* wird mich verstehen: das jetzige kann es nicht.»[15]

In diesem Brief, geschrieben im Spätherbst 1851, ziemlich genau einen Monat vor Louis Napoleons 18. Brumaire, phantasiert Wagner sich die Zukunft als bonapartistisch-ästhetischen Putsch versetzt mit Bakuninschem Anarchismus und reaktionär deutschem Populismus. Ganz wie Louis Napoleon sich im Mantel seines Großonkels in Szene setzte, war es Wagners Ehrgeiz, als Nachfolger und Überbieter der beiden überragenden Künstler der vorangehenden Periode zu gelten: Goethe und Beethoven. Eben dieser Ehrgeiz jedoch treibt Wagners Verlangen nach Monumentalität hervor, das einem fast desperaten Minderwertigkeitskomplex aufsitzt, einem permanenten Zweifel an seiner Fähigkeit, es mit Goethe und Beethoven je aufnehmen zu können. Thomas Mann sprach in diesem Kontext von Wagners Kunst als einem «mit höchster Willenskraft und Intelligenz monumentalisierte[n] und ins Geniehafte getriebene[n] Dilettantismus».[16]

Im Gegensatz zu Goethe oder Beethoven freilich waren Wagners Zukunftsphantasien wie sein Monumentalismus immer auf Tod, Zerstörung und Untergang ausgerichtet. Die neue von Siegfried versprochene

Welt sollte aus den Ruinen Walhallas erstehen, den Ruinen einer Totenburg. Architektur als Grabstätte oder als Mahnmal heroischen Untergangs bzw. schicksalhaften Versagens steht damit jeweils am Ende und am Anfang der Zeit. Die zentrale Funktion des Monumentalen enthüllt sich hier: Monumentalität garantiert die Gegenwart der Toten, ohne deren mit mythischem Sinn aufgeladene Opfer keine neue Kultur sein kann. Das aber ist Kern eines Nationalmonumentalismus, der immer wieder neue Opfer fordert. Das Leitmotiv einer Architektur in Trümmern funktioniert sozusagen als Schlußstein von Wagners postromantischem Projekt: Was da gebaut wird – auf der Bühne oder in den theoretischen Schriften –, ist immer schon eine Grabstätte, ein Denk-Mal des Versagens und des Untergangs, der freilich als Übergang kaschiert wird. Wagners Antipathie gegenüber antik-klassischer Monumentalität hat darin ihren Grund: Er imaginiert das Monumentale ausschließlich als Ruine, denn nur als Ruine hat es Permanenz.

An dieser Nahtstelle trifft sich der Diskurs des 19. Jahrhunderts vom Monument als Ruine mit Albert Speers Ruinenwerttheorie der Architektur. Speers Pläne für Berlin Mitte waren so angelegt, daß die überwältigende Größe des Dritten Reichs noch nach tausend Jahren an dessen Ruinen erkennbar sein sollte. Dies war die letzte Stufe einer Ruinenromantik, in der ein im 18. Jahrhundert noch eher melancholischer und kontemplativer Impuls in ein aggressiv imperialistisches Projekt der Eroberung von Raum und Zeit überführt worden war. Wie anderswo erscheint Wagner auch hier janusgesichtig. Sein Blick geht zurück in die Romantik und antizipiert gleichzeitig eine überwältigende und zerstörerische Zukunft. Die Simultaneität des Verlangens nach Permanenz und die Vorwegnahme von Zerstörung und Untergang erinnert an Elias Canettis Reflexion über Hitlers Zögern bei der Entscheidung, ob Paris zu zerstören sei oder nicht. Canetti las Hitlers Dilemma als Ausdruck der doppelten Lust an Dauer und an Zerstörung, wie sie für den Paranoiker charakteristisch ist.[17] Der Wunsch nach Dauer und die Obsession mit der «Feuerkur» liegen bei Wagner permanent miteinander im Streit. Die Tagebücher Cosima Wagners bezeugen, wie Wagner sich selbst als «Plenipotentarius des Untergangs» sah[18], und kurz nach der Veröffentlichung von «Das Judentum in der Musik» schreibt der Liebhaber des Superlativs und monumentaler Dramatisierungsgesten am 22. Oktober 1850 an Uhlig: «Mit völligster besonnenheit und ohne allen schwindel versichere ich Dir, daß ich an keine andere revolution mehr glaube, als an die, die mit dem Niederbrande von Paris beginnt.»[19]

Zu guter Letzt freilich wurde Paris nicht niedergebrannt, nicht einmal von den Nazis. Aber der deutsche Staat kollabierte viermal im Laufe dieses Jahrhunderts. Wagners Prophezeiung, daß mit seinem Musikdrama eine neue monumentale Kultur auf den Ruinen dieses Staats entstehen werde, erwies sich schlicht als falsch, und es gibt leider nicht einmal jenen neuen Aristophanes, der lachend und weinend auf den Trümmern von Wagners Kunstbau säße. Im Gegenteil: Der kulturindustrielle Sektor Bayreuth funktioniert wie geschmiert. Den «Ring des Nibelungen» gibt es längst als Comic strip, und das Programmheft der Metropolitan Opera in New York zelebriert den «Ring» sachgemäß als «Dallas on the Rhine». Wer braucht da noch einen neuen Aristophanes!

Ausblick

Wenn wir zum Schluß noch einmal die Frage nach dem Monumentalen heute stellen, so scheint mir, daß eine Ästhetik der Monumentalität sich eher an Christos Verhüllung des Reichstags halten könnte, an eine Monumentalität, die weder Permanenz noch Untergang erfordert und eher inspiriert scheint von einer Ästhetik der vergänglichen Erscheinung, die in der Lage ist, öffentliche Erinnerung anzuregen und gar nicht erst versucht, Zeitliches in die Zeitlosigkeit von gebauter Monumentalität zu überführen. Das Kunstereignis Reichstagsverhüllung erledigt freilich nicht die Frage, ob und wenn ja wie monumentale Architektur heute noch möglich oder wünschenswert wäre.

Dies bringt mich zu einer letzten Überlegung, die ebenfalls durch Christos Projekt angeregt ist. Im Jahre 1943 veröffentlichten der Maler Fernand Léger, der Architekt und Stadtplaner José Luis Sert und der Historiker Siegfried Giedion in New York ein Manifest mit dem Titel «Nine Points on Monumentality»[20]. Ihre Thesen waren gleichermaßen gegen den Monumentalismus des 19. Jahrhunderts wie gegen den Funktionalismus des Bauhauses und des Internationalen Stils gerichtet. Getragen wurden diese Thesen von der Überzeugung, daß es ein geradezu anthropologisches Bedürfnis nach Monumentalität gebe, welches es im Hinblick auf demokratische Öffentlichkeit zu artikulieren gelte. Fünf Jahrzehnte nach diesem Manifest steht zu vermuten, daß Monumentalität als bebauter öffentlicher Raum im Wert eher noch weiter gesunken ist. Vielleicht ist die Verhüllung des Reichtags in der Tat symptomatisch für das Schicksal des Monumentalen in postmodernen Zeiten: Als selbst monumentales Ereignis ist die Verhüllung aus dem realen Raum ins Medienbild gewandert – von der Dokumentation im Bildband über die Postkarten, T-Shirts und Kaffeetöpfe bis zur CD-Rom und der Verhüllung im Internet. Wie so oft im Bereich Medienpolitik hatten die Nazis den richtigen Instinkt, wenn sie Bilder von Speers Baumodellen massenweise als Postkarten unters Volk brachten. Der monumentale Effekt von Architektur konnte durchaus auch und vielleicht sogar besser erreicht werden durch den artifiziellen Blick aus der Vogelperspektive. Monumentales Bauen selbst ist durch Reproduktions- und Simulationstechniken überflüssig geworden. Das heißt aber nicht, daß das Monumentale ganz von der Bildfläche verschwunden wäre. Im Gegenteil. Vielleicht liegt unsere heutige Faszination fürs Monumentale in der Tat nicht mehr im Bereich des bebauten Raums, sondern ist mutiert zu «cyber-space» und «information highway». Das jedenfalls suggeriert eine jüngst in der «New York Times» erschienene Anzeige der Telekom, die ohne zu zögern für die Info-Bahn wirbt als «the fast lane to the future», und zwar mit einem digital aufgemöbelten Bild des Brandenburger Tors, Blickrichtung Siegessäule! Das Monumentale ist in der Tat nicht so leicht abzuschaffen. Wie es sich freilich im «cyber-space» mit Zeit und Raum, Erinnerung und Öffentlichkeit, Bildimagination und Verkörperungen verhält, das bliebe erst noch genauer zu untersuchen.

Anmerkungen

1 Zitiert nach Badisches Tagblatt, 24. Juli 1995.
2 Robert Musil: Nachlaß zu Lebzeiten. In: Gesammelte Werke. Hg. von Adolf Frisé. Bd. II. Reinbek 1978, S. 471–562, hier S. 506–509.
3 Axel Hecht: Editorial. In: art spezial (Juli 1995), S. 3.
4 Richard Wagner: Brief an Theodor Uhlig vom 20. September 1850. In: Sämtliche Briefe. Bd. III: Briefe der Jahre 1849–1851. Leipzig 1975, S. 425 f.
5 Thomas Mann: Leiden und Größe Richard Wagners. In: Gesammelte Werke in 13 Bänden. Bd. IX: Reden und Aufsätze 1. Frankfurt/M. 1960, S. 363–426, hier S. 374.
6 Walter Benjamin: Moskauer Tagebuch. In: Gesammelte Schriften. Hg. von Rolf Tiedemann und Hermann Schweppenhäuser unter der Mitwirkung von Theodor W. Adorno und Gershom Scholem. Bd. VI: Fragmente, Autobiographische Schriften. Frankfurt/M. 1985, S. 292–409, hier S. 351.
7 Michel Foucault: Vorwort zu Gilles Deleuze und Felix Guattari: Anti-Oedipus: Capitalism and Schizophrenia. Minneapolis 1983, S. 69 [meine Übersetzung].
8 Vgl. dazu neuerdings Paul Lawrence Rose: Wagner. Race and Revolution. London 1992, und Marc A. Weiner: Richard Wagner and the Anti-Semitic Imagination.

Lincoln/London 1995; Bücher, die in unterschiedlicher Weise Wagners Antisemitismus nicht nur in seinen Meinungen lokalisieren, sondern am Werk selbst festmachen.

9 Denis Hollier: Against Architecture. The Writings of Georges Bataille. Cambridge/London 1989.
10 Richard Wagner: Das Kunstwerk der Zukunft. In: Gesammelte Schriften und Dichtungen. Bd. III. Leipzig 1907, S. 100; das nachfolgende Zitat ebd., S. 129.
11 Friedrich Nietzsche: Nachgelassene Fragmente 27 [83]. In: Kritische Gesamtausgabe. Hg. von Giorgio Colli und Mazzino Montinari. Abt. IV, Bd. 3. Berlin/New York 1967, S. 359.
12 Richard Wagner: Kunst und Revolution. In: Gesammelte Schriften und Dichtungen. Bd. III. Leipzig 1907, S. 12f.
13 Wagner, Das Kunstwerk der Zukunft, S. 76.
14 Richard Wagner: Oper und Drama. In: Gesammelte Schriften und Dichtungen. Bd. IV. Leipzig 1907, S. 63.
15 Richard Wagner: Sämtliche Briefe. Bd. IV: Briefe der Jahre 1851–1852. Leipzig 1979, S. 176.
16 Mann, Leiden und Größe Richard Wagners, S. 376.
17 Elias Canetti: Masse und Macht. München 1960.
18 Cosima Wagner: Tagebücher II. München 1977, S. 624.
19 Brief an Uhlig vom 22. Oktober 1850. In: Wagner, Sämtliche Briefe Bd. III, S. 460.
20 José Luis Sert/Fernand Léger/Siegfried Giedion: Nine Points on Monumentality. In: Siegfried Giedion: Architecture, You and Me. The Diary of a Development. Cambridge 1958.

Ludwig Jäger

Linguistik als transdisziplinäres Projekt: das Beispiel Gebärdensprache

Die unübersichtliche Situation der Geisteswissenschaften

Die wissenschaftspolitische und -theoretische Situation der Geisteswissenschaften läßt sich gegenwärtig wohl zutreffend mit dem Prädikat unübersichtlich charakterisieren. Es scheint weder klar zu sein, welchen Ort die Geisteswissenschaften im System der Wissenschaften insgesamt – insbesondere angesichts des methodologischen Expansionsdruckes der Natur- und Technikwissenschaften – einnehmen sollen, noch scheinen die Geisteswissenschaften über ein Selbstverständnis zu verfügen, das ihnen eine offensive Verdeutlichung ihrer möglichen Rolle erlaubte.[1]
Zwei Indizien möchte ich für die Unübersichtlichkeit der Lage anführen:
1. Einmal haben es die Geisteswissenschaften noch immer nicht verstanden, sich dem öffentlichen Bewußtsein und der Wissenschaftspolitik als Disziplinen darzustellen, die für die Lösung jener Probleme, die uns durch den tiefgreifenden Wandel unserer Kultur auferlegt werden, Lösungskompetenzen bereitstellen, die zwingend nur von ihnen bereitgestellt werden können. An der ausschließlichen Fixierung der bundesdeutschen Wissenschaftspolitik der letzten Jahrzehnte auf die Natur- und Technikwissenschaften[2] hat – vermutlich glücklicherweise – auch die von Odo Marquard ausgelöste Debatte über die «Kompensations-»[3] bzw. «Orientierungsfunktion»[4] der Geisteswissenschaften nichts geändert. Denn die von Marquard den Geisteswissenschaften angediente kompensatorische Rolle als beharrendes, bewahrendes, erinnerndes Bewußtsein führt, wie Mittelstraß formuliert, nur dazu, daß das Geschäft der Geisteswissenschaften das alte bleibt, «während ihre disziplinären Wettbewerber auf der anderen Kulturseite auf immer neue Weise das Neue besetzen»[5]. Hier vermag vielleicht allererst das in jüngerer Zeit im

kulturwissenschaftlichen Diskurs vorangetriebene Projekt einer neuen Anthropologie Abhilfe zu schaffen, dessen Fokus nicht mehr allein darauf gerichtet ist, die Kultur als das andere von Technik und Natur zu erforschen, sondern «das Wissen von der Natur und von der Geschichte des Menschen auf neue Weise wieder [zusammenzuführen]».

2. Als zweites Indiz für die Unübersichtlichkeit kann man sicher den Verlust vertrauter und überkommener wissenschaftstheoretischer Grenzmarkierungen ansehen, von dem die Geisteswissenschaften nachhaltig betroffen sind. Die aus dem Wissenschaftssystem des 19. Jahrhunderts stammende Demarkationslinie zwischen Natur und Geist und die aus ihr resultierende Polarisierung der Wissenschaften bestimmen als sedimentierte Wissenschaftsideologie noch immer das Selbstverständnis vieler Geisteswissenschaftler, insbesondere im Bereich der Sprachwissenschaft. Unabhängig davon, ob das Erkenntnisobjekt Geist mit dem Anspruch auf eigene, *verstehende* Erkenntnisverfahren gegen Natur und ihre *Erklärung* abgegrenzt wird, oder ob der Geist zur Natur erklärt und als allein den Erkenntnisformen der *sciences* zugänglich postuliert wird – beiden Positionen liegt die obsolet gewordene cartesianische Entgegensetzung zugrunde[6], die durch Charles Percy Snows These von den «zwei Kulturen»[7] noch einmal aktualisiert worden ist. Wie auch immer die Geisteswissenschaften ihre Selbstbegründung zukünftig betreiben werden, die Snowsche Unterscheidung von *literarischer* und *naturwissenschaftlicher* Intelligenz wird als ausschließliche Orientierung nicht mehr taugen, zumal dann nicht, wenn wir es mit Erkenntnisgegenständen zu tun haben, die – wie die Sprachen – weder nur Artefakte des menschlichen Geistes noch allein Elemente der natürlichen Ausstattung des Menschen darstellen.

Die Erwartung, die Geisteswissenschaften könnten sich entweder auf die Seite der *sciences* schlagen und an deren Relevanz-Bonus partizipieren[8] oder als Kompensationswissenschaften – wie Marquard formulierte – «den Traditionen helfen, damit die Menschen die Modernisierung aushalten können»[9], ist ein wenig perspektivenreiches Szenario. Denn weder in der einen, noch in der anderen Variante vermöchten sie zu sein, was etwa Jürgen Mittelstraß – wie mir scheint berechtigterweise – von ihnen verlangt, der disziplinäre Ort nämlich, «an dem sich moderne Gesellschaften ein Wissen von sich selbst verschaffen»[10].

Sprache, «Natur» und «Geist»

Der wissenschaftslogisch verfehlte Gegensatz von Natur und Geist läßt sich besonders deutlich an der Geschichte der theoretischen Modellierungen des Erkenntnisgegenstandes Sprache ablesen. Die Geschichte der Sprachwissenschaft seit Beginn des 19. Jahrhunderts ist reich an Versuchen, die vielfältigen Probleme, die sich ihr im Zuge ihrer Herausbildung als Einzelwissenschaft stellten, durch die Orientierung an den methodologisch fortgeschrittenen Naturwissenschaften einer Lösung näher zu bringen. Im intakten Koordinatensystem von Natur und Geist, von «Erklärung» und «Verstehen» versuchten sich zentrale Vertreter des Fachs auf die Seite der erklärenden *sciences* zu schlagen. Andererseits ist die Geschichte der Linguistik – und dies kann nicht verwundern, wenn man sich vergegenwärtigt, daß sie sich aus dem ideengeschichtlichen Rahmen der historischen Philologien und der romantischen Sprachphilosophie entfaltet hat – ebenso reich an komplementären Bemühungen, die Wissenschaft von der Sprache als verstehende unabhängig vom Universalitätsanspruch naturwissenschaftlichen Denkens zu bestimmen und Sprache als genuin historisch-gesellschaftliches und das heißt: als geistiges Phänomen zu begreifen.[11]

Ein Grund für die gegensätzlichen theoretischen Modellierungen ist ohne Zweifel in der hochkomplexen Natur des Phänomenbereichs zu suchen, der als Sprache Gegenstand der einzelwissenschaftlichen Analyse in der Linguistik ist, eines Phänomenbereichs, der gewissermaßen ausgespannt ist zwischen Natur und Geist und der in sich biologische und neurologische, psychologische und historisch-soziologische Aspekte vereinigt. Sprache ist in einem schwer zu bestimmenden Verhältnis Teil der Natur des Menschen und geistiges Artefakt, Gattungserbe und kulturelle Hervorbringung.

Es ist ohne Zweifel diese Komplexität des linguistischen Erkenntnisbereichs, die die Frage nach einem theoretischen Gesichtspunkt, der eine zugleich integrale und empirisch triftige Konstitution des Gegenstandes Sprache ermöglichte, für kontroverse Antworten prädestinierte. Und diese Komplexität ist es auch, die die Geschichte der Sprachwissenschaft zu einer Geschichte widerstreitender Gegenstandskonstitutionen gemacht hat. So wurde Sprache etwa von Herder und Humboldt erkenntnistheoretisch als «Organ des Verstandes» bzw. als «bildendes Organ des Gedanken», von Karl Ferdinand Becker als «organisches Zeugniß der menschlichen Natur», von A. Schleicher als «Naturorganismus» und schließlich von Whitney und den Junggrammatikern als «psychophysischer Mechanismus» konzeptualisiert. Saussure und der Strukturalismus betrachteten sie als «Zeichensystem», Searle als «System intentionaler Sprechhandlungen» und schließlich Chomsky – wieder in der Tradition Beckers und Whitneys – als «mentales Organ».[12]

Es ist also die aus dem cartesianischen Erbe des Substanzen-Dualismus resultierende Polarität von Natur und Geist, an der sich die theoretischen Modellierungen der Sprache alternativ orientieren. Während der herrschende Mainstream, der sich mit den Namen Becker, Schleicher, Whitney und Chomsky verbinden läßt, die Sprache wie einen Naturgegenstand untersuchen zu können glaubt, etabliert sich in der Tradition Humboldts und Saussures eine geistes- und sozialwissenschaftliche Linguistik, für die Sprache ein historisch-gesellschaftlich konstituiertes Zeichensystem darstellt[13], eine Linguistik, die dann unter dem Einfluß der sprachanalytischen Philosophie zunehmend die Überzeugung gewonnen hat, daß sich die Natur der Sprache ohne empirische Forschung und Theoriebildung entdecken läßt.

Paradigmatisch läßt sich diese antipodische Modellierung der Sprache in der jüngeren Vergangenheit an der Kontroverse zwischen Searle und Chomsky ablesen. Folgt man John R. Searle, so ist die Sprachtheorie «Teil einer Handlungstheorie [...], weil Sprechen eine regelgeleitete Form des Verhaltens ist»[14]. Die Sprache gehört also zu jenen «gesellschaftlichen Phänomenen», deren «geistiger Charakter», das heißt deren «Intentionalität»[15] eine Klasse von Wissenschaften, nämlich die «Gesellschaftswissenschaften», konstituiert, die in «radikaler Diskontinuität» zu den Naturwissenschaften stehen. Für Searle ähnelt deshalb die Linguistik als «eine angewandte Wissenschaft der Intentionalität» Wissenschaften wie «der Chemie oder der Geologie nicht im mindesten»[16]. In ihr geht es nämlich darum, «solche historisch bestimmten intentionalen Gehalte im Geist von Sprechern der verschiedenen Sprachen anzugeben, die für die menschliche Sprachkompetenz tatsächlich verantwortlich sind».

Dagegen hat Noam Chomsky immer wieder die These vertreten, daß keine methodologische Diskontinuität zwischen der Linguistik und den Naturwissenschaften besteht, sondern «daß wir die Sprache mit derselben methodologischen Haltung untersuchen müssen, die wir gegenüber den Problemen der Naturwissenschaften einnehmen»[17]. Er betrachtet es deshalb als eine «Kuriosität unserer intellektuellen Geschichte, daß kognitive Strukturen, die von unserem Geist entwickelt werden» – wie die Sprache –, von nicht an den *sciences* orientierten Geisteswissenschaftlern «in der Regel ganz anders betrachtet und untersucht werden, als physikalische Strukturen, die vom Körper entwickelt werden». Nicht «historisch bestimmte intentionale Gehalte im Geiste von Sprechern» sind für die menschliche Sprachkompetenz «tatsächlich» verantwortlich, sondern ein genetisches Programm, das als Universalgrammatik den Spracherwerb als einen biologischen Reifungsprozeß determiniert, dem sich als Endzustand die Sprachkompetenz des erwachsenen Sprechers verdankt.

Die Debatte zwischen Chomsky und Searle, die ich hier nicht weiter darstellen kann, wird – bei allen Versuchen, das wissenschaftstheoretische Schlachtfeld des 19. Jahrhunderts zu verlassen – nach wie vor von den klassischen Quellen des cartesianischen Dualismus gespeist. Der «verstehenden» oder «sprachanalytisch» verfahrenden Linguistik auf der einen Seite steht auf der anderen eine Sprachwissenschaft als «erklärende» Science gegenüber, ohne daß der unfruchtbare und theoretisch unhaltbare cartesianische Gegensatz von Geist und Natur relativiert würde. In dem selben Maße, in dem das Chomsky-Paradigma vorgibt, Geist als Teil der biologischen Welt aufzufassen[18], insistiert das sprachanalytische Paradigma auf der Naturtranszendenz des Geistes.[19] Und beiden Paradigmen gemeinsam ist dabei eine merkwürdige Distanz zu den unabweisbaren Befunden empirischer Naturwissenschaften wie etwa der Evolutionsbiologie und der Neurologie.[20]

Jürgen Mittelstraß hat in seinen Versuchen, den Ort der Geisteswissenschaften im System der Wissenschaften zu bestimmen, verschiedentlich darauf hingewiesen, daß ihr Gegenstand «das kulturelle Ganze», «Kultur als Inbegriff der menschlichen Arbeit und Lebensformen» sei. Insofern sei eine «Engführung» wissenschaftlicher Erkenntnisformen in den Geisteswissenschaften «auf das Verstehen [...] irreführend»[21]. Er hat hieraus eine Konsequenz gezogen, die gerade für die Sprachwissenschaft von zentraler Bedeutung ist: «[...] ein Bestehen auf alten disziplinären Grenzen und alten disziplinären Zuordnungen ist eher fortschrittshemmend und erkenntnisfeindlich.»

Das Beispiel Gebärdensprache

Die skizzierte Unübersichtlichkeit der Lage, in der sich die Geisteswissenschaften befinden, wirft eine Reihe von Problemen auf, die ich hier – mit Blick auf die Sprachwissenschaft – ansatzweise diskutieren möchte. Das wichtigste dieser Probleme scheint mir dabei in dem Verhältnis von Disziplinarität und Transdisziplinarität zu bestehen. Wie kann eine Sprachwissenschaft aussehen, die ihr disziplinäres Selbstverständnis nicht mehr aus den antipodischen Extremen von Natur und Geist bezieht, sondern in gleichsam transdisziplinärer Perspektive biologisches, neurologisches und linguistisches Wissen so aufeinander bezieht, daß sie zur Beantwortung der Frage nach der disziplinären Kontur einer kulturwissenschaftlich orientierten Sprachwissenschaft beitragen kann. Ich möchte diese Frage und mögliche Antworten im folgenden am Beispiel der Gebärdensprache behandeln. Gerade hier wird deutlich, wie wenig cartesianisch inspirierte methodologische Engführungen in den Geisteswissenschaften geeignet sind, zu angemessenen Gegenstandskonstitutionen zu gelangen.

Zur Geschichte der phonozentrischen Abwertung der Gebärdensprache

Die Geschichte der Sprachtheorie in den letzten 250 Jahren ist nicht nur eine Theoriegeschichte, sie ist vor allem die Geschichte impliziter anthropologischer Weltbilder. Hinter den methodologischen Kontroversen verbergen sich zumeist grundlegende philosophisch-anthropologische Gegensätze. Während die Tradition des Szientismus von einem Menschenbild geprägt ist, in dem das Sprachsubjekt als erkenntnisautonome, monologische Monade gedacht ist, die der Sprache als eines äußeren Mittels nur bedarf, um ihre ‹privaten› Affektionen und Kognitionen anderen selbstmächtigen Monaden zu übermitteln, herrscht in der Tradition der hermeneutischen Sprachphilosophie die Idee eines dialogisierenden, geselligen Subjekts vor, das, indem es Sprache erwirbt, sich selber im Dialog mit anderen als erkenntnisfähiges soziales Individuum zu konstituieren vermag.[22] Für den Szientismus ist die Sprache das abbildende Werkzeug eines selbstmächtigen Geistes, für die hermeneutische Tradition, wie etwa Humboldt formulierte, sein bildendes Organ.

Es sind auch diese letztlich anthropologischen Grundüberzeugungen, die die Geschichte der Einschätzungen der sogenannten Taubstummheit und der Gebärdensprachen, der Sprachen der Gehörlosen, bestimmen. Während das szientifische Paradigma der Sprachwissenschaft und der Sprachpsychologie die Gehörlosigkeit der sogenannten Taubstummen vor allem als Nichtbeherrschung des Werkzeugs Lautsprache erlebt und Gehörlose deshalb fälschlicherweise auch als stumm[23] bezeichnet, erkennen vor allem Repräsentanten der hermeneutischen Tradition in der Gebärdensprache eine genuine Möglichkeit für Gehörlose, sich im Medium eines zwar nicht stimmlichen, aber gleichwohl genuin sprachlichen Zeichenmediums als soziale Individuen zu konstituieren.

Ich kann hier leider die Geschichte der insbesondere in Deutschland verbreiteten oralistischen, die Gebärdensprache abwertenden Ideologie nicht nachzeichnen, die von der Taubstummen-Bildungsidee Samuel Heinickes im 18. Jahrhundert über die Theorien der Psychologen Wundt und Kainz bis in die gegenwärtige Gehörlosenpädagogik und ihr wissenschaftliches Umfeld reicht. Es läßt sich jedoch soviel feststellen, daß sich hinter dem Dogma eines ausschließlich lautsprachlichen Trainings von Gehörlosen und der Abwertung und Ausgrenzung der Gebärdensprache zweierlei verbirgt: einmal ein Erziehungsgedanke, der weniger an der Idee der Menschenbildung und der selbstbestimmten Persönlichkeitsentfaltung orientiert ist als am Leitbild der sozialen Unauffälligkeit Gehörloser und ihrer möglichst weitgehenden Anpassung an die Sprachkultur der Hörenden, zum zweiten eine Sprachtheorie, die in phonozentrischer Obsession nur stimmliche Zeichen für Sprachzeichen hält und deren Abwesenheit für einen durch nichts zu kompensierenden kommunikationstechnischen Defekt.

Als Repräsentanten der konträren Positionen möchte ich hier exemplarisch die Konzepte von Friedrich Kainz und Heymann Steinthal vorstellen.

Friedrich Kainz
Kainz hat seine phonozentrische Einschätzung der Gebärdensprache in seiner Psychologie der Sprache entwickelt. Gebärdensprache – ein Ausdruck, den er im Singular verwendet, weil er Gebärdensprache mit Wundt fälschlicherweise für ein universales Verständigungsmittel hält[24] – ist für Kainz keine Sprache im strengen Sinn, sondern allenfalls ein phylogenetischer Vorläufer von Sprache. Das VII. Hauptstück der Kainzschen Sprachpsychologie trägt deshalb auch den bezeichnenden Titel «Primitive Vorformen der Vollsprache. A. Die Gebärdensprache».

Die gleichsam gattungsgeschichtliche Argumentation verleitet Kainz dann auch dazu, Gebärdensprache für «das Korrelat primitiverer Geistigkeit, das einem verhältnismäßig unausgebildeten Geist entsprechende Kommunikationsmittel»[25], zu halten. In Übereinstimmung mit der herrschenden Ideologie der sogenannten Taubstummenbildung vertritt er die These, «der Taubstumme reiche mit der Gebärde in primitivere Zeiten hinein, sei inmitten unserer Kultur ein Primitiver.»[26] Gebärdensprache ist deshalb nur «auf einem weit niedrigeren geistigen Niveau möglich als die Lautsprache» und leistet «für die Entwicklung der Intelligenz auch ungleich weniger als diese.» Aus den skizzierten Prämissen ergibt sich die Behauptung: «Taubstumme zeigen somit, ohne primäre Intelligenzschwächung aufzuweisen, gewisse Rückstände in der Begriffsbildung, aber auch andere Minderleistungen des Denkens.»

Wie tief im öffentlichen Bewußtsein verwurzelt die von Kainz vertretene Position tatsächlich ist, läßt sich an dem Umstand ablesen, daß selbst Ernst Cassirer, der ansonsten nicht gerade eine technizistische Sprachidee vertritt, die Gebärdensprache für ein kognitiv einschränkendes Medium hält: Für die Dynamik des Denkens, so Cassirer in der «Philosophie der symbolischen Formen», besitze «die Gebärdensprache, die sich rein im Medium des Raumes hält, und die daher auch die Bewegung nur dadurch zu bezeichnen vermag, daß sie sie in einzelne diskrete Raumgestalten abteilt, noch kein zureichendes Organ.»[27]

Wer wie Kainz – und wie die sogenannte Taubstummenpädagogik bis zum heutigen Tag – die Ansicht vertritt, bei der Gebärdensprache handele es sich nicht um eine «Vollsprache», sondern um die Sprache von Menschen, die nicht «vollsinnig» seien, der kann in der Förderung der Gebärdensprache, jenes für Gehörlose genuinen sprachlichen Mediums, das allein ihnen Individuation, Bildung und Ausbildung ermöglicht, keinen sinnvollen Gegenstand ihres Bildungsprogramms sehen.[28] Die einzige Chance der Gehörlosen, inmitten unserer Kultur keine ‹Primitiven› zu sein, besteht deshalb für das oralistische Paradigma darin, in der Kultur der Hörenden möglichst sozial unauffällig zu werden – um den Preis des Verzichts auf eigene Kommunikationsmöglichkeiten. Eben diese Position vertritt Kainz dezidiert – mit unabsehbaren Folgen für die Gehörlosen-Pädagogik:

> «Man bemüht sich bereits seit langem, den Taubstummen die Sprache ihrer Umgebung anzubilden, aus der richtigen sozialpädagogischen Einsicht heraus, daß der Gehörlose nur dann als ein vollwertiges Mitglied der Gesellschaft in deren

Arbeitsprozeß einzuschalten sei, wenn er über das normale Verständigungsmittel seiner Umgebung, eben die Lautsprache verfügt und nicht bloß über eine, wenn auch noch so reich durchgebildete Gebärdensprache, die ihm zwar mit anderen in diesem Verständigungssystem Unterwiesenen, vor allem also mit seinen Leidensgefährten, nicht dagegen mit dem allergrößten Teil der Vollsinnigen zulänglichen Kontakt ermöglicht.»[29]

Heymann Steinthal

Im Gegensatz zur szientifischen Sprachidee und der in ihr verdeckt schlummernden technizistischen Anthropologie vertritt der Humboldtschüler Heymann Steinthal eine Auffassung der Gebärdensprache, deren Weitsichtigkeit die Ergebnisse moderner Forschung bereits antizipiert. In einem 1851 in der Zeitschrift «Deutsches Museum» publizierten Aufsatz mit dem Titel «Ueber die Sprache der Taubstummen» stellt er fest:

«Ohne Sprache kein Denken, also kein Mensch; das ist der alte Satz der Psychologen und Sprachforscher. Soll man nun dem Taubstummen menschliches Wesen nicht absprechen, so bleibt nur die Wahl, entweder zuzugestehen, daß die Sprache keineswegs unbedingt zum Menschen gehöre, oder daß selbst der Taubstumme Sprache im eigentlichen Sinne nach ihrer wesentlichen Wirksamkeit besitze. Wenn man ferner die Sprache als etwas Nothwendiges für den Begriff des Menschen festhält, und damit sogleich auch Taubstummen Sprache zuerkennt, so kann offenbar in dem, was diesem fehlt, nämlich in der Fertigkeit, seine Gedanken durch einen articulierten Laut mitzutheilen, das wahrhafte Wesen der Sprache, ihre Menschen erzeugende Kraft nicht liegen.»[30]

In der Tat haben wir es hier mit der ersten dezidierten Kritik an einer phonozentrisch privilegierten Sprachidee zu tun, die bereits weiß, daß Sprache «als eine den Menschen erzeugende Kraft» sich nicht notwendigerweise des Mediums der Stimme bedienen muß, wenn ihr nur überhaupt ein zeichenförmiges Entäußerungsmedium für die eigene soziale Ich-Konstitution zur Verfügung steht:

«Der Geist schafft Sprache ursprünglich nicht; sondern er ist Sprache; d.h. er wird, indem Sprache wird, und umgekehrt; der Geist schafft sich in der Sprache, oder die Sprache schafft sich im Geiste. Sie ist das Hervorgehen des menschlichen Bewußtseins aus seiner Versenktheit in den Gegenstand, wie diese in der bloßen sinnlichen Gewißheit, dem thierischen Anschauen, vorhanden war. Sie ist die Rückkehr des Bewußtseins aus der Außenwelt in sich, wodurch dasselbe gerade erst Bewußtsein und ihm gegenüber ein Gegenstand wird. Dieser Vorgang ist eben zugleich und in Einem Spracherzeugung und Entstehung des Geistes.»

Aus dieser durch Humboldt inspirierten erkenntnistheoretischen Überlegung leitet Steinthal eine grundlegende sprachtheoretische Einsicht ab: «Wir erkennen die Kraft der Sprache weniger in dem Laute, als in dem innern Sprachproceß. Dieser geht im Taubstummen so gewiß vor sich, als er menschliches Wesen, Fleisch von menschlichem Fleisch und Geist von unendlichem Geist ist.»

Während Sprecher der Lautsprache in dem Prozeß der zeichenvermittelten Selbstkonstitution «den Laut als Stütze und Zeichen dieser Tätigkeit» verwenden, vermögen Gehörlose mittels «irgend einer Empfindung», nämlich durch den Gesichtssinn, zu den gleichen erkenntnis- und selbstkonstitutiven Wirkungen zu gelangen: «Abgesehen davon, daß nicht der mindeste Grund vorhanden ist anzunehmen, daß in ihm [dem Taubstummen, L. J.] der Keim des Geistes an sich durch den Fehler im Gehörorgan schwächer als in anderen Menschen sei, hat auch seine Sinnlichkeit Theil an den Vorzügen der menschlichen vor der thierischen.»[31]

Auf der Grundlage dieser Annahmen formuliert Steinthal eine Einsicht, die sich der Gehörlosenpädagogik und ihrem wissenschaftlichen Umfeld bis heute trotz unabweisbarer wissenschaftlicher Evidenz nicht mitgeteilt hat: «Haben also die Taubstummen ganz unbestreitbar nicht nur die einzelnen Momente zur Sprache, sondern verbinden sie auch dieselben zur wirklichen Gestaltung der Sprache, so haben sie nicht blos [...] ein Lexicon, sondern auch eine Grammatik.»

Was sind Gebärdensprachen?

Es kann heute kein Zweifel mehr daran bestehen, daß Sprache in einem schwer zu bestimmenden und entsprechend umstrittenen Verhältnis einmal als Teil der genomischen Ausstattung unserer Spezies, zum anderen als Ergebnis der Interaktion des Genoms mit der sozialen und kulturellen Umwelt angesehen werden muß. Das Sprachvermögen ist einmal in unser biologisches Gattungserbe eingeschrieben, zum anderen ein Ergebnis des Zusammenwirkens dieses biologischen Programms mit der es umgebenden Kultur.[32] Dieses Einerseits-andererseits darf allerdings nicht als Gegensatz verstanden werden. Es wäre ein schwerer Irrtum, Natur und Geist derart in einen Widerspruch zu bringen, daß unsere phylogenetisch unzureichende biologische Natur im ontogenetischen Spracherwerbsprozeß kulturell überformt würde. Es gehört vielmehr gerade zum biologischen Programm des Menschen, zu seinem gattungsgeschichtlichen Erbe, daß er als «Mängelwesen» (Herder), als «physiologische Frühgeburt» (Portmann) seine Embryonalreife außerhalb des Mutterleibes, eingebettet in das soziale Netz einer Familie, vollendet. Dieses für den Menschen charakteristische, von Portmann so genannte «extrauterine, soziale Frühjahr»[33] ist einzigartig in der Natur. Kultur, so könnte man sagen, ist insofern ein Teil unserer biologischen Natur.[34] Sie ist Ausdruck des Umstandes, daß wir uns nur im Vollzug einer symbolischen Interaktion mit anderen zu individuellen Exemplaren unserer Gattung auszubilden vermögen. Mit welchem Interesse wir auch immer über Sprache reden wollen, wir werden nicht umhinkönnen, biologisches und neurologisches Wissen in unsere Überlegungen einzubeziehen. Jede Hypothese über die Natur der Sprache wird ihre Legitimität an den Ergebnissen der Biologie und der Neurowissenschaften bewähren müssen. Dies gilt besonders für die Frage, ob es sich bei den Gebärdensprachen der Gehörlosen um Sprachen mit «Lexicon» und «Grammatik» handelt, wie Steinthal postuliert hatte, oder nach Kainz um «Korrelate primitiver Geistigkeit». Und dies gilt auch für allgemein-linguistische Fragen wie etwa für die, ob das Medium des Lauts und damit seine zeitlich-lineare Struktur ein notwendiges und konstitutives Moment menschlicher Sprachen darstellt oder nicht. Gerade am Beispiel der Gebärdensprache wird also deutlich, wie unabweisbar transdisziplinäres Wissen insbesondere aus dem Bereich der Naturwissenschaften für eine angemessene linguistische Theoriebildung ist.

Was also sind Gebärdensprachen? Wir können vor dem Hintergrund der jüngeren Forschung[35] kategorisch erklären: Gebärdensprachen sind Sprachen im strengen Sinn, die sich über lange Zeiträume hinweg natürlich entwickelt haben. Es gibt deshalb eine Vielzahl von Gebärdensprachen, die wie die Lautsprachen in Einzelsprachen und Dialekte aufgegliedert sind. Gebärdensprachen sind nicht, wie etwa Wundt angenommen hatte, nur leicht variierte, universelle Verständigungsmittel, die über einzelsprachliche Sprechergemeinschaften hinaus problemlose Verständigung ermöglichten. Sie besitzen eine ausdifferenzierte Struktur auf allen linguistischen Ebenen. Sie verfügen wie natürliche Sprachen überhaupt über kleinste bedeutungsdifferenzierende Bausteine, aus denen die Lexikoneinheiten, die Gebärdenzeichen, aufgebaut sind, über ein differenziertes Lexikon bedeutungtragender Gebärden, über morphologische und syntaktische Ordnungsprinzipien sowie über ein reiches Inventar an Sprechhandlungstypen. Der wesentliche Unterschied zwischen

Laut- und Gebärdensprachen besteht also nicht in den unterschiedlichen Graden ihrer gattungsgeschichtlichen Entwickeltheit, sondern in ihrer verschiedenen Medialität. Während Lautsprachen zeitlich-linear organisiert sind, unterliegen Gebärdensprachen räumlich-simultanen Organisationsprinzipien. Wir verfügen dabei nicht nur über linguistische Evidenz für die These, daß es sich bei den Gebärdensprachen um natürliche Zeichensysteme mit einer den Lautsprachen vergleichbaren Komplexität handelt. Forschungsergebnisse aus den Neurowissenschaften stützen diesen Befund ebenfalls.

Auch unter neuropsychologischen Gesichtspunkten sind Gebärdensprachen nämlich als natürliche Sprachen anzusehen. Gehörlose Kinder gehörloser Eltern erwerben die Gebärdensprache in den ersten sechs Lebensjahren als ihre Muttersprache. Dieser natürliche Spracherwerb ist wie in der Lautsprache eng mit der Hirnreifung und der Spezialisierung der linken Hirnhälfte für Sprache verknüpft. In der klinischen Forschung sind unabweisbare Belege dafür erbracht worden, daß die Gebärdensprache von Gehörlosen ebenso wie die Lautsprache von Hörenden auf einer funktionellen Spezialisierung des Gehirns beruht. Befunde aus Nordamerika legen die Annahme nahe, daß es dieselben oder zumindest eng benachbarte Gebiete innerhalb der sprachdominanten Gehirnhälfte sind, in denen die Funktionen der Lautsprache und der Gebärdensprache repräsentiert sind.

Dabei ist der Befund außerordentlich interessant, daß die Spezialisierung bestimmter Regionen der linken Hirn-Hemisphäre für Sprache (Wernicke-Zentrum, Broca-Zentrum) offensichtlich nicht eine Sekundärfolge der Spezialisierung dieser Gehirnregion für rasche Zeitanalyse darstellt, wie lange angenommen wurde. So richtig es ist, daß in der Lautsprache die Sprachfunktion eng mit der zeitlich differentiellen Natur des Sprachlauts verknüpft ist, so unabweisbar ist die Erkenntnis, daß sich die Sprachfunktion als Spezialisierung der linkshemisphärischen Sprachzentren prinzipiell auch durch die visuell vermittelte, räumlich simultane Medialität der Gebärdenzeichen realisieren läßt. Die Gebärdensprache spielt, wie Poizner, Klima und Bellugi formulieren, «nachdrücklich die Sprachfunktion gegen die auditive Form der Sprache aus.»[36] Die Autoren stellen deshalb fest, «daß die zeitlich-sequentielle Organisationsstruktur der bislang berücksichtigten Lautsprachen sowie die rasche zeitliche Verarbeitung, die diese Organisation erfordert, nicht Grundlage der Sprachspezialisierung der linken Gehirnhälfte sein können.» Die von Lessing («Laokoon») über Hegel («Psychologie»), Humboldt («Grundzüge des allgemeinen Sprachtypus») bis zu Saussure postulierte Überlegenheit zeitlich linearer über räumlich simultane Zeichen muß vor dem Hintergrund dieser Forschungsergebnisse neu bewertet werden. Die interessante Frage wird dabei sein, wodurch es räumlich simultanen Gebärdenzeichen gelingt, in einer den Zeichen der Lautsprachen völlig analogen Weise bedeutungstransparent oder, wie Hegel formuliert hatte, «in sich bedeutungslos» zu sein. Fest steht jedenfalls, daß die Transparenz der Sprachzeichen nicht notwendigerweise an die Voraussetzung der Linearität geknüpft ist, wenn diese auch besser geeignet scheint, Transparenz zu realisieren.

Struktureigenschaften von Gebärdensprachen

Die Gebärdensprachen verfügen zur Hervorbringung und Verknüpfung ihrer Zeichen im wesentlichen über sechs Grundformen: «Handform», «Handstellung», «Ausführungsstelle» und «Bewegung»; zu diesen manuellen Kommunikationsmitteln kommen noch die «Mimik» (Augenbrauen, Gesichtsausdruck) sowie das «Mundbild» hinzu. Die vier manuellen Grundformen sind die Parameter, denen sich die bedeutungsunterscheidende Leistung von Gebärdenzeichen verdankt; der «Gebärdenraum» des Sprechers ist eine für die Morphologie und Syntax wesentliche Dimension, und die «Mimik» hat entscheidenden Anteil an der Konstitution von Sprechhandlungen.

Die Handform läßt sich zum Beispiel in distinktive Merkmale zerlegen wie «eng», «breit», «gekrümmt» etc.; bei der Handstellung unterscheiden wir zwischen «Stellung der Handfläche» und «Stellung bzw. Richtung der Finger». Im Gebärdenraum werden 18 besonders relevante Ausführungsstellen am Körper unterschieden: Schläfe, Kinn, Bauch etc. Am schlechtesten erforscht ist bislang die Bewegung; in jüngsten Untersuchungen konnte gezeigt werden, daß sich Gebärden als Folge von Bewegungs- und Haltesegmenten analysieren lassen.

Die skizzenhaft dargestellten Grundformen[37] erlauben es Gebärdensprechern, sprachliche Äußerungen in einem Komplexitätsgrad zu erzeugen, der lautsprachlichen Äußerungen strukturell analog und nur insofern von diesen unterschieden ist, als die vorwiegend zeitlich-differentielle Modalität der Lautsprache durch die räumlich-simultane ersetzt wird.

So können etwa gewisse Paare von Gebärdenzeichen, sogenannte

Minimalpaare, gleichsam phonologisch dadurch in ihrer Bedeutung unterschieden werden, daß sie nur in einem der Parameter Handform, Handstellung, Ausführungsstelle oder Bewegung differieren, während sie in allen anderen identisch sind. Auf der Ebene der Semantik verfügen Gebärdensprachen wie die deutsche über ein komplexes Lexikon bedeutungstragender Gebärdenzeichen, das keineswegs kognitiv dadurch eingeschränkt ist, daß es – wie häufig fälschlicherweise angenommen wird – durch eine vorherrschende Ikonizität geprägt und damit nur zum Ausdruck von Konkreta geeignet sei. Die These, Gebärdenzeichen seien besonders im Bereich der Konkreta hoch-ikonisch, trifft für die deutsche Gebärdensprache nachweislich nicht zu; diese verfügt sowohl über hochikonische Abstrakta als auch über niedrig-ikonische Konkreta.[38] Eine interessante semantische Eigenschaft der deutschen Gebärdensprache scheint darin zu liegen, daß Gebärdensprecher generell dazu neigen, die kognitive Strategie der Narration der der begrifflichen Denomination vorzuziehen.[39] Auch die räumlich organisierte Syntax der Gebärdensprachen steht an Komplexität und Differenziertheit derjenigen von Lautsprachen in nichts nach. Sie verfügt vielmehr teilweise über überlegene Eigenschaften, die sich ihrer räumlichen Modalität verdanken.[40] So bleibt etwa in dem lautsprachlichen Satz «Er sagte, er habe ihn geschlagen, und dann sei er hingefallen» offen, welche Korreferenzen bestehen. Im Gegensatz dazu ist es in der Gebärdensprache notwendig, die Identität der Bezüge durch willkürlich gewählte Bezugspunkte im Raum fest zu markieren. Die räumliche Syntax der Gebärdensprache erlaubt es nicht, die pronominalen Bezüge offenzulassen, so daß die in der Lautsprache unklare Korreferenz der Pronomen und damit die Mehrdeutigkeit des lautsprachlichen Satzes in der Gebärdensprache nicht auftreten kann. Schließlich gibt es auch auf der pragmatischen Ebene keinerlei Einschränkungen der kognitiven und kommunikativen Leistungsfähigkeit der Gebärdensprache, die nicht nur über ein komplexes System von Sprechhandlungstypen verfügt, sondern in der etwa auch durch den konventionellen Einsatz von Mimik Äußerungen ironisch markiert werden können.

Es kann also insgesamt kein Zweifel mehr daran bestehen, daß «die Gebärdensprache einer strikten Regelhaftigkeit unterworfen ist, und zwar im Sinne allgemeiner struktureller und organisatorischer Beschränkungen, wie sie auch bei Lautsprachen gelten.»

Der exemplarische Aufschlußwert der Gebärdensprache

Die Opposition von Natur und Geist, von Erklären und Verstehen ist für die Sprachwissenschaft als Koordinatensystem insofern obsolet geworden, als der cartesianische Dualismus nicht mehr in der Lage ist, methodologische Programme zu fundieren, für oder gegen die sich die Linguisten im Sinn exklusiver Alternativen zu entscheiden hätten. Sprachtheorie wird einerseits nicht in dem Sinn erklärend verfahren können, daß sie wie Chomsky von der Maxime ausgeht, die Situation bei der Erforschung des Geistes sei «qualitativ nicht unterschieden von der, die wir bei der Erforschung des Körpers vorfinden.»[41] Sprachtheorie hat es nämlich mit irreduziblen Gegenständen wie Zeichen zu tun, in die die Geist-Körper-Problematik gleichsam prototypisch eingeschrieben ist und deren Natur ohne analytische Reflexion nicht aufgeklärt werden kann. Sprachtheorie wird sich aber auch umgekehrt ihrem Erkenntnisgegenstand nicht angemessen nähern können, wenn sie glaubt, daß sich «das Wesen mentaler Phänomene a priori, ohne empirische Forschung und Theoriebildung, entdecken läßt.»[42] Ohne die Befunde der Naturwissenschaften, insbesondere der Evolutionsbiologie und der Neurowissenschaften ist Sprachwissenschaft nicht möglich.

Das Beispiel Gebärdensprache zeigt auch, daß es notwendig ist, gegenüber nicht etablierten Forschungsfeldern offen zu sein, weil sie unter Umständen überraschende Perspektiven auf tradierte Forschungsgegenstände und die erstarrten wissenschaftslogischen Fronten ihrer Thematisierung erlauben. Für die Sprachtheorie hat die Gebärdensprachforschung substantielle Bedeutung in verschiedener Hinsicht: Sie eröffnet uns zum ersten die durchaus dramatische Einsicht in die Nichtäquivalenz von Sprache und Lautsprache. Offensichtlich ist die Spezies Mensch in ihrer gattungsgeschichtlichen Evolution mit zwei Artikulationsorganen ausgestattet worden, von denen sich eines zwar durchsetzte, ohne daß dies für das andere aber bedeutete, unter geeigneten Bedingungen nicht wieder aktualisiert werden zu können. Zum zweiten zeigt uns die Gebärdensprachforschung, daß genuine Eigenschaften sprachlicher Zeichen wie ihre Transparenz bzw. ihre Arbitrarität nicht notwendigerweise an die Linearität und Differentialität von Lautsignifikanten gebunden sind, sondern daß diese Eigenschaften sich auch unter den Bedingungen der räumlich-simultanen Signifikanten der Gebärdensprachzeichen realisieren. Drittens läßt sich an den Ergebnissen der Gebärdensprachforschung erkennen, daß die Spezifik eines zeitlich linearen bzw. eines räumlich simultanen Zeichenmediums Auswirkungen auf die Struktur kognitiver Prozesse haben kann. Die oben erwähnte kognitive Strategie von Gebärdensprechern des Deutschen, narrative den begrifflich-denominativen Strukturen vorzuziehen, könnte mit dem präliteralen Status der Gebärdensprache zusammenhängen. Es gibt bislang keine den Gebärdensprechern zugänglichen Verschriftungssysteme und insofern auch keine Lautsprachsprechern vergleichbaren Literalisierungseffekte im Bereich von Sprache und Kognition. Gebärdensprachen werden weithin tradiert wie Sprachen in oralen Kulturen; sie sind daher in ihrer Standardisierungsreichweite eingeschränkt. Die deutsche Gebärdensprache ist in verschiedener Hinsicht mit nicht oder begrenzt literalisierten Sprachen zu vergleichen, in denen noch eine reiche Sprachvariation vorliegt. Für die deutsche Lautsprache konnte sich die Entwicklung zur standardisierten Sprache durch Literalisierungseffekte vollziehen, die unter anderem Gutenbergs Erfindung des Buchdrucks mit beweglichen Lettern ausgelöst hat. Gebärdensprachen haben einen analogen Prozeß noch nicht durchlaufen, weil bislang kein Instrumentarium im Sinne einer Alltags- und Gebrauchsschrift zur Notation von Gebärdensprachen existiert.[43] Die Analyse der Gebärdensprache verspricht insofern Aufschluß über die Struktur nicht-literalisierter Sprachen, insbesondere im Hinblick auf die Auswirkungen der Präliteralität auf die menschliche Kognition. Schließlich vermochte die Gebärdensprachforschung weitere Evidenz dafür bereitzustellen, daß es beim Menschen eine offenbar speziesspezifische «sensitive Phase» des Spracherwerbs gibt, deren restriktive Bedingungen auch für den natürlichen Ersterwerb der Gebärdensprache gelten. Theorien wie die Sprachtheorie sind nicht nur (empirisch validierte) Satzsysteme über wissenschaftliche Erkenntnisgegenstände, sie enthalten auch implizite anthropologische Ideologien bzw. Menschenbilder, die besonders scharf vor Augen treten, wenn es uns gelingt, aus neuen Perspektiven auf alte Fragen zu sehen. Die Gebärdensprachforschung ist insofern nicht nur ein neues Fenster in das Innere der Sprache, sie zeigt auch, wie eng die Entwürfe dessen, was der Mensch sei, in Theorien eingeschrieben sind. Insofern eröffnet die Gebärdensprachforschung in historischer Perspektive überraschende Einblicke in die Geschichte der Sprachwissenschaft wie auch in die Ideologiegeschichte anthropologischer Entwürfe.

Schließlich macht das Beispiel Gebärdensprache deutlich: Geisteswissenschaften, die sich als Kulturwissenschaften verstehen, haben eine kulturpolitische Verantwortung für die Gegenstände ihrer Erkenntnisbemühung. Noch immer ist die Beschäftigung mit Gebärdensprache außerhalb des Paradigmas der Behindertenpädagogik eine höchst brisante Angelegenheit. Deshalb muß die Erforschung der Gebärdensprache notwendigerweise in enger Kooperation mit der Kultur der Gehörlosen geschehen und mit der Unterstützung ihrer legitimen Interessen verknüpft sein: der Anerkennung der Gebärdensprache als vollgültige natürliche Sprache, der Etablierung der Gebärdensprache als Sprache der persönlichen, schulischen und beruflichen Bildung und schließlich der Ersetzung der tradierten Statuszuschreibung der Behinderung für Gehörlose durch die Anerkennung der Gebärdensprache als Sprache einer Minderheitenkultur.

Anmerkungen

1 Für die Sprachwissenschaft habe ich den Problemkontext zu skizzieren versucht. Vgl. Ludwig Jäger: Zu einer hermeneutischen Begründung der Sprachtheorie. Historisch-systematische Skizze. In: Germanistische Linguistik 5–6 (1977), sowie in: Sprache oder Kommunikation? Zur neuerlichen Debatte über das Erkenntnisobjekt der Sprachgeschichte und Sprachkritik. Festschrift für Peter von Polenz. Berlin/New York 1993.
2 Peter Weingart / Wolfgang Prinz / Maria Kastner / Sabine Maesen / Wolfgang Walter: Die sogenannten Geisteswissenschaften: Außenansichten. Frankfurt/M. 1991, S. 53.
3 Vgl. Odo Marquard: Über die Unvermeidlichkeit der Geisteswissenschaften. In: Westdeutsche Rektorenkonferenz (Hg.): Anspruch und Herausforderung der Geisteswissenschaften. Dokumente der Hochschulreform. Bd. 56, 1985, 47 ff; sowie Weingart et al., Die sog. Geisteswissenschaften, S. 31 ff.
4 Vgl. hierzu Wolfgang Frühwald/Hans Robert Jauß/Reinhart Koselleck/Jürgen Mittelstraß/Burkhart Steinwachs: Geisteswissenschaften heute. Eine Denkschrift. Frankfurt/M. 1991, S. 39 ff.
5 Ebd., S. 33; das nachfolgende Zitat ebd., S. 70 f.
6 Vgl. hierzu die Kritik Searles (Die Wiederkehr des Geistes. München 1993, S. 16 ff) sowohl an der dualistischen als auch an der monistischen Position.
7 Vgl. Charles Percy Snow: Die zwei Kulturen. Literarische und naturwissenschaftliche Intelligenz. Stuttgart 1967; sowie Helmut Kreuzer (Hg.): Die zwei Kulturen. Literarische und naturwissenschaftliche Intelligenz. C. P. Snows Thesen in der Diskussion. München 1987.
8 Dies ist die Strategie der kognitivistischen Linguistik; vgl. hierzu etwa Ludwig Jäger: Language what ever that may be. Die Geschichte der Sprachwissenschaft als Erosionsgeschichte ihres Gegenstandes. In: Zeitschrift für Sprachwissenschaft 12 (1993), 1, S. 77–106.
9 Odo Marquard: Die Apologie des Zufälligen. Stuttgart 1986, S. 105.
10 Frühwald et al., Geisteswissenschaften heute, S. 43.
11 Dieser Unabhängigkeitsanspruch vom methodologischen Universalitätsanspruch

hat jedoch etwa bei Wilhelm von Humboldt oder Ferdinand de Saussure nicht zu einer Abschottung vor naturphilosophischen bzw. naturwissenschaftlichen Einsichten geführt.

12 Vgl. Johann Gottfried Herder: Sämtliche Werke. 32 Bde. Hg. von Bernhard Suphan. Berlin 1877–1913, Bd. 5, S. 47; Wilhelm von Humboldt: Gesammelte Schriften. 17 Bde. Hg. von Albert Leitzmann. Berlin 1903–36, Bd. 7, S. 53; Karl Ferdinand Becker: Organism der Sprache. Leipzig 1827; A. Schleicher: Die Darwinsche Theorie und die Sprachwissenschaft. Offenes Sendschreiben an Herrn Dr. Ernst Häckel. Weimar 1873; Hermann Paul: Prinzipien der Sprachgeschichte (1880). Halle 1920, S. 6 ff; Ferdinand de Saussure: Cours de linguistique générale. 2 Bde. Hg. von Rudolf Engler. Wiesbaden 1968, 1974; John R. Searle: Theorie der Sprechakte. Frankfurt/M. 1971; Noam Chomsky: Knowledge of Language: Its Nature, Origin, and Use. New York/London 1986.

13 Dabei ist es aber vor allem Saussure, der ein im engeren Sinn geisteswissenschaftliches Programm verläßt, um seine semiologische Sprachidee an den Forschungsbefunden der zeitgenössischen Neurowissenschaften, insbesondere an den Ergebnissen Brocas und Wernickes, zu bewähren.

14 Searle, Theorie der Sprechakte, S. 31.

15 John R. Searle: Geist, Gehirn und Wissenschaft. Frankfurt/M. 1986, S. 82; das nachfolgende Zitat ebd.

16 Searle, Geist, Gehirn und Wissenschaft, S. 84; das nachfolgende Zitat ebd.

17 Noam Chomsky. In: Massimo Piatelli-Palmarini (Hg.): Language and Learning. The Debate between Jean Piaget and Noam Chomsky. Cambridge/Mass. 1980, S. 178 (Übersetzung von mir, L. J.); die nachfolgenden Zitate ebd.

18 Vgl. Noam Chomsky: Regeln und Repräsentationen. Frankfurt/M. 1981, S. 37.

19 Ein besserer Kandidat für das geisteswissenschaftlich-sprachanalytische Paradigma als Searle selbst ist die Sprachtheorie, die sich in der Tradition Wittgensteins entfaltet hat: Searle hat sich im Gefolge seiner Analyse der Intentionalität zunehmend um eine Dekonstruktion der cartesianischen Aporien bemüht; vgl. insbesondere Searle: Die Wiederkehr des Geistes. München 1993.

20 Für das Chomsky-Paradigma habe ich dies gezeigt. Vgl. Ludwig Jäger: «Chomsky's Problem». Eine Antwort auf Bierwisch, Grewendorf und Habel. In: Zeitschrift für Sprachwissenschaft 12 (1993), 2, S. 235–260.

21 Frühwald et al., Geisteswissenschaften heute, S. 41; dies gilt natürlich umgekehrt genauso für eine ausschließliche Engführung auf das Erklären. Das nachfolgende Zitat ebd., S. 42.

22 Als erster im umfassenden Sinn sprachtheoretisch entwickelt hat dieses Konzept Wilhelm von Humboldt. Vgl. hierzu Ludwig Jäger: Die Individualität von Rede und Verstehen. Aspekte einer hermeneutischen Semiologie bei W. von Humboldt. In: Manfred Frank/Anselm Haverkamp (Hg.): Individualität. Poetik und Hermeneutik Bd. XII. München 1988, S. 76–94; gerade die Idee der dialogisch interaktiven Konstitution des Geistes hat das hermeneutische Paradigma immer wieder genötigt, die Geist-Theorie im Feld empirischer Wissenschaften zu bewähren.

23 Eine klassische Begründung des Theorems der Stummheit findet sich etwa bei Wernicke: Wir gehen – heißt es in Wernickes berühmter Untersuchung zum aphasischen Symptomkomplex – davon aus, «ein pathologischer Process habe den Acusticus an irgend einem Orte seines centralen Verlaufes zerstört. Das bedingt,

wie die tägliche Erfahrung lehrt, einfache Taubheit ohne jede Spur von Aphasie, aber beim erwachsenen Menschen, welcher schon einen umfangreichen Vorrath früher aufgenommener Klangbilder als sein festes Eigenthum besitzt und sie beliebig reproduzieren kann. Wird aber von der Unterbrechung irgend eine Periode der Kindheit betroffen, in welcher sich noch kein consolidierter Schatz von Klangbildern in der Großhirnrinde angesammelt hat, so ist unausbleiblich Stummheit die Folge. Das ist die gewöhnliche Entstehung der Taubstummheit; das Kind hat keine Klangvorstellungen acquiriert, von denen aus Bewegungsvorstellungen ins Bewusstsein gerufen werden könnten» (Carl Wernicke: Der aphasische Symptomencomplex. Eine psychologische Studie auf anatomischer Basis. Breslau 1874. Reprint: Berlin/Heidelberg/NewYork 1974, S. 19).
24 Vgl. Wilhelm Wundt: Völkerpsychologie. Eine Untersuchung der Entwicklungsgesetze von Sprache, Mythus und Sitte. Bd. 1: Die Sprache. Leipzig 1904, S. 136 ff, hier S. 140: «Die zweite noch auffälligere Erscheinung ist, daß die räumlich weit entfernten und zweifellos ganz unabhängigen Zeichensysteme in einem großen Teil ihrer Bestandteile einander gleichen oder doch nahe verwandt sind, eine Verständigung also zwischen denen, die sich solcher Gebärdenformen bedienen, meist ohne Schwierigkeiten möglich ist. Hierin besteht die Universalität der Gebärdensprache.»
25 Friedrich Kainz: Psychologie der Sprache. Bd. 2. Stuttgart 1943, S. 521.
26 Ebd., S. 499; Kainz nimmt hier Bezug auf eine These M. Schneiders, die dieser in einem Aufsatz mit dem Titel Aufbau des Taubstummenunterrichts im Sinn des Begriffs der Eigengesetzlichkeit. In: Blätter für Taubstummenbildung 42 (1929), S. 385 ff, 401 ff, verfaßt hatte. Die nachfolgenden Zitate ebd., S. 520.
27 Ernst Cassirer: Philosophie der symbolischen Formen. Teil 1: Die Sprache. Darmstadt 1964, S. 133; allerdings hält Cassirer die Gebärdensprache nicht schlicht für ein ikonisches Zeichensystem: «Ansätze zu einer solchen Form der höheren Nachbildung bietet bereits die Gebärdensprache dar, sofern sie, in ihren entwickelten Bildungen, überall den Übergang von der bloß nachahmenden zur darstellenden Gebärde zeigt [...]» (ebd., S. 132).
28 Vgl. exemplarisch Klaus Schulte: Gehörlosenbildung mit DGS!? Ansprüche Widersprüche. Villingen-Schwenningen 1993; sowie kritisch die Rezension von G. Fehrmann/L. Jäger/H. Sieprath/A. Sommer/J. Valk: Im Zauber der Widersprüche. Anmerkungen zu Klaus Schultes Schrift «Gehörlosenbildung mit DGS!? Ansprüche Widersprüche». In: Das Zeichen 25 (1993), S. 382–389.
29 Kainz, Psychologie der Sprache, S. 535.
30 Heymann Steinthal: Ueber die Sprache der Taubstummen. In: Deutsches Museum. Leipzig, Juni 1851, S. 904–925, hier S. 905; die nachfolgenden Zitate ebd., S. 907 ff.
31 Ebd., S. 913; das nachfolgende Zitat ebd., S. 919.
32 Vgl. hierzu G. Osche: Die Sonderstellung des Menschen in biologischer Sicht. Biologische und kulturelle Evolution. In: Rolf Siewing (Hg.): Evolution. Bedingungen – Resultate – Konsequenzen. Stuttgart/New York 1987.
33 Adolf Portmann: Biologische Fragmente zu einer Lehre vom Menschen. Basel/Stuttgart 1969.
34 In diesem Sinn spricht etwa Searle (Die Wiederkehr des Geistes, S. 109) davon, daß Bewußtsein als ein – wenn auch irreduzibles – «biologisches Merkmal des Menschenhirns» aufgefaßt werden muß.

35 Vgl. etwa Ursula Bellugi/Edward S. Klima/Howard Poizner: Sign Language and the Brain. In: F. Plum (Hg.): Language, Communication, and the Brain. New York 1988, S. 39–56; Penny Boyes Braem: Einführung in die Gebärdensprache und ihre Erforschung. Hamburg 1990; Gudula List (Hg.): Gebärde, Laut und graphisches Zeichen. Schrifterwerb im Problemfeld von Mehrsprachigkeit. Opladen 1990; Howard Poizner: Visual-Gestural Language and the Functional Organisation of the Brain. Language and language processing, ten year outlook on research opportunities. Washington, D. C. 1985; Howard Poizner/Edward S. Klima/Ursula Bellugi: What the Hands reveal about the Brain. Cambridge/London 1987 (dt.: Was die Hände über das Gehirn verraten. Neuropsychologische Aspekte der Gebärdensprachforschung. Hamburg 1990); Oliver Sacks: Stumme Stimmen. Reinbek 1990; Virginia Volterra/Carol J. Erting (Hg.): From Gesture to Language in Hearing and Deaf Children. Heidelberg 1990.
36 Poizner et al., Was die Hände über das Gehirn verraten, S. 50; das nachfolgende Zitat ebd., S. 139.
37 Leider erlaubt es das Medium der linearen Schrift nicht, die skizzierten – für die Generierung und Verknüpfung von Gebärdenzeichen notwendigen – Grundformen angemessen zu veranschaulichen. In dem diesem Aufsatz zugrunde liegenden Vortrag hat mein Mitarbeiter Horst Sieprath als kompetenter gehörloser Gebärdensprecher an Video-Beispielen die verschiedenen Strukturebenen der deutschen Gebärdensprache verdeutlicht.
38 Vgl. G. Fehrmann/W. Huber/L. Jäger/H. Sieprath/I. Werth: Aufbau und Konstruktion des Aachener Tests zur Basiskompetenz in Deutscher Gebärdensprache. Erscheint in: Sprache und Kognition.
39 Vgl. ebd.
40 Vgl. Poizner et al., Was die Hände über das Gehirn verraten, S. 34 ff; das nachfolgende Zitat ebd., S. 21.
41 Chomsky, Regeln und Repräsentationen, S. 45.
42 Peter Bieri (Hg.): Analytische Philosophie des Geistes. Königstein 1981, S. 14.
43 Die vorliegenden wissenschaftlichen Notationssysteme sind so aufwendig, daß sie keinerlei Alltagsrelevanz haben. Einen begrenzt «literalen» Effekt haben allerdings neue Kommunikationssysteme wie Video und Internet.

Dietrich Harth

Die literarische als kulturelle Tätigkeit: Vorschläge zur Orientierung

Literatur und Kultur: Irgendwie – man ahnt es – hängen sie zusammen. Nach Bildung und Herkunft der Wörter jedoch läßt sich ein solcher Zusammenhang auf den ersten Blick nicht erkennen. «Literatur» unterscheidet sich kaum vom lateinischen Ausdruck für «Buchstabenschrift» *(litteratura)*. «Kultur» *(cultura)* ist zwar auch lateinischer Prägung, aber zuallererst ein Wort aus dem Reich des Ackerbaus, der Veredelung und – in der Gestalt von *cultus* – der religiösen Verehrung.[1] Das Wort bezeichnet demnach ein Tun, das für den Menschen typisch ist und der äußeren Natur, die ihre Formen aus sich selbst heraus entwickelt, nicht zukommt. Was «Natur», was «Kultur» ist oder sein soll, wurde schon früh in der Geschichte des Denkens durch das erklärt, was die jeweils andere Seite der Opposition nicht ist. Heute überzeugt das nicht mehr, da «Natur» nicht mehr das zu sein scheint, was sie mal war: undomestizierte Wildnis. Die Zivilisation hat sie eingeholt und vergesellschaftet, ihr so den Stachel des Fremden genommen.[2] Die Folge ist Verunsicherung auf beiden Seiten der Wörter-Korrelation: Weder wissen wir so genau, was unter «Natur», noch, was unter «Kultur» zu verstehen ist. Eine Unsicherheit, die auch jene Segmente der Kultur einfärbt, an denen die «Literatur» irgendwelche Beteiligungen besitzt.

Wenn sich, so gesehen, auch noch keine Gewißheit davon zeigt, was unsere Leitbegriffe und ihr Zusammenhang bedeuten mögen, können wir uns dennoch auf eine ungefähre Redegewohnheit einigen, zum Beispiel diese: «Kultur» soll für alles das stehen, was eine Gruppe oder Gesellschaft als Muster der Selbstdeutung produziert, begreift und verwertet. Ergänzend läßt sich dann sagen: «Literatur» – sei es im engeren Sinn der Belletristik, sei es im weiteren Sinn alles Geschriebenen und Gedruckten – ist ein Teil dieses so umschriebenen Ganzen.

Wer heutzutage eine Literaturwissenschaft als Studienfach wählt, weiß vermutlich, daß sie oder er sich damit auf Literatur in der Bedeutung von Belletristik einläßt. Die Literaturwissenschaft gibt es nur als abstraktes Gebilde; bildlich gesprochen: als «überdachtes Labyrinth», das eine verwirrende Vielfalt von Literaturen und Verfahren einschließt.[3] Man studiert nach den noch bestehenden Facheinteilungen die deutschsprachige, französische, angelsächsische etc. Literatur, zuweilen Komparatistik (Vergleichende Literaturwissenschaft), aber man studiert selten oder bestenfalls nebenbei die «Kulturen», an denen diese Literaturen teilhaben. Und um die Sache noch labyrinthischer zu beschreiben: Selbst *die* deutsche oder *die* englische Literatur ist aus mehreren recht unterschiedlichen deutschsprachigen (deutschen, schweizerischen, österreichischen) oder englischsprachigen (amerikanischen, afrikanischen, indischen usw.) Literaturen zusammengesetzt. Um so dringlicher ist die Frage, was es für das Literaturstudium bedeutet, wenn heute die Forderung laut wird, es auf die Kultur auszudehnen, oder anders gesagt: die Literaturen in kulturwissenschaftlicher Perspektive zu lesen und zu erklären.

Unübersichtlichkeit und Dissonanz ist die Erkennungsmelodie der Gegenwart. Alte Grenzlinien und Hierarchien sind dahin, neue Mischungen entstehen, die literarische Produktion treibt längst auf eine «grandiose Verschmelzung von Hoch- und Massenkultur» zu.[4] Die Grenzen der Kulturen sind heute so wenig bestimmbar, wie die Grenzen der Literaturen es je waren. Sie ideologisch oder mit Gewalt fixieren zu wollen, wie das die Propagandisten der wiederauflebenden Nationalismen und Ethnizismen beabsichtigen, ist kein Gegenbeweis, sondern ein aggressives Aufbäumen der Vergangenheit gegen den Wandel. Woran sich aber in solchen Zeiten orientieren, die Orientierung eher versagen als versprechen? Was soll festgehalten, was aufgegeben werden?

Festhalten oder aufgeben ist gewiß keine schlüssige Alternative. Denn festhalten hieße, sich nach dem richten, was ‹immer schon› als das Richtige galt: in der deutschen Literaturwissenschaft zum Beispiel nach dem Vorbild einst bewährter Klassikerlektüren und -auslegungen. Das wäre Verteidigung des Besitzstandes nach dem Motto, daß allein das uns bilde, was zum «nationalen Erbe» gehört. Loslassen hingegen hieße, von dieser Konvention Abschied nehmen, um über die Klassiker, ja über die muttersprachliche Literatur hinauszugehen. «Eine jede Literatur ennuyiert sich zuletzt, wenn sie nicht durch fremde Teilnahme wieder aufgefrischt wird.» Das Fremdgehen, das Goethe mit diesen Worten der lebendigen Literatur zugesteht, hat das nicht auch für ihre Wissenschaft zu gelten?

Eine experimentierende Literaturwissenschaft verlangt nach propädeutischen Überlegungen. Noch liegt im Dunkeln, was es mit jener «Kulturwissenschaft» auf sich hat, von der aus – jedenfalls nach der hier vorgegebenen Programmatik – die Literaturen anders als bisher zu lesen, zu deuten, zu erklären sind. Propädeutische Überlegungen sind Vorüberlegungen, also Gedanken, die nicht in das Korsett einer vorläufigen oder endgültigen Studienordnung eingeschnürt sind.

Mein Essay sucht nach möglichen Antworten auf experimentierende Weise. Von der Kulturgeschichte, vom Lesen und Schreiben wird unter anderem die Rede sein, vom Nutzen der Schrift für die «Kultur» und von dieser als einer problematisch gewordenen «zweiten Natur». Vorschläge zur Orientierung können nur Lektüreempfehlungen sein, die von der Vorstellung leben, daß gerade das nach eigenem Gutdünken Ausgewählte genug geistige Energie besitzt, um zu weiterführenden Experimenten, zum Nachdenken und -lesen anzuregen. Ich halte mich dabei nicht an eine katalogartige Aufzählung, sondern argumentiere, von aktuellen Problemen ausgehend, mit den ausgewählten Texten und mache mitunter keinen Unterschied zwischen wissenschaftlichen, essayistischen und poetischen Schriften.

Kanonbildung und kulturelle Kontinuität

Selbststudium macht in den historischen Geistes- bzw. Kulturwissenschaften – so lautet ein alter Erfahrungssatz – gut zwei Drittel des gesamten Studiums aus. Wer Literaturwissenschaft studiert, wird viel lesen müssen. Manche Fächer bieten einen Lektürekanon an, der vielleicht die literarischen Klassiker und dazu noch eine mindere Anzahl grundlegender Lehrbücher umfaßt. Damit ist es kaum getan, denn die europäischen Literaturen, gleich welcher Sprache, besitzen uralte, weit auseinanderliegende Quellgründe, die immer wieder angezapft wurden und werden: die Bibel, Hesiods Lehrgedichte, Homers und Vergils Epen, antike Tragödien (Aischylos, Sophokles, Seneca usw.), Äsops Fabeln, Ovids «Metamorphosen», Boccaccios Novellen, Cervantes' Roman «Don Quijote»... Jedes Buch, jeder Name steht für eine besondere Art der schriftkulturellen Praxis: die Bibel für die Monokultur eines heiligen Textkanons, Homer für eine heroische Vergangenheitskunde, Hesiod für die Genese der Poesie aus dem Festritual, Ovids «Metamorphosen» für die literarische Enzyklopädistik, Boccaccios «Decamerone» für die therapeutische Wirkung literarischer Neuigkeiten, der «Don Quijote» für die fließenden Grenzen zwischen literarischen und wirklichen Welten usw.

Ursprünglich, und damit wenden wir uns dem frühesten Gebrauch des Ausdrucks im alten Griechenland zu, bezeichnet «Kanon» ein Werkzeug, nämlich die Meßlatte (auch Richtscheit) in der Hand des Maurers, mit deren Hilfe er feststellen kann, ob die von ihm gesetzten Steine in gleicher Richtung liegen. Eine stabile Mauer, ein wohlproportioniertes Haus ohne Richtscheit zu bauen, dürfte auch dem genialsten Baumeister kaum in den Sinn gekommen sein. Wie zahlreiche andere Ausdrücke des Handwerks wurde schon früh auch dieser auf die Bildenden Künste übertragen, und zwar zuerst auf die Richtlinien, nach denen der Bildhauer eine vollkommen proportionierte Skulptur zu schaffen wünschte. Um diesen künstlerischen Kanon auch für andere zur Regel zu machen, hat – so erzählen es wenigstens die antiken Quellen – sein Erfinder, der griechische Bildhauer Polyklet, ihn für seine Schüler gleichsam zum Gesetz erhoben und in einer Musterstatue verkörpert.[5] Die auf diese Weise sicht- und meßbar gesicherte Verbindlichkeit des Polykletschen Kanons hat über die griechische Antike hinaus Schule gemacht und manchen Künstler in Verzweiflung gestürzt, sei es aus Unvermögen, sei es aus Frust über die schwer zu entwertende Autorität des Vorbilds.

Als Richtschnur setzt jeder Kanon Regeln bzw. Normen fest. Das Haus der Kultur, das – wie es in plastischer Rede gern heißt – eine Gesellschaft gemeinsam bewohnt, kann nur dann solide geraten, wenn moralische und zivile Gesetze Maß und Ordnung festgelegt haben. Und was für das ganze Haus gelten soll, gilt selbstverständlich auch für die einzelnen Räume, zum Beispiel für die Bibliothek. Der literarische Kanon, auf den das Bild der Bibliothek hier anspielt, enthält das, was man lesen *muß*, um mit einem erwarteten Bildungsniveau mithalten oder eine Prüfung bestehen zu können. Er scheidet zwischen Wichtigem und Unwichtigem, zwischen Wertvollem und Beliebigem. Also muß es einen Konsens über das geben, was für wichtig und wertvoll gehalten bzw. was ausgeschlossen werden soll. Einschließen und Ausschließen sind demnach die Bewegungen, die der Kanonbildung zugrunde liegen.

In der deutschen Bildungstradition hat bis in unser Jahrhundert die griechische Kultur als ein solcher Kanon gegolten, der sich der lateinischen Kultur der Romania gegenüber exklusiv verhalten sollte.[6] Das mag heute befremden, da uns inzwischen die Lebenswelt der Antike fremder erscheint als eine beliebige außereuropäische Kultur, deren gegenwärtige Formen wir bequem durch die Fenster der audiovisuellen Medien betrachten können. Die Geltung einer exklusiven Bildungstradition ist nicht mehr fraglos vorauszusetzen, versteht man darunter einen relativ genau bestimmten Vorrat kulturellen Wissens. Der erwähnte Konsens ist zerbrochen wie die soziale Klasse, die ihn einst trug. Damit entfällt aber nicht die Notwendigkeit, zumindest einige Minimalbedingungen für das anzugeben, was heute noch als das Gemeinsame angesehen werden kann, auf das wir, als Angehörige einer Kultur auf ihrer Eigenart bestehend, uns einigen können. Hier liegt ein Problem.

Wenden wir uns noch einmal dem traditionellen Kanonbegriff zu. Dieser bezeichnete ja nicht nur die normative Geltung ausgewählter und als vorbildlich gesetzter Werke, Anschauungen und Gebrauchsweisen. Er bot der jeweiligen Gegenwart auch gewisse Sicherheiten, da er nach passenden Antworten auf die lebenspraktische Frage «Wonach sollen wir uns richten?» suchte.[7] Eine Richtschnur festzulegen, scheint überhaupt mit der Erfahrung kultureller Krisen zusammenzuhängen. Erst der Zusammenbruch gewohnter Lebensformen und der diese tragenden symbolischen Praktiken vom religiösen Kultus bis zur politisch-sozialen und Wissensorganisation scheint mit der Nötigung verbunden, ein verpflichtendes Kulturfundament zu errichten, das anders beschaffen ist als das zerbrochene oder geschwächte alte. Diese Beobachtung, die Jan Assmann in seinem Buch «Das kulturelle Gedächtnis» am Beispiel früher Hochkulturen (Ägypten, Israel, Griechenland) erläutert, relativiert die überzeitliche Geltung des Klassikerkanons. Denn Krisen sind historische Erscheinungen und aus der lebendigen Geschichte der Kulturen nicht wegzudenken. Entsprechend wandelbar ist ihr Wertesystem und mit ihm der Bestand kultureller Güter und Gewohnheiten, der dieses verkörpert. Mit Assmanns Worten:

«Die Zensur im Zeichen des Klassischen betrifft nur die Frage der Autorität, der Anschlußfähigkeit und Maßgeblichkeit. Vor allem aber verstehen sich klassizistische Selektionen keineswegs als absolut verbindlich. Andere Epochen, andere Schulen, wählen anderes aus. Kanonbildungen im Zeichen von Klassik und Klassizismus sind grundsätzlich wandelbar. Jede Zeit hat ihren eigenen Kanon.»

Zensur und Schule gehören demnach zu den institutionellen Garantien für die Einsetzung und den Fortbestand eines Klassikerkanons, ganz gleich, ob dieser aus politischen, wissenschaftlichen, rechtskundigen, philosophischen oder literarischen Büchern sich zusammensetzt. Damit wird nichts anderes gesagt, als daß die Verbindlichkeit der exklusiven

Textauswahl letzten Endes machtgestützt und nicht nur der Qualität der Texte zu verdanken ist. Die Hüter des Kanons argumentieren daher auch meist mit moralischen oder ideologischen Argumenten, verteidigen die ‹heiligen Güter des christlichen Abendlandes› oder der ‹nationalen Tradition› gegen Fremdeinwirkung und warnen vor dem Verlust kultureller Identität. Schon diese Verteidigungshaltung zeigt, daß es keinen Kanon gibt, der nicht in Frage gestellt, dem nicht ein Gegenkanon entgegengesetzt werden kann.

Daher lautet unsere These: Es gibt keine exklusive Kultur, sondern nur Mischformen mit der einen oder anderen charakteristischen Dominante. Um bei der Literatur zu bleiben: Natürlich gibt es mehr oder weniger gelungene Texte. Deren Qualität aber entscheidet sich nicht über ihre Kulturzugehörigkeit, sondern über ihren weltliterarischen Rang. Und dieser hängt, fern von jedem Provinzialismus, in der Regel davon ab, daß der hochgeschätzte Text – sei es in formaler, sei es in inhaltlicher Hinsicht – die Grenzen der Eigenkultur in zeitlicher oder räumlicher Dimension überschreitet. Das zu erkennen, verlangt ein Studium der Literatur, das die üblichen Leselisten und -methoden der Schulen und Seminare sprengt, um selbst die Einzelwerke als Kreuzungspunkte weit verzweigter, das heißt auch grenzüberschreitender literarischer Diskurse zu verstehen.

T. S. Eliot – 1888 in Amerika geboren und aufgewachsen, Studien in Harvard, an der Sorbonne, in Marburg und Oxford – richtete nach dem Ende des Zweiten Weltkriegs unter dem Titel «Die Einheit der europäischen Kultur» eine Reihe von Rundfunkreden an die Deutschen. In einer der Ansprachen heißt es:

«Wenn wir die europäische Literaturgeschichte näher betrachten, so finden wir ein dichtes Netz hin und her gehender Einflüsse. [...] Nun gilt für die Literatur eines jeden Volkes, daß sie nur dann sich verjüngen, neue schöpferische Kräfte entwickeln kann, wenn zwei Voraussetzungen erfüllt sind: Sie muß erstens in der Lage sein, Anregungen von außen aufzunehmen und zu verarbeiten, und sie muß zweitens zu ihren eigenen Ursprüngen zurückkehren und aus ihnen lernen können.»[8]

Eliot plädiert hier wie auch in seinem Essay «Notes towards the Definition of Culture» (1948) für einen ständigen Austausch zwischen den Kulturen und lehnt darüber hinaus «eine absolute Trennungslinie zwischen Ost und West, zwischen Europa und Asien» ab. Er setzt sich für beides ein: für Vielfalt und Eigenart einer Kultur, die er – im Gegensatz zu unserer Definition – von Literatur nicht unterscheidet. Seine eigene Dichtung, bemerkt er, ist ohne die «Linie», die von Baudelaire über Valéry bis zu W. B. Yeats und Rilke reicht, nicht zu denken; und diese Linie wiederum verdanke entscheidende Anstöße dem Werk des amerikanischen Autors irischer Abstammung Edgar Allan Poe.

Eliots «Linie» suggeriert ein zeitübergreifendes Kontinuum von «Einflüssen», das er an anderer Stelle mit jener Einheit europäischer Kultur verbindet, deren Fortbestand er auf ein kanonisches, nämlich «klassisches Erbe» zurückführt. Hier berührt er sich mit einem deutschen Literaturhistoriker, der sich wie Eliot unter Berufung auf die europäische Kulturkontinuität gegen ein exklusives, wenn nicht sogar feindlich abschottendes Nebeneinander der Kulturen aufgelehnt hat. Es ist die Rede von dem Romanisten Ernst Robert Curtius und von dessen 1948 erschienenem Buch «Europäische Literatur und lateinisches Mittelalter», einem unentbehrlichen Nachschlagewerk für den, der sich über die ständige Wiederaufnahme ältester literarischer Topoi und Motive in der europäischen Schriftkultur kundig machen will. Curtius polemisiert aus historisch verständlichen Gründen gegen eine germanistische Literaturwissenschaft, die als Statthalterin der europäischen Idee in der Nazizeit schmählich versagt hat.[9] Er knüpft an die Literatur der Antike und ihre christlichen Transformationen an und behauptet, die europäische besitze im Vergleich mit jeder anderen Kultur eine besondere «Sinneinheit».

Beide, Eliot und Curtius, antworteten mit ihren Entwürfen auf den Zusammenbruch ziviler und kultureller Normen, den die Weltkriege, nicht zuletzt aber die Militär- und Mordmaschine der NS-Diktatur ausgelöst haben.[10] Daß sich die deutsche Nation, auf die lange Zeit das Klischee der ‹Dichter und Denker› zu passen schien, freiwillig sowie gezwungenermaßen den Losungen der Kulturzerstörung und des Völkermordes unterwarf, hat die literarische Intelligenz in Schrecken versetzt. Im Licht dieser Erfahrung rettete sich das Moralbewußtsein unter dem Wahlspruch Europa wieder in die Beschwörung einer gemeinsamen antik-christlichen Überlieferung. Und doch spricht aus dem Beschwörungspathos auch so etwas wie Verlegenheit über dieses Einvernehmen. Denn Eliots Idee des Kulturaustauschs schließt Asien nicht aus, und Curtius' Programm der «Wiederherstellung der Erinnerung» plädiert für einen offenen, ständig sich umbildenden literarischen Kanon.[11] Aus der Nachkriegssituation verständlich ist sowohl der Schrecken über das gewaltsame Zerbrechen einer scheinbaren Kontinuität als auch der fragwürdige, in sich widersprüchliche Versuch ihrer Wiederherstellung. Es ist, als wollte das beschädigte Denken die ihm eigene Anfälligkeit für Gewalt überwinden, indem es sich ständig den Traum einer invarianten, in sich selbst ruhenden Kultur vorsagt.

Heute, fünfzig Jahre später, erscheint das Vergebliche dieser Versuche in scharfem Licht. Eine europäische Einheit auf der Grundlage kultureller Kontinuität ist ebenso Illusion wie die Idee eines gemeinsamen, wie behend auch immer sich öffnenden oder schließenden Kanons. Der englische – in Ägypten geborene, in Wien und Berlin aufgewachsene – Historiker Eric Hobsbawm hat jüngst unser Jahrhundert als ein «Zeitalter der Extreme» beschrieben und die skeptische Botschaft formuliert:

«Wir leben in einer Welt, die gekapert, umgewälzt und entwurzelt wurde vom gigantischen ökonomischen und technisch-wissenschaftlichen Prozeß der Kapitalismusentwicklung, der die vergangenen zwei oder drei Jahrhunderte beherrscht hat. Wir wissen oder nehmen vernünftigerweise wenigstens an, daß dies nicht ad infinitum so weitergehen kann. Die Zukunft kann keine Fortsetzung der Vergangenheit sein.» [12]

Was Hobsbawm hier über Wirtschaft und Technik sagt, ist nicht auf diese Sektoren beschränkt. In einem dem «Tod der Avantgarde» gewidmeten Kapitel skizziert er den radikalen Umbau der kulturellen Systeme in den westlichen Gesellschaften am Beispiel der bildenden und medialen Künste inklusive der Literatur. Er verweist in diesem Kapitel nicht nur auf die Verluste der einst vielleicht prägenden Leitfunktionen dieser Kultursektoren, der für jede Kanon- und Urteilsbildung grundlegenden ästhetischen Übereinkünfte und auf ihre globale industriell-technische Vermarktung (Kulturindustrie). Er verweist vielmehr auch auf den Zugewinn an innovativer Vielfalt in den außereuropäischen Kulturzentren – in Asien und Lateinamerika. Die Gewichte verschieben sich zugunsten transkultureller Wechselbeziehungen, die nach einer anderen als der in den europäischen Schulbuchversionen festgeschriebenen Wahrnehmung verlangen.

Damit wird nichts Unmögliches verlangt, denn die Produktions- und Rezeptionsbedingungen fiktionaler Literatur haben sich längst verändert. Seit den sechziger Jahren liest sich die Liste der mit dem Literaturnobelpreis prämierten Autoren wie ein Lehrstück in Weltgeographie. Sucht der traditionsbewußte Dichter nach Halt im Urgestein seiner Nationalkultur, so nomadisieren die Verfasser der neuen Weltliteraturen *(world fiction)* – wie der englischsprachige, in Bombay geborene Schriftsteller Salman Rushdie stellvertretend für eine bedeutende Reihe anglo- und frankophoner Autoren schreibt – in den «imaginary homelands» *zwischen* den Kulturen.[13] Rushdies Romanpoetik favorisiert die «Perspektive des Migranten», plädiert für «die Bastardisierung, die Unreinheit, die Mischung, die Verwandlung» und begreift die «Erfahrung von Entwurzelung, von Trennung und Metamorphose» als gültige Menschheitsmetapher.[14]

So umstürzlerisch scheint das zunächst nicht zu sein, was Rushdies Programm in zugespitzter Weise anmahnt, vergleicht man es mit den Revolutionen der ästhetischen Denkungsart an der Wende vom 18. zum 19. Jahrhundert. Denn seitdem gehört es zur Tendenz der Dichtungstheorien, das «Universum der Poesie» als einen großen Unruheprozeß dauernder Trennungen, Auflösungen, Verwandlungen zu begreifen, in dem damals freilich noch ein geheimnisvolles Gesetz der harmonischen Bewegung wirksam sein sollte.[15] Rushdies Prinzip der «Bastardisierung» geht aber darüber hinaus. Es sprengt alle Einheitsvorstellungen, insbesondere die chauvinistische einer auserwählten, homogenen Kultur, und mutet dem Autor die Rolle des ewig Fremden zu. Wie er selber mit diesem Prinzip umgeht, zeigt sein Roman «Die satanischen Verse» (neuerdings auch «The Moor's Last Sigh», 1995; deutsch: «Des Mauren letzter Seufzer»), der in verschiedenen historischen Zeiten und geographischen Regionen spielt und mannigfaltige Lesarten nahelegt, die von Rabelais und Bulgakow, von Joyce und Voltaire, vom Koran und von der europäischen Aufklärung ausgehen können.[16]

Es scheint, als hätten wir uns mit Hobsbawm und Rushdie vom Thema entfernt, und sind doch mittendrin. Denn das kritische Zeitbild des Historikers und die Kulturskepsis des Schriftstellers geben uns zu verstehen, daß die Stichworte Kanon und kulturelle Kontinuität ihre früheren Leitfunktionen verloren haben. Bevor ich unter dem Stichwort «Wissenschaft» auf die Frage zu sprechen komme, was an ihre Stelle treten könnte, möchte ich auf ein anderes, noch offenes Problem eingehen. Eliot und Curtius sprechen von «Kultur» und meinen in erster Linie «Literatur». Sie privilegieren damit ein einziges Kultursegment auf Kosten anderer. Um zu prüfen, ob sich diese Auszeichnung rechtfertigen läßt, möchte ich daher einige Bücher diskutieren, die sich mit den grundlegenden Kulturtechniken der literarischen Kommunikation beschäftigen: Lesen und Schreiben.

Lesen

Die Geschichte der Schrift und des Schreibens zu studieren setzt selbst schon Literatur, also Schrift und Schreiben voraus und geht mit einem gewaltigen Lektürepensum einher. Man vergißt über dieser Aufgabe leicht, daß Schreiben und Lesen erworbene Fähigkeiten sind und daß sie, den Erwerb dieser Kulturtechniken vorausgesetzt, sehr verschiedene Anwendungsmodi besitzen. Was ich hier niederschreibe, verstehe ich nicht als Literatur, sondern als einen Diskussionsbeitrag, der sich selber überflüssig machen soll. In eine Bibliographie aufgenommen, in der Epoche digitaler Speichermedien ein todsicheres Schicksal, erscheint der Essay dennoch unter der Rubrik «wissenschaftliche Literatur».

Die Sache des wissenschaftlichen Lesens gestaltet sich verwickelter, denkt man an das Ziel philologisch geschulter Leser, einen poetischen Text zu *verstehen*. Der Schritt vom Lesen zum Schreiben führt in diesem Fall zur Darstellung des Verstandenen, mit einem anderen Wort: zur Interpretation. Das Textverstehen ist aber nicht dasselbe wie das simple Auffassen und Aussprechen dessen, was ein beliebiger Leser für den Sinn des Textes halten mag. Der Begriff steht für ein geschultes Lesen, für durch Übung erworbene Verfahren der Textanalyse und -auslegung. Und dafür gibt es die Theorie der Hermeneutik. Diese Theorie fragt nicht nach dem Gegenstand wissenschaftlichen Lesens, dem Text, sondern, wie es in einem Traktat Peter Szondis «Über philologische Erkenntnis» heißt, «nach sich selber, danach, wie sie zur Erkenntnis ihres Gegenstandes gelangt.»[17] Der philologische Leser wird mit diesem Satz keineswegs auf sich selber, auf seine privaten Neigungen und Meinungen, zurückgeworfen. Szondis Satz legt ihm vielmehr nahe, diese zu reflektieren, sie sich ins Bewußtsein zu rufen. Dieses nach sich selbst fragende Lesen ist unentbehrlich, wenn es um die Erkenntnis des Einzeltextes geht.

Wissenschaftliches, philologisches, verstehendes Lesen sind Spielarten, die auf Spezialisierung verweisen. Liest ein Student kreuz und quer, liegen etwa neben den obligaten Lehrbüchern Nietzsches «Zarathustra» und Engels' «Die Lage der arbeitenden Klassen in England» auf seinem Tisch, so zeichnet ihn vermutlich die Tugend geistiger Neugier aus.[18] Heute werden sich, wenn die Neugier des Viellesers überhaupt noch zeitgemäß ist, vielleicht andere Bücher dort stapeln. Spezialisierung, Verstehenwollen, schlichte Neugier, Lust und Laune, individuelle Interessen, Erfahrungshunger, Spaß am fiktiven Rollentausch, am Rätselraten oder an Mystifikationen – die Motive des Lesens sind vielfältig.

Ein Buch, zumal ein poetisches aufzuschlagen ist, wie uns die schriftstellernden Leser – Spezialisten des unspezialisierten Lesens und Schreibens – versichern, ein magischer Akt des Über-die-Schwelle-Gehens.[19] Man lese, welchen Gewinn Italo Calvino aus dieser Erfahrung in seinem Roman «Wenn ein Reisender in einer Winternacht» (1983) geschlagen hat. Es gibt kaum ein schöneres poetisches Spiel mit der Lesewut und kaum eine lustvollere und zugleich anregendere Stimulation des Lesesinns. Oder man lese in Elias Canettis Essays, was er über die Erwartung des uns, den Lesern, noch Unbekannten bemerkt. Canetti – 1905 als Sohn sephardischer Eltern in Bulgarien geboren, in England, der Schweiz, Deutschland und Österreich aufgewachsen, in Wien promoviert und 1938 nach London emigriert – hat seine jugendlichen Lektüren als Abenteuer der Selbstüberschreitung, der Metamorphose, erfahren:

«So tummelt man sich unersättlich in vergangenen Zeiten und fremden Kulturen. [...] Erlebnisse, nach denen man sich sehnt und die zu Hause verpönt sind, sind plötzlich irgendwo, wo man sie hingelesen hat, allgemeine Sitte. [...] Da alles gebunden ist und immer gebundener wird, ist ein riesiges Reservoir ungestillter Verwandlungslust da, und nur Nachrichten aus einer echten Fremde vermögen sie in Fluß zu bringen.»[20]

Das Buch und das Lesen: Für das Bewußtsein der Europäer ist beides nahezu identisch mit Kultur. Der schriftlosen Gesellschaft, dem Analphabeten spricht man diese nur allzu schnell ab und vergißt, daß die Schrift nur eines von zahlreichen Medien ist, mit deren Hilfe wir Welt erzeugen und kommunizieren. Die Dominanz der Schrift in unserer Kultur, die übrigens immer wieder erfolglos in Frage gestellt worden ist und wird, hat allerdings besondere Effekte in den wissenschaftlichen Analyseverfahren hervorgebracht, und das nicht nur in den Text- und Literaturwissenschaften. Die Natur wie ein Buch zu ‹lesen› ist ein uraltes Bild, das in verwandelter Form in der Rede vom ‹Entziffern› des genetischen Code weiterlebt. «Die Naturwissenschaft lehrt uns, nach Kants Ausdruck, ‹Erscheinungen zu buchstabieren, um sie als Erfahrungen lesen zu können›; die Kulturwissenschaft lehrt uns, Symbole zu deuten, um den Gehalt, der in ihnen verschlossen liegt, zu enträtseln»[21].

Schreiben

Wenden wir uns von der Lesekultur ab und ihrer Voraussetzung, der Schrift, zu. Nicht in jedem Fall ist sie ein kulturdifferenzierendes Merkmal, wie die Verwendung des alphabetischen Schriftsystems in sehr verschiedenen Gesellschaften und Lebensformen belegt. Wie schon angedeutet, läßt sich das Literaturverständnis der Europäer als ein Alphabetisierungseffekt begreifen, da das Kennwort vom lateinischen Ausdruck für Buchstabe – *littera* – abgeleitet ist. Ob das alphabetische Schriftsystem indessen auch ein im Vergleich mit anderen Kulturen besonderes Literaturbewußtsein hervorgebracht hat, ist eine ganz andere Frage.

Wenn wir hier zwischen Schriftsystem und Schriftkultur unterscheiden, so bezieht sich der erstgenannte Begriff auf den Zeichenvorrat, der zweite auf die Art und Weise, in der eine Gesellschaft den Gebrauch der Schriftzeichen – von der Textherstellung bis zur Verbreitung, Lektüre und Auslegung – organisiert. Die Geschichte der Schrift unterscheidet zwischen zwei Kategorien von Schriftsystemen: erstens die *Logographie*, das ist die symbolische Wiedergabe von Silben und Wörtern; zweitens die *Phonographie*, das ist die zeichenhafte Wiedergabe von Lauten der gesprochenen Sprache. Unser alphabetisches Schriftsystem (26 Zeichen) gehört zur zweiten, das chinesische (Minimum: 2000 Zeichen) zur ersten Kategorie.[22] Art und Zahl der Zeichen sagen – um einem weit verbreiteten Vorurteil zu widersprechen – über die kulturelle und kommunikative Leistungsfähigkeit der einzelnen Schriftsysteme nichts aus.

Das alphabetische Schriftsystem ist semitischen Ursprungs. Im 2. Jahrtausend vor unserer Zeitrechnung entstanden im Nahen und Mittleren Osten, in einer Region heftiger interkultureller Kontakte und dynamischer Entwicklungen, gleichzeitig mehrere Buchstabenschriften. Warum ein einziges dieser Schriftsysteme, das phönizische Konsonantenalphabet, über Kreta nach Griechenland wanderte und sich dort mit einer indogermanischen Sprache verband, ist nicht zweifelsfrei zu klären.[23] Die Griechen haben aus dem Bestand des Phönizischen ihr Alphabet entwickelt und es über die Etrusker, deren Herkunft ungewiß ist, an die Latiner, die Bewohner der von Rom aus nach Süden sich erstreckenden Landschaft (Latium), weitergegeben. Von dort begann dann, mit der Ausdehnung des römischen Imperiums, der Siegeszug des Lateinischen und des Alphabets bis nach West- und Mitteleuropa und mit der Christianisierung auch nach Norden und Osten.

Das lateinische Alphabet hat also im Vergleich mit weitaus älteren Schriftsystemen eine sehr junge Geschichte. Diese zeigt zudem, daß wir unser Schriftsystem einem verwirrenden Prozeß transkultureller Mischungen und gewaltsamer Akkulturationsbewegungen verdanken. In der Kulturgeschichte Europas werden diese Tatsachen oft mißachtet, um dem alphabetischen Schriftsystem und seiner Entwicklung eine Rationalität zu unterstellen, die anderen, vor allem außereuropäischen Schriftsystemen, angeblich fehlen soll.[24] Das ist eine kulturchauvinistische, die (Schreib-)Technik überbewertende Sicht. Natürlich gibt es Unterschiede: Das mit relativ wenigen Zeichen operierende alphabetische Schriftsystem ist schneller lehr- und lernbar als zum Beispiel das chinesische. Was aber sagt das schon über die Kulturfunktionen beider Systeme aus? Die chinesischen Ideogramme sind genauso leistungsfähig wie das ABC und bieten darüber hinaus dem Kundigen einen zugleich ästhetischen (Kalligraphie) und historischen Schlüssel zur Kultur Altchinas. Denn ein großer Teil dieser Zeichen läßt sich auf eine Bilderschrift (Piktographie) zurückführen, die Gegenstände und Verrichtungen des Alltagslebens wiedergab.[25]

Schriftkultur

Das Studium der Schriftsysteme ist daher, wenn es um Einsichten in den Strukturwandel zivilisatorischer Prozesse gehen soll, um das der Schriftkultur zu erweitern. Jan Assmann hat in seiner kulturvergleichenden Untersuchung «Das kulturelle Gedächtnis» diesen Weg eingeschlagen. Da seine Ergebnisse für die engen Beziehungen zwischen Schrift, Kultur und Literatur besonders aussagekräftig sind, möchte ich sie hier in aller Kürze zusammenfassen.

Im ersten Jahrtausend vor unserer Zeitrechnung, so seine Hauptthese, fand in Ägypten, Israel und Griechenland eine «mediengeschichtliche Revolution» statt. Garantierten bis dahin vor allem kultische und zeremonielle Handlungsformen den Zusammenhalt der einzelnen Kulturen, so führten Krisen verschiedener Art – Expansion, Kämpfe, Vertreibungen – zu einem Funktionsverlust dieser Tradierungstechniken. Die Identität einer Gesellschaft beruht aber auf der immer wieder zu inszenierenden, in verschiedenen symbolischen Medien (Bilder, Architektur, Rituale) verkörperten Erinnerung an eine gemeinsame Vergangenheit. Die kohärenzbildenden Funktionen dieser Inszenierungen gingen nun in den krisengeschüttelten Kulturen allmählich auf die Schriftkultur über. Eine grundlegende, weit über diese Zeit hinaus wirkende Reorganisation der kulturellen Praktiken war die Folge:

«Es handelt sich um die Transformation von ritueller zu textueller Kohärenz, die auf höchst natürliche Weise mit der sich ausbreitenden Schriftkultur ganz verschiedene, untereinander nur in lockerem Kontakt stehende Kulturen ungefähr zur gleichen Zeit, nämlich im 1. Jahrtausend v. Chr. erreicht hat. In dieser Zeit entstehen nicht nur die fundierenden Texte, sondern auch die kulturellen Institutionen, mit deren Hilfe die normativen und formativen Impulse dieser Texte über die sich wandelnden Sprachen, Gesellschaftssysteme, politischen Ordnungen und Wirklichkeitskonstruktionen hinweg in Kraft gehalten und die Rahmenbedingungen eines Dialogs mit den Vorgängern über die Jahrtausende hinweg geschaffen werden.»[26]

Die «fundierenden Texte» sind in Israel die «heiligen» Bücher des Alten Testaments (vorab die «Thora», die fünf Bücher Mose), in Griechenland die Epen Homers («Ilias» und «Odyssee»). Diese Texte bewahren nicht nur die Erinnerung an Vergangenes, sondern erzählen auch, wie es zum Bruch mit der Tradition kam, so daß sich die für das Kollektiv bestimmende Erfahrung von Kontinuität und Wandel in ihnen niedergeschlagen hat.[27] An diese früh zum Kanon erhobenen Texte knüpfen, was Assmann mit dem zeitübergreifenden «Dialog» andeutet, einerseits die Religionsbewegungen des Christentums und des Islam, anderseits jene säkularen Literaturen Europas an, die Homer als ‹den› Klassiker zum ‹Vater aller Dichtung› erklären. Im Verhältnis zu den direkten Kommunikationsformen der rituellen und Alltagskultur bringt diese Literarisierung eine *Kultur zweiter Ordnung* hervor.[28] In deren Zentrum steht der geschriebene Text, der von Spezialisten – Schreibern, Priestern, Gelehrten, Philologen – verwaltet und genutzt wird. Das kulturelle Gedächtnis wird in der Form eines literarischen Kanons aus der direkten Kommunikation ausgelagert und im Text, im Buch, in der Bibliothek gleichsam auf Dauer gestellt. Es erscheint dem Kulturhistoriker daher als etwas Situationsunabhängiges, an das – anders als an das der flüchtigen Darbietungszeit unterworfene Ritual – früher oder später, etwa in Form sogenannter Renaissancen, wieder angeknüpft werden kann. Diese Möglichkeit ist nach Assmann keine Funktion der Schrifttechnik. Sie setzt diese zwar voraus, entscheidend jedoch ist die Organisation entsprechender kultureller Praktiken – Schreiben, Lesen, Auswählen, Konservieren, Kommentieren, Vervielfältigen usf. – sowie die Ausdifferenzierung schriftkundiger sozialer Gruppen, die vom Kollektiv als Spezialisten, Lehrer und Träger der «Schriftkultur» anerkannt werden.

Wir können jetzt unsere früheren Bemerkungen in Gestalt einer weiteren Formel präzisieren: Die Literaturen – im weitesten Sinn des Worts – sind nicht auf dieses oder jenes Schriftsystem zurückzuführen, sondern entstehen und verändern sich mit der sozialen Organisation schriftkultureller Praktiken. Und diese sind, wie wiederum zu ergänzen ist, wie die Puppe in der Puppe eingesenkt in das kulturelle Gesamtsystem einer Gesellschaft. Das heißt auch: Die Auswahl und Kanonisierung maßgebender Texte ist wandelbar wie die Schriftkultur selbst. Um ein Beispiel aus der frühen europäischen Kulturgeschichte zu nennen: Die griechische Aufklärung des 6. und 5. Jahrhunderts vor unserer Zeitrechnung hat die Prinzipien der Kritik und der enzyklopädischen Wissensbewahrung in den literarischen Diskurs eingeführt und damit das vorbereitet, was Assmann mit Begriffen wie «Disziplinierung des Denkens» und «Ideenevolution» umschreibt.[29] Verglichen mit der dogmatischen Pflege eines religiösen Textkanons war das ein folgenreicher Akt der Liberalisierung. Hat er doch nicht nur die Schriftkultur für streitbare, miteinander konkurrierende Lesarten geöffnet, sondern auch dazu genötigt, die Autorität der als maßgebend angesehenen klassischen Texte immer wieder rechtfertigen zu müssen. An diese schriftkulturellen Errungenschaften hat die Renaissance der frühen Neuzeit angeknüpft. Sie trat damit bewußt in Konkurrenz zu den verfestigten Dogmen der mittelalterlichen Schriftkultur, um in Theorie wie Praxis jene Methoden des philologischen Studiums zu entwickeln, an die wiederum die modernen Textwissenschaften anknüpfen konnten.

Der ‹Roman› der Kulturwissenschaften

Die Schriftkultur geht weder in der Gesamtkultur noch in der Struktur einer Gesellschaft völlig auf. Wir nennen sie daher eine «Kultur zweiter Ordnung». Die Schriftkulturen der modernen Gesellschaften verzweigen sich in zahlreichen sozialen Institutionen und sind daher nicht leicht zu überschauen. Eine zweite Ordnung bilden sie im Verhältnis zu anderen kulturprägenden, mit Zeichen und Symbolen operierenden Kommunikationsmedien. Das sind nicht nur Formen der Mündlichkeit, sondern alle symbolvermittelten Handlungen von den Künsten über die Festkultur bis zu den politischen Hoheitszeichen einer Gesellschaft.

Eine Wissenschaft ‹der› Kultur hätte die Aufgabe, alle genannten Formen in den Blick zu nehmen. Das ist ein Unding, denn es gehört zur Rationalität wissenschaftlicher Forschung, arbeitsteilig zu verfahren. Eine umfassende Kulturgeschichte oder die ethnologische Analyse einer Stammeskultur zeigen daher notwendigerweise die Charakteristika eines Romans. Was der oder die Forscher nicht empirisch beobachten oder aus Quellen zur Kenntnis nehmen können, ersetzt die Hypothese, die Fiktion. Hinzu kommt, die Kulturwissenschaften gehören selber zur Kultur zweiter Ordnung, sind also eingebettet in eine entwickelte Schriftkultur, deren subkutane Wirkungen dem Einzelforscher längst bestimmte Vorentscheidungen und Wahrnehmungsmuster aufgezwungen haben, denen dieser sich kaum entziehen kann. Der europäische Ethnologe, der eine außereuropäische Kultur untersucht, tut das aus Motiven und mit Methoden, die in seinem eigenen Kulturkreis entstanden sind. Schreibt er wie üblich ein Buch über die Ergebnisse seiner mühseligen Arbeit, dann benutzt er in der Regel die literarischen Muster der Schriftkultur, mit denen er in seiner Bildungsgeschichte groß geworden ist. Eine Tatsache, die erst in den letzten Jahren von Vertretern der in der gegenwärtigen kulturwissenschaftlichen Diskussion als Leitwissenschaft hervortretenden Kulturanthropologie zur Kenntnis genommen worden ist und eine neue Form der auf wissenschaftliche Klassiker angewandten Literaturkritik hervorgebracht hat.

Was diese Kritik aber zutage fördert, ist nicht eine verdächtige Unwissenschaftlichkeit der wissenschaftlichen Literatur. Sie wendet sich vielmehr gegen ein überwissenschaftliches Selbstverständnis der Anthropologie und erinnert wieder daran, daß die empirische wie jede andere Kulturwissenschaft auf Interessen und Traditionen zurückgeht, die mit dem Wertgefüge der kulturellen Lebenswelt überhaupt zu tun haben.[30] Die Wissenschaften der Kultur sind Teil der Schriftkultur und damit auch Teilhaber an deren literarischen Strategien. Die ethnographischen Bücher, die Clifford Geertz in «Die künstlichen Wilden» analysiert[31], verdanken ihren Status als Wissenschaftsklassiker nicht zuletzt dem Gelingen einer literarischen Synthese. Es ist daher kein nur beiläufiges Urteil, wenn wir eine wissenschaftliche Veröffentlichung wegen ihrer stilistischen Darstellungskraft bewundern. Der Begriff des Stils bezeichnet mehr als eine formale Marotte. Wo er uns als Unterpfand einer gelungenen Darstellung auffällt, steht er meist für die Verschmelzung einer individuellen, erfahrungsgesättigten Wahrnehmungsweise mit den kalten Begriffen und neutralen Verfahren wissenschaftlicher Deskription.

In einem Buch mit dem Titel «Die drei Kulturen», das die Wechselbeziehungen nicht nur zwischen Literatur und Gesellschaft, sondern auch zwischen Literatur- und Gesellschaftswissenschaften zum Gegenstand hat, ist Wolf Lepenies einer ganz ähnlichen Frage nachgegangen.[32] Als eine junge Wissenschaft, die im übrigen weit in die Kulturanthropologie hineinreicht und von den Literaturwissenschaften adaptiert worden ist, hat sich die Soziologie schon im 19. Jahrhundert vehement gegen eine von der literarischen Intelligenz beherrschte Schriftkultur gewandt. Umsonst, wie Lepenies anhand mehrerer Beispiele aus der französischen, englischen und deutschen Szene zeigt. Auch wo die «Verstandeskultur» des Wissenschaftlers Belletristik und Poesie zunächst verachtete, hat sich dieses Medium der «Gefühlskultur» dann doch als geeigneter Partner erwiesen, um – natürlich unter theoretischer Anleitung – die kritischen, dialektischen oder bloß aufrüttelnden Bilder in Kultur- und Gesellschaftssynthesen auszumalen. Im Rückblick erscheint die Beziehung zwischen Gesellschaftsanalyse und Literaturkritik daher als belebende Konkurrenz, nicht als starre Antinomie.

Ähnlich wie die frühe Soziologie steht heute die mit Geertz' Namen verbundene Spielart der amerikanischen Kulturanthropologie (Ethnologie) *zwischen* Wissenschaft und Literatur. Ein Unterschied ist allerdings bedeutend: Sie sieht in Literatur und Literaturkritik nicht feindliche Konkurrenten, sondern ein Reservoir an Möglichkeiten, das es ihr erlaubt, die sozialwissenschaftlich eng gezogenen fachlichen Grenzen durch Anleihen etwa bei der literaturwissenschaftlichen Hermeneutik zu überwinden. Auf den ersten Blick überwiegen freilich die Unterschiede zwischen Literatur- und Kulturforschung. Der Literaturwissenschaftler verharrt innerhalb der Grenzen der «zweiten Ordnung», er geht von der Lektüre des gegebenen Texts aus und sammelt Kontextdaten in Archiv und Bibliothek; der Ethnologe aber geht auf Reisen, sammelt seine Daten durch Interviews und Beobachtung und kommt dann erst dazu, einen Text zu verfassen; dieser interpretiert kulturelles Handeln, jener literarische Texte.

Soweit die konventionelle Arbeitsteilung. Wir haben aber schon angedeutet, daß auch der soziologisch und kulturwissenschaftlich interessierte Literaturinterpret sich an diese Konventionen nicht halten kann. Wenn es sein Ziel ist, die schriftkulturellen Verflechtungen zu untersuchen, in deren Netz der Einzeltext entsteht und verwertet wird, dann wird er seine Fragetechnik und mit ihr sein methodisches Instrumentarium überschreiten müssen. Eine verwickelte, weil methodologische

Frage, die ich hier nicht genauer behandeln kann. Interessanter ist, daß auch der Anthropologe das ganze Arsenal der Schriftkultur, das ihn in den Rang eines Wissenschaftlers befördert hat, mit in die Fremde nimmt, ja daß er nach Abschluß der Feldforschung die mit Hilfe seiner schriftkulturellen Kompetenz erhobenen Daten in der Form von Texten – Tagebuch, Beschreibung, Verwandtschaftslisten, Erzählberichte etc. – vor Augen hat. Mit einem Wort: Am Schreibtisch interpretiert er nicht die Praktiken der fremden Kultur, sondern die Aufzeichnungen, die er von ihnen angefertigt hat. Genau diesem Tatbestand wird Clifford Geertz gerecht, wenn er die ethnologische Kulturanalyse mit Begriffen umschreibt, in denen der Literaturkritiker seine eigenen Werkzeuge wiedererkennt: «Ethnographie betreiben gleicht dem Versuch, ein Manuskript zu lesen (im Sinn von ‹eine Lesart entwickeln›), das fremdartig, verblaßt, unvollständig, voll von Widersprüchen, fragwürdigen Verbesserungen und tendenziösen Kommentaren ist.»[33]

Geertz drückt sich vorsichtig aus, indem er sich auf Analogien zwischen Literaturkritik und Kulturanalyse beschränkt. Und er fügt sogleich hinzu, die «Lesart» des Anthropologen beziehe sich nicht auf Buchstaben, sondern auf «geformtes Verhalten». Mit der metaphorischen Anwendung des Textbegriffs – Geertz spricht von Kultur als «Bedeutungsgewebe» *(web of significance)* – auf den Forschungsgegenstand reiht er sich in eine kulturwissenschaftliche Tradition ein, die alles Handeln bzw. Verhalten unter der Voraussetzung seiner *symbolischen Geformtheit* betrachtet.[34] Symbole aber sind niemals eindeutig; sie verlangen nach Deutung, also nach dem, was man eine semantische Interpretation nennt: die Analyse wahrnehmbarer Formen auf dem Hintergrund ihrer bedeutungsbildenden und -umbildenden Funktionen. Die einzelnen Handlungsakte sind demnach, will der Interpret ihren Sinn verstehen, wie die Ausdrucksformen eines einzelnen literarischen Textes auf Kontexte (weitere Handlungen, weitere literarische Texte) zu beziehen. Der Akt wie der Text werden in dieser Betrachtungsart nicht als isolierte Einheiten wahrgenommen, sondern als Knotenpunkte in einem Netz kultureller und/oder literarischer Beziehungen. Nichts anderes sagt die Metapher des Gewebes oder das Äquivalent Text. Texte sind lesbar und bilden lesbare Muster. Werden darunter kulturelle Muster verstanden, so gilt auch für die Kulturanalyse, was Peter Szondi über die Hermeneutik bemerkt: Die Interpretation fragt danach, «wie sie zur Erkenntnis ihres Gegenstandes gelangt».[35] Texthermeneutik verwandelt sich in Kulturhermeneutik.

Wir sind am Ende in theoretische und methodologische Fragen geraten, die hier nicht ausführlich diskutiert werden können. Die angedeutete Annäherung zwischen Literaturkritik und Kulturanalyse mag aber die Vermutung stärken, daß von dieser Seite am ehesten eine Antwort auf die Frage zu erwarten ist, auf welche Weise kulturwissenschaftliche Lesarten literarischer Texte theoretisch voranzubringen sind, nämlich über die reflektierte Interpretation des unter den Begriff Schriftkultur fallenden Handlungssystems.

Über die anthropologische Kulturwissenschaft haben wir jetzt immerhin soviel erfahren, daß sie von Modellen ausgeht, die eher in den Kunst- und Literaturwissenschaften beheimatet sind. Eine merkwürdige Wendung, die indessen noch auf der allgemeinsten Ebene wissenschaftsphilosophischer Reflexion eine Stütze besitzt. Ernst Cassirer hat in seinen 1942 veröffentlichten Studien «Zur Logik der Kulturwissenschaften» die Kulturforschung auf die Analyse «symbolischer Formen» verpflichtet. Cassirer bereits ging von einem Interpretationsmodell aus, das sich im Umgang mit dem Rätselcharakter des im Kommunikationsprozeß energetische Kräfte entfaltenden Kunstwerks bewährt. Kultur ist in seinen Augen kein stetiges Entwicklungskontinuum, sondern ein unendlicher Prozeß ohne bestimmtes Ziel. Sie kann Gewalt und Befreiung bedeuten. Um so wichtiger ist es, sie – und das schließt die Wissenschaftskultur ein – an einem ethischen Grundsatz zu orientieren: «Ihr Ziel ist nicht die Verwirklichung des Glücks auf Erden, sondern die Verwirklichung der Freiheit, der echten Autonomie, die nicht die technische Herrschaft des Menschen über die Natur, sondern die moralische Herrschaft über sich selbst bedeutet.»[36]

In diesem Grundsatz ist enthalten, was wir unter dem Begriff des Gemeinsamen einer Kultur gesucht haben. Es ist ein universeller Wert und nicht die anmaßende Behauptung kultureller Überlegenheit.

Anmerkungen

1 Vgl. zur Bedeutungsgeschichte den Überblick von Hartmut Böhme: Vom Cultus zur Kultur(wissenschaft). Zur historischen Semantik des Kulturbegriffs. In: Renate Glaser/Matthias Luserke (Hg.): Literaturwissenschaft – Kulturwissenschaft. Positionen, Themen, Perspektiven. Opladen 1996, S. 48–68.
2 Gernot Böhme: Natürlich Natur. Über Natur im Zeitalter ihrer technischen Reproduzierbarkeit. Frankfurt/M. 1992, S. 15.
3 Eberhard Lämmert: Das überdachte Labyrinth. Ortsbestimmungen der Literaturwissenschaft 1960–1990. Stuttgart 1991.

4 Hans Robert Jauß: Das kritische Potential ästhetischer Bildung. In: Jörn Rüsen/ Eberhard Lämmert/Peter Glotz (Hg.): Die Zukunft der Aufklärung. Frankfurt/ M. 1988, S. 224.
5 Vgl. dazu H. Beck u. a. (Hg.): Polyklet. Der Bildhauer der griechischen Klassik. Mainz 1990.
6 Über Geschichte und Verfall des damit behaupteten kulturellen Sonderwegs der Deutschen unterrichtet die Studie von Georg Bollenbeck: Bildung und Kultur. Glanz und Elend eines deutschen Deutungsmusters. Frankfurt/M. 1994.
7 Vgl. dazu wie überhaupt zur Bedeutungs- und Funktionsgeschichte des Kanonbegriffs Jan Assmann: Das kulturelle Gedächtnis. Schrift, Erinnerung und politische Identität in frühen Hochkulturen. München 1992, S. 103 ff; das nachfolgende Zitat ebd., S. 121.
8 T. S. Eliot: Essays I: Kultur und Religion. Bildung und Erziehung. Gesellschaft, Literatur, Kritik. Frankfurt/M. 1988, S. 101; die nachfolgenden Zitate ebd., S. 111, 100.
9 Ernst Robert Curtius: Europäische Literatur und lateinisches Mittelalter. Bern [7]1969, S. 385; das nachfolgende Zitat ebd., S. 14 u. ö.
10 Ein weiteres Beispiel ist das berühmte Buch des Romanisten Erich Auerbach «Mimesis. Dargestellte Wirklichkeit in der abendländischen Literatur», das während des Kriegs im türkischen Exil geschrieben wurde und 1946 in 1. Auflage in Bern erschien. Die vergleichenden Textanalysen dieses Buches beginnen mit Homer und schließen mit Virginia Woolf. Auch ihm liegt das Deutungsmuster der kulturellen Einheit zugrunde. Auerbach rechtfertigt dieses allerdings nicht unter Berufung auf ein Modell bruchloser Kontinuität. Dieses erscheint eher wie ein bedrohtes Ideal zwischen den Zeilen, das es über die von ihm beobachteten Traditionsbrüche hinweg festzuhalten gilt. Vgl. auch den kritischen Kommentar in Günter Gebauer/Christoph Wulf: Mimesis. Kultur – Kunst – Gesellschaft. Reinbek 1992, S. 18 ff.
11 Curtius, Europäische Literatur, S. 400.
12 Eric Hobsbawm: Das Zeitalter der Extreme. Weltgeschichte des 20. Jahrhunderts. München 1994, S. 719 f; für das Nachfolgende vgl. ebd., S. 618 ff.
13 Vgl. meinen Essay «Nomadisierende Schreibweisen und Lesarten des Fremden». In: Neue Rundschau 105 (1994), 4, S. 52–64.
14 Salman Rushdie: Heimatländer der Phantasie. Essays und Kritiken 1981–1991. München 1992, S. 456 ff.
15 In Friedrich Schlegels «Athenäums-Fragmenten» von 1798 heißt es (Nr. 434): «Im Universum der Poesie selbst aber ruht nichts, alles wird und verwandelt sich und bewegt sich harmonisch». Friedrich Schlegel. Studienausgabe. Hg. von Hans Eichner. Bd. 2. München/Paderborn/Wien 1967, S. 252.
16 Vgl. zum Beispiel die kompromißlose Inschutznahme Rushdies vor den Morddrohungen der fundamentalistischen Mullahs, die der syrische Sozialphilosoph Sadik J. Al-Azm veröffentlicht hat: «Es ist wichtig, ernst zu sein. Salman Rushdie, Joyce und Rabelais – der Kampf um Aufklärung». In: Unbehagen in der Moderne. Aufklärung im Islam. Frankfurt/M. 1993, S. 9–53.
17 Peter Szondi: Hölderlin-Studien. Mit einem Traktat über philologische Erkenntnis. Frankfurt/M. 1970, S. 10.
18 Das Beispiel entnehme ich der Autobiographie des Archäologen Ludwig Curtius: Deutsche und antike Welt. Lebenserinnerungen. Stuttgart 1950, S. 129.

19 Vgl. etwa die Beschreibung dieses Akts in David Lodge: Die Kunst des Erzählens. Illustriert anhand von Beispielen aus klassischen und modernen Texten. Zürich 1993, S. 14 ff.
20 Elias Canetti: Das Gewissen der Worte. Essays. Frankfurt/M. 1981, S. 65.
21 Ernst Cassirer: Zur Logik der Kulturwissenschaften. Darmstadt 1971, S. 86.
22 Vgl. dazu und zum folgenden Hermann Haarmann: Universalgeschichte der Schrift. Frankfurt/New York 1990, S. 147 ff.
23 Ebd., S. 280 ff.
24 Vgl. zum Beispiel Eric A. Havelock: Als die Muse schreiben lernte. Meisenheim/ Frankfurt 1992, S. 160. Ausführliche Kritik an dieser auch von Jack Goody, Niklas Luhmann und anderen vertretenen Auffassung bei Assmann, Das kulturelle Gedächtnis, S. 291 f u. ö.
25 Wie das europäische Sammelwort «Literatur», so verweist auch das chinesische Äquivalent auf Schrift: Das Ideogramm *Wén* steht für «Schriftzeichen» (auch «Literatur»), in Verbindung mit dem Zeichen *huà* (=Wandel) für «Kultur». Vgl. Edoardo Fazzioli: Gemalte Wörter. 214 chinesische Schriftzeichen – Vom Bild zum Begriff. Ein Schlüssel zum Verständnis Chinas, seiner Menschen und seiner Kultur. Bergisch Gladbach 1987, S. 231.
26 Assmann, Das kulturelle Gedächtnis, S. 291.
27 «Die zentrale Erinnerungsfigur [in Israel] ist die Geschichte einer Auswanderung, einer Sezession, einer Befreiung aus der Fremde. In Griechenland ist es [...] die Geschichte einer Koalition, eines panhellenischen Zusammenschlusses gegen den Feind im Osten» (Assmann, Das kulturelle Gedächtnis, S. 273).
28 Ich verwende diese Formulierung in Anlehnung an Yehuda Elkana: «Die Entstehung des Denkens zweiter Ordnung im antiken Griechenland». In: Samuel N. Eisenstadt (Hg.): Kulturen der Achsenzeit. Ihre Ursprünge und ihre Vielfalt. Bd. 1. Frankfurt/M. 1987, S. 52 ff.
29 Assmann, Das kulturelle Gedächtnis, S. 259 ff.
30 Vgl. auch meinen Essay «Der Forscher als Schamane». In: Ruperto Carola. Forschungsmagazin der Universität Heidelberg (1995), 3, S. 4–10.
31 Lévi-Strauss' «Tristes Tropiques», Evans-Pritchards «Nuer Religion», Benedicts «The Chrysanthemum and the Sword» und andere (Clifford Geertz: Die künstlichen Wilden. Der Anthropologe als Schriftsteller. München/Wien 1990).
32 Wolf Lepenies: Die drei Kulturen. Soziologie zwischen Literatur und Wissenschaft. München 1985.
33 Clifford Geertz: Dichte Beschreibung. Beiträge zum Verstehen kultureller Systeme. Frankfurt/M. 1983, S. 15.
34 Ebd., S. 9 u. ö. Auch der Ausdruck «Text» ist schon Metapher, vom lat. Wort *texere* (=weben) abgeleitet.
35 Szondi, Hölderlin-Studien, S. 10.
36 Cassirer, Zur Logik der Kulturwissenschaften, S. 104.

Über die Verfasser

Dr. Aleida Assmann, geb. 1947, ist Professorin für Anglistik und Allgemeine Literaturwissenschaft an der Universität Konstanz.

Dr. Doris Bachmann-Medick, geb. 1952, ist Mitarbeiterin am Sonderforschungsbereich «Die Literarische Übersetzung» an der Universität Göttingen.

Dr. Dietrich Harth, geb. 1934, ist Professor für Neuere Deutsche, Allgemeine und Vergleichende Literaturwissenschaft an der Ruprecht-Karls-Universität Heidelberg.

Dr. Andreas Huyssen, geb. 1942, ist Villard-Professor für Deutsche und Vergleichende Literaturwissenschaft an der Columbia University New York.

Dr. Ludwig Jäger, geb. 1943, ist Professor für Deutsche Philologie an der Rheinisch-Westfälischen Technischen Hochschule Aachen.

Dr. Helmut Lethen, geb. 1939, ist Professor für Neuere Deutsche Literatur in Utrecht (Niederlande) und Rostock.

Dr. Gert Mattenklott, geb. 1942, ist Professor für Allgemeine und Vergleichende Literaturwissenschaft an der Freien Universität Berlin, Adjunct Professor an der University of Massachusetts in Amherst.

Dr. Jan-Dirk Müller, geb. 1941, ist Professor für Ältere Deutsche Literatur an der Ludwig-Maximilians-Universität München.

Dr. Lothar Müller, geb. 1954, ist Mitarbeiter eines Forschungsprojekts zu Geschichte und aktueller Entwicklung der Kulturwissenschaft in Deutschland an der Humboldt-Universität zu Berlin.

Dr. Barbara Naumann, geb. 1954, ist Wissenschaftliche Assistentin am Institut für Allgemeine und Vergleichende Literaturwissenschaft der Freien Universität Berlin.

Dr. Ulrich Raulff, geb. 1950, Privatdozent an der Humboldt-Universität zu Berlin, arbeitet als Redakteur im Feuilleton der F. A. Z.

Dr. Renate Schlesier, geb. 1947, ist Professorin für Kulturwissenschaftliche Anthropologie an der Universität Gesamthochschule Paderborn.

Dr. Heide Schlüpmann, geb. 1943, ist Professorin für Filmwissenschaft am Institut für Theater-, Film- und Medienwissenschaft an der Johann Wolfgang Goethe-Universität in Frankfurt/M.

Dr. Sigrid Weigel, geb. 1950, ist Professorin am Deutschen Seminar der Universität Zürich.

Personenregister

(Aufgenommen wurden nur historische Personen, diese aber auch, wenn sie in Werktiteln, Begriffen o. ä. erwähnt werden; kursiv gesetzte Seitenzahlen verweisen auf Abbildungen.)

Achebe, Chinua 72
Adorno, Theodor W. 254, 256, 260 f, 264, 266, 271, 275, 291
Aischylos 322
Albert, Prinzgemahl der Königin Viktoria von England 191, 193 f
Alexander [der Große], König von Makedonien 99, 198
Améry, Jean 258 f, 261 ff, 265, 267, 276
Andreas-Salomé, Lou 247, 251
Apollonios Rhodios 34–37
Arendt, Hannah 262
Ariès, Philippe 13
Aristophanes 294, 297
Arnold, Thomas 192
Äsop 322
Assmann, Jan 324, 332 ff
Aubrey, John 192, 197

Baader, Andreas 263
Bachmann, Ingeborg 269
Bacon, Francis 91, 98–101, 104, 114
Bakunin, Michail Aleksandrowitsch 295
Barbaro, Francesco 199
Barthes, Roland 16, 109, 187, 189 ff, 197, 203, 212–218, 229
Bataille, Georges 291 f
Bateson, Gregory 225
Baudelaire, Charles 124, 155, 289, 292, 326
Bazin, André 237
Beardsley, Aubrey 196
Beaton, Cecil 196

Becker, Carl Heinrich 201
Becker, Karl Ferdinand 302 f
Beethoven, Ludwig van 295
Bell, Vanessa 194, 196
Bellugi, Ursula 311
Benjamin, Walter 33, 124, 213, 261, 289
Benn, Gottfried 255 f
Bérard, Victor 27
Berlau, Ruth 209
Bernini, Gian Lorenzo 136
Bhabha, Homi K. 60, 63, 226
Biller, Maxim 270 ff
Blanchot, Maurice 254
Bloch, Marc 13
Bloom, Harold 121
Blunck, Hans Friedrich 256
Boccaccio, Giovanni 322
Böcklin, Arnold 202
Bohrer, Karl Heinz 221
Boleyn, Anna 195
Boltanski, Christian 272, 276 f
Bomba, Abraham 267
Borges, Jorge Luis 65, 67, 69, 263
Boswell, James 192, 197
Bougainville, Louis Antoine de 57
Boullée, Étienne-Louis 284
Bourdieu, Pierre 13
Brackert, Helmut 13
Braudel, Fernand 26 f
Brecht, Bertolt 208
Breuer, Stefan 202
Broca, Pierre 311
Brown, John 191

343

Bulgakow, Michail 328
Burckhardt, Jakob 106 f
Burkert, Walter 28–31, 33

Caesar [Gaius Julius C.] 99, 198 f
Calvino, Italo 330
Cameron, Julia Margaret 190
Canetti, Elias 70, 296, 330
Capa, Robert 205–210, 206, 218, 229
Carlyle, Thomas 105 f, 193 f, 198
Carrington, Dora 196
Castoriadis, Cornelius 254, 261
Cassirer, Ernst 9, 11, 13, 161–166, 170–173, 175, 178–181, 307, 338
Castagnary, Jules 141, 143
Celan, Paul 258–261
Cervantes Saavedra, Miguel de 322
Cézanne, Paul 196
Chamoiseau, Patrick 73
Charcot, Jean Martin 242
Chomsky, Avram Noam 303 f, 314
Christo [C. Javacheff] 284, 288, 297
– und Jeanne Claude 286 f
Claudel, Paul 32
Clifford, James 223 f, 226
Colpe, Carsten 17
Comte, Auguste 43
Condorcet, Marie Jean Antoine Nicolas Marquis de 194
Connolly, Cyril 196
Conrad, Joseph [Teodor Jósef Konrad Korzeniowsky] 37 ff, 60, 70 ff, 222
Corbin, Alain 13
Costa-Gavras, Constantin 261
Covarrubias, Miguel 225
Curtius, Ernst Robert 326, 328
Cyrus [Kyros], König der Perser 99

Daguerre, Louis Jacques Mandé 190
Dante Alighieri 198
Darwin, Charles 39, 43
Degas, Edgar 155
Deren, Maya 236
Derrida, Jacques 118 ff, 125, 213, 217, 264, 266 f, 269
Descartes, René 91
Diderot, Denis 57, 220

Dilthey, Wilhelm 11, 15
Doderer, Heimito von 201
Dörfler, Peter 256
Droysen, Johann Gustav 198
Duby, Georges 13, 27
Duden, Barbara 14
Dulac, Germaine 235

Eco, Umberto 13, 16
Eder, Klaus 10, 15
Edvardson, Cordelia 262
Eichmann, Karl Adolf 262
Ehlich, Konrad 84
Elias, Norbert 13
Eliot, Thomas Stearns 325
Elisabeth I., Königin von England 195
Éluard, Paul 289
Emerson, Ralph Waldo 104
Emrich, Wilhelm 165–169
Engels, Friedrich 329
Enzensberger, Hans Magnus 269
Erdrich, Louise 226
Erté [d. i. Romain de Tirtoff] 196
Essex, Robert Devereux, Earl of 195

Fabian, Johannes 70
Febvre, Lucien 13
Ferrero, Guglielmo 195
Fichte, Hubert 33, 70
Fichte, Johann Gottlieb 241
Flaubert, Gustave 219
Flusser, Vilem 210 f
Fontenelle, Bernhard [Le Bovier de] 194
Foucault, Michel 13, 109, 130, 140, 146, 187 ff, 244, 283, 290
Fourier, Charles 189
Francke, August Hermann 228 f
Frank, Anne 256
Frazer, George 34, 36 f, 39 f, 43
Freud, Sigmund 37, 39, 112 ff, 120 f, 190, 195, 221, 241, 250 f, 283
Friedländer, Saul 266
Friedrich II. von Hohenstaufen 198 f
Friedrich, Sven 284
Frühwald, Wolfgang 7
Fry, Roger 196, 202

Gadamer, Hans-Georg 100
Gardner, Alexander 213, *214*
Garnett, Angelica 201
Garnier, Charles 288
Gay, Peter 194
Geertz, Clifford 14, 50–57, 61, 224 f, 335 ff
Gehlen, Arnold 13
George, Stefan 151, 198–202
Gerz, Esther 286
Gerz, Jochen 257, 272, 275, 286
Gesner, Konrad 82–93
Giedeon, Siegfried 297
Giesecke, Michael 80
Glass, Phil 215
Goebbels, Josef 201
Goethe, Johann Wolfgang von 40, 163–167, 169, 172–181, 198, 220, 295, 321
Gogh, Vincent Willem van 196
Goll, Claire 259
Goll, Yvan 259
Gordon, Charles George 192 f
Gothein, Percy 199
Grant, Duncan 196
Grass, Günter 70
Greenblatt, Stephen 14, 50, 52 ff, 56 f, 96 f, 109, 129, 225 f, 229
Grossman, David 271, 273 f
Gundolf, Friedrich 197–201, 203
Gutenberg, Johannes 228, 315
Guyau, Jean Marie 233
Guys, Constantin 155

Haacke, Hans 275
Habermas, Jürgen 15
Hahn, Alois 14
Hamann, Richard 148
Handke, Peter 227, 269
Harris, James 135
Harvey, David 64
Haskell, Francis 14
Hearn, Lafcadio 40
Hecht, Axel 287
Hegel, Georg Wilhelm Friedrich 43, 137–140, 145, 148, 150, 156, 180, 220, 241, 245, 292, 312

Heidegger, Martin 154, 261
Heinicke, Samuel 306
Heinrich VIII., König von England 195
Heinrich, Klaus 17
Heissenbüttel, Helmut 262
Hemsterhuis, Franz 137
Herder, Johann Gottfried 153, 294, 302, 310
Hesiod 30, 322
Hilsenrath, Edgar 270
Hine, Lewis H. 213, *216*
Hitler, Adolf 208, 255, 285, 290, 296
Hobsbawm, Eric 327 f
Höfer, Werner 263
Hofmannsthal, Hugo von 33 f
Hogarth, William 197
Hoheisel, Horst 286
Hollier, Denis 291
Holthusen, Hans Egon 260 f
Holroyd, Michael 192, 201
Homer 26–29, 34 f, 45, 98, 322, 333
Honold, Alexander 20
Honegger, Claudia 14
Horaz [Quintus Horatius Flaccus] 97 f
Hotho, Heinrich Gustav 180
Humboldt, Wilhelm von 302 f, 305, 309, 312

Ignatius von Loyola 189
Irigaray, Luce 115

Jakobson, Roman 51
Jameson, Fredric 67
Jens, Walter 259
Johst, Hanns 255
Joyce, James 37, 110, 328
Jünger, Ernst 37, 110, 221 f, 328

Kainz, Friedrich 306 ff, 310
Kalimachos [aus Kyrene] 35
Kandinsky, Wassilij 141 f
Kant, Immanuel 148, 150 f, 161, 165, 171, 233 f, 239, 246, 248 f, 330
Kantorowicz, Ernst 198 f, 201
Keller, Gottfried 67
Kerckhove, Derrick de 16
Keynes, John Maynard 201

Kiefer, Anselm 259, 276f
King, Margarete L. 113
Kittler, Friedrich 16
Klee, Paul 141
Kleist, Heinrich von 199f, 227
Klemperer, Victor 227
Klima, Edward S. 311
Kluge, Alexander 275
Klüger, Ruth 256
Kofman, Sarah 121, 250, 264, 271
Kohl, Helmut 257
Kohl, Karl Heinz 15
Kolbenheyer, Erwin Guido 256
Kollwitz, Käthe 257
König, Burghard 20
Kracauer, Siegfried 213, 237
Kramer, Fritz 37
Krois, John 164

Lacan, Jacques 191
Lachmann, Renate 15
Lacoue-Labarthe, Philippe 264
Laforgue, Jules 143
Lanzmann, Claude 266–269, 273
Lamb, Charles 104
Lamprecht, Karl 147
Lechter, Melchior 202
Legendre, Pierre 123
Léger, Fernand 297
Le Goff, Jacques 13
Leiris, Michel 33
Lepenies, Wolf 14, 336
Lepsius, Reinhold 202
Lessing, Gotthold Ephraim 69, 135f, 152, 312
Levi, Primo 259
Lévi-Strauss, Claude 14, 33, 43, 50ff, 54ff, 115f, 119, 124, 210, 224
Lévy, Francis 275
Libeskind, Daniel 272, 277f
Livingstone, David 228
Livius, Titus 195f
Loerke, Oskar 255
Loti, Pierre 32
Luhmann, Niklas 16
Lukács, Georg 155, 291
Luther, Martin 80

Lyotard, Jean-François 261, 264f, 271f, 274, 277f

Magritte, René 141
Malinowski, Bronislaw 36–43, 222
Mallarmé, Stéphane 144f
Manet, Edouard 145
Mann, Thomas 139, 289, 295
Manning, Henry Edward 192
Mapplethorpe, Robert 215f, 217
Marey, Jules Etienne 252
Marquard, Odo 300
Marx, Karl 124, 241
Matisse, Henri Émile Benoît 196
Mauss, Marcel 116, 118f
McLuhan, Marshall 286
Mead, Margaret 222, 225
Medicus, Thomas 228f
Meerbohm, Max 197
Meinhof, Ulrike 263
Mengs, Anton Raphael 136
Michaux, Henri 189
Michelangelo Buonarroti 136f, 150, 157
Michelet, Jules 189f, 212
Mies, Maria 14
Miller, James 188
Mitscherlich, Alexander 257
Mittelstraß, Jürgen 15, 300f, 304
Momigliani, Arnaldo 198
Monet, Claude 141, 149
Montaigne, Michel de 54f, 57
Moore, George Edward 201
Moritz, Karl Philipp 74
Mulvey, Laura 237
Musil, Robert 229, 286
Muther, Richard 155

Nadar, Félix 190
Naipaul, Vidiadhar Surajprasad 71
Napoleon I. [Napoleone Buonaparte], Kaiser von Frankreich 198
Napoleon III. [Charles Louis N. Bonaparte], Kaiser von Frankreich 295
Newman, Karen 115f
Newton, Sir Isaac 165
Nietzsche, Friedrich 32, 43f, 53, 130,

139, 149, 220, 233 ff, 238–241, 243 ff,
247–252, 293, 329
Nightingale, Florence 192
Nonnos [von Panopolis] 35
Novalis [d. i. Friedrich Leopold Freiherr
von Hardenberg] 174

Orwell, George 108
Osborn, Max 149
Ovid [Publius Ovidius Naso] 35, 322

Paganini, Niccolò 157
Pamuk, Orhan 75
Paracelsus, Theophrastus Bombastus
[von Hohenheim] 199
Parsons, Talcott 10
Pausanias 30
Payne, Lewis 213
Philipp II., König von Spanien 82
Peisistratos 28
Picasso, Pablo Ruiz y 196, 223
Plath, Sylvia 269
Platon 30, 48–50, 57, 79, 84, 239 f, 245 ff
Plessner, Helmuth 13
Poe, Edgar Allan 326
Poizner, Howard 311
Polyklet 323
Pompejus [Magnus] 195
Popper, Leo 155 ff
Portmann, Adolf 310
Possevino, Antonio 93
Proust, Marcel 106
Pynchon, Thomas 107 ff

Rabelais, François 328
Racine, Jean Baptiste 140
Radermacher, Norbert 286
Rancière, Jacques 25 ff
Ransmayr, Christoph 269
Raphael, Lutz 14
Raulff, Ulrich 14
Reichert, Klaus 114
Rembrandt Harmensz. van Rijn 149
Rickert, Heinrich 13
Rilke, Rainer Maria 34, 153–157, 326
Rimbaud, Arthur 36
Rodin, Auguste 149–157

Rousseau, Jean-Jacques 210, 241
Rousseau, Henri 223
Rushdie, Salman 61, 63, 66, 69 ff, 328
Ruskin, John 144
Russell, Bertrand 193 f, 201

Sade, Donatien-Alphonse-François,
Marquis de 189
Said, Edward W. 38, 66 f
Saint-Pol-Roux [Paul Pierre Roux] 32
Salin, Edgar 201
Salz, Arthur 201
Saussure, Ferdinand de 51, 303, 312
Schelling, Friedrich Wilhelm Joseph von
136
Schiller, Friedrich von 164
Schindel, Robert 271, 273
Schlegel, August Wilhelm 135 ff, 139 f,
150
Schlegel, Friedrich 135 ff, 139, 150
Schleicher, August 302 f
Schlesier, Renate 17
Schopenhauer, Arthur 139, 238, 248
Schulte, Günter 244
Schwemmer, Oswald 15
Searle, John R. 303 f
Segalen, Victor 32 f, 36, 40, 43
Seneca, Lucius Annaeus [d. J.] 322
Semper, Gottfried 288
Semprun, Jorge 262
Sert, José Luis 297
Seurat, Georges 143
Seward, William Henry 213
Shakespeare, William 54, 96 ff, 100 f,
112, 114 f, 119 ff, 129 f, 140, 198
Simmel, Georg 11, 145 f, 148–157
Sklovskij, Viktor 203
Snow, Charles Percy 15, 301
Söffner, Hans-Georg 14
Sophokles 322
Sontag, Susan 213
Speer, Albert 284 f, 290, 295, 298
Spengler, Oswald 147
Spielberg, Steven 266
Spurr, Barry 196
Srebnik, Simon 267
Stehr, Hermann 256

Steinthal, Heymann 306, 308 ff
Stendhal [d. i. Henri-Marie Beyle] 140
Stephen, Leslie 194
Stieglitz, Alfred 212
Stifter, Adalbert 67
Stöcker, Helene 233, 241
Strachey, James 193, 195 f
Strachey, Lytton 190–197, 200, 203
Strauß, Botho 269
Swift, Jonathan 101–104, 108
Szondi, Peter 329, 337

Tabori, George 270
Taussig, Michael 14
Thormaehlen, Ludwig 202
Todorov, Tzvetan 14
Toulmin, Stephen 15
Trachtenberg, Alan 205, 207
Trilling, Lionel 218–222
Trithemius [Tritheim], Johannes [d. i. Johannes Heidenberg oder Zeller] 85 f
Turner, Victor 14

Uhlig, Theodor 288, 295 f

Valerius Flaccus [C. V. F. Setinus Balbus] 35
Valéry, Paul 326
Vallentin, Berthold 199
Veiel, Andres 271
Velázquez, Diego Rodríguez de Silva y 130, 141
Vergil [Publius Vergilius Maro] 26, 35, 45, 322
Vico, Giambattista 52
Victoria, Königin von England 190–194, 196, 202
Visker, Rudi 43 f

Voltaire [d. i. François Marie Arouet] 328

Wagner, Cosima 296
Wagner, Richard 139, 149, 284 f, 288–297
Warburg, Aby 9, 11, 13 f, 33, 36, 40, 43, 114, 166
Warhol, Andy 286
Warnke, Martin 14
Weber, Max 14, 52
Wefelmeyer, Fritz 13
Wege, Carl 209
Weinrich, Harald 106
Welsch, Wolfgang 15
Wernicke, Christian 311
Wessel, Horst 274
Whitney, William Dwight 303
Wiener, Oswald 227
Wilde, Oscar 193, 220
Wilson, Bob 215
Wilson, Edmund 193
Wilson, George Washington 190
Winckelmann, Johann Joachim 135 ff, 139 f
Wind, Edgar 13
Wolters, Friedrich 199
Woolf, Leonard 201
Woolf, Virginia 194 ff, 202 f
Wright, Georg Henry von 15
Wulf, Christoph 15
Wundt, Wilhelm 36, 39, 306, 310

Yeats, William Butler 326
Young, James E. 255 ff, 275

Zschokke, Alexander 202

Eine Auswahl

Helmut Brackert/Jörn Stückrath (Hg.)
Literaturwissenschaft
Ein Grundkurs (523)

Malt Cartmill
Das Bambi-Syndrom
Jagdleidenschaft und Misanthropie in der Kulturgeschichte
(kultur und ideen 566)

Jonathan Culler
Dekonstruktion
Derrida und die poststrukturalistische Literaturtheorie (474)

Jean Delumeau
Angst im Abendland
Die Geschichte kollektiver Ängste im Europa
des 14. bis 18. Jahrhunderts
(kulturen und ideen 503)

Andreas Dörner
Politischer Mythos und symbolische Politik
Der Hermann-Mythos: Zur Entstehung des
Nationalbewußtseins der Deutschen
(kulturen und ideen 568)

James George Frazer
Der Goldene Zweig
Das Geheimnis von Glauben und Sitten der Völker
(kulturen und ideen 483)

Hugo Friedrich
Die Struktur der modernen Lyrik
Von der Mitte des 19. bis zur Mitte
des 20. Jahrhunderts (420)

Gebauer/Kamper/Lenzen/Mattenklott/Wulf/Wünsche
Historische Anthropologie
Zum Problem der Humanwissenschaften heute
oder Versuche einer Neubegründung (486)

Gunter Gebauer/Christoph Wulf
Mimesis
Kultur – Kunst – Gesellschaft (497)

Rolf Grimminger / Jurij Murašow / Jörn Stückrath (Hg.)
Literarische Moderne
Europäische Literatur im 19. und 20. Jahrhundert (553)

Peter Ulrich Hein
Die Brücke ins Geisterreich
Künstlerische Avantgarde zwischen Kulturkritik und Faschismus
(kulturen und ideen 521)

Jost Hermand
Geschichte der Germanistik (534)

Hartmut Heuermann
Medienkultur und Mythen
Regressive Tendenzen im Fortschritt der Moderne
(kulturen und ideen 549)

Richard Huelsenbeck (Hg.)
Dada
Eine literarische Dokumentation (402)

Johan Huizinga
Homo Ludens
Vom Ursprung der Kultur im Spiel (435)

Andreas Huyssen / Klaus R. Scherpe (Hg.)
Postmoderne
Zeichen eines kulturellen Wandels (427)

H. H. Lamb
Klima und Kulturgeschichte
Der Einfluß des Wetters auf den Gang der Geschichte
(kulturen und ideen 478)

Roland Lambrecht
Melancholie
Vom Leid an der Welt und den Schmerzen der Reflexion (541)

Dieter Lenzen
Mythologie der Kindheit
Die Verewigung des Kindlichen in der Erwachsenenkultur.
Versteckte Bilder und vergessene Geschichten (421)
Vaterschaft
Vom Patriarchat zur Alimentation (551)

rowohlts enzyklopädie

Rudolf zur Lippe
Sinnenbewußtsein
Grundlegung einer anthropologischen Ästhetik (423)

Micaela von Marcard
Rokoko oder Das Experiment am lebenden Herzen
Galante Ideale und Lebenskrisen
(kulturen und ideen 470)

Elaine Pagels
Adam, Eva und die Schlange
Die Geschichte der Sünde (kulturen und ideen 548)

Stefan Rohrbacher/Michael Schmidt
Judenbilder
Kulturgeschichte antijüdischer Mythen
und antisemitischer Vorurteile
(kulturen und ideen 498)

Klaus R. Scherpe (Hg.)
Die Unwirklichkeit der Städte
Großstadtdarstellungen zwischen Moderne und Postmoderne (471)

Hansgeorg Schmidt-Bergmann
Futurismus
Geschichte, Ästhetik, Dokumente (535)

Klaus Schuhmann
Lyrik des 20. Jahrhunderts
Materialien zu einer Poetik (550)

Gary Taylor
Shakespeare – Wie er euch gefällt
Eine Kulturgeschichte von der Restauration bis zur Gegenwart (530)

Siegfried Zielinski
Audiovisionen
Kino und Fernsehen als Zwischenspiele in der Geschichte
(kulturen und ideen 489)